U0534637

2013年度教育部人文社会科学研究青年基金项目结项成果
（项目批准号：13YJC751065）
吉林财经大学资助出版图书

亡宋北解流人
作|家|群|体|研|究

闫雪莹 ◎ 著

中国社会科学出版社

图书在版编目（CIP）数据

亡宋北解流人作家群体研究/闫雪莹著. —北京：中国社会科学出版社，2018.11
ISBN 978-7-5203-2561-5

Ⅰ.①亡… Ⅱ.①闫… Ⅲ.①作家群—人物研究—中国—宋代 Ⅳ.①K825.6

中国版本图书馆 CIP 数据核字（2018）第 108980 号

出 版 人	赵剑英
责任编辑	郭晓鸿
特约编辑	席建海
责任校对	赵雪姣
责任印制	戴 宽

出　　版	中国社会科学出版社
社　　址	北京鼓楼西大街甲 158 号
邮　　编	100720
网　　址	http://www.csspw.cn
发 行 部	010-84083685
门 市 部	010-84029450
经　　销	新华书店及其他书店
印　　刷	北京明恒达印务有限公司
装　　订	廊坊市广阳区广增装订厂
版　　次	2018 年 11 月第 1 版
印　　次	2018 年 11 月第 1 次印刷
开　　本	710×1000　1/16
印　　张	26.75
插　　页	2
字　　数	334 千字
定　　价	108.00 元

凡购买中国社会科学出版社图书，如有质量问题请与本社营销中心联系调换
电话：010-84083683
版权所有　侵权必究

信仰、人格的痛苦抉择：
亡宋作家的人生历程

（代序）

　　宋末元初是中国知识阶层最纠结最挣扎的历史时期。在理学200多年的长期浸润下所建立起来的以儒家伦理思想体系为核心的理想信仰和道德人格——崇尚礼义道德、追求操守气节、强调历史使命、讲求社会责任、立志"为天地立心，为生民立命，为往圣继绝学，为万世开太平"的一批以文天祥、家铉翁为代表的知识和政治精英，他们面对中国历史上从来没有过的政治局面，面对南宋政权的腐朽、倾覆和元朝在全国建立的异族强权这一无法抗拒的历史潮流，在痛苦挣扎中做出了最卓绝的人生选择，他们表现出的浩然正气、铮铮风骨，成为中华民族最富有理想价值的思想信仰和道德人格的核心内容。这一坚守理学精神、道德人格，处于痛苦现实的激烈冲突中的知识群体的文学创作，正是这一特殊心理历程的真实表现，成为宋代文学史上最为绚丽最为感人的一页。

　　"亡宋作家"是宋元鼎革之际的一个复杂的文学创作群体。这些深受"华夷之辨"和理学思想影响的"亡宋作家"，在尖锐的政权和族群对立的双重矛盾中，在这种改朝换代的社会巨变中，他们的思想信仰和道德人格都受到了激烈冲击，他们的心理历程也在残酷的政治现实面前痛苦挣扎，是坚守志节忠于故国，还是降服异族改仕新朝，或是隐遁江湖置身世外，这无疑是一个极其痛苦而又必须面对的人生抉择。而那些被推到历史前排的"亡宋作家"，其人生抉择体现了其人生品格，是我们认识这些作家的思想、人性和文学创作的复杂性最鲜活的历史标本。"北解流人作家群体"就是这一特殊历史时期被推到历史前排的特定知识分子群体，他们在"亡宋作家"中最具典型意义。但在前人诸多研究宋元之际的作家和文学的论著中，对"北解流人作家群体"的构成及其特殊经历、生存环境、人格特征、心理历程、文学创作尚未给予足够的关注，仍缺乏比较系统的研究，对他们的历时性和共时性的接受与价值更缺乏深入考察。闫雪莹博士的《亡宋北解流人作家群体研究》足以弥补这一前人研究的不足。这部著作以先后被元军押解北上元廷的宋朝"官人"并被长期流放在北方的"流人"群体及其文学创作为特定的研究对象，以相关的历史和文献的考察为基础，以具有典型意义的作家和作品的个案为考察研究的切入点，通过个案与群体、实证与阐释、文史互证、史论结合的研究方法，并借鉴传播与接受理论的研究方式，充分揭示了这一文学群体的人生轨迹和文学活动。

在中国历史上，作为对立政权的流放对象，他们或以群体组织或以个体形式的"流人"大量存在。当局对流人表现的否定态度、远在异域的悲惨遭遇加之与往昔生活环境的断隔，无不激起这些被流放者愤懑不平的情感，使他们激发出了超乎寻常的创作激情，具有迥异于平常生活的创作灵感，将之行诸笔端，很多成为流传千古的不朽之作。"流"引发了"变"，流人的创作也因为环境的改变、思想的变化、境遇的不同、人生感悟的不同而呈现出纷繁复杂的面貌，这也使流人文学具有了独特的悲剧色彩和情感魅力。可以说，宋代使中国封

信仰、人格的痛苦抉择：亡宋作家的人生历程（代序）

建文化达到了一个顶峰，但是在政治上其自建国起就受到北方游牧民族政权的武力威胁，受尽屈辱。北宋末年的靖康之难使帝王、宫妃、官人及数以十万计的百姓被羁押于北方的金国，备尝奴役之苦。南宋末年的临安之变使宫室、朝官等三千余人被押解元朝上都、大都，饱尝亡国之痛，成为亡国流人。《亡宋北解流人作家群体研究》就是以元朝的伯颜率军南征兵进临安灭亡南宋后，元人押解宋人北上为切入点，探讨不同批次被元军押解北上的宋人文学创作的相关问题。作者将北上宋人按照时间顺序及群体类型分为四批，也是四类，即祈请使群体、宫室群体、崖山群体和拒聘群体，抓住每一群体中的代表性人物，既分析群体的人物构成、创作情况，又挖掘具体作家的基本信息、创作心态等问题。将作家重置于变化中的创作环境中加以客观剖析，勾勒出生动而丰富的时空画面与历史格局，将芜杂的文献史料条分缕析，并从时间轴线上明晰了这些群体中的士人留给后世的精神遗产。

"北解流人"角度的选取是该著的最大特点。任何一位作家都是多元存在的。亡宋北解流人作家很多也是南宋遗民作家。"流人"与"遗民"是互相交叉的概念，如从某种意义上来讲，文天祥、谢枋得、汪元量、家铉翁等作家既有着遗民与流人的双重身份，但是他们又不是一般的遗民，因为这些作家创作精品时或是在被押解途中，或是在流寓之所，或是在监禁狱中，或是在流徙途中，或是在圈禁之地，总之不是在熟悉的江南故国。国家灭亡，使流人作家与江南故国完全断隔，他们在精神上无处安栖，灵魂久久栖息于梦中的家园。从身份与环境的角度来看，这些被羁押北方的流人大别于遗民。我们以往多以精神、气节为遗民命名，但从流人角度探讨这批遗民作家，则增加了理解的维度与分析的广度，以"流"为着眼点的研究，使研究对象表现出更加复杂的思想情感、人性特征和无比纠结的心理历程。研究者正是抓住了研究对象的这些丰富的人物特征而增加了研究深度，突破了学界以往多从"遗民"角度宽泛地考察宋末文学的局限。

作为南宋末年以忠义精神传诸史册的作家，如文天祥、谢枋得、家铉翁等，前人往往多专注于研究其作品本身，而对后世的传播与接受情况挖掘不多，未能从思想传承及文化传播方面深加考述。《亡宋北解流人作家群体研究》的另一特点是从后世接受的视角给予进一步的审视，考述了元明清等不同历史时期对重要亡宋北解流人文学创作的富有个性的分析解读和情感认同，深刻揭示了作家作品的历史价值和影响力，丰富了对这些作家及文化现象的理解认识，更有助于我们重新构建文学观念史和文学接受史。如剖析宋度宗昭仪王清惠《满江红》词的传播与争议，从共时性出发探讨文天祥对王清惠"从圆缺"立场的驳斥，又以历时性为脉络捋清元明清后世对王清惠忠节观的认识，揭示出人们对王清惠是否有失志节的争议及随着年代迁延而被逐渐淡化，逐渐表现出更加宽容的态度。

宋末文学文献、历史文献等记载庞杂，歧异纷繁，加之某些细节失于隐微，梳理起来具有一定的难度。《亡宋北解流人作家群体研究》从史料的爬梳出发，精心措意于资料的相互参验，大凡涉及重要的历史事件、历史人物、作家传记资料以及文学作品，多能搜罗排列，辨析厘正，努力探寻历史事实及文学面貌的客观与真实。正因为这种认真严谨的问学态度，闫雪莹博士在研究过程中发现并解决了某些具有歧义或被历史隐没的问题。该著对亡宋北解流人的分类，对文天祥批评王昭仪词问题的探察，对家铉翁家世、生平及其著述的考证，深入细致，显示出严密的逻辑思维，具有较强的说服力。同时，对谢枋得江东策问文、家铉翁诗文的辑佚，指出学者在汪元量研究中的失误等，都显示了细密的功夫和对问题的识见力。

历来研究宋末文学者，大都以"忠义"气节、爱国情怀为这一时期文学的主流。《宋史·忠义传序》云："及宋之亡，忠节相望，斑斑可书，匡直辅翼之功，盖非一日之积也。……死节、死事，宜有别矣：若敌王所忾，勇往无前，或衔命出疆，或授职守土，或寓官闲居，感激赴义，虽所处不同，论其捐躯徇节，之死靡二，则皆为忠义之上者也；若胜负不常，陷身俘获，或慷慨就死，或审义自裁，斯为次矣；若苍黄遇难，殒命乱兵，虽疑伤勇，终异苟免，况于国破家亡，主辱臣死，功虽无成，志有足尚者乎！若夫世变沦胥，毁迹冥遁，能以贞厉保厥初心，抑又其次欤！至于布衣危言，婴鳞触讳，志在卫国，遑恤厥躬，及夫乡曲之英，方外之杰，贾勇蹈义，厥死惟钧。"认为死节、死事有别，将忠义人物按照事迹来定位等差。此外，《昭忠录》《忠义集》《宋季忠义录》《宋史翼》等诸书也多以表彰宋季"忠义"为主，所述忠义者有战死、赴水死、自焚死、绝食死、自缢死等多种，但入元仍能继续活下来者更占绝大多数，如何认识这些或死或生的"忠义"者及其文学作品中思想情感的复杂性？《亡宋北解流人作家群体研究》认为谢枋得殉国既源于自身忠义的秉性，更有来自外界的道德压力，当死节的意义与价值远远超出生存的意义，思想坚定、持身严苛的遗民毅然决然完成自我证明，揭示了人性的复杂性和道德人格的纠结与实现，体现出一定的认识深度。对家铉翁之忠义的认识，作者认为是其能够坚守孤苦寂寥，在漫长岁月中经受磨砺，以此成就学术造诣和文学才能。这种不同个案不同分析的方法，找到共性中的不同，避免了看待问题的同质化。

闫雪莹是我指导的博士研究生，一直勤奋向学，善于独立思考，尤能思辨质疑，治学精益求精。在宋元文学与文献这一研究领域用功多年，甘于孤独寂寞，晨昏笔耕不辍，学术自有建树。本书是在其博士学位论文的基础上又经过几年的潜心修改充实完成的，在宋元文学研究中独树一帜，其影响自可期待。

曹书杰

2018 年 8 月 26 日

于长春净月书舍

目 录

绪 论 ·· 1
  第一节 研究缘起及意义 ··· 2
  第二节 研究回顾与展望 ··· 7
  第三节 研究思路和方法 ·· 20

第一章 《江南谣》：亡宋北解流人群体 ································ 24
  第一节 《江南谣》与南宋灭亡 ··· 25
  第二节 祈请使群体 ··· 29
  第三节 宫室群体 ·· 40
  第四节 崖山群体 ·· 69
  第五节 拒聘群体 ·· 74

第二章 二嫔妃：皇宫女眷的悲吟与绝唱 ······························ 79
  第一节 《满江红·太液芙蓉》：王昭仪的亡国之恨 ··············· 79
  第二节 《袖中遗诗》：朱美人的贞烈绝唱 ·························· 96

第三章 家铉翁：临危受命者的故国情怀 …… 119
第一节 家铉翁的家族世系 …… 120
第二节 家铉翁的生平行实 …… 126
第三节 家铉翁的家国情怀 …… 141

第四章 家铉翁：元明清的接受与传播 …… 165
第一节 元代婺州作家群对家铉翁的赞誉 …… 165
第二节 明代对家铉翁的评价 …… 177
第三节 清代对家铉翁精神的传承 …… 194

第五章 汪元量：黄冠氅服者的亡国之痛 …… 204
第一节 汪元量的生平行实 …… 204
第二节 忧国之愤：宋亡前的作品风貌 …… 210
第三节 亡国之痛：宋亡时的创作取向 …… 216
第四节 故国之情：宋亡后的文学主旨 …… 224

第六章 汪元量：元明清的接受与传播 …… 254
第一节 宋遗民对汪元量的理解 …… 254
第二节 元代对汪元量的认识 …… 272
第三节 明代对汪元量的评价 …… 285
第四节 清代对汪元量的考证 …… 290

第七章 谢枋得：最后殉葬者的人生挽歌 …… 299
第一节 谢枋得的生平行实 …… 299
第二节 谢枋得北解作品的思想内涵 …… 306
第三节 谢枋得拒聘殉节在当时的影响 …… 322

第八章 谢枋得：元明清的接受与传播 …… 348
第一节 元代对谢枋得的传播 …… 348
第二节 明代对谢枋得的认识 …… 374
第三节 清代对谢枋得的再评价 …… 390

第九章 亡宋北解流人创作的历史地位 …… 398
第一节 流人文学与遗民文学的关联 …… 398
第二节 宋亡诗史的文学价值 …… 401
第三节 忠节相望的历史意义 …… 402

参考文献 …… 405
后　记 …… 413

绪　　论

　　南宋亡国后,大批南宋宫室、朝官、太学生等被元军押解北上,元廷希望他们与元人合作,对那些拒绝合作者或流放或软禁,使之长期滞留于北方,成为宋亡之际一个特殊的群体。这些宋亡后被元朝押解北上的宋人,有以宫人王清惠、琴师汪元量为代表的宫室群体,以家铉翁为代表的祈请使群体,以文天祥为代表的崖山群体,以谢枋得为代表的拒绝元朝征聘群体等。这些人有的长期流寓北方,有的终得南归,有的客死异乡,有的以身殉节,以特殊的人生遭际书写了宋亡之际的历史,是元初流寓群体的典型代表。作为被流放贬逐之人,他们又可以划入"流人"的范畴,故被称为"亡宋北解流人"。

　　流人源出于流刑,多为蒙冤受屈,备受政治迫害与刑罚之人。南宋亡国之际,无论是被元人押解北上、流落北方的流人,还是遁迹山林、拒不仕元的遗民,他们都怀着沉痛的亡国之恨、故国之思,创作了大量感人肺腑的诗词佳作。这些处于丧乱亡国之境写就的动人篇章,成为南宋文学最为绚烂的句点。明、清的一些学者都注意到宋末文学突起、兴盛的这一特点。明胡应麟说:"当元并海内日,或上书,或伏剑,或浮海,或自沉,其不平之鸣,往往泄于翰墨,所传诸古选歌行近体,大半学杜,时逼近之。以诗道否于宋世,而国亡之日,乃有才志若诸子，亦一时之异也。"① 指出宋末作家身遭丧乱，贞节守志，不平则鸣，文学呈现出异军突起之势。清初钱谦益云："唐之诗，入宋而衰，宋之亡也，其诗称胜。皋羽之恸西台，玉泉之悲竺国，水云之苕歌，《谷音》之越吟，如穷冬沍寒，风高气慄，悲噫怒号，万籁杂作，古今之诗莫变于此时，亦莫盛于此时。"② 指出南宋亡国激发了作家的才情，促使文风巨变。黄宗羲亦云："夫文章，天地之元气也……逮夫厄运厄时，天地闭塞，元气鼓荡而出，拥勇郁遏，坌愤激讦，而后至文生焉。故文章盛，莫盛于亡宋之日。"③ 指出丧乱厄运对作家创作的影响，作家将一腔悲愤倾注于翰墨，使得文学突盛，文风为之一振，而南宋亡国对作家创作的影响尤大。

宋亡之际，文学突盛。不同于隐居遁世的南宋遗民，作为被元人押解到北方的流人，他们在宋亡之际所感受的亡国之痛更为强烈。而他们为宋代文学所吟唱的悲切而高亢的最后一个音符，既是宋代文学的有力结点，又是元初文坛的重要组成部分。但是，虽有明清学者指出宋亡文学突盛的特点，却并未引起学术界的广泛重视，研究也尚欠深入。有鉴于此，笔者将关注的目光投射到宋末元初这一特殊的群体，以此观照改朝换代之际反映在文学领域的众生世相。

第一节 研究缘起及意义

元代是少数民族掌握政权的朝代，宋元易代的历史具有一定的特殊性。宋亡之际的文学既是宋代文学高亢的结点，又开启了元初以

---

① （明）胡应麟：《诗薮》卷5，上海古籍出版社1979年版，第318页。
② （清）钱谦益著，钱曾笺注：《牧斋有学集》卷18，上海古籍出版社1996年版，第800—801页。
③ （清）黄宗羲著，陈乃乾编：《黄梨洲文集》，中华书局1959年版，第320页。

"宋金遗老"为文坛主力的局面。① 亡宋北解流人的创作是宋末元初文学的重要组成部分，研究亡宋北解流人的创作，对建构宋代文学史、元代文学史，理解宋元之际的文学与文化具有一定学术价值，对的于把握宋季文学对后世的影响具有一定学术意义。

一　研究缘起

对宋亡之际北解流人的关注，缘起导师曹书杰先生引导笔者对宋亡之际一则歌谣的特别关注和深入探究。这则歌谣就是宋末政治谶谣《江南谣》——"江南若破，百雁来过"②，歌谣虽仅八个字，却蕴藏丰富的历史内涵。《江南谣》流传于宋元最后决战之际，即宋咸淳十年（1274，元至元十一年）九月元左丞相伯颜出任大军统帅大举进兵江南至德祐二年（1276）二月临安陷落期间，"百雁"谐音"伯颜"，隐喻江南城池将陷落于伯颜之手，预示南宋必将灭亡的结局。

其后，笔者查找了《宋史》《元史》《平宋录》等基本史料，阅读了《元史·伯颜传》③《淮安忠武王庙碑》④《丞相伯颜公勋德碑》⑤《丞相伯颜赠谥制》⑥《丞相淮安忠武王碑》⑦等传记文献，发现伯颜身

---

① 游国恩认为："元初诗文作家大都是宋金遗老，受元好问及江湖诗人影响较深。……元诗人在学识的广博、艺术修养的精深上，实远不及宋代诗人。"游国恩：《中国文学史》，人民文学出版社1963年版，第311页。
② （元）王恽：《玉堂嘉话》卷4，中华书局1985年版，第40页。
③ （明）宋濂等：《元史》卷127，中华书局1997年版，第3099—3117页。
④ （元）刘敏中：《敕赐忠武王庙碑》，《全元文》卷393，江苏古籍出版社1999年版，第480—483页。
⑤ （元）史周卿：《丞相巴延公勋德碑》，（元）刘敏中《平宋录》卷下，中华书局1985年版，第24—26页。
⑥ （元）阎复：《丞相巴延赠谥制》，《全元文》卷294，江苏古籍出版社1999年版，第231—232页。
⑦ （元）元明善：《丞相淮安忠武王碑》，《全元文》卷760，江苏古籍出版社2001年版，第346—352页。

世显赫、天质高厚,是元朝一位卓越的开国元勋,在戎马之余,伯颜善诗工书,其文学、书法成就列元初蒙古人之首。由于《江南谣》传播广泛,谣中"百雁"与伯颜的名字逐渐抽象演化,成为文学作品中元朝灭宋的象征,在元、明、清各代皆有流传。

从《江南谣》切入,笔者增进了对宋元交替这段历史的认识。宋亡以后,伯颜曾押解南宋宫室、朝官、太学生等北上大都(今北京)、上都(今内蒙古锡林郭勒盟正蓝旗境内),朝见元世祖忽必烈。此外,元朝又多次押解江南遗民北上,对于抵抗新朝者采取囚禁、羁管、流放等刑罚。而在与元朝的对峙中,这些被押解监管的亡宋遗民怀着满腔悲愤,执笔创作,真实地记录了那一特殊时期的历史。这些诗文补充了正史之不足,具有"诗史"意义。

二 研究意义

南宋初期,靖康之难、外族威胁激发了士大夫文人群体的民族意识,和战成为政治的焦点,国难成为时代文学的主旋律。随着隆兴和议的签订,至南宋中期社会逐渐安定,陆游、杨万里、范成大等作家登上诗坛,才华横溢,富有创新精神,突破北宋以来江西诗派的藩篱,风格各异,成就显著。然而开禧北伐(1206)的失利打破这一局面,南宋国运衰颓,积重难返,作家的地位也发生很大变化,随着范成大、尤袤、陈亮、杨万里、辛弃疾、陆游等南宋中期一批重要作家的相继去世,一些中下层文人成为创作的主流。他们多游离于科举制度以外,以文字为生,诗境狭小,题材局限,出现江郎才尽的现象。时人对这一现象深有所感,吾衍曾批评道:

> 晚宋之作诗者,多谬句。出游,必云"策杖",门户,必曰"柴扉",结句多以梅花为说。尘腐可厌。余因聚其事为一绝云:

烹茶茅屋掩柴扉，双耸吟肩更捻髭。策杖遄仙山下去，骚人正是兴来时。可为作者戒也。①

南宋后期，江湖诗人已成强弩之末，他们没有政治和社会地位，诗歌也就缺少政治教化的内容，缺少深潜于心的神圣和高雅。

然而，元朝的入侵打破了宋末诗坛的沉寂，面对天崩地坼的巨变，文天祥、汪元量、谢翱、谢枋得等一批诗人创作出愤激之作，表现出凛然风节，扭转了牵强矫揉的诗坛风气，"尽管这一章的音声沉抑悲惨，但其变化繁富的旋律千百年后仍能久久打动人心"②。亡宋北解流人中几乎包含了这一时期所有的重要作家，为宋代文学画上了悲怆而嘹亮的句号。

亡宋北解流人遭遇南宋亡国而被迫北迁，人生境遇发生巨变。在背井离乡的辗转漂流中，创作激情得以释放，学术热情得到发挥，取得了一定的成就。作为一种现象，值得我们深度挖掘。

流人之称，古今二义：一谓流亡于乡里以外的人，一谓被流放贬逐之人。③ 我们探讨的流人范畴取第二义，重点论述宋亡之际被元朝押解北方后予以流放安置之人。"天下才子半流人"，李兴盛先生曾说：

> 流人中确有许多才华横溢、学识渊博并卓有建树的文人、学者，也有视死如归、大义凛然的民族英雄。如屈原、苏武、李白、柳宗元、韩愈、刘禹锡、李煜、宋徽宗、苏轼、黄庭坚、文天祥、杨慎、王守仁、纪昀、林则徐、邓廷桢等，都可称是我国历史上第一流的诗人、作家、学者或民族英雄。此外，流人中还

---

① （元）吾衍：《闲居录》，中华书局1991年版，第2页。
② 陶尔夫：《南宋词史》，黑龙江人民出版社1992年版，第392页。
③ 钱仲联：《中国流人史序》，李兴盛《中国流人史》，黑龙江人民出版社1996年版。

有许多书法家、画家、艺术家乃至科学家。①

流人中的才子，大多数出生于官宦之家、书香门第，早年生活优裕，未曾在艰苦的环境中生活过，在创作上本不突出。但王朝易代的巨大社会变革，使他们的生活环境发生了天翻地覆的变化，从悠游闲适的王公贵戚一变为贬谪流放的亡国贱民。身体、思想和心灵上遭受巨大创伤，促使流人作家将学识与才华一并激发出来，达到前所未有的创作高峰。如家铉翁历经宋亡，在瀛洲流放期间授徒治学，"置诸瀛洲者十年"②，成《春秋集传详说》三十卷；汪元量随侍三宫，艰难的流亡生活使他才情大发，在文学、音乐、绘画等方面均达到较高的艺术境界。

从流人角度探究宋亡之际的文学，易于理解作家历经的心路历程，对探讨以宋遗民文学为讫点的宋代文学，以"宋金遗老"为元初文坛主宰的元代文学，具有一定的学术价值。其一，从史学、文献学入手，整理作家传记、作品，全面考察、深入解析。其二，亡宋北解流人是中国流人史的一部分，从流人的特殊经历去考察作家，突破以往多从"遗民"角度探讨宋末文学的局限，贴近文学创作的生态环境，充实流人文学的研究。其三，宗邦覆灭，饱经丧乱，作家的创作倾吐故国之思、麦秀黍离之悲，表现出深沉的爱国情怀和高尚的志趣精神，后世论诗，更关注的是思想内涵与品节操守。理解这一点，对考察不同时代作家的接受情况具有一定意义。

---

① 李兴盛：《艰苦创业话流人（自序）》，李兴盛《中国流人史》，黑龙江人民出版社 1996 年版。

② （元）龚璛：《春秋集传详说跋》，影印文渊阁《四库全书》本。

第二节 研究回顾与展望

一 研究回顾

对亡宋北解流人这一研究领域,学者的研究探讨虽然不够深入,但近几十年来也有一些展开。其研究主要体现在如下两个方面:

(一) 文学史及相关研究中的关涉

亡宋北解流人的创作是宋末文学不可或缺的组成部分,郑振铎、刘大杰、游国恩等学者所著的《中国文学史》均有涉及,在"宋代文学"之"宋末诗人"这一章节的论述中,多以文天祥为主,突出爱国思想。袁行霈主编的《中国文学史》,程千帆、吴新雷合著的《两宋文学史》在分类上更细致,其中袁行霈著《中国文学史》以"宋末诗人的两个群体:英雄与遗民"分成两个部分①;《两宋文学史》则以"易代之际的战歌与悲歌"为主题,"战歌"以文天祥等为代表,介绍文天祥的战友和诗侣谢枋得、谢翱、林景熙、郑思肖等的创作,"悲歌"以汪元量等为代表,同时介绍"和汪元量具有同样倾向"、具有亡国之悲的家铉翁。②

王水照《南宋文学史》对宋末文学进行深度探讨,指出宋末文坛衰敝,但经历宋元易代的巨变,由于文学创作的题材、情感内涵及表达方式的改变,使得创作风貌发生了截然不同的变化。"时穷节乃见",志士遗民以诗歌为载体,尽情倾吐满腔爱国忠愤、黍离之悲和

---

① 袁行霈:《中国文学史》,高等教育出版社1999年版,第208—211页。
② 程千帆、吴新雷:《两宋文学史》,河北教育出版社1991年版,第464—485页。

故国之思,虽然艺术的推敲琢磨方面或有所欠缺,但全然去除了南宋后期诗歌虚浮滑薄的弊病,并以文学铸写了一部心史。①

此外,杨镰《元诗史》对南宋遗民在元代诗坛的地位给予很高的评价。他认为元初诗坛"从江南开始",而"元诗史的江南第一个章节,应该从汪元量及其诗篇开始","汪元量是最早由江南北上的诗人","汪元量的诗,无论艺术成就,还是社会影响力,在元朝占据江南的初期,都是位列前茅。如果一定要作个比较,他与金代的遗民元好问有相似的一面,他们都以'丧乱诗'知名于元诗史,都是一个旧框架的结束者,一个新时期的开创者"②。在论述谢枋得时,杨镰认为"谢枋得是知名度颇高的宋代遗民","他的诗,就是他的生活。如果觉得他的诗太直白,那是因为他在宋末的大厦必倾的时代,竟然只有一个念头:力图挽狂澜于既倒。他既是勇士,当然也是痴人"。

李兴盛《中国流人史》是最早对亡宋流人进行专门介绍的专著,将亡宋北解流人列入元代"来自战俘中的流放者":"元灭南宋后,元人曾将宋君臣、宫室、宫人、三学之士等数千人北迁,其中典型者为宋恭帝赵㬎、太皇太后谢氏、全太后、王昭仪、福王赵与芮及汪元量。此外,家铉翁、文天祥、谢枋得也属于此类流人。"并具体介绍了汪元量、宋恭帝、王昭仪与文天祥之北徙(附谢后与全后),以及家铉翁的十九年流徙生活。该著最早明确提出亡宋流人这一群体,为这一方向的研究奠定了基础。

此外,方勇《南宋遗民诗人群体研究》③ 和牛海蓉《元初宋金遗民词人研究》④ 分别从南宋遗民诗人群体和遗民词人角度对亡宋北解

---

① 王水照、熊海英:《南宋文学史》,人民出版社2009年版,第322页。
② 杨镰:《元诗史》,人民文学出版社2003年版,第343页。
③ 方勇:《南宋遗民诗人群体研究》,人民出版社2000年版。
④ 牛海蓉:《元初宋金遗民词人研究》,中国社会科学出版社2007年版。

流人有所关注。《南宋遗民诗人群体研究》考察了南宋遗民之间的交游关系、遗民成员的类型及其创作,全景式地展示宋末诗坛的全貌。在论述群体成员的类型时,将谢枋得、邓剡(一说名光荐)、家铉翁、汪元量等划入"孤臣义士型",指出他们的共同特点是"以名节自持,心念宋室,长歌当哭,传达出孤臣义士的共同心声"。在探讨南宋遗民诗人创作实践的历史意义时作者指出:南宋遗民的创作实践,"既为有宋一代诗歌写出了光辉的最后一页,又使下一段诗史的发展有了一个较好的起点,而体现在作品中的人格、气节,则更对后世起到了深远的影响"。《元初宋金遗民词人研究》将宋遗民词人划分为"抗战型、隐逸型、入仕型"三个类型,将文天祥、邓光荐、谢枋得等列入抗战型遗民,将家铉翁列入"北国"隐逸型遗民,将汪元量列入入仕型遗民并分别加以评介;在论述宋遗民词作时,将王清惠《满江红》作为"南宋女性遗民词作"加以评介。

(二) 对作家作品的专门研究

对汪元量作品的整理及研究。成果4部:王献唐《双行精舍校汪水云集》①,孔凡礼《增订湖山类稿》②,程瑞钊《汪元量及其诗词之研究》③,胡才甫《汪元量集校注》④。王献唐《双行精舍校汪水云集》是其遗书,对汪元量作品的整理与研究有较大贡献。该著以海源阁秘藏一粟斋抄《汪水云诗》为底本的手校本,这一系统的本子,仅现存可考者犹有20余种,其中较好的本子又分散南北,非一人一时所能搜求完备,王献唐邀约柳诒徵、顾实和王重民诸家学者,分头抄

---

① 王献唐:《双行精舍校汪水云集》,齐鲁书社1984年版。
② (宋)汪元量著,孔凡礼辑校:《增订湖山类稿》,中华书局1984年版。
③ 程瑞钊:《汪元量及其诗词之研究》,巴蜀书社1997年版。
④ 胡才甫:《汪元量集校注》,浙江古籍出版社1999年版。

校，通力合作得以完成，收诗 240 余首，对汪元量诗作及其版本进行了比较彻底的研究整理。孔凡礼校辑整理的《增订湖山类稿》精详博审，辑佚颇多，收诗 480 首，词 52 首，汇集了元明以来的诸多关于汪元量的文献，是学界迄今最为完整的版本。该书后附录《汪元量事迹纪年》广征博引、材料翔实，虽有失误之处，然所提资料具有借鉴意义。程瑞钊《汪元量及其诗词之研究》原为作者的博士论文，完成于 20 世纪 80 年代末，该著首次对汪元量作品进行笺注，在作品系年方面成就显著，可供研究者参考。胡才甫《汪元量集校注》校勘及编年以《增订湖山类稿》为依据进行校勘、编年注释，"间附以己见"，然胡先生著此书时已 93 岁高龄，校注上偶见疏误，亦所难免。①

对谢枋得作品的整理及研究。成果 3 部：其一是 1936 年商务印书馆印行的丛书集成初编本《谢叠山集》，1985 年中华书局再版；其二是熊飞等著《谢叠山全集校注》②；其三是俞兆鹏的《谢叠山大传》③。《谢叠山全集校注》以嘉庆本为底本，正文 5 卷外，附录为 1 卷（卷六），再以洪薇新辑"拾遗"（均录自《诗林广记》）为卷七，校以《四部丛刊》影印黄齐贤本、康熙本、道光本等，是目前谢枋得作品较好的整理本。俞兆鹏《谢叠山大传》是作者在《谢叠山先生系年要录》（1987）一文基础上写成，是对谢枋得生平的演义，文学性较强。

此外，《全宋诗》《全宋词》《全宋文》《全元文》中有对亡宋北解流人作品的整理，贡献卓著，有功学术。

---

① 笔者发现胡先生《汪元量集校注》有两处错误：1. 第 82 页《湖州歌》（其八十八）校注③云："昭仪……封隆国夫人"，按：隆国夫人乃赵与芮夫人黄氏；2. 第 89 页《越州歌》（其十三）校注①云："甲子应是甲戌（1274）"，按：甲子乃景定五年（1264），诗写理宗驾崩事。
② 熊飞、漆身起、黄顺强校注：《谢叠山全集校注》，华东师范大学出版社 1994 年版。
③ 俞兆鹏：《谢叠山大传》，江西人民出版社出版 1996 年版，2010 年再版。

绪　论

　　学界对亡宋北解流人王清惠、家铉翁、汪元量、谢枋得等作家作品探讨颇多，以下结合具体论文，综述研究现状。

　　对王清惠的研究。作为宋度宗的嫔妃，王清惠因特殊的身份、卓越的才华和凄惨的遭际吸引了学界的关注。其《满江红》词在当时就广为传诵，并有文天祥、邓光荐、汪元量等纷纷相和，然其个别词句引发了对其名节的争议。学界研究主要集中在这首词上，以缪钺《论王清惠〈满江红〉词及其同时人的和作》最有分量，该文论述了该词创作的历史背景及文天祥诸人的和词，认为王清惠"虽因措辞委婉而引起文天祥的一时误解，但她始终保持了民族气节"①。蒋瑞秋《漫话王清惠及其诗词》认为王清惠北行未曾到过汴京，"汴京乃南京之误"，该文还论述了王清惠与汪元量的密切关系及赋诗酬唱情况。②李俊标、方艳《客馆夜惊尘土梦，宫车晓碾关山月——浅谈王清惠的〈满江红〉》一文认为该词是《全宋词》中14首宫人词的代表作，为整个宋代的女性词作画上了一个浓重的惊叹号，格外打动人的地方是词作"背后所隐含的弱小与无助"③。

　　王清惠《满江红》词在当时就广为流传，故史籍记载颇多，如文天祥《文山集》（卷19）、周密《浩然斋雅谈》（卷下）、陶宗仪《南村辍耕录》（卷3）等，但各书所记异文较多，这为具体分析带来难度。另外，王清惠尚有四首诗歌作于北流期间，且都是与汪元量的酬唱之作，其与汪元量的关系也是研究的一个话题。

　　对家铉翁的研究。家铉翁于宋亡三天前临危受命，任签书枢密院事，他拒签降表，后被充祈请使赴元为国请命，未成而被扣留。元朝

---

　　① 缪钺：《论王清惠〈满江红〉词及其同时人的和作》，《四川大学学报》1989年第3期。
　　② 蒋瑞秋：《漫话王清惠及其诗词》，《古典文学知识》1995年第2期。
　　③ 李俊标、方艳：《客馆夜惊尘土梦，宫车晓碾关山月——浅谈王清惠的〈满江红〉》，《古典文学知识》2003年第2期。

许以高官厚禄,他不事二君,被圈禁河间之地,前后达十九年之久,年逾八十被放还。有《则堂集》六卷存世。目前学界还未有《则堂集》的专门整理成果。

祝尚书在著作《宋代巴蜀文学通论》中有"俯仰无愧的家铉翁"一章,将家铉翁置于巴蜀文学史中,对其家室、著作版本流传、作品内容等给予概括性论述,指出"现存《则堂集》中的诗文,绝大部分为羁北以后所作",其诗文虽不突出,"最多不过思乡而已。旧伤一旦触及,他痛苦的泪水就会潸然而下"①。魏崇武《江南遗老瀛边客——家铉翁被元朝羁縻河间的日子》一文,以"不遑宁居,生活困顿""结交新朋,尽心传学"和"思念故土,归路渺茫"为主题,从生活、学术、情感三个方面探讨了家铉翁被扣留北方尤其在河间时期的生活状况。②魏崇武又有《论家铉翁的思想特征——兼论其北上传学的学术史意义》一文,探讨了家铉翁的学术渊源具有宗陆兼朱的特点,最早北上传播陆学,是北方学术圈和会朱陆的先驱。③除此以外,陈娟的硕士论文《家铉翁及其诗文研究》对家铉翁的思想特征、诗歌思想内容、诗歌艺术评价、散文思想特质和散文艺术特色等问题进行探讨。④张尚英《家铉翁〈春秋〉学述论》则关注到宋代学术思想对家铉翁《春秋》学的影响。⑤胡宇芳的博士论文《家铉翁〈春秋集传详说〉研究》探讨了家铉翁对《春秋》经性质、宗旨的认识以及《春秋集传详说》的撰述方式、解经方法等问题。⑥笔者曾撰《家铉翁

---

① 祝尚书:《宋代巴蜀文学通论》,巴蜀书社2005年版,第499—506页。
② 魏崇武:《江南遗老瀛边客——家铉翁被元朝羁縻河间的日子》,《文史知识》2006年第7期。
③ 魏崇武:《论家铉翁的思想特征——兼论其北上传学的学术史意义》,《西南民族大学学报》2006年第3期。
④ 陈娟:《家铉翁及其诗文研究》,硕士学位论文,南京师范大学,2010年。
⑤ 张尚英:《家铉翁〈春秋〉学述论》,《儒藏论坛》2012年刊。
⑥ 胡宇芳:《家铉翁〈春秋集传详说〉研究》,博士学位论文,北京大学,2010年。

〈则堂集〉漏佚、隐佚、误收诗文考》《家铉翁羁北交游考》《元以来家铉翁的接受与研究》《亡宋流人家铉翁的家国情怀》等文,对家铉翁进行了颇为深入研究。①

对汪元量的研究。学界对汪元量的研究可以分为三个时期。第一时期(1900—1949)为发轫期,代表性成果有王国维《书宋旧宫人诗词·湖山类稿·水云集后》②,郁达夫《钱塘汪水云的诗词》③,李洣《跋湖山类稿水云集》④,王献唐《汪水云集校勘记》《汪水云集版本考》《汪水云事辑》⑤等。以王国维的研究为发端,考述汪元量的行踪和思想,认为汪元量忠诚宋室,虽曾奉元世祖之命行香代祀岳渎,"为元官且供奉翰林","在元颇为贵显",然而"与方(凤)、谢(翱)诸贤异迹同心,有宋近臣一人而已",这一论断对研究者影响很大,多尊沿其说。

第二时期(1949—2000)为探索期,主要对汪元量作品进行考证、辑佚、整理、阐释。共有论文 20 余篇,其中 20 世纪六七十年代的研究较薄弱,仅史树青《爱国诗人汪元量的抗元斗争事迹》一文可圈可点。⑥ 80 年代始,程亦军《论爱国诗人汪元量及其诗歌》⑦一文论述全面,相关研究逐渐升温。孔凡礼《关于汪元量的家世、生平和著述》《汪元量佚诗抄存》《汪元量事迹质疑》《关于汪元量〈湖山类稿〉的整理》,杨树增《宋末爱国文学家汪元量的祖籍、生平和行

---

① 闫雪莹:《家铉翁〈则堂集〉漏佚、隐佚、误收诗文考》,《古籍整理研究学刊》2012 年第 2 期;《家铉翁羁北交游考》,《文艺评论》2013 年第 12 期;《元以来家铉翁的接受与研究》,《古籍整理研究学刊》2015 年第 6 期;《亡宋流人家铉翁的家国情怀》,《北方论丛》2016 年第 3 期。
② 王国维:《书宋旧宫人诗词·湖山类稿·水云集后》,《观堂集林》卷 21,河北教育出版社 2003 年版。
③ 郁达夫:《钱塘汪水云的诗词》,《人间世》1934 年第 15 期。
④ 李洣:《跋湖山类稿水云集》,《文澜学报》1937 年第 3 卷第 2 期。
⑤ 王献唐:《双行精舍校汪水云集》,齐鲁书社 1984 年版。
⑥ 史树青:《爱国诗人汪元量的抗元斗争事迹》,《历史教学》1963 年第 6 期。
⑦ 程亦军:《论爱国诗人汪元量及其诗歌》,《广西师院学报》1982 年第 1 期。

实》《汪元量祖籍、生平和行实考辨》,杜耀东《略论汪元量的生平:与孔凡礼先生商榷》,杨积庆《汪元量〈水云集〉散论》《〈增订湖山类稿〉商兑》,祝尚书《汪元量〈湖山类稿〉佚跋考》等文①,对汪元量的生卒年、籍贯、家世、交游、作品编年、版本校勘、序跋辑佚等问题多有探讨争鸣,使一些研究疑点浮出水面。此外,学界对于汪元量诗歌创作的研究多有探索,其中杨积庆文紧扣"诗史"价值,阐释其爱国思想与现实主义创作方法②,程亦军文对汪元量诗歌的论述较为全面,指出"汪元量是个比较复杂的人物",其诗虽表现了爱国情绪,但他入元作翰林官,"笼统地称他为宋遗民或爱国诗人是不科学的"③。

缪钺《论汪元量词》是第一篇对其词作进行论述的文章,指出"汪元量是宋末元初一位异军特起的词人。他的词作,直抒胸臆,感伤时事,其艺术手法与风格,能够不囿于当时词坛的风气而独树一帜"④。杨树增《字字丹心沥青血:水云诗词评》认为汪元量词"字字是血泪的升华,篇篇是对故国的哀思","同文天祥、谢翱等人的爱国作品,代表了宋末文学的主流,标志着宋末文学的光辉结束"⑤。程

---

① 孔凡礼:《关于汪元量的家世、生平和著述》,《文学遗产》1982年第2期;《汪元量佚诗抄存》,《文史》1982年第9期;《汪元量事迹质疑》,《文学遗产》1984年第3期;《关于汪元量〈湖山类稿〉的整理》,《书品》1990年第4期。杨树增:《宋末爱国文学家汪元量的祖籍、生平和行实》,《文科教学》1983年第3期;《汪元量祖籍、生平和行实考辨》,《中华文史论丛》1983年第4期。杜耀东:《略论汪元量的生平:与孔凡礼先生商榷》,《扬州师院学报》1990年第2期。杨积庆:《汪元量〈水云集〉散论》,《镇江师专学报》1985年第3期;《〈增订湖山类稿〉商兑》,《镇江师专学报》1990年第2期。祝尚书:《汪元量〈湖山类稿〉佚跋考》,《书品》1995年第3期。
② 杨积庆:《论汪元量及其诗》,《文学遗产》1982年第4期。
③ 程亦军:《关于汪元量的生平和评价》,《中国古典文学论丛》第4辑,人民文学出版社1986年版。
④ 缪钺:《论汪元量词》,《四川大学学报》1988年第1期。
⑤ 杨树增:《字字丹心沥青血:水云诗词评》,《齐鲁学刊》1984年第6期。

瑞钊《汪元量研究情况综述》①对相关研究进行综述，指出研究中的疏漏和失误。

第三个时期（2001—2017）为深入期，尤以艺术评价方面的成果居多，论文10余篇。其中对汪元量"诗史"意义的探讨较多。黄去非《汪元量诗略论》指出："汪元量的诗歌同文天祥等人的诗歌一起，代表了宋末文学的主流和最高成就。"②孔凡礼《寡妇孤儿流血泪——读汪元量〈玉楼春〉》对该词有所误读，随后洛地在《嘉会今辰为憝忌——也读汪元量〈玉楼春〉度宗憝忌长春宫斋醮》一文以翔实丰富的史料加以考证。③江合友《论汪元量词的修辞和意象运用特色》《凄凉哀怨的遗民心声——论汪元量词的内容分类与艺术风格》，温雪莹《汪元量词浅探》④对其词的创作手法、风格特点等进行了分析。

硕士论文5篇：张立敏《汪元量研究五题》，陆琼《汪元量生平及交游研究》，曾小梦《水云诗词比较研究》，陈海霞《琴师泣血南归路——汪元量诗歌略论》，李慧《阅尽沧桑愁压山，沉郁凄婉声铿锵——汪元量〈湖山类稿〉研究》。⑤其中张立敏文以《汪元量里籍辨》《"不赏军功在断桥"释考》等6个专题形式，考辨确凿。王颋

---

① 程瑞钊：《汪元量研究情况综述》，《文学遗产》1990年第3期。
② 黄去非：《汪元量诗略论》，《常德师范学院学报》2001年第4期。
③ 孔凡礼：《寡妇孤儿流血泪——读汪元量〈玉楼春〉》，《文史知识》1997年第5期；洛地：《嘉会今辰为憝忌——也读汪元量〈玉楼春〉度宗憝忌长春宫斋醮》，《文学遗产》2002年第5期。
④ 江合友：《论汪元量词的修辞和意象运用特色》，《贵州社会科学》2003年第2期；《凄凉哀怨的遗民心声——论汪元量词的内容分类与艺术风格》，《上饶师范学院学报》2004年第1期。温雪莹：《汪元量词浅探》，《西南交通大学学报》2005年第1期。
⑤ 5篇硕士学位论文分别是：张立敏：《汪元量研究五题》，吉林大学，2004年；陆琼：《汪元量生平及交游研究》，华东师范大学，2005年；曾小梦：《水云诗词比较研究》，陕西师范大学，2005年；陈海霞：《琴师泣血南归路——汪元量诗歌略论》，山西大学，2005年；李慧：《阅尽沧桑愁压山，沉郁凄婉声铿锵——汪元量〈湖山类稿〉研究》，华东交通大学，2010年。

《诗怀昔朝——汪元量籍贯、旅踪、生平考辨》对汪元量生平行实多有考证，足资参鉴。

对谢枋得的研究。以近代学者崔骥《谢枋得年谱》为发端①，该谱作于1935年，将谢枋得生平事迹勾画明晰，标注引证出处，对史传资料所载抵牾、讹误之处多有辨析，具有开创之功。此后相关研究沉寂了近半个世纪。自20世纪80年代以来，谢枋得逐渐得到学界的关注。胡青发表《爱国志士谢枋得》②一文，首先打破这一沉寂。而后俞兆鹏有多篇文章予以关注：《谢枋得的爱国思想及其渊源与局限性》《谢枋得是如何处理"忠君"与"爱国"关系的》《谢叠山先生系年要录》等③，其中系年要录引据资料丰富，对时事本事多有考证，是研究中的重要参考。

谢枋得因忠贞大节而彪炳史册，《宋史》有传，史籍所载传记资料丰富，学界对其生平无太多争议。研究者主要从爱国思想、诗文评价、文献版本以及对其著述《文章轨范》《注解选唐诗》等方面展开论述。爱国思想始终是学界关注的焦点，有10余篇文章对此进行论述，值得注意的是么书仪《元代文人心态》④，从文化心态、社会环境、气质禀赋等视角出发，探讨谢枋得以名节为重的深层心理，书中有"'亡国之大夫，不可以图存'——谢枋得于名节生死之间"一章，认为谢枋得"作为一个真诚无欺的书生，一个信奉儒家学说的知识分子，为人处世，可以变通和可以顾及自身利益的缝隙就变得非常

---

① 崔骥：《谢枋得年谱》，《江西教育》1935年第4、7期。
② 胡青：《爱国志士谢枋得》，《社会科学研究资料》1983年第9、10期。
③ 俞兆鹏：《谢枋得的爱国思想及其渊源与局限性》，《江西社会科学》1984年第6期；《谢枋得是如何处理"忠君"与"爱国"关系的》，《光明日报》1984年9月5日；《谢叠山先生系年要录》，《江西大学学报》1987年第1期，该文被《中国古代、近代文学研究》（中国人民大学书报资料中心）1987年第4期全文转载。
④ 么书仪：《元代文人心态》，文化艺术出版社1993年版，第101—121页。

狭小,他只能按照既定的观念塑造自己,使自己终于成为一个'完人'。这一特殊的文化环境和他的文化心态,规定了他一步步朝着'一死全节'的路上走去而无法回头";"谢枋得刚烈,不肯'枉道随人'……这种性格决定了他的行为方式,也决定了他必然的悲剧命运";"所作所为的另一原因,是他一直按照忠孝节义的信条来塑造自己。在个人人格完成与社会问题的关系上,他坚持儒家的传统立场,即把社会问题(所谓'天下事')当作个人问题来处理的信念。"探讨谢枋得殉节的文化心态和心理动因,对相关问题的研究具有一定的启示。

此外李晓婉《遗民诗人谢枋得道教慕仙情结研究》① 以专题形式探讨谢枋得有关道教思想的文章,认为宋末士子文人在特殊的背景下将道教与儒家思想相结合,谢枋得"以道为形,以儒为心",寄情于道教,是"拒绝现实、捍卫个人和民族尊严的特定方式"。卞威《谢枋得诗中的道家与儒家思想》② 认为其诗篇"表面体现了道家思想的影响,实质上体现了对故乡山河和亲人的眷恋,抒发了一个爱国者光明磊落的胸怀,由此显示了独特的人格品性"。

谢枋得今存诗 100 余首,文 90 余篇。张曼莉《一曲悲歌泣鬼神——论爱国诗人谢枋得》③将其诗文佳篇与爱国情怀紧密联系,许文君《谢枋得北行诗作探析》认为"这些诗作表达了谢枋得以死守节的决心,寄托了他对友人的殷切期望,诗作慷慨雄壮,充满着爱国者视死如归的英雄气概"④。硕士论文有沈杰《谢枋得研究》、许文君《叠

---

① 李晓婉:《遗民诗人谢枋得道教慕仙情结研究》,《兰州大学学报》2004 年第 3 期。
② 卞威:《谢枋得诗中的道家与儒家思想》,《九江学院学报》2006 年第 4 期。
③ 张曼莉:《一曲悲歌泣鬼神——论爱国诗人谢枋得》,《桂林市教育学院学报》1996 年第 2 期。
④ 许文君:《谢枋得北行诗作探析》,《齐齐哈尔大学学报》2008 年第 6 期。

山诗研究》、卞威《谢叠山诗文论谈》、刘玲娜《论谢枋得》①，其中沈杰指出叠山诗文无不"以清明正大之心，发英华果锐之气"，具有廉顽立懦的感人力量。

  谢枋得在诗文评点方面成就较高，有《诗传注疏》《批点檀弓》《注解二泉选唐诗》《文章轨范》等存世，尤以《文章轨范》成就最高。《文章轨范》选录汉晋唐宋15位作家的69篇作品，是南宋影响最大的古文选本，其评点方式对后世影响颇广。学界有相关论文10余篇，其中吴承学《评点之兴——文学评点的形成和南宋的诗文评点》着重评介《文章轨范》，指出《文章轨范》的编选虽是出于科举的目的，但对于古文之法辨析入微，尤其是对于韩（愈）文的分析更为细致，成为后人一种规范。②陈望南《谢枋得和〈文章轨范〉》就编辑意图、选文原则、评点方式等问题展开论述，指出《文章轨范》是中国古代评点派文学批评方式的先驱，在中国文学批评史上占有重要地位。③叶蕾《谢枋得〈文章轨范〉综合研究》在探讨《文章轨范》与日本汉文章学方面成果突出，厘清了日本所刊《文章轨范》诸多版本的渊源关系，总结出《文章轨范》在日本百年来受欢迎的原因，同时对中日两国评点加以比较研究。④

  学界对谢枋得的研究较多，但因谢枋得在宋末元初影响较大，加之著述甚丰、散佚较多、版本源流较为复杂等情况，还有相当多的问题有待澄清。

---

  ① 4篇硕士学位论文：沈杰：《谢枋得研究》，四川师范大学，1999年；许文君：《叠山诗研究》，福建师范大学，2006年；卞威：《谢叠山诗文论谈》，南昌大学，2007年；刘玲娜：《论谢枋得》，西南大学，2008年。
  ② 吴承学：《评点之兴——文学评点的形成和南宋的诗文评点》，《文学评论》1995年第1期。
  ③ 陈望南：《谢枋得和〈文章轨范〉》，《中山大学学报》1996年第2期。
  ④ 叶蕾：《谢枋得〈文章轨范〉综合研究》，硕士学位论文，南京大学，2011年。

二 研究展望

　　虽然学界对亡宋北解流人在文献整理、生平考证、作品分析、版本著述的研究上取得了一定成果，奠定了很好的学术基础，但相对于亡宋北解流人的文学成就与地位影响而言，不但在个案研究上尚有拓展空间，在整体研究上亦存在单一作战倾向，横向联系较少，未能全面展现这一群体的客观面貌。以下几方面有待深入。

　　其一，对作家群体进行深入研究。亡宋北解流人人员众多，相当庞杂。众多北解流人可分为若干群体，选取代表性人物，缀以史料可查的流人，考察北解流人群体的特点，一一梳理，尽现全貌，以此窥见宋元易代之际南北融合的特殊历史。

　　其二，对作家个案进行深入研究，只有做好个案研究才能架构并推进对整体的研究。学界对家铉翁的研究还处于起步阶段，对汪元量、谢枋得等的研究也呈现不均衡态势，扎堆研究某一问题，而忽略其他问题。另外，学界对亡宋北解流人的文学批评尚未展开，许多基本问题如生平行实的考证、版本流传、作品解读等需要加强。

　　其三，以亡宋北解流人为基点，对宋末元初文学进行深入研究。他们的交游既有遗民故老，又有入元的新生力量，构成了宋末元初文学的一个巨大群体以及网络，也构成了宋末元初文学的一个重要组成部分。因此，从亡宋北解流人出发，向外不断扩展，从而形成对宋末元初文学的纵深式探索，加强中国文学史对宋末文学、元代文学这一领域的研究。

第三节 研究思路和方法

　　亡宋北解流人因遭遇巨大的亡国之痛、羁縻北方之苦，爆发出强烈的创作激情，是宋末文学极其绚烂的乐章。本书主要以"亡宋北解流人"为研究对象，重点论述亡宋北解流人的生平、创作及影响，尤以流人北上后的创作为重点，构筑亡宋北解流人创作的整体风貌。

　　本书拟从历时性、共时性两个层面来考察这一作家群体。共时性就是考察这一特定群体及其代表作家在特定历史环境的文学创作活动，历时性就是从传播学的角度，考察元、明、清三代对这一群体及其作品的接受。主要分为三部分，一是绪论，二是总论，三是专论。

　　本书在充分占有、整理文献资料的基础上，试图将这一特定群体及其代表作家、作品，置于特定的社会历史、文化背景下加以考察。在研究方法上，本书拟以文献学为基础，以文学为本位，力求通过文史互补、史论结合、个案与群体、实证与阐释、微观与宏观相结合的研究方法，同时借鉴传播学、接受学的研究方式，考察有关作家、作品的文学风貌和社会影响。

　　其一，文献学的方法——以文献求证为基础。虽然某些个案研究已被学术界关注，但从"北解流人"这一角度出发加以整体考察，还是需要一个深入系统研究的视角，诸多文献资料有待深入发掘和整理。为此，本书力求借助文献学的研究方法，在文献收集的同时，努力运用分类、校勘、辨伪、辑佚、考释等实证的研究方法，使研究资料可靠可信。

　　首先是对研究对象的文学文本的整理，全部诗、词、文都生成可靠的电子文本，然后选出重点篇章加以整理、释读。其次是研究资料的收集和整理，包括历史背景资料、作家生平资料、作品批评资料、后世接受资料等，特别是对那些相互之间有差异甚至抵牾的资料，尽量加以辨析考实，包括文本的辨伪、佚文的考证。最后是资料长编的编纂，在对资料分类整理的基础上，特别突出整理其年代顺序。总之，本书以文献研究为基础，力求言而有据，论而可信。但是，由于古代文献驳杂，笔者文献学功力不足，很多工作有待完善。

其二，文学的观念——以作家作品为本位。本书以亡宋北解流人作家、作品为研究对象，力求揭示作家文学创作的心理历程和情感因素，以及特有的文学创作风格及影响。这种以文学为本位的研究理念，主要体现在文学批评上，除着眼于思想性、艺术性两种比较固定的模式之外，还努力考察作家创作的心理历程，研究政治倾向和社会影响，探讨作家在文学史上的地位和价值，特别突出作家、作品对后世的影响及其传播过程。

首先在整体的标题框架上，努力贯彻以文学为本位的研究理念，使其能够概括这一作家群及每位作家、作品的主要文学风貌和个性特征，给出基本的文学定位。其次是在对具体的作家作品的评论中，结合时代背景和作家行实来评论鉴赏，以经典篇章构筑整体面貌，进而把握作家的思想气质、行为方式，理解创作心态。最后是在方式上，注意收集古代文论、笔记等资料，结合诗文评论解读文学作品，力求接近作家的创作思想和创作主旨。

其三，史学的观照——以历史考察为支撑。亡宋北解流人作家群体及其作品是特定历史环境下的产物，必然要将其置于一定的历史发展过程中加以考察。除了时间、空间的叙事方式外，更重要的是要揭示其产生的原因和表现方式、社会及历史影响等。就本书研究对象而言，其史学观照就是把作家、作品放在特定的社会背景、历史过程中加以考察，其包括三个史学范畴，一是社会发展史，二是文学发展史，三是文化传播与接受史。

就社会发展史而言，首先是将这一作家群体置于宋末元初这一特定的历史背景下加以考察，以揭示这一群体产生的社会背景、历史共性和整体风貌。其次是将代表作家、作品置于相应的社会生活环境中（含家庭背景、个人经历）加以研究，揭示作家、作品的个性特征、思想情感和文学作品的创作过程。就文学发展史而言，首先是将代表作家放在整个中国文学发展史上加以考察，对其影响和价值给出基本的定位。其次是将作家、作品放在整个宋元文学史上加以考察，对其在宋元文学史上的影响和价值给出基本的定位。就文化传播与接受史而言，主要是揭示不同历史时期的传播过程和认同程度及价值取向。总之，就是按照这一作家群体发生、发展进程展开研究程序，注重发展的时序性和时空的变化性，既揭示其原初的自然状态，又阐释其时代价值和发展演化的历史状态。

其四，传播学的视域——以后世接受为着力点。文学活动包含作家的创作过程和读者的接受过程，文学接受是文学研究的一个重要领域。读者对文本的接受过程，是文本的意义和价值的实现。依照文学传播、文学接受的理论，厘清作家作品在当时的传播情况，把握作家在当时所处的地位，理解后世读者对作家的接受情况。

首先是将代表作家、作品在元、明、清时期的基本传播方式、历史过程做一整体的考量，其次是努力廓清每个历史时期特殊的接受方式及接受原因，最后是揭示每位接受、传播者的价值取向。总之，在传播学的视域下来研究这一群体及作品，是本书主要着力点之一，几乎占据研究的近半篇幅，也是笔者感兴趣的话题，但是，由于这一传播时限长，传播方式多，传播者成分复杂，传播者的价值取向不同，所以还有很多内容有待深入发掘。

总之，本书在继承已有成果的基础上，试图对亡宋北解流人及其诗文进行多方位、多视角的探讨，但限于笔者学养，多难如愿，疏漏不足之处，敬请方家批评指正。

第一章 《江南谣》：亡宋北解流人群体

德祐二年（1276）正月十八日，南宋向元朝递交降表和传国玉玺。二月初五，元军进入南宋京城临安，六岁的小皇帝赵㬎率文武百官在祥曦殿举行投降退位仪式，并诏令地方州郡投降归附，南宋148年的偏安局面也基本宣告结束。此后，大批宋朝官员、宫人、太学生等被分批押往大都，成为一个特殊群体。这些人入元后，由于思想观念、价值取向的不同，有的仕元而授官位，有的拒降而遭流放，有的抗争而遭杀害，人生遭际大有不同。

据史料记载，大约有四批宋人被先后押解入元，本书裒辑史料，按照北解入元的时间顺序，疏理这四个群体，分别是：其一，在元朝的迫使下北上大都纳降，于德祐二年二月初九出发的祈请使群体；其二，南宋灭亡后由元朝丞相伯颜押解，于德祐二年三月北上的宫室群体；其三，崖山败亡后，南宋海上行朝（包括文天祥督府）被元军统帅张弘范押解，于元至元十六年（1279）北上的崖山群体；其四，元初向江南求贤，坚辞元朝征聘而被强行押解大都的拒聘群体。本章考察这四个群体，探究宋亡之际北解流人及其作品，从整体上把握亡宋北解流人的面貌。

第一节 《江南谣》与南宋灭亡

《江南谣》是南宋末年在江南广泛流传的一首政治谶谣,使宋廷笼罩在国之将亡的阴霾中。后来研究者们认为,《江南谣》隐喻着江南的大片城池必将陷落于元军统帅伯颜之手,预示了南宋必将灭亡的政治结局,彰显了伯颜的声威。伯颜身世显赫,天质高厚,勇谋兼具,遇事善断,堪当大任。在南下平宋的过程中,表现出杰出的军事才能。他严明军纪,指挥若定,团结部将,各尽其用;以诚招降南宋将领,授以官爵,为元效力;以仁义将兵,不嗜杀戮,师入临安,四民晏然。伯颜具有较高的人格魅力,威柔相成,慎酒戒色,以攻心为上。忽必烈赏识伯颜,派他率领元朝兵将进攻南宋,成为南宋政权的终结者。

一 《江南谣》文本解读

元灭南宋主要经过了突破襄樊(1268—1273)、攻入临安(1274—1276)和崖山之役(1277—1279)三个阶段。《江南谣》传播于蒙古大军突破襄樊后,伯颜出任元军统帅大举进兵江南、临安陷落期间。最早记载该谣的是元初王恽的《玉堂嘉话》:

> 宋未下时,江南谣云:"江南若破,百雁来过。"当时莫喻其意,及宋亡,盖知指丞相伯颜也。①

由此可知,仅八个字的《江南谣》,是一首典型的政治谶谣,谣中的"百雁"就是"伯颜"的谐音,他被西方人视为"那个时代的最

---

① (元)王恽:《玉堂嘉话》卷4,中华书局1985年版,第40页。

有才华的军人"①。元至元十年（1273），南宋的军事要地襄阳被攻占后，元军对南宋展开全面攻势，伯颜成为进军江南的最高军事统帅，历时16个月，元军所指势如破竹，最终兵临临安，消灭南宋。对于当时的江南人来说，"伯颜"这个名字就是元军的代名词。

对于《江南谣》的产生有两种解释：一是由元军有意散布，"用以瓦解宋朝的民心及士气"，二是"宋朝民间在人心惶惶中所作的预测"②。体味《玉堂嘉话》中的记载，"当时莫喻其意，及宋亡，盖知指丞相伯颜"，可知传播这首歌谣的宋人在亡国后才恍然大悟，说明宋人不是这首歌谣的制作者。而揣测《新元史》"亡宋者，百眼将军也"③的语义，知其制作者及散布者当是元军无疑。

《江南谣》在不同的文献中有不同的记录，"百雁"二字或作"白雁"，或作"百眼"，《新元史》则将"白雁""百眼"并载于其书：

（至元十三年）三月丁卯，伯颜入临安……初，宋末童谣有云："江南如破，白雁来过。"又谶语云："亡宋者，百眼将军也。"至是皆应焉。④

"伯颜"是蒙古语"Bayan"的音译，清乾隆后多被写作"巴延"⑤。从语音角度来看，"巴延、百雁，音相近也"⑥。"百雁""白雁""百眼"皆为"伯颜"的谐音，是时人对"伯颜"一词汉语谐音的不同记录形式，但人们面对所见的不同汉文记录文本的解读却产生了很

---

① ［德］傅海波、［英］崔瑞德编：《剑桥中国辽西夏金元史》，史卫民等译，中国社会科学出版社1998年版，第46页。
② 萧启庆：《元朝史新论》，台北允晨文化公司1999年版，第92页。
③ 柯劭忞：《新元史》卷159，上海古籍出版社1989年版，第664页。
④ 同上。
⑤ 《元史》卷127《伯颜传》，清乾隆《四库全书》本作"巴延"。《钦定元史语解》卷3："巴延，卷一百九十作'伯颜'，今从《八旗姓氏通谱》改正。"
⑥ （元）张铉：《至大金陵新志》卷14，影印文渊阁《四库全书》本。

大差异。"百雁""白雁",江南人或以其预言的是蒙古大军将在百（白）雁南飞的秋季大举来攻,因为北方游牧民族喜寒苦暑,秋高马肥是攻战的最佳时节;而作"百眼"则预言的是,只有长着一百只眼睛的将军才能灭宋。马可·波罗（Marco Polo）《游记》有这样的记载:

> 据说,她（谢太后）曾听占星家告诉君王,除了一个具有一百只眼睛的人外,无人能夺取他的王位。因为有着这样的预言的支持,虽然京师随时有被攻破的危险,王后也十分泰然,因为她知道一个凡人是不可能有一百只眼睛的。然而当她问到敌军统帅的名字时,人们告诉她叫伯颜,即百眼的意思,她不禁大惊失色。因为她觉得按占星家的说法,夺取她丈夫江山的必是此人。她慑于恐惧,决定放弃抵抗,马上投降。①

这里,占星家极有可能是参照了《江南谣》并加以演绎,产生了"除了一个具有一百只眼睛的人外,无人能夺取他的王位"的预言。掌握南宋朝政大权的太皇太后谢道清知道凡人不可能长着一百只眼睛,所以面对岌岌可危的形势仍处之泰然,然而当她得知元军统帅的名字叫"伯颜"时大为惊恐,因为"百眼"与"伯颜"谐音,这时深信谶纬的谢太后方意识到宋王朝气数已尽,于是"决定放弃抵抗,马上投降"。《江南谣》的制造者就这样达到了所要的政治目的。

二 《江南谣》的主角伯颜

"白雁""百雁"或"百眼"作为《江南谣》的核心字眼,是"伯颜"汉语音读的不同书写形式。伯颜之所以能成为这首歌谣的重点,除了元军最高统帅的职务象征着元军这一社会组织因素外,也有

---

① 梁生智译:《马可·波罗游记》,中国文史出版社1998年版,第281页。

某些独特的个体因素。所以了解伯颜是解读这首政治谶谣的前提。

伯颜（1236—1295），蒙古八邻部人，曾祖述律哥图为八邻部酋长，从成吉思汗讨定诸部受封为左千户。祖阿剌袭职，兼断事官，平忽禅有功并得有其地。父晓古台以世爵从宗王旭烈兀（托雷之子）开拓西域。伯颜自幼长于西域，年十八随父西征。元至元元年（1264），奉宗王之命从伊利汗国（今伊朗境内）赴汗廷奏事，忽必烈"见其貌伟，听其言厉，曰：'非诸侯王臣也。其留事朕。'与谋国事，恒出廷臣右，世祖益贤之"（《元史》卷127本传）。至元二年（1265）七月，拜光禄大夫、中书左丞相。伯颜以沉稳善断著称，部下言事有难以决断者，他能在"夷然如无闻"间迅速抓住问题要害，"一语而破其归要"，百官诚服。①

至元十一年（1274），忽必烈任命伯颜以左丞相之职统率20万兵马攻宋。九月，元军由襄阳（今湖北襄樊）分东、中、西三路进军，伯颜自统中路节度诸军，所过州城府县多望风而降。至元十三年（1276）正月，兵进临安北郊的皋亭山，南宋奉传国玉玺及降表请降。二月初元军入临安，三月押解宋帝、全太后及百官、太学生等奉师北还。历时仅16个月。这场战争也奠定了伯颜开国元勋的地位。元人曾这样评价伯颜：

> 天质高厚，风神静明，英伟端大，刚介庄廉。当大任而有为，遇大论而善断，言笑有时，喜愠莫测，恒负天下之重，以神器奠安为务。仁视群品，无间亲疏，义使英材，无比适莫，故四海公论翕然归之。其平宋也，将二十万犹将一人……货利不足移其心，声色不足惑其志。师入临安，礼贤黜罪，市肆不易，鸡犬

---

① （元）刘敏中：《敕赐忠武王庙碑》，《全元文》卷393，江苏古籍出版社1999年版，第481页。

无惊。归马萧然,囊惟衣被。毕事还朝,口不言功。①

胸中有千军万马,大气磅礴,宠辱不惊,不喜形于色,伯颜带着一道剑指南宋的圣命,以超群的军事才能夺取江南城池。两相对照,此时操纵南宋大权的却是恣意享乐、玩弄权术的"蟋蟀宰相"贾似道。度宗受制于他,直到襄阳、樊城被困三年后,才从一个宫女口中得知这一重要军情。南宋百姓对朝廷缺乏信心,人心惶惶,在这种情况下,《江南谣》被广泛传播。

南宋灭亡后,幼主宋恭帝、全太后、宗室、太学生等三千余人被伯颜押解北上,觐见忽必烈。而这些被押解到北方的宋人也从此开始了艰辛的历程。

第二节 祈请使群体

亡宋祈请使是宋廷在元朝的迫使下,第一批赴元大都、上都朝觐的宋人群体。"祈请使"名称本身就充满了屈辱,中国历史上,唯有南宋设置了祈请使,在与金、元的外交权衡中,担负着沉重的使命。

德祐二年(1276),南宋左丞相吴坚、右丞相贾余庆、枢密院谢堂、签书枢密院事家铉翁、同知枢密院事刘岊担任祈请使,由元人押解,于二月初九启行赴北。② 他们于闰三月初十抵达大都,四月十二

---

① (元)元明善:《丞相淮安忠武王碑》,《全元文》卷760,江苏古籍出版社2001年版,第351页。
② (元)佚名氏《宋季三朝政要》卷5:"二月初九日,贾余庆等登舟。"(中华书局1985年版,第62页)(宋)严光大《祈请使行程记》:"德祐丙子二月初九日,宣奉大夫、左相吴坚,自天庆观方丈出北关门,送通议大夫、右丞相兼枢密使贾余庆,银青光禄大夫、枢密使谢堂,端明殿大学士、中奉大夫充祈请使刘岊,承议郎守、监察御史充奉表纳土官杨应奎、朝奉郎充奉表纳土官赵岩秀。"[(元)刘一清《钱塘遗事》卷9,上海古籍出版社1985年版,第196页]

日又从大都出发,五月初二在上都觐见元世祖,祈求元朝保留宋朝的国号和宗社。然而使命难酬,诸祈请使的结局也多是悲剧性的。

一 祈请使溯源

宋王朝吸取唐代藩镇割据的弊端,削弱武将兵权,导致在与辽、西夏、金、蒙古等少数民族的对峙中一直处于弱势地位,以割地纳币、称侄称臣等屈辱外交政策求取一时和平。南宋建立后,曾向金廷派出各类使臣。据统计,宋、金交聘往来的100多年间,南宋出使金朝约250次,使节人次大约500人。① 按照出使目的不同,这些使节大致可分为三类:一是常使,如贺正旦国信使、贺生辰国信使等,每年必遣;二是礼仪使节,如告哀使、贺登位使等;三是泛使,是南宋处理特殊国事而向金朝派遣,如祈请使、奉迎梓宫使等。

最早设立祈请使一职可以追溯到高宗时期。靖康之难,徽钦二帝被金人掳去,高宗为祈归二帝(徽宗死后请其梓宫),曾数次向金国派出祈请使:建炎二年(1128),高宗派宇文虚中担任祈请使,杨可辅副之,金国不放二帝,宇文虚中最终被留仕金朝;绍兴十六年(1146),南宋命何铸为祈请使,请归宗族,"使事秘而不传"②;绍兴二十年(1150),又遣巫伋为祈请使,郑藻任副使出使金国,乞修奉陵寝,求请钦宗归国,遭金主拒绝。

除了高宗朝派祈请使请归二帝、宗族外,孝宗朝还派祈请使请归河南陵寝之地。靖康之难不但使北宋江山沦落金人之手,亦使北宋

---

① 参见李辉《宋金交聘制度研究(1127—1234)》附录一《南宋国信使表》,博士学位论文,复旦大学,2005年;成少波《南宋使金诗考论》,硕士学位论文,安徽大学,2006年。
② (元)脱脱等撰:《宋史》卷380《何铸传》,中华书局1977年版,第33册第11708页。

"七帝八陵"屡遭金人盗掘。靖康元年（1126），金兵开始对永安诸陵进行抢掠。绍兴二年（1132），皇陵又遭到伪齐刘豫的疯狂盗掘。由于北宋陵寝位于巩县（今河南巩义市），靖康之难后已被金国占领，荆棘丛生，白骨遍地。高宗曾数派使者谒陵。隆兴和议（1164）后，孝宗对屈辱和议的签订耿耿于怀，而每每念及祖宗陵寝陷于敌国之手，"奋然有恢复意"。乾道六年（1170）命范成大为祈请使，专求河南陵寝地。范成大辞气慷慨，使金人震怒，险遭金太子杀害，终得全节而归。

请归二帝、祈请河南陵寝地都是事关南宋宗族的特殊事件，"弱国无外交"，由于南宋军事力量孱弱，所派遣的祈请使很难完成使命，而对于亡国之际的祈请使来说更是如履薄冰，难以实现目的。

按照宋朝惯例，凡使者出使，须将沿途见闻与交聘情况笔录成书，呈报朝廷，如范成大有《揽辔录》（今存），何铸有《奉使杂录》（已佚），使者纪行录因其亲历域外，真实可靠。亡宋祈请使的出使，由宗丞赵时镇、阁赞严光大二人担任日记官，其中严光大所记《祈请使行程记》被保存下来，使我们得以想见当日情形。

二 亡宋祈请使成员

南宋递交降表及国玺后，元朝请南宋朝官以祈请使为前导，北上向元朝拜降。其目的之所在，如文天祥所言："盖空我朝廷，北将甘心焉。"[①] 吴坚、贾余庆、谢堂、家铉翁、刘岊是南宋派遣的五位祈请

---

① （宋）文天祥：《指南录自序》，熊飞等校点《文天祥全集》卷13，江西人民出版社1987年版，第477页。

使,但在出发前后,谢堂纳赂北军,免去此行①;文天祥因出使元营被意外扣留,与祈请使一同被押解北行,但并不在祈请使之列。② 因此,祈请使共四人:贾余庆、吴坚、家铉翁、刘岊。另外,宋廷遣监察御史杨应奎担任奉表纳土官,大宗丞赵岩秀担任奉表纳土官,其他有带行官属54员、随行人从240人、扛抬礼物将兵3000人,一并被押解北行。

虽然同行,然亡国之际使臣心志各有不同。文天祥在《使北(序)》中说:

> 左丞相吴坚,右丞相贾余庆,枢密使谢堂,参政家铉翁,同知刘岊五人,捧表北庭,号祈请使。贾幸国难,自诡北人,气焰不可向迩;谢无识附和,吴老儒,畏怯不能争;刘狎邪小人,方乘时取美官,扬扬自得;惟家公非愿从者。犹以为赵祈请,意北主或可语,冀一见陈说,为国家有一线,故引决所未忍也。③

国难当头之际,贾余庆、谢堂、吴坚、刘岊无视国家安危,或谄媚卖国,或懦弱畏怯,或小人得志,唯家铉翁忠心爱国,虽不愿赴北,然而却是一心为南宋国运祈请,且最终"独得全节"④。

---

① 谢堂虽被免去此行,但一个月后,他与恭帝等被押解大都,闰三月与祈请使团在燕京会合,终未得免,其夫人随之同行。(见《祈请使行程记》)

② 关于文天祥是否在祈请使之列,《钱塘遗事》卷8"京城归附"、卷9"丙子北狩"条均列文天祥为祈请使,然《宋史》《元史》《宋季三朝政要》均不列文天祥。文天祥《指南录·后序》明确地说明自己是与祈请使同行,并非是祈请使:"未几,贾余庆等以祈请使诣北。北驱予并往,而不在使者之目。"《使北(序)》云:"贾余庆凶狡残忍,出于天性。密告伯颜,使启北庭,拘予于沙漠。"《纪年录》云:"公不在使列,盖驱逐之使去耳,尽出贾余庆计陷",明确点明文天祥是被贾余庆出卖。贾余庆出卖文天祥,替代文天祥而当上了右丞相,并遣其北行,《元史》载:"右丞相命吴坚、文天祥同行。"由此可知,文天祥不在祈请使之列,他赴元营请和,遭贾余庆出卖而被扣留,之后被元朝押解而与诸祈请使同行,《钱塘遗事》所载有误。

③ 熊飞等校点:《文天祥全集》卷13,江西人民出版社1987年版,第487页。

④ (清)陈焯编:《宋元诗会》卷51,影印文渊阁《四库全书》本。

第一章 《江南谣》：亡宋北解流人群体

（一）吴坚

吴坚（生卒年不详），字彦恺，天台（今浙江临海）人，淳祐四年（1244）进士，深习《春秋》。为昆山簿，留意教养，风俗为之一变。宝祐五年（1257）十月以太常博士除秘书郎，德祐元年（1275）十二月命签书枢密院事，德祐二年（1276）正月初五拜左丞相兼枢密使，元兵次近郊，他与贾余庆檄告天下守令以城降。① 二十日，与文天祥出使元营。二月，充祈请使赴燕降元。

吴坚生性畏怯，文天祥谓其"吴老儒，畏怯不能争"，"殊无殉国之意"，并深以为恨，作诗讽之曰：

> 至尊驰表献燕城，肉食那知以死争。
> 当代老儒居首揆，殿前陪拜率公卿。②

五月初二，宋宗室朝官在上都觐见忽必烈，仪式之后，忽必烈问吴丞相："汝老矣，如何为丞相领事？"吴坚答云："自陈丞相以下遁去，朝廷无人任职，无人肯做，故臣为相未久。"③ 由此可知，吴坚年已老迈、勉强为相，他恳求"念臣衰老，乞归田里"，忽必烈未允。

吴坚今存文一篇，是他为宋黎靖德所编《朱子语类》而作的序文，作于咸淳元年（1265）十二月，载《朱子语类》卷首。

---

① 《钱塘遗事》卷8"京城归附"条载："丙子正月二十日，大兵入临安府，请太皇太后降。太后诏江南诸郡归附……时贾余庆令学士院降诏，俾天下归附之，各付一省札。惟家铉翁不肯署押，吴坚一如贾余庆之命……"（上海古籍出版社1985年版，第186—187页）
② 熊飞等校点：《文天祥全集》卷13，江西人民出版社1987年版，第488页。
③ （元）刘一清：《钱塘遗事》卷9，上海古籍出版社1985年版，第219页。

(二) 贾余庆

贾余庆（？—1276），海州（今江苏连云港）人。德祐二年正月初九，贾余庆知临安府。十八日，贾余庆与赵吉甫赴元营献传国宝、玉玺及降表。① 二十日，赐同签书枢密院事、知临安府。② 二月初六，遣充祈请使。

贾余庆凶狡残忍，逢迎卖国。元兵次近郊时，他与吴坚檄告天下守令以城降；文天祥出使元营时，他与丞相吴坚、同知枢密院谢堂竟私下投降，并向元人出卖文天祥。北行途中，二月初十夜，贾余庆对铁木儿说："文丞相心肠别。"因为贾余庆此语，翌日早，文天祥被严加看守，押解到一艘单独的船上。③ 而当晚，元人在留远亭前燃火，与诸公行酒，贾余庆卖疯，"满口骂坐，毁本朝人物无遗者，以此献佞"，引得元人"亹亹笑"。文天祥不胜悲愤，口占刺余庆曰：

甘心卖国罪滔天，酒后猖狂诈作颠。
把酒逢迎酋虏笑，从头骂坐数时贤。

（《留远亭二首》其一）④

贾余庆在北解途中病重，未到大都就命丧异乡。《祈请使行程记》载：

---

① （元）刘敏中：《平宋录》，中华书局1985年版，第16页。
② 《宋史》卷47《瀛国公·二王附》：正月"乙亥，以贾余庆知临安府"。"丙戌，命天祥同吴坚使大元军。赐家铉翁进士出身，签书枢密院事，贾余庆同签书枢密院事、知临安府。"（中华书局1977年版，第938页）
③ （宋）文天祥《命里（序）》："二月初十夜，为刘百户者所迫。中原人尚可告语也。贾余庆语铁木儿曰：'文丞相心肠别。'翌日早，铁木儿自驾一舟来，令命里千户，押予上船，凶焰吓人，见者莫不流涕。"（载熊飞等校点《文天祥全集》，江西人民出版社1987年版，第489—490页）
④ 熊飞等校点：《文天祥全集》卷13，江西人民出版社1987年版，第490页。

闰三月初九日，贾相病……初十日，贾相病甚，仍宿馆内。十一日……贾相病重。十三日，枢密院差太医诊贾相脉，投石膏散。疾愈笃。十四日，贾相薨，众官大恸。十五日巳时，贾相自会同馆后门出殡，诸官出丽正门。燕京大兴总管府排办神道，彩亭十余座，鼓铍幡盖之类，送至洞神观侧殡焉。十七日，诸使祭贾相于洞神观。①

贾余庆在途中病亡，令其他使臣十分悲痛。但贾余庆在国难之时，逢迎卖国，为后人所诟病，明代黎遢有诗讽之："如何宋代贾余庆，视弃君王如路人。"②所谓爱国者名传千古，卖国者千载唾弃，古今同理。

（三）刘岊

刘岊（1224—?），字季仪，年三十三登宝祐四年（1256）进士。《宋史》载：德祐二年（1276）正月时，刘岊任监察御史，初五被南宋派遣入元营奉降表。二月，知同签书枢密院事，以祈请使出使元朝。其生平家世见《宝祐四年登科录》。

刘岊乃"狎邪小人，皆乘时窃美官，谓使毕即归，不以为意"③，北行途中，二月十一日夜在留远亭夜宴时，刘岊多次奉以淫亵，为元人所鄙薄。吕文焕在旁，十分气愤，说："国家将亡，生出此等人物！"刘岊不以为然，甘当元人的笑具。他"于舟中取一村妇至亭中，使荐刘寝，据刘之交坐，诸酋又嗾妇抱刘以为戏"。文天祥义愤填膺，赋诗讽之曰：

---

① （元）刘一清：《钱塘遗事》卷9，上海古籍出版社1985年版，第210—211页。
② （明）黎遢：《傅节女吟》，（清）汪森《粤西诗载》卷7，影印文渊阁《四库全书》本。
③ （清）毕沅：《续资治通鉴》卷182，中华书局1957年版，第4979页。

> 江南浪子是何官？只当空庐杂剧看。
> 拨取公卿如粪土，沐猴徒自辱衣冠。
>
> （《使北》其三）
>
> 落得称呼浪子刘，樽前百媚佞旃裘。
> 当年鲍老不如此，留远亭前犬也羞。
>
> （《留远亭二首》其二）①

也许如此卑劣与下流正是刘岊的本性，在国家灭亡之际，他便越发没了约束，没了廉耻，一副无赖嘴脸。国家灭亡，臣子百态，而最令人厌恶的莫过于如此自辱衣冠的败类了。

（四）家铉翁

家铉翁（1213—?）号则堂，眉州（今四川眉山）人。大酉孙，以荫补官。是亡宋祈请使中最有气节的。德祐元年，知临安府、两浙西路安抚使，迁户部侍郎兼枢密都承旨。德祐二年正月十九日，临危受命，被委以参知政事，赐进士出身、签书枢密院事。是日，元朝遣使入临安府令南宋诸郡降附，唯家铉翁不肯署押，元将欲缚之，铉翁云："中书无缚执政之理。"归私厅以待，竟不敢为之奈何。二月，充祈请使北行，礼成不得命，留馆中。闻南宋君臣已羁押在途，旦夕哭泣，不食饮者数月。元朝以其节高，欲尊以高官，他义不二君，坚辞元官。元至元十五年（1278），移居河间，假馆授学。至元三十一年（1294），元成宗即位，欲显擢之。此时家铉翁年逾八十，他再次拒绝，唯望元廷放归故国，云："亡国之俘，不能死，陛下安用之。得以骸骨，归葬先人冢旁，受恩多矣。"② 成

---

① 熊飞等校点：《文天祥全集》卷13，江西人民出版社1987年版，第488、490页。
② （明）曹学佺：《蜀中广记》卷46，影印文渊阁《四库全书》本。

宗感佩，赐千金，放还眉山，赐号"处士"。家铉翁皆辞不受，徒步还家，又数年卒。有《则堂集》六卷、《春秋集传详说》三十卷传世。《宋史》有传。

宋亡时家铉翁六十有四，被元朝押解、圈禁，他持节守志十九载，是亡宋祈请使中年龄最大，被扣留最久，又唯一全节而归的使臣。

三 祈请使团随行人员

亡宋祈请使团一行人员众多，除四名祈请使外，还有带行官属54员、随行人从240人、扛抬礼物将兵3000人。他们在元朝馆伴使的押解下北上大都。据《钱塘遗事》卷9"丙子北狩"条记载，祈请使团随行人员中有姓名、官任者凡15人。兹整理列表如下：

表1-1　　　　　　　祈请使团随行人员可知任官一览

序号	随行人员	籍贯	在团中任职	宋朝任官
1	杨应奎	庐州	奉表献玺纳土官	监察御史
2	赵若秀	临安	奉表献玺纳土官	大宗丞
3	赵时镇	庐州	日记官	宗丞
4	严光大	绍兴	日记官	阁赞
5	徐用礼	临安	护送礼物官，书状官	御带高州太守
6	吴庆月①	临安	书状官	潮州通判

---

① "月"，《祈请使行程记》作"用"，（元）刘一清《钱塘遗事》，上海古籍出版社1985年版，第209页。

续表

序号	随行人员	籍贯	在团中任职	宋朝任官
7	朱仁举		书状官	惠州通判
8	沈庚会		书状官	处州通判
9	吴嘉兴		书状官	浙东路钤
10	高 举	江陵	掌管礼物通事官	通事总管
11	吴 顺		掌管礼物通事官	总管
12	潘应时		提举礼物官	环卫总管
13	吴 椿		提举礼物官	总管
14	刘玉信	扬州	提举礼物官	环卫总管
15	詹 囡		掌仪官	浙东路钤

根据严光大《祈请使行程记》记载，闰三月初八，祈请使一行近燕京，元朝对祈请使团中的随行官吏员 19 人赐授官职。兹列表如下：

表 1-2　　　　元朝赐授祈请使团随行人员官职一览表

序号	姓名	籍贯①	宋任官②	团中任职	元朝赐授官职
1	徐用礼	临安	御带高州太守	护送礼物官，书状官	武功大夫，带御器械，知高州
2	严光大	绍兴	阁赞	日记官	武翼郎，升卜赞，添差福建路马步军副总管，福州驻扎

---

① 据（元）刘一清《钱塘遗事》卷 9 "丙子北狩"，上海古籍出版社 1985 年版，第 193—195 页。
② 同上。

续 表

序号	姓名	籍贯	宋任官	团中任职	元朝赐授官职
3	高举	江陵	通事总管	大通事	武经郎，带行环卫官，添差西路副总管，临安府驻扎
4	吴庆用①	临安	潮州通判	书状官	朝奉郎，添差通判潮州，赐绯
5	朱仁举		惠州通判	尚宝省录事	奉议郎，差通判惠州事，赐绯
6	沈庚会		处州通判	中书省录事	奉议郎，差通判处州事，赐绯
7	陈充谦			尚书省令史	宣教郎
8	胡褊			枢密院丞旨	武功郎，添差浙东路兵马铃辖
9	詹囡		浙东路铃	国信所掌仪	武功郎，浙东路分，绍兴府驻扎
10	龚友谅			专库	承信郎
11	陆镇			专库	承信郎
12	刘某			直省所	承信郎
13	钟应辰			直省所	承信郎
14	沈文亨			直省所	承信郎
15	钟大有			直省所	承信郎
16	陈总			直省所	补进义校尉
17	姚安国			直省所	补进义校尉
18	石宝			直省所	补进义校尉
19	林恢			直省所	补进义校尉

① "用"，（元）刘一清《钱塘遗事》卷9"丙子北狩"作"月"，上海古籍出版社1985年版，第194页。

以上两表可见，徐用礼、严光大、高举、吴庆月（用）、朱仁举、沈庚会、詹困7人官职可考，还有12名带行官属虽在宋官职不可考，然而也能明确地知道在团中任职情况以及元朝予授官职，他们不但在祈请使团中任职，而且在北行途中就被授予元官。据此，我们似可见，在短短行程中，随行人员一面面对国破家亡的苦痛，一面调整心态，积极地配合押解宋使的元军，以实现自己从宋到元身份的转变。

第三节　宫室群体

宫室群体是宋廷被元朝押解北上觐见元世祖的最重要的群体，也是亡宋北解流人的第二个群体。这一群体于德祐二年（1276）三月出发，闰三月下旬与祈请使团在大都会合，再由大都出发于五月初抵达上都觐见忽必烈。宫室群体包括恭帝、全太后、昭仪王清惠、美人朱氏等三宫成员，福王赵与芮、参政谢堂、驸马都尉杨镇等宗室成员，高应松、阮登炳、邹珙、陈秀伯等官员，以及太学生、宗学生数百人，加之随行人员，此行数千人，队伍极其庞大。《宋季三朝政要》卷5载：

> 德祐二年三月……丁巳（按：丁巳当为"丁丑"之误），宋少帝、全太后出宫，太皇太后以疾留大内，隆国夫人黄氏、朱美人、王夫人以下百余人从行，福王与芮、参政谢堂、高应松、驸马都尉杨镇、台谏阮登炳、邹珙、陈秀伯、知临安府翁仲德等以下数千人，太学生、宗学生数百人皆在遣中。闰三月廿四至燕京……太皇太后卧病，主者自宫中舁其床以出，卫者七十余人从

行，八月乃行，降封为寿春郡夫人。①

其中太皇太后谢道清卧病，未随宗室一行北上。她在70余名侍卫的陪同下，于此年八月被押解北行。

一 三宫

南宋灭亡时，恭帝赵㬎只有六岁，由太皇太后谢道清垂帘听政。恭帝母全太后、昭仪王清惠、美人朱氏等后宫成员均在被遣之列。而在此之前，已有众多宫女不堪北行之辱，投水自尽，殉节者数百人。三宫北行途中，王清惠于汴京夷山驿赋《满江红》词一首，和者甚众；抵达上都后，美人朱氏等四人自缢殉节，并在袖中遗诗一首。抵达大都后，赵㬎及全太后、王清惠等生活极其凄苦，曾先后辗转漂泊，恭帝出家为僧，全太后出家为尼，王清惠度为女冠，都至死未能回到江南故国。

（一）恭帝赵㬎

赵㬎（1271—1323②），南宋的第七位皇帝。父为度宗，母为全皇后。咸淳七年（1271）九月生于临安府之大内。九年（1273）授左卫上将军，封嘉国公。十年（1274）奉度宗遗诏即皇帝位于柩前，由谢太后临朝称诏。德祐二年三月，与母全太后等被押解大都，五月至上都，元朝授开府仪同三司、检校大司徒，封瀛国公。至元十九年（1283）十二月，元朝杀文天祥的当天，将赵㬎等遣送上都。至元二十一年（1284）二月，赵㬎等故宋宗室被元朝遣回大都。至元二十五

---

① （元）佚名氏：《宋季三朝政要》，中华书局1985年版，第63页。
② 《佛祖历代通载》卷32："至治三年（1323）四月，赐瀛国公合尊死于河西，诏僧儒余书藏经。"

年（1288）冬十月，赐赵㬎钞百锭，命往吐蕃学习佛法。此时，赵㬎已18岁。他在吐蕃不仅学会了藏文，而且十分精通，参与了大量的汉藏文佛经的对勘和翻译工作。法号合尊，曾出任萨迦寺总持一职。大约在萨迦寺生活了30年后，至治三年（1323）四月，赵㬎被元朝赐死。①

赵㬎自元至元十三年（1276）被遣大都，到至元二十五年（1288）被元朝遣往吐蕃（今西藏）学习佛法，此间与其母全氏相依为命，王清惠、汪元量等担任其教养之职。赵㬎聪慧，喜读诗书，亦喜赋诗。其诗今存二首，录之如下：

在燕京作

寄语林和靖，梅花几度开。黄金台下客，应是不归来。

鹦鹉

毛羽自然可数，仙禽不受凡笼。衔得梧桐一叶，中含无限秋风。（《乾坤清气》）②

赵㬎诗首载于陶宗仪《南村辍耕录》卷20"宋幼主诗"条，明瞿佑《归田诗话》卷中"汪水云赐还"作："黄金台上客，底事又思家。归问林和靖，寒梅几度花？"与《南村辍耕录》略有出入。

赵㬎生于帝王之家，四岁即位，六岁成为亡国之君，被押解大都，一生都生活在元人的监禁之下，没有人身自由，最终被元朝赐死。所存的两首诗倍含凄楚，含蓄无限，写出了在元朝控制之下附身

---

① 《佛祖历代通载》卷32载："至治三年（1323）四月，赐瀛国公合尊死于河西，诏僧儒余书藏经。"转引自傅斯年《明成祖生母记疑》，载《中国现代学术经典·傅斯年卷》，河北教育出版社1996年版，第184页。

② （清）厉鹗：《宋诗纪事》，上海古籍出版社1983年版，第19页；《全宋诗》卷3726，北京大学出版社1995年版，第44838页。

求生的无限凄凉。后世多认为这首诗是他为送别汪元量所作,明田汝成《西湖游览志余》载:"少帝之寓燕京也,凄凉无赖。时汪水云以黄冠放还,少帝作诗送之云……"① 赵㬎一生凄楚,清代吴焯有诗咏之曰:"梦断罗衾冷似冰,嘟嘟红喙语雕棱。木波不断幽人怨,梧叶声中蟋蟀灯。"② 道出了其在吐蕃学佛法的凄凉和孤寂。

(二) 太皇太后谢道清

谢道清(1210—1283),天台(今属浙江)人,乃理宗赵昀皇后,宰相谢深甫的孙女。生而黧黑,一眼有白斑。"幼失父母,业亦破败,尝躬操汲饪。"③ 理宗即位,议择中宫,杨太后为感激谢深甫的援立之功,命选谢氏诸女。谢氏兄弟欲纳道清入宫,诸父撝伯不同意,曰:"即奉诏纳女,当厚奉资装,异时不过一老宫婢,事奚益?"会元夕,县有鹊来巢灯山,众以为后妃之祥。撝伯不能止,乃供送道清进宫。道清旋病疹,良已,肤蜕,莹白如玉;医又药去白斑眼疾。时贾涉女有姿色,同在选中。及入宫,理宗意欲立贾。杨太后曰:"谢女端重有福,宜正中宫。"左右亦皆窃语曰:"不立真皇后,乃立假皇后邪!"④ 理宗无奈,遂定立后。宝庆三年(1227)九月,进贵妃,十二月,册为皇后。

度宗崩,赵㬎即位,尊为太皇太后,临朝称制。德祐元年(1275)三月,京朝官闻难,多避匿遁去。是月,元兵破常州,太后遣陆秀夫等请和,遭元人拒绝。宜中即率公卿请迁都,谢太后不同意。宜中痛哭请

---

① (明)田汝成:《西湖游览志余》卷6,上海古籍出版社1958年版,第96页。
② (清)厉鹗等撰,虞万里校点:《南宋杂事诗》卷2,浙江古籍出版社1987年版,第94页。
③ (明)田汝成:《西湖游览志余》卷2,上海古籍出版社1958年版,第29页。
④ (元)脱脱等撰:《宋史》卷243《理宗谢皇后传》,中华书局1977年版,第8658—8659页。

之，太后乃命整装待走，给百官路费银两。及暮，宜中不入，谢太后怒曰："吾初不欲迁，而大臣数以为请，顾欺我邪？"脱簪珥掷之地，遂闭阁，群臣求内引，皆不纳。盖宜中实以明日迁，仓促奏陈失审耳。①

德祐二年正月，谢太后命陈宜中出使元营，约用臣礼。宜中不去，太后涕泣曰："苟存社稷，臣，非所较也。"② 未几，元兵迫近皋亭山，宜中夜遁，文武百官亦潜相引去。宋亡，幼主赵㬎、全太后等宗室、朝官、太学生三千人被押解北上，唯太皇太后谢道清以疾留杭。是年八月，被押解大都，降封寿春郡夫人。越七年（1283）终，年七十四，无子。"临殁遗言，欲归葬绍兴。"③

谢太后虽生于官宦之家，然家世没落，早年尝躬亲汲饪，入宫后，倍享荣华富贵。元兵南下，幼主登基，她临朝称制，一意纳币请和，称侄、称侄孙乃至称臣④，除此之外，很少有御敌之策。南宋亡国后，她被元人押解北行，在大都凄凉地度过晚年。对于谢道清一意主降、晚年寄居元人篱下的人生境遇，时人及后世多有诗词对其进行讽咏。

汪元量有多首诗提及谢太后："夜来闻大母，已自纳降笺"（《和徐雪江即事》）、"国母已无心听政，书生空有泪成行"[《醉歌（其三）》]、"谢后已叩新圣旨，谢家田土免输粮"[《湖州歌（其八十五）》]，表达了对谢太后无心抗元、一味请和的愤怒与不满。宋末元初鲍恂有《重到钱塘》（其一），诗云："生死双飞正可怜，若为白发

---

① （元）脱脱等撰：《宋史》卷418《陈宜中传》，中华书局1977年版，第12532页。
② （元）脱脱等撰：《宋史》卷243《理宗谢皇后传》，中华书局1977年版，第8660页。
③ （清）毕沅：《续资治通鉴》卷188，中华书局1957年版，第5146—5147页。
④ 《宋史》卷47《瀛国公》："陆秀夫等至大元军中，求称侄纳币，不从；称侄孙，不从。戊辰，还。太皇太后命用臣礼。"[（元）脱脱等撰：《宋史》，中华书局1977年版，第936—937页]

上征船。未应分手江南去，更有春光七十年。"① 谢太后北解时已六十有七，所谓"白发上征船"正是讽刺她不舍残年，惜命如金，不能为南宋殉国的卑怯与软弱。

元代王逢有《读谢太皇诏稿》，诗云：

> 半壁星河两鬓丝，月华长照素帘垂。
> 衣冠在野收亡命，烽火连营倒义旗。
>
> 天地昼昏忧社稷，江淮春涨泣孤嫠。
> 十行哀诏无多字，落叶虚窗万古思。②

宋亡之际，谢太后曾数次下诏。德祐元年（1275），下诏天下勤王，有文天祥、张世杰等响应提兵入卫；而后她又主张南宋罢兵，向元人请和，下诏息兵通好。味王逢诗意，言"哀诏"，应指诏天下勤王之事。谢太后以老病残年临朝称制，将半壁江山最终葬送，这既是她个人命运的悲哀，更是南宋王朝的悲哀。

（三）太后全玖

全太后（？—1288年后），名玖，会稽（今浙江绍兴）人，理宗母慈宪夫人的侄孙女。略涉书史，幼从父昭孙知岳州。开庆元年（1259），议皇太子妃。丁大全请选知临安府顾嵓女，已致聘，然大全败，嵓亦罢去，台臣论嵓、大全党，宜别选名族以配太子。臣僚遂言全氏侍其父往返江湖，备尝艰险；其处贵富，必能尽警戒相成之道。

---

① 诗载（元）赵景良编《忠义集》卷6，其注云："诗意疑慈元。"按：慈元，为谢太后所居慈元殿。（元）杜本编《谷音》卷下、（清）陈焯《宋元诗会》卷56均载（影印文渊阁《四库全书》本）。（清）厉鹗《宋诗纪事》卷78亦载（上海古籍出版社1983年版，第1905页）。

② （元）王逢：《梧溪集》卷1，中华书局1985年版，第10页。

理宗以母慈宪夫人之故,乃诏全玖入宫,问曰:"尔父昭孙,昔在宝祐间没于王事,每念之,令人可哀。"对曰:"妾父可念,淮、湖之民尤可念也。"理宗深异之,曰:"即此语可母天下。"景定二年(1261)册为皇太子妃,咸淳三年(1267)册为皇后。咸淳十年(1274),度宗崩,子㬎立,被册封为皇太后。

宋亡,全太后北上。入大都后,全太后很难适应北方的气候,"后为奏令回江南。帝不允"①。在北方的严寒风沙中,凄苦度日。至元二十五年(1288)九月,元朝令赵㬎往吐蕃学佛,全太后入正智寺为尼而终。《宋史》卷243有传。

汪元量曾赋诗一首,题为《全太后为尼》:"南国旧王母,西方新世尊。头颅归妙相,富贵悟空门。传法优婆域,诵经孤独园。夜阑清磬罢,趺坐雪花繁。"对全太后出家为尼表示深深叹惋。明钱士升云:"谢全羁穷,伤心泪尽"②,道出末世帝王皇后凄苦苍凉的后半生。

(四) 昭仪王清惠

王清惠(? —1287年后),度宗时选入掖庭为昭仪,小名王秋儿。相貌平平,但才华出众。《随隐漫录》载:王清惠"鹤骨臞貌",与资阳朱春儿、高安朱夏儿、东阳周冬儿为"春夏秋冬四夫人直书阁",受到度宗宠幸,而王清惠"能属文为尤亲"。度宗即位后,王清惠时常助理批答,"万几之暇,批答画闻,式克钦承,皆出其手"③。德祐二年,王清惠随宋宗室被押解北去,途经汴京夷山驿时,题《满江红》词于驿壁。其词传诵一时,和之者甚众,文天祥、邓光荐、汪元量所和《满江红》词流传至今。

---

① (明)宋濂等撰:《元史》卷114,中华书局1976年版,第2871页。
② (明)钱士升撰,林开甲、唐子恒点校:《南宋书》,齐鲁书社2000年版,第137页。
③ (宋)陈世崇:《随隐漫录》卷2,中华书局2010年版,第15页。

北上后，王清惠与汪元量共同担任少帝赵㬎教养一职。至元十九年（1282）十二月初九，文天祥殉国的同日，王清惠与赵㬎等同遣上都，至元二十一年（1284）二月回到大都。至元二十四年（1287）前后，度为女道士，法号冲华。其后不久，卒于幽州道观。《南宋书》卷7有传。

王清惠作品，除了题壁词《满江红》外，明代程敏政《宋遗民录》附录《宋旧宫人诗词》载王清惠诗四首：《李陵台和水云韵》《捣衣诗呈水云》《秋夜寄水月水云二昆玉》，以及宋旧宫人送汪元量南还时的"劝"字韵诗。北上后王清惠与汪元量关系甚密，这四首均是与汪元量的酬唱之作。

（五）美人朱氏

朱氏（？—1276），宋度宗嫔妃，为美人，封安康夫人。宋亡，随三宫入燕。五月初二抵达上都朝觐元世祖。其时，元朝某达官显贵欣赏她的美色欲娶为内室，朱氏不堪此辱，五月十二日晚，与安定陈才人及二侍儿（佚名），各自用贴身的胸衣自缢而死，朱氏袖中遗诗一首。诗有"既不辱国，幸免辱身。世食宋禄，羞为北臣。妾辈之死，守于一贞。忠臣孝子，期以自新"[①]句，孤忠绝笔忠贞可鉴。十三日，元世祖奏闻大为震怒，下令将美人朱氏、才人陈氏及二位侍儿的尸体不用任何棺椁埋葬，并割下她们的头颅悬挂在全太后的寓所，以儆效尤。

《全宋诗》载朱美人诗，录自陶宗仪《南村辍耕录》卷3，然《全宋诗》在介绍朱美人生平时误作"朱不欲入燕，临发自尽"[②]。

[①] （元）陶宗仪：《南村辍耕录》卷3，中华书局1959年版，第38页。
[②] 《全宋诗》卷3663，北京大学出版社1995年版，第43990页。

（六）其他宫人

宫室群体除了太后全玖、昭仪王清惠、美人朱氏（安康朱夫人）、才人陈氏（安定陈才人）等宫人以外，还有新安宫正、新定安康、安定夫人等宫人。《祈请使行程记》载：

> （闰三月）二十四日，诸使出阳春门，迓太后、嗣君于五里外起居。隆国夫人、王昭仪、新安宫正、新定安康、安定夫人，天眷、福王、沂王、谢枢密从驾，车大小九十三辆，大小官使六十余人。张知府濡继至，有绯绿妓乐、神鬼清乐，戴珠翠，衣销金，乘马而坐。旌队、枪刀、金鼓等迎接。入燕京，随驾下车，入中堂内，垂帘而坐。诸使属官立班两拜后，班稍侧，又两拜，退。

除此以外，还有诸多宫人随同三宫押解大都。她们抵达大都后，大部分被元朝安排嫁给北方工匠，汪元量《亡宋宫人分嫁北匠》诗记载了这一事实，诗有"君王不重色，安肯留金闺。再令出宫掖，相看泪交垂。分配老斲轮，强颜相追随。旧恩弃如土，新宠岂所宜"，"吞声不忍哭，寄曲宣余悲。可怜薄命身，万里荣华衰。江南天一涯，流落将安归。向来承恩地，月落夜乌啼"句①，描绘了嫁给北方工匠的亡宋宫人的凄苦命运。

此外，还有少数宫人留在赵㬎、全太后等身边。汪元量与诸位宫人交往密切，"老宫人能诗者，皆水云指教"②。至元二十五年（1288），汪元量南归时，诸宫人把酒送行，纷纷赋诗。汪元量辑有

---

① （宋）汪元量撰，孔凡礼辑校：《增订湖山类稿》卷2，中华书局1984年版，第63页。
② （元）郑元祐：《遂昌山人杂录》，中华书局1991年版，第12页。

《宋旧宫人诗词》一卷①，收王清惠、陈真淑、黄慧真、何凤仪、周静真、叶静慧、孔清真、郑惠真、方妙静、翁懿淑、章妙懿、蒋懿顺、林顺德、袁正淑14人以"劝君更尽一杯酒，西出阳关无故人"为韵的送别诗14首，同时还有章丽真、袁正真分别作的《水云归吴寄声长相思》词二首，金德淑所作《水云还家小词为赋声寄〈望江南〉》等。除此之外，旧宋宫人还作有《宋旧宫人赠汪水云南还词》，载有章丽真、袁正真、金德淑、连妙淑、黄静淑，陶明淑、柳华淑、杨慧淑、华清淑、梅顺淑、吴昭淑、周溶淑、吴淑真13人赠别词13首。②

二 宗室

（一）福王赵与芮（附隆国夫人黄氏）

赵与芮（？—1287）③，太祖十世孙。理宗赵昀母弟，度宗之父，恭帝的祖父。居绍兴山阴。与芮虽然是宋太祖的后裔，但他属于燕王德昭一支，至南宋后期，这一支与秦王德芳一支在血缘关系上已疏远。德昭一支很早就失去王爵，日益没落。作为德昭的后代，与芮的曾祖和祖父均无官职，父亲赵希瓐只是一个九品县尉，且早逝，兄弟俩只能寄居在母亲全氏的娘家。由此可见，与芮虽属皇族，但家世没落，境遇甚至还不如一般的平民子弟。

---

① 汪元量辑《宋旧宫人诗词》，载（清）鲍廷博《知不足斋丛书》本第二十四集。
② 《宋旧宫人赠汪水云南还词》不知何人所辑，现有明人吴讷《唐宋名贤百家词》本（附《水云词集》后）、清乾隆间鲍廷博刊《湖山类稿》附录本，1984年中华书局排印孔凡礼辑校《增订湖山类稿》附录本。
③ 赵与芮乃理宗赵昀之弟，赵昀生于1205年，则与芮生于该年之后，《元史》卷14载：至元二十四年（1287）二月戊午，"以赵与芮子孟桂袭平原郡公"，故与芮卒于是年。（《元史》卷14，中华书局1997年版，第296页）

与芮得以列为宋宗室首先是因为其兄赵昀的登基。赵昀（1205—1264），原名赵与莒，嘉定十七年（1224）八月即位，是为理宗。理宗登基之后，追封生父赵希瓐为荣王，与芮以荣王嗣子的身份位列宗室之席，"元王帝弟之最尊"①。嘉熙元年（1237），赐武康军节度使、提举万寿观，进封开国子。淳祐元年（1241），赐开府仪同三司、万寿观使、嗣荣王，并加授少保。宝祐元年（1253）授少师，四年（1256）为太傅，六年（1258）判大宗正事。

　　度宗赵禥乃与芮之子。理宗在位岁久，无子，属意与芮之子，宝祐元年（1253），诏以与芮之子建安郡王孟为皇子，改赐名禥。景定元年（1260）立为皇太子。五年（1264）十月，理宗崩，受遗诏，赵禥即皇帝位，是为度宗。加封与芮武康、宁江军节度使，依前太师、判宗正事。咸淳三年（1267）与芮进封福王，主荣王祀事。

　　恭帝赵㬎乃与芮之孙。咸淳十年（1274）七月，度宗崩，赵㬎即位。德祐元年，以福王与芮为武康、宁江军节度使，判绍兴府。

　　元军入侵结束了与芮显贵的生活，德祐二年（1276）正月，宋廷向元朝递交了降表，二月，福王遣人致书元朝丞相伯颜，其辞恳切。伯颜丞相回言："太后、幼主及百官随即归附，今日俱为一家，福王不须疑惑，宜速来，同预大事，甚妙。"伯颜且遣人迓之，三月初九，福王与芮自浙东来见，伯颜安慰之。②德祐二年三月，与芮与恭帝、全太后等同被押解大都，此时与芮已是70岁的老人。至元十五年（1278），被元朝授金紫光禄大夫、检校大司农、平原郡公。③至元十

---

① （宋）马廷鸾：《与芮特授武康宁江军节度使依前太师判大宗正事嗣荣王加食邑实封制》，《全宋文》卷8178，第323—324页。

② 《元史》卷9："三月甲戌，福王与芮自浙东至伯颜军中。"（中华书局1997年版，第180页）

③ （明）宋濂等撰：《元史》卷10，中华书局1997年版，第198页。

九年（1283）十二月，恭帝等被遣上都，与芮因年老未与之同行。①至元二十三年（1286），元朝复以平原郡公赵与芮江南田隶东宫。②二十四年（1287），在大都生活了11年后逝世，享年八十。元朝以赵与芮之子孟桂袭平原郡公。

赵与芮的一生大起大落。虽为皇族后裔，早年时期却因族属没落而寄人篱下；成年后，因史弥远立其兄登基而身份日益显贵；中年时期，其子赵禥即位，他更得尊贵。然而，随着南宋王朝的衰亡，他的晚年又随着王朝的命运而跌入深渊。度宗34岁驾崩，留下的三个儿子先后称帝，却命运悲惨：恭帝赵㬎，母全氏，宋亡后被押解大都，一生都在元人的控制下生活；其他二子均为庶出：赵昰，母淑妃杨氏；赵昺，母修容俞氏。临安陷落前，赵昰与赵昺由驸马都尉杨镇等护送出阁，德祐二年（1276）五月，赵昰于福州立，改元景炎，是为端宗。时避元兵入海，退至井澳（今广东珠海南海中），飓风坏舟，几溺死，惊惧而病，于景炎三年（1278）四月殂于碙洲（今广东雷州湾东碙洲岛）。不久行朝又立赵昺为帝，崖山败亡时，陆秀夫负帝昺投海而死。国家的灭亡、子孙的离世使年逾古稀的与芮心如死灰，在大都的11年他凄苦万分，度日如年。汪元量有两首诗咏赵与芮：

春事阑珊梦里休，他乡相见泪空流。
柳摇楚馆牵新恨，花落吴宫忆旧游。

---

① 《元史》卷12载："中书省臣言：'平原郡公赵与芮、瀛国公赵㬎、翰林直学士赵与票，宜并居上都。'帝曰：'与芮老矣，当留大都，余如所言。'继有旨，给瀛国公衣粮发遣之，唯与㬎勿行。"（《元史》第1册第248—249页）按："与㬎"乃"与芮"之误。王国维考曰："《元史·世祖纪》谓'惟与㬎不行'，'与㬎'当是'与芮'之讹。世祖怜与芮年老，而于与票无言，不应反遣与芮而留与票。"（王国维《观堂集林》卷21，河北教育出版社2003年版，第524页）

② （明）宋濂等撰：《元史》卷14，中华书局1997年版，第287页。

渴想和羹梅已熟，饥思进饭麦初收。

瀛洲归去琅玕长，月朗风熏十二楼。①

大王无起日，草木尽伤悲。生在太平世，死当离乱时。

南冠流远路，北面幸全尸。旧客行霜霰，呼天泪湿麾。②

两首诗尤以后一首悼亡诗悲壮惨烈，"生在太平世，死当离乱时"是对与芮一生的写照，对与芮由平民到宗室，再由贵族到亡国奴，历尽人生悲欢离合而发出无限感慨。

《宋史·贾似道传》载："福王与芮素恨似道，募有能杀似道者使送之贬所，有县尉郑虎臣欣然请行……八月，似道至漳州木绵庵，虎臣屡讽之自杀，不听……拉杀之。"度宗当政时对贾似道极其依赖，甚至称其为"师臣"，与芮甚是痛恨。及贾似道被贬，与芮招募能杀之者，将其暗杀于被贬途中。《宋史》对赵与芮着墨不多，从这段史料中或可窥见与芮之性格。

此外，同福王与芮同被押解的还有其夫人——隆国夫人黄氏。黄氏，名定喜，湖州德清（今浙江德清）人，初入魏峻叔高家，既出，复归李仁本，李氏出嫁与芮，她作为李氏陪嫁的侍女而得以入荣王府邸。时与芮正苦无子，黄氏一幸而得男，是为度宗。黄氏始封齐国夫人，与芮进封福王时，封隆国夫人。据周密《癸辛杂识》载："绍陵之在孕也，以其母贱，遂服坠胎之药，既而生子手足皆软弱，至七岁始能言。黄氏德清人，乃李夫人从嫁，名定喜，后封

---

① （宋）汪元量：《平原郡公夜宴月下待瀛国公归寓府》，《增订湖山类稿》卷3，中华书局1984年版，第69页。

② （宋）汪元量：《平原郡公赵福王挽章》，《增订湖山类稿》卷3，中华书局1984年版，第108页。

第一章 《江南谣》：亡宋北解流人群体

隆国育圣夫人。"① 由此可知度宗幼时发育曾有障碍，乃因其母黄氏在怀孕期间服用堕胎药物所致。隆国夫人因出身卑微，故"自处极谦抑，虽骤贵盛，每遇邸第亲戚，至不敢坐"②。度宗即位，黄氏身份得以尊贵，赵㬎即位，黄氏作为祖母虽再度荣光，但南宋气数已尽，她随宫室群体被元朝押解。《宋季三朝政要》卷5载：

> 乙卯，北使请三宫北迁。丁巳，宋少帝、全太后出宫，太皇太后以疾留大内。隆国夫人黄氏、朱美人、王夫人以下百余人从行，福王与芮、参政谢堂、高应松、驸马都尉杨镇……以下数千人，太学宗学生数百人，皆在遣中。③

严光大《祈请使行程记》载：

> 五月初一日早，出西门五里外。太后、嗣君、福王、隆国夫人、中使作一班在前，吴坚、谢堂、家铉翁、刘岊并属官作一班在后。北边设一紫锦罘罳，即家庙也。庙前两拜，太后及内人各胡跪，福王、宰执如南礼。又一人对罘罳前致语，拜两拜而退。
>
> 初二日，太后、嗣君、福王、隆国夫人、中使等天晓尽出南门十余里，宰执同属官亦列铺，设金银玉帛一百余桌在草地上，行宫殿下作初见进贡礼仪。④

作为度宗的生母，恭帝、端宗、祥兴帝的祖母，隆国夫人的一生大起大落，由身份的低微到地位的尊贵，再到亡国之奴，她尝尽了人

---

① （宋）周密撰，吴企明点校：《癸辛杂识》续集卷下"绍陵初诞"条，中华书局1988年版，第190页。
② （宋）周密：《齐东野语》卷15，中华书局1983年版，第272页。
③ （元）佚名：《宋季三朝政要》卷5，中华书局1985年版，第63页。
④ （元）刘一清：《钱塘遗事》，上海古籍出版社1985年版，第218—219页。

生的各种滋味。她与其夫与芮一样,命运曲折离奇,伴随着南宋的命运相始终。

此外,与芮之子亦同时被押解北上,《祈请使行程记》载:"(四月)二十八日,太后、嗣君、官人、宫使至昭德门里官舍安歇。福王子传制在隆国处安歇。"与芮之子,见诸史册者二人:一为孟启,宝祐元年诏为皇子,改赐名禥,景定五年十月即位,是为度宗;一为孟桂,与芮死后,"子孟桂袭平原郡公"①。据此,随与芮北行的当是孟桂。

(二)沂王赵乃猷

据《元史》《祈请使行程记》的记载,与恭帝一同被押解大都的还有沂王赵乃猷。赵乃猷的生平史料阙载,据《祈请使行程记》,乃猷在北行时得疾,"四月二十八日,沂王以疾不入城……二十九日,沂王疾亟"。赵乃猷生卒年均不详。

三 外戚

知枢密院事谢堂乃太皇太后谢道清之侄,提举杨镇乃杨太后侄孙、理宗女汉国公主的驸马,二人皆善书绘。

(一)谢堂

谢堂(?—1276年后),号恕斋,理宗皇后谢道清之侄②,"以肺腑臣,为股肱任"③,"倡外家损抑之风"④。景定元年(1260)五月,

---

① (明)宋濂等撰:《元史》卷14,中华书局1997年版,第296页。
② 《宋史》卷243《理宗谢皇后传》载:"侄堂,两浙镇抚大使。"(《宋史》卷243,第8660页)
③ (宋)刘克庄:《谢堂宝章阁待制提举祐神观仍奉朝请制》,《全宋文》卷7498,第232页。
④ (宋)刘克庄:《为磨勘朝散大夫制》,《全宋文》卷7504,第332—333页。

除朝奉大夫、集英殿修撰知，十月除宝章阁待制、提举祐神观，仍奉朝请。景定二年（1261）七月代郑雄飞知绍兴。咸淳十年（1274）八月，检校少保。德祐元年二月，任两浙镇抚使。十二月，赐谢堂同进士出身，同知枢密院事。二年正月，以谢堂为两浙镇抚大使，二月，被遣与贾余庆、吴坚、刘岊、家铉翁等充祈请使，赴大都觐见元世祖。初九启程，初十，谢堂纳赂免行，遂回。三月，谢堂与恭帝、全太后一行被押解大都，闰三月二十四日与祈请使团在燕京阳春门外会合，后与恭帝、福王等又被押解至上都。谢堂北行，其夫人亦随之同行。《祈请使行程记》载："谢枢密在房子下，夫人留伴燕京会同馆。"谢堂卒年不详。

谢堂"生重侯累将之门"，"得经生学士之趣"①，常以诗书自娱，善画兰竹松石，林木隽雅可爱。②

（二）杨镇

杨镇（？—1276年后），字子仁，自号中斋，严陵（今浙江桐庐）人。杨太后侄孙，节度使蕃孙之子。景定二年（1261），娶理宗女周、汉国公主，擢右领军卫将军、驸马都统。景定三年（1262），拜庆远军承宣使。时镇宗族娣姒皆推官加封，宠异甚渥。七月，周、汉国公主薨，镇官节度使。德祐二年正月，元兵逼临安，杨镇奉益、广二王渡江，往婺州。元兵迫临安，徙封昰为益王、判福州、福建安抚大使，昺为广王、判泉州兼判南外宗正，以驸马都尉杨镇及杨亮节、俞如珪为提举。元兵至皋亭山，镇等奉之走婺州。伯颜遣范文虎

---

① （宋）马廷鸾：《谢堂特授华文阁待制提举祐神观免奉朝请制》，《全宋文》卷8181，第401页。
② （明）夏文彦：《图绘宝鉴》卷4，商务印书馆2001年版，第70页。

将兵趣婺，召镇以王还，镇得报即去，曰："我将就死于彼，以缓追兵。"① 文虎"率劲兵五千追之不及，执镇而还"②。三月，杨镇与恭帝等一同被押解遣往大都。卒年不详。

杨镇平居少饮，喜观图史。书学张即之。工丹青墨竹，在郓王员大夫间，蕴藉可观。凡画赋诗其上，卷轴印记，清致异常。用驸马都尉印。③

四 官员

比之赵与芮、谢堂等虽居尊位却缺少气节者，朝臣高应松、龚溃等却很好地体现出忠心爱国、临危不惧的精神气概，琴师汪元量自三宫北上之日起，就一直伴慰三宫，教赵㬎诗书，直到赵㬎西学佛藏，全太后为尼，王清惠卒于道观，他才乞请南归，所创作的大量诗词成为旧宋三宫在北方圈禁生活的真实记录。

（一）高应松

高应松（？—1276），字筼畇④，福州长乐（今福建长乐）人，开庆元年（1259）进士。由衡州教授通判广德军，召为国子监丞，权礼部员外郎、翰林权直。元兵入临安，举朝奔窜，从官留者九人，应松其一也。正月二十日，除应松中书舍人、直学士院。二月初二，赐在城文武官各二阶，旌其不遁也。初六，除权工部侍郎。初九，除端明殿学士，签书枢密院事，参知政事。未几，吴坚、贾余庆、家铉翁

---

① （元）脱脱等撰：《宋史》卷47，中华书局1977年版，第939页。
② 柯劭忞：《新元史》卷177《范文虎传》，上海古籍出版社1989年版，第729页。
③ （元）陶宗仪：《书史会要》，上海书店出版社1984年版，第295—296页；（明）夏文彦：《图绘宝鉴》卷4，商务印书馆2001年版，第70页。
④ 乾隆《福建通志》卷43，影印文渊阁《四库全书》本。

等俱赴北，太皇命应松与刘叔子赴都堂视事，时国事已去，如拥虚器。三月十二日，两宫赴北，应松扈从，至燕即绝粒不语，越七日卒。《宋史》卷454有传。

高应松誓死守国，"不失臣节"，《昭忠录》有"高应松"条专门书其事迹①，元刘麟瑞有《参政高公（应松）》诗咏之，其诗曰：

    肠断吴山锦绣丛，六更声绝海潮空。
    千门锁月移行在，八骏乘风憩会同。
    扈跸孤臣惭主辱，征鞍万里哭途穷。
    两宫缓缓趋朝陛，回首天南独死忠。②

山河破碎，主辱臣悲，高应松肠断声绝，万里哭途穷，绝意以死殉国。何其惨烈！元代吴海有《宋少帝赐高应松辞参政不允诏后书》文，歌咏其事，文曰：

  宋至德祐，国事已非。元年二月，似道出督而自溃。宜中当国，冬十月遣柳岳赴燕城，议纳土求封小国，直学士高应松辞草表，乃以京局刘衮然权直院为之。二年二月，少帝北迁。参政高应松，金枢谢堂，台臣阮登炳、郭琪、陈春伯等从行。是时，王熵为相而去，章鉴为相而遁，陈文龙、黄镛佥枢密，辞母老而遁，宜中、留梦炎为相，又相继而遁。惟前相江万里家居，赴水死。其余执政、台谏、侍从、制帅、监司、守臣，往往多降与遁。迫景炎十月，陈宜中又遁，而宋亡矣。嗟夫！委质为臣，固将死之，仕危邦无可去之义。安享其利，危则弃之，诚亦何心。

---

① （宋）佚名：《昭忠录》，中华书局1985年版，第27—28页。
② （元）刘麟瑞《忠义集》卷5，（清）陈焯《宋元诗会》卷54，（清）顾嗣立编《元诗选二集》（中华书局1987年版，第116页），（清）厉鹗《宋诗纪事》卷81（上海古籍出版社1983年版，第1995页）亦载。

观诏中求助之言甚切，其志亦可悲矣。若应松，亦可谓不失臣节也已。彼一时降与遁者何人？使高公抑或为彼之为，今此诏犹存，简书不足畏，独不愧其子孙乎？此诏高氏保之，幸勿使诸降遁者子孙见之，将置遗恨于其祖也。①

按：吴海（？—1390），字朝宗，号鲁客，闽县（今属福建）人。元季以学行称，绝意仕进。明初以史局征召，力辞。有《闻过斋集》八卷。《明史》卷298有传。宋亡之际，大部分臣僚投降、逃遁，"安享其利，危则弃之"，而高应松却忠贞无畏。当南宋官员汲汲于纳表投降时，高应松独耻于起草降表，最终由他人代之。《钱塘遗事》卷8载：

乙亥（1275）十二月，遣使纳降表，直学士高应松辞草表，乃以京局官刘褒然权直院草之："自贾似道丧师后，至今十月余，国事危急，将士离心，兵出屡衄。朝廷方理会科场、明堂等事，士大夫陈乞差遣，士人觊觎恩例，一筹不画。及是束手无措，乃议纳土，求封为小国，赍降表，奉使燕京。"②

哀哀之言，乞求之态，不忍卒读。吴海叹之曰："观诏中求助之言甚切，其志亦可悲矣。"高应松曾辞参政一职，帝不允，有诏书留存。吴海感叹宋廷不接受高应松辞职的英明决定，认为高应松未失臣节，无愧子孙，而若"诸降遁者子孙"见到此诏，一定会颜面扫地，"置遗恨于其祖"。高应松深怀爱国情感，在宋亡之际不草降表，北上大都后绝食殉国，不愧为宋朝的忠臣。

高应松作品今存文一篇：《听言接下之规如何论》，载宋魏天应《论学绳尺》。

---

① （元）吴海：《宋少帝赐高应松辞参政不允诏后书》，《全元文》卷1650，第147页。
② （元）刘一清：《钱塘遗事》，上海古籍出版社1985年版，第183页。

第一章 《江南谣》：亡宋北解流人群体

（二）阮登炳

阮登炳（生卒年不详），字显之，其先由闽徙吴。贯平江，习周礼。咸淳元年（1265）进士第一，授绍兴府金判，兼福王府教导官，改秘书省正字。因极言贾似道专权，抗言迕众，谪云台观。入为秘书。元兵取临安，随例入燕，入元曾任朝请郎、秘书监兼尚书左右司。①后以病还乡里，卒年八十二。生平事迹见《宋历科状元录》卷8②，《南宋馆阁录续录》卷9③。今存文一篇（《周易参同契发挥序》）。

（三）翁仲德

翁仲德（1219—1276年后），字刚仲，本贯福州闽县晋安乡。长于赋，年三十六登宝祐四年（文天祥榜）第二甲第十六名进士。曾祖夔老，祖麟卿，父伯林，娶陈氏。④ 宋亡时，翁仲德知临安府。翁仲德不但长于赋，而且喜吟诗。清杨泰亨光绪《慈溪县志》卷六收其诗三首，录之如下：

> 大川东逝近丛林，石壁潮音杂梵音。
> 早望湫龙嘘涧气，沛然甘雨慰农心。
>
> （《雨微山》）
>
> 江南雨霁彩云开，眼界孔宽翠色排。

---

① 阮登炳：《周易参同契发挥序》，《全元文》卷1819，第602页。
② （明）朱希召编：《宋历科状元录》卷8，《北京图书馆古籍珍本丛刊》（21），书目文献出版社2000年版，第369页。
③ （宋）陈骙，（宋）佚名氏撰，张富祥点校：《南宋馆阁录续录》，中华书局1998年版。
④ 《宝祐四年登科录》卷2，影印文渊阁《四库全书》本。

蜀客踌躇还识认，子规啼月夜归来。

（《夜飞山》）

沧海东头鹤阜高，仙人骑鹤下林坳。
一声唳起扬州去，华表空余月下巢。

（《鸣鹤山》）

（四）汪元量

汪元量（？—1320年后），字大有，号水云，钱唐（今浙江钱塘）人。出身书香门第，为有琴有书的世家。有兄弟七人，汪元量排行第三。景定间入宫给事，习书史。咸淳三年（1267），以琴事谢太后、王昭仪。与柴望、马廷鸾等交往。德祐二年，元兵陷临安，北行入燕。尝于大都探视文天祥于狱中，文天祥为其集杜甫诗句，成《胡笳十八拍》，并跋其行吟诗卷。元至元十九年（1282），随赵㬎等徙居上都。二十一年（1284），又随从至居延、天山。二十二年（1285）回大都。二十三年（1286）奉使代祀五岳及青城山等。二十五年（1288），上书元世祖，以黄冠南归。南归后，遍访遗民诸老，求题诗序，其诗得到遗民及名士的推许。晚年归隐杭州丰乐桥，约卒于延祐七年（1320）以后。

汪元量经历宋亡，亲历三宫北上，将亡国之戚，去国之苦，艰关愁叹之状，备陈于诗，获得"宋亡之诗史"的赞誉。在宋末元初尤其是江南遗老中有着广泛的影响。著有《湖山类稿》十三卷、《汪水云诗》四卷、《水云词》二卷，已佚。清人鲍廷博刻刘辰翁选《湖山类稿》五卷、《水云集》一卷、附录三卷，有《四库全书》本、《知不足斋丛书》本等。孔凡礼辑校《增订湖山类稿》（中华书局1984年版），辑录诗词附录资料，较为完备。事迹见《南宋书》卷62。

（五）其他官员

龚㵢，字深父，高邮（今属江苏）人，徙吴。理宗淳祐间知长洲县。景定二年（1261）知江阴军。度宗咸淳十年（1274）知泰州。累官司农卿。宋亡，随例北行，至莘县（今山东莘县），愤悒不食死。事见清道光《高邮州志》卷10。

龚㵢善诗，今存其诗仅一首，见于《宋诗纪事》卷75，题为"剑池桥梁久就倾圮方丈霶公大禅师挺出新意刊石伐木以递汲且并陈楼悉改旧观试下转语请师举似石侍者肯一点头不"，其诗曰：

> 涓涓剑池泉，削厓出石乳。流传岁千百，评列品三五。
> 舆梁见何时，楼与姓俱古。坐令丘壑观，凛作岩墙惧。
> 霶公大勇猛，呫嗫见未睹。敧倾变略彴，岵嵝移朽腐。
> 连筒称深汲，惠泽遍下土。幽寻稳登眺，清意逼肺腑。
> 何须铁作限，只尔天可补。传闻桥下云，已作前山雨。①

此外，《全宋诗》卷3433载有龚準，录之如下：

龚準（？—1279），字深父，高邮（今属江苏）人。曾知长洲县。理宗淳祐十年（1250），知泰州（《宋史》卷四六《度宗纪》）。景定二年（1261）知江阴军（明嘉靖《江阴县志》卷10）。累官司农卿。宋亡，士大夫居班行者随例北上，準行至莘县不食而卒。清嘉庆《高邮州志》卷10有传。

---

① （清）厉鹗：《宋诗纪事》卷75，上海古籍出版社1983年版，第1845页。按，《宋诗纪事》据《虎丘志》录入龚㵢此诗。查《全宋诗》，龚㵢此诗亦见载，其所据文献为清顾湄《虎丘山志》卷四。《虎丘志》当为《虎丘山志》的省称，所以两处所据应为同一文献。但诗歌略有异文，《全宋诗》作"剑池桥梁久就倾圮方丈霶公刊石伐木以递汲且并陈楼悉改旧观"。见《全宋诗》卷3457，第41201—41202页。

题天庆观碧玉堂

清晓叩玄关，忧时鬓已斑。何如闲道士，隔竹看君山。

清厉鹗《宋诗纪事》卷56引《咸淳毗陵志》。①

《全宋诗》注曰：按：经查《咸淳毗陵志》无此诗。

查考《全宋诗》，龚澯与龚準分别在第65册、第66册，两相比较，我们发现二者引用的史料大致相同，二人的生平事迹亦基本相同。所以我们猜测"龚澯"与"龚準"当为一人，由"澯""準"二字字形相近，《全宋诗》误将一位作家并录二处。

子龚璛、龚理，力学不仕，当时以"两龚"比之。龚璛被荐为宁国路儒学教授。迁上饶县主簿，以江浙等处儒学副提举致仕。龚璛为文卓伟殊绝，自成一家，著有《悔存斋稿》。

五 三学生

宋代"三学生"是太学、宗学、武学生的统称，针砭时政，抨击政要，在一些重要的政治事件中有着一席之地，尤以太学生著名。宋亡之际，有太学褚生眼见宋廷不战而降，作《百字令》《祝英台近》二词，写出了宫女、朝士被押解北上的悲惨情形，其《百字令》词云：

半堤花雨。对芳辰消遣，无奈情绪。春色尚堪描画在，万紫千红尘土。鹃促归期，莺收佞舌，燕作留人语。绕栏红药，韵华留此孤主。

真个恨杀东风，几番过了，不似今番苦。乐事赏心磨灭尽，忽见飞书传羽。湖水湖烟，峰南峰北，总是堪伤处。新塘杨柳，

---

① 《全宋诗》卷3433，第40860页。

小腰犹自歌舞。①

佚名氏《湖海新闻》谓："三、四谓众宫女行，五谓朝士去，六谓台官默，七指太学上书，八、九谓只陈宜中在，'东风'谓贾似道，'飞书传羽'谓北军至，'新塘杨柳'谓贾妾。"②《祝英台近》云：

> 倚危栏，斜日暮。蓦蓦甚情绪。穉柳娇黄，全未禁风雨。春江万里云涛，扁舟飞渡。那更听、塞鸿无数。　叹离阻。有恨落天涯，谁念孤旅。满目风尘，冉冉如飞雾。是何人惹愁来，那人何处。怎知道、愁来不去。

《词综》后注云："'稚柳'谓幼君，'娇黄'谓太后，'扁舟飞渡'谓北军至，'塞鸿'指流民也。'人惹愁'宋谓贾出，'那人何处'谓贾去。"国家灭亡，太学褚生百感交集，哀怨深挚，故有此二首长歌当哭之词。

（一）誓死不赴北的徐应镳

宋亡，元朝命三学生北上，其中有太学生名徐应镳，誓不与诸生赴北，与子女共上云梯楼自焚，被救，旋投井死。

徐应镳（？—1276），字巨翁，衢州江山（今浙江江山）人。咸淳末试补太学生。宋亡，德祐二年（1276）"二月二十八日，迫太学生上道，北行有日"③，应镳誓不降，作文祭岳飞祠。长子琦亦赋诗自誓。誓毕，徐应镳并幼子崧、女元娘，纵火自焚，诸仆惊救扑

---

① 唐圭璋编：《全宋词》，中华书局1965年版，第5册第3419页。
② （清）朱彝尊、汪森编：《词综》，上海古籍出版社1987年版，第549页。
③ （元）方回：《故太学徐君应镳哀辞（并序）》，《全宋诗》卷3492，第41610页。

灭，父子怏怏而出。次日，得其尸于祠前井中，皆僵立瞠目，面目如生。诸仆为具棺殓，殡于西湖金牛僧舍。徐应镳阖门尽节，长男琦二十一岁；次男崧十一岁；女元娘仅九岁。益王立福州，褒其节，赠朝奉郎、秘阁修撰。后十年，同舍生私谥曰"正节先生"。明正德间，御史高胤、参政梁材请于朝，为建祠，赐号"忠节"。①《宋史》卷451有传。

何梦桂《挽太学正节先生徐应镳》诗有"北行多少生还客，休向梯云读墓碑"句（《潜斋集》卷2），将徐应镳的殉国壮举与北去宋臣之生还者加以对比，突出徐应镳的坚贞之志。此外，林景熙有《太学同舍徐应镳誓义沉井，后十年众为营墓立碑，私谥正节先生》（《霁山文集》卷1），谢翱有《哭正节徐先生》（《晞发集》卷7），方回有《故太学徐君应镳哀辞（并序）》悼挽。《全宋诗》据清朱彩康熙《江山县志》卷十、清王彬同治《江山县志》卷十一辑有收徐应镳诗三首，录之如下：

> 卜吉崇岗思怆然，双魂同闭昼如年。
> 山中细草初回碧，庐墓人啼血色鲜。
>
> 一自仙游去不回，徒令孝子有余哀。
> 他年华表归来后，知是人间几劫灰。
>
> 　　　　　　　　　《赠周孝子》（二首）
>
> 二男并一女，随我上梯云。烈士甘焚死，丹心照紫雯。
>
> 　　　　　　　　　（《绝命词》）②

---

① （明）田汝成：《西湖游览志余》卷7，上海古籍出版社1958年版，第114页。
② 《全宋诗》卷3519，第42032页。

其中《绝命词》是徐应镳的代表作,五言绝句,言简志深,表达出视死如归的凛然气概。

(二) 三学生北行情况

德祐二年三月,三学生数百人随恭帝一行被遣北上①,从江南临安到北国大都,长途跋涉,途中病亡者甚多。五月初八,三学生抵达大都,所存者仅四十六人。② 明田汝成辑著《西湖游览志余》,所载三学生境遇甚详:

> 至元丙子,三宫北行,行省俘三学生一百从行,责斋臧报名以足其数,知几者悉逃匿免。州桥吴府二子,名常孙、芬孙者,岁仅一至斋,为斋臧所指,驱之去。出北关,诸生赵趄不行,被篲登舟,馁甚,拾河边蚌蛤壳,手斛麦粥而啖之。道亡者多,身膏草野,至燕者仅十七八人。③

闻知元朝将押解三学生北行,三学生逃匿者甚多。为凑够元朝所要求的一百名之数,斋臧(指学舍中的仆役)无奈,将仅来学舍一次的州桥吴府常孙、芬孙二子纳入被遣者名单,被驱北行。宋末邵桂子《雪舟脞语》记载了三学生沿途苦楚情状:

---

① 三学生被元朝押解大都的数目,史料记载不尽相同: 1. "数百人"。见《元史》卷127《伯颜传》:"三学之士数百人。"(中华书局1997年版,第3112页)《宋季三朝政要》卷5:"太学、宗学生数百人,皆在遣中。"(中华书局1985年版,第63页)《钱塘遗事》卷8"京城归附":"太学、宗学生数百人皆在遣中。"(上海古籍出版社1985年版,第188页) 2. "一百人"。周密《癸辛杂识》之《入燕士人》:"丙子岁春,三学归附,士子入燕者,共九十九人。"(吴企明点校《癸辛杂识》,中华书局1988年版,第173页)(明)田汝成《西湖游览志余》卷6"板荡凄凉"条:"至元丙子,三宫北行,行省俘三学生一百从行。"(上海古籍出版社1958年版,第94页)

② (明)宋濂等撰:《元史》卷9,中华书局1997年版,第182页。

③ (明)田汝成:《西湖游览志余》,上海古籍出版社1958年版,第105—106页。

至元丙子，三宫北行，并俘太学生百人从行，责斋臧足其数，见几者皆窜。诸生赵趄不前，人各棍棒三下。登舟馁甚，得饭一桶，无匕箸，乃于河边拾蛤蟆之壳掇而食之。饥寒困苦，道良者多身膏草野。后放回授诸路教授，仅余十七八人。①

诸生遭遇极其恶劣的对待，饥饿之中，得饭一桶，却无匕箸，只得到河边捡拾蚌蛤壳当餐具，或直接手斟麦粥而食。路途遥远，风餐露宿，三学生中"身膏草野"，死于途中甚多，何等凄凉。

（三）三学生仕元情况

德祐二年九月，三学生入燕后，元朝将其中有真才实学者留在大都，其余令归其家，《元史》载："九月，元朝命姚枢、王盘挑选三学生其中有实学者留京师，余听还家。"周密《癸辛杂识》亦有记载："至至元十五年所存者止一十八人，各与路学教授。太学生一十四人，文学二人，武学二人。"《西湖游览志余》所载三学生存者人数"十七八人"与周密《癸辛杂识》所载之"十八人"基本相同。此外，《癸辛杂识》还列有具体姓名和职务，兹整理列表如下：

表1-3　　　　　　三学生任教授情况一览

序号	三学生姓名	被元朝任命职务	序号	三学生姓名	被元朝任命职务
1	赵希榛	蒲城严教	10	沈唐光	漳州漳教
2	林立义	福州秀教	11	许又进	许州建宁教
3	赵孟镠	福州苏教	12	林桂发	杭州润教

---

① 转引自夏承焘《宋词系》，《夏承焘集》（第3册），浙江教育出版社、浙江古籍出版社1998年版，第537—538页。

续　表

序号	三学生姓名	被元朝任命职务	序号	三学生姓名	被元朝任命职务
4	徐武子	温州温教	13	张观光	婺州婺教
5	潘梦桂	明州明教	14	黄子敏	杭州宣教改南钦教
6	黄元辉	福州福教	15	金炎	杭州松江教
7	吴时森	上虞越教	16	虞廷桂	长兴湖教
8	陈寅之	福州泉教	17	陈自立	福州福清教
9	赵又贵	福州处教	18	高选	福州杭教

（四）张观光

在幸存的太学生中，唯有婺州张观光史料记载颇多，以下结合史料作一介绍。

张观光（1249—1328），字直夫，一字用宾，号屏岩，婺州东阳（今浙江东阳）人。世居邑南屏岩，因以自号。学者称屏岩先生，26岁，以诗义列浙士第一名而入太学。德祐二年三月，与其他三学生随三宫被押解北上。至元十五年，授婺州路儒学教授，阶将仕郎。在官十年，改调绍兴路平准行用库大使。年甫强仕，即陈情辞禄，以遂志养。杜门隐居，沉潜经籍。"竟日谈学馆旧游及留燕时事"，居家垂四十年而终。张观光对婺州儒学贡献很大，后人认为"婺归皇朝之后，有学自先生始"①。子枢，有才学，受教于父。张观光事见元吴师道《张屏岩文集序》，元黄溍《张子长墓表》，《宋

---

① （元）黄溍：《张子长墓表》，《全元文》卷965，第114页。

元学案补遗》卷82等。

张观光才学卓越，"英华之气发于文辞，同时辈流固望而敬之"。宋亡，他随例北上，情怀故国，"道途之凄凉，羁旅之郁悒，闵时悼已，悲歌长吟，又有不能自已者焉"①。著有诗文若干，其子张枢收集遗稿编辑成集，题为"屏岩文集"，婺州吴师道为其作《张屏岩文集序》。王柏有《题屏岩诗卷》，诗云："有伟屏岩稿，温淳撷众芳。波澜虽未阔，骨骼已先张。尽扫江湖气，且无蔬笋香。若参诗本旨，却恐费商量。"②指出张观光诗博采众长、温雅敦厚而无江湖之气。《四库全书》卷166载有张观光《屏岩小稿》一卷，然内容几乎与元人黄庚的诗集《月屋漫稿》相同，当代学者王德毅、杨镰、刘浩琳等皆认为《屏岩小稿》为伪书。③

张观光诗文，今存不多。《元诗纪事》卷8载其诗一首，题为"梅魂"，其诗如下：

> 梦觉罗浮迹已陈，至今想象事如新。
> 相思一夜窗前月，似见三生石上春。
> 的的孤芳冰气魄，疏疏冷蕊雪精神。
> 料应楚些难招至，欲倩花光为写真。④

这首诗写出了梅花的孤芳之气，傲立雪中的风神，也是张观光独特风格的写照。

---

① （元）吴师道：《张屏岩文集序》，《全元文》卷1074，第84页。
② （宋）王柏：《题屏岩诗卷》，《全宋诗》卷3167，第38005—38006页。
③ 王德毅主编《元人传记资料索引》（中华书局1987年版，第1172页）、杨镰《元代文学编年史》（山西教育出版社2005年版，第337页）指出《屏岩小稿》为伪书，刘浩琳《〈四库全书〉收录之〈屏岩小稿〉辨伪》（《古籍研究》2007年）一文详申此说。
④ 陈衍辑撰，李梦生校点：《元诗纪事》，上海古籍出版社1987年版，第171—172页。

第四节　崖山群体

德祐二年三月，恭帝、全太后等被押解大都后，江南还有部分州郡仍在南宋的控制之下。是年五月，陈宜中等立益王赵昰于福州，是为端宗，改元景炎，赵昰母杨淑妃为太后，同听政。夏，文天祥在被元军押送至真州途中逃脱，经高邮航海至温州，旋即赶去福州，被端宗任命为右丞相，与张世杰、陆秀夫等抗元将领会合在一起，力图收复失地。十一月，端宗由海道走泉州，又走潮州。景炎三年（1278）初，逃至广州，又至碙洲。四月，端宗殂，卫王昺立，及至翌月，改年号为祥兴。六月，移驻广东新会海中崖山。元朝遣张弘范率水陆之师二万南下，沿海漳、潮、惠、潭、广、琼诸州相继被陷。十二月，文天祥被捕于五坡岭（今广东海丰）。

元至元十六年（1279）正月，宋四川钓鱼城守将王立降元，元将张弘范率水军到崖山与李恒所部元军会师。二月，崖山会战，张弘范与李恒南北夹击，宋军大溃。陆秀夫见不可逃脱，先沉妻子于海，乃抱帝昺赴海死，从死者十余万人。张世杰、苏刘义拥杨太后率十余舰走脱后，复还崖山收残卒，杨太后旋亦赴海死。后张世杰溺死于海陵港，"其余将吏皆降"①。南宋王朝彻底灭亡，元朝统一全国。

崖山战役极其惨烈悲壮，宋行朝战死及殉节者甚众，其重要人物除了上面提到的杨太后、帝昺、陆秀夫以外，还有枢密使高桂、权礼部侍郎徐宗仁、翰林学士刘鼎孙、兵部侍郎茅湘、吏部侍郎赵樵，以及潮州人、《平元曲》作者陈璧娘之夫、都统张达。苏刘义与其子俱

---

① （明）宋濂等撰：《元史》卷156《张弘范传》，中华书局1997年版，第3683页。

得脱。另有吏部尚书陈仲微走安南,越四年卒。①而南宋海上朝廷的后宫及文武之臣被张弘范所俘获,解甲而降,其重要人物有大将翟国秀、凌震等。②被张弘范押解北上大都的重要人物则有丞相文天祥、礼部侍郎邓光荐。

一 文丞相府

(一) 文天祥(附张千载)

文天祥(1236—1283),字宋瑞,又字履善,号文山,庐陵(今江西吉安)人。体貌丰伟,美皙如玉,秀眉而长目,顾盼烨然。宝祐四年举进士,对策集英殿。累官湖南提刑,改知赣州。德祐(1275)初,江上报急,诏天下勤王。天祥捧诏涕泣,使陈继周发郡中豪杰,并结溪峒蛮,使方兴召吉州兵,诸豪杰皆应,有众万人。事闻,以江西提刑安抚使召入卫。八月,天祥提兵至临安,除知平江府。

明年正月,除知临安府。未几,宋降,宜中、世杰皆去。任命天祥枢密使,不久授右丞相兼枢密使,文天祥辞相印不拜,以资政殿学士赴元营请和,与元丞相伯颜抗论皋亭山。伯颜怒拘之,偕左丞相吴坚、右丞相贾余庆、知枢密院事谢堂、签书枢密院事家铉翁、同签书枢密院事刘岊,北至镇江。设计得脱。夜入真州,后辗转南下,泛海至温州。闻益王未立,乃上表劝进,以观文殿学士、侍读召至福州,拜右丞相。以都督江西,与元兵战于空坑,大溃。收残兵奔徇州,驻南岭。益王殂,卫王继立。天祥上表自劾,乞入朝,不许。八月,加天祥少保、信国公。十一月,进屯潮阳县。十

---

① (元)脱脱等撰:《宋史》卷422《陈仲微传》,中华书局1977年版,第12620页。
② (明)宋濂等撰:《元史》卷129《李恒传》,中华书局1997年版,第3158页。

二月，天祥正在五坡岭吃饭，张弘范兵突至，众不及战。天祥被执。至潮阳，见弘范，左右命之拜，不拜，弘范遂以宾客之礼接见，与俱入崖山，要他写信招降张世杰。天祥乃书《过零丁洋》诗与之。崖山破，军中置酒大会，弘范曰："国亡，丞相忠孝尽矣，能改心以事宋者事皇上，将不失为宰相也。"天祥泫然出涕，曰："国亡不能救，为人臣者死有余罪，况敢逃其死而二其心乎。"张弘范感其仁义，押其赴大都。

至元十六年（1279）四月二十二日自广州启行，与崖山朝士邓光荐一起北上。十月一日至大都，被囚大都凡四年，元朝用尽各种办法劝降，均被文天祥坚决拒绝。至元十九年十二月九日（1283年1月9日）英勇就义，年四十七。其衣带中有赞曰："孔曰成仁，孟曰取义，惟其义尽，所以仁至。读圣贤书，所学何事，而今而后，庶几无愧。"生平事迹参见《宋史·文天祥传》、宋郑思肖《文丞相叙》、元刘岳申《文丞相传》、明胡广《丞相传》等。文天祥著述甚丰，有《文山集》二十一卷，《文信国集杜诗》二百首等，载《四库全书》。今人熊飞等校点《文天祥全集》。

张千载乃文天祥友人，字毅甫，庐陵人。文天祥贵显时，屡以官辟，皆不就。天祥自广还至吉州城下，千载来见曰："丞相赴京，某亦往。"于是住在天祥囚所侧近，三年供送饮食无缺。又密造一椟，即藏其首，又访知其妻欧阳氏于俘房中，使火其尸，千载拾骨置囊，并椟南归，付其家安葬。生平事迹见明钱士升《南宋书》卷53。明代李贽有《张千载赞》："不食其禄，肯受其缚！一绳未断，如锥刺腹。生当指冠，死当怒目。张氏何人？置囊舁椟。生死交情，千载一鹗。"①

---

① 刘文源编：《文天祥研究资料集》，中国社会科学出版社1991年版，第494—495页。

（二）赵文

赵文（1239—1315），初名凤之，字惟恭。又字仪可，号青山，庐陵（今江西吉安）人。曾冒宋姓三领乡荐，后以本名入太学。兄弟皆幼负隽气，相为师友。与弟（疆）同出文天祥之门，尝从勤王，于军事多所参决。"兵败被俘至燕，备经艰苦，获释归。"① 延祐二年卒，年七十七。有《青山稿》三十一卷，已佚。清四库馆臣据《永乐大典》辑为《青山集》八卷。生平见元程钜夫《赵仪可墓志铭》②、元刘将孙《赵青山先生墓表》③、清万斯同《宋季忠义录》卷 16 等。

（三）林琦

林琦，闽人。德祐二年，大兵既迫临安，琦于赭山结集忠义数千人，捍御海道。以功补宣教郎、督府主管机宜文字，充检院。文天祥开府南剑，琦佐其幕。林琦外有文采，内赋忠实，数涉患难，毫无怨怼之辞。等到移屯潮州，林琦亦被俘，至惠州，林琦逃跑，复执之北行，赴水，被官吏捞至，至建康，因忧愤而死。《宋史》卷 454 有传，生平事迹见邓光荐《文丞相督府忠义传》④、清万斯同《宋季忠义录》卷 5。

二 崖山行朝

邓光荐（1232—1303），初名剡，字中甫，又字中斋，庐陵人。景定三年（1262）登进士，历官十余年，至德祐元年冬，元兵攻江

---

① （清）万斯同：《宋季忠义录》卷 16，《四明丛书》本。
② 张文澍校点：《程钜夫集》卷 22，吉林文史出版社 2009 年版，第 267 页。
③ 李鸣、沈静校点：《刘将孙集》，吉林文史出版社 2009 年版，第 238 页。
④ （宋）邓光荐：《文丞相督府忠义传》，熊飞等校点《文天祥全集》，江西人民出版社 1987 年版，第 787 页。

西，携家避入闽。景炎二年（1277）四月，入广东，除宗正寺簿。元兵陷广州，避地香山县之山。冬，遭遇强寇夜劫，一妻三妾四子四女皆被焚死。仅光荐一人幸存。祥兴元年（1278）六月，从驾至崖山，除秘书丞。二年（1279）正月，擢礼部侍郎兼直学士院。二月，崖山溃败，帝崩，光荐投海者再，被元人钩出，不得死。张弘范待以宾礼，令复衣冠以为揖客。

至元十六年（1279）四月，与文天祥一同被元军押解北上。自广之北，邓光荐与文天祥互相唱和，结集为《东海集》，天祥序而书之。且嘱弟璧以墓铭托焉。①其后光荐至金陵（今江苏南京），以病留天庆观。久之，放还。大德七年（1303）卒，年七十二。此前，陆秀夫在海上时，记二王事为一书，授以光荐，曰："君后死，幸传之。"后光荐以其书还庐陵。邓光荐著有《续宋书》《德祐日记》《祥兴本纪》《文丞相传》《督府忠义录（传）》《相业》《中斋集》《东海集》等书。生平事迹见清万斯同《宋季忠义录》卷10，清陆心源《宋史翼》卷34，饶宗颐《补宋史邓光荐传》②。

邓光荐著述颇多，有《东海集》，已佚。《全宋诗》卷3581收其诗19首，《全宋词》（第五册）辑其词13首，《全宋文》卷8260收其文8篇。现存邓光荐的著作及诗文是研究宋亡史实的重要文献，为了解文天祥第二次北上事迹、文天祥督府人物、海上行朝以及南宋遗民的事迹提供了宝贵资料。

---

① 至元二十一年（1284），立文天祥墓石，光荐书其事谓："天所废兴，智勇为困，而况居乏深湛之客，出无制胜之将，赤手举事，虽功业不能以尺寸，而志节昭□乎终古，自古节义之大臣，盖不若是之烈云。"邓光荐《文信国公墓志铭》，参见陈柏泉《元至元二十一年文天祥墓志铭》，《文史》17辑，中华书局1983年版，第240页。

② 饶宗颐：《补宋史邓光荐传》，《饶宗颐史学论著选》，上海古籍出版社1993年版，第594—602页。

第五节　　拒聘群体

　　随着元朝统治规模的扩大，忽必烈深感人才的缺乏，曾多次派人到江南网罗贤才，为己所用。如至元十四年（1277），"命御史大夫相威行台江南，且求遗逸"[1]；至元十五年（1278）冬，"遣使中外，广延茂士"[2]；至元十六年（1279）秋七月，"诏遣牙纳术、崔彧至江南访求艺术之人"；至元十七年（1280）秋七月，"遣中使咬难历江南名山访求高士"[3]等。其中影响最大的一次求贤活动应是至元二十三年（1286）集贤直学士程钜夫奉旨赴江南，搜罗遗逸。程钜夫道经扬州、杭州，历浙西、浙东、江西、江东等地，除原先认识或闻知的名士外，还博采众议，查阅地方官吏的履历资料，广事搜访，"得二十四人"[4]。除了圣旨特诏的赵孟頫、叶李外，还有万一鹗、余恁、张伯淳、凌时中、胡梦魁、曾冲子、孔洙、包铸、何梦桂、曾曦颜、杨应奎、范曦文、方逢辰、杨伯大十四人，据史料可考的还有吴澄、谢枋得、袁洪、王泰来、白珽，以及已在荐举之列但未行而病卒的蒋松魁。此外，程钜夫有意荐引的还有李淦、吴定翁、周从周等人，李淦、吴定翁不肯与之见面，周从周以年老辞。[5]

---

　　[1]（明）宋濂等撰：《元史》卷173《叶李传》，中华书局1997年版，第4047页。
　　[2]（元）赵孟頫：《有元故征士王公墓志铭》，《赵孟頫集》卷8，浙江古籍出版社2012年版，第222页。
　　[3]（明）宋濂等撰：《元史》卷11《世祖纪八》，中华书局1997年版，第214—225页。
　　[4]（元）程钜夫：《故建昌路儒学教授蒋君墓志铭》，《程钜夫集》卷16，吉林文史出版社2009年版，第193页。按：程钜夫《故国子助教李性学墓碑》一文说是23人，"遂历两浙、江东西，得士二十三人，献之天子。天子尽用之，布诸中外"。（《程钜夫集》卷20，第242页）
　　[5] 参见陈得芝《程钜夫奉旨求贤江南考》，载南京大学元史研究室编《内陆亚洲历史文化研究——韩儒林先生纪念文集》，南京大学出版社1996年版，第209—242页。

第一章 《江南谣》：亡宋北解流人群体

谢枋得、宗必经是程钜夫此次求贤活动中被列入名单的江南士人，其中谢枋得被列为荐首，拒不赴诏，此后又多次拒聘，终绝食殉国。宗必经亦拒聘，后被械送大都，三年放还。

一 谢枋得

谢枋得（1226—1289）字君直，号叠山，弋阳（今属江西）人。为人豪爽，好直言，以忠义自任。宝祐四年（1256）进士，对策极攻宰相董槐与宦官董宋臣，抑为二甲，除抚州司户参军，弃去。五年，复试教官，中兼经科，除建宁府教授，未赴，吴潜辟为江东西宣抚司干办公事。景定五年（1264），为江东漕试官，发策十问指摘贾似道误国，谪兴国军安置，贬所知州、知县皆执弟子礼。咸淳三年（1267），放归。德祐元年，以江东提刑、江西招谕使知信州。二年，信州陷，隐于建宁唐石山中，后变姓名卖卜建阳市中。宋亡，寓居闽中。至元二十三年（1286）三月，元朝命程钜夫为行御史台侍御史，往江南搜访南宋遗逸知名之士。程钜夫向元朝推荐江南贤才三十人，以谢枋得为荐首，然坚辞不赴。二十四年（1287），元朝再派法师林樵、谷春到江南搜访贤才，仍列其名为荐首，被谢枋得拒绝。是年四月，江淮行省丞相忙兀台奉旨前来征召谢枋得，又坚拒之。二十五年（1288），福建行省参政管如德将旨如江南求人才，尚书留梦炎以谢枋得荐，不赴诏。二十六年，参政魏天祐强其北行，至大都，绝食死，年六十四。门人谥为文节先生。生平事迹见李源道《文节先生谢公神道碑》，《宋史》卷425有传。

谢枋得著述今存《诗传注疏》三卷、《礼经讲义》《碧湖杂记》二卷、《注解章泉涧泉二先生选唐诗》五卷，评点有《檀弓解》一卷、《陆宣公奏议》十五卷、《文章轨范》七卷。诗文集名《叠山集》，有《四部丛刊》影印明景泰五年刻本，《四库全书》本等，学者熊飞等进行整理有《谢叠山全集校注》。

二　宗必经

宗必经（？—1289年后），字子文，南昌（今江西南昌）人，景定二年（1261）以词学科发解。明年（1262）中进士。判瑞州。晋藩兵副，与枢密陈宜中不合，谢归。及宋祚革，元世祖诏求江南人士，留梦炎、程钜夫交荐谢枋得等20余人，宗必经被列其中，固辞，迫胁以去，械至元都，系狱3年，乃放还。归隐于家。有《玉溪集》。生平事迹见《宋季忠义录》卷16、《宋诗纪事》卷68、《江西通志》卷67。《全宋诗》卷3581收其诗四首，残句若干。录之如下：

连天大厦莫容身，小向湖边一问津。
心事说知林下郭，姓名误入府中陈。
半篱绿水三间屋，一榻清风百世人。
只有青青堤上柳，至今犹是汉时春。

（《孺子亭》）

高阁连城十二栏，西风领客共跻攀。
半帘烟雨长江外，千里江湖咫尺间。
雁带秋声归别浦，莺分春色过巴山。
当年蛱蝶知谁画，一梦庄周去不还。

（《滕王阁》）

江到南关古渡头，旁分一曲入溪流。
垂杨夹道三千户，绕郭连樯数万舟。
春水绿波芳草渡，秋风明月白萍洲。

第一章 《江南谣》：亡宋北解流人群体

滔滔出舍红尘派，一棹中流万顷秋。

(《南浦》)

(以上载元陈世隆《宋诗拾遗》卷18)

睡晓方知前是梦，落花难上旧来枝。

不觉授书冬再易，我思黄霸欲销魂。

(以上载清万斯同《宋季忠义录》卷16)[①]

宗必经的诗磅礴大气，有出世之想，尤其是其狱中所作，"睡晓方知前是梦，落花难上旧来枝。不觉授书冬再易，我思黄霸欲销魂"句[②]，有着深挚的故国之思。由现存宗必经之诗，我们能够窥见其宽宏大气、淡泊执着的爱国情感。

南宋灭亡后，元朝多次押解宋宗室、官员，俘虏抗元将领等北上大都。本章按照北解流人的身份、被押解的缘由将他们分成若干群体：祈请使群体、宫室群体、崖山群体和拒聘群体。通过以上论述可以看出，几乎每一个被押解的宋人，都有着沉重的伤痛。亡宋北解流人从昔日在南宋的显赫骤然跌落到亡国之奴的低谷，尽管元朝善对他们，但他们中的大多数都缺少人身自由，或被圈禁，或被流放，或无奈接受元朝官职，无论身处何境，都无法消解对江南故国的情感。如美人朱氏，因保持清白之身，不嫁元人，自缢殉节；文天祥，虽然元朝百般诱降，但都无法改变他坚守气节的决心；高应松，抵达大都后即绝粒不语，越七日而卒；谢枋得、宗必经，虽然宋亡已十年，但仍拒不仕元，最终绝食殉国。亡宋北解流人是一个特殊的群体，抒发爱国情感与亡国悲愤是这一群体文学创作的共同主题，深入对这一群体

---

① 《全宋诗》卷3581，第42795页。
② (清)万斯同：《宋季忠义录》卷16《宗必经传》："其在狱诗有云……"

的研究，能够更好地理解南宋亡国的真实历史，把握宋亡之际文学何以光辉与兴盛的原因。

　　上述北解流人中，家铉翁是祈请使群体中在北方生活时间最长、作品存留最多的人，他义不二君，深怀故国之情，是南宋爱国士大夫的典型代表。宫室群体中的昭仪王清惠、美人朱氏在三宫北上之际题壁遗诗，爱国抗节，被后世传为佳话，是亡宋宫人的典型代表。琴师汪元量伴慰三宫，深怀亡国悲痛，南归后遍访遗老，士流传颂，是宋末元初诗坛的主力。拒聘群体中谢枋得在宋亡十余年后仍忠贞自守，坚辞元朝的数次征聘，终以绝食殉国，是最有影响力的北解流人。鉴于以上原因，本书将分别设专章对王清惠、美人朱氏、家铉翁、汪元量、谢枋得等重要作家进行系统论述。

第二章　二嫔妃：皇宫女眷的悲吟与绝唱

德祐二年（1276）三月，宋宗室、宫人、朝官、太学生等三千余人在元朝丞相伯颜的押解下北上，途经汴京夷山驿时，度宗昭仪王清惠满怀亡国悲愤，作《满江红》词，一时传唱，和者甚众；抵达上都后，美人朱氏、才人陈氏及二位佚名宫女自缢殉节，朱氏于袖中遗诗，抒发节烈之志，震惊元廷。本章钩沉王昭仪、朱美人生平事迹，探究其作品在后世传诵的一些问题。

第一节　《满江红·太液芙蓉》：王昭仪的亡国之恨

《满江红》是北宋初年的民间新声，自柳永创制，受到文人喜爱，宋代有500余首《满江红》词传世。在众多《满江红》词中，抒发报国之志，岳飞的《满江红》可谓冠冕；咏叹亡国之恨，则王清惠的《满江红》可当翘楚。合而观之，则"岳之悲壮，王之凄凉，宫怨边愁，赵宋一时风景尽矣"①。就各自在当时的影响来看，岳飞的《满

---

① （明）徐士俊：《古今词统》，张璋等编纂《历代词话》（上），大象出版社2002年版，第457页。

江红》虽后世家喻户晓,然在当时几乎未被提及,后世甚至认为是伪作①;王清惠的《满江红》似一首哀悼宋朝的挽歌,中原传诵。被押解中的文天祥闻此词,对其中"从圆缺"一语极为不满,和词并代作一首,一反王清惠词之凄凉随势。但史料记载多有偏颇,因王清惠入元后出家为道士,让后世误以为文天祥有度为道士以求释放之意。王清惠《满江红》词虽非经典,却有经典之作的生命力,明亡之际,仍有名家传诵评价。

一 王清惠生平及其《满江红·太液芙蓉》的创作

王清惠(?—1287年前后),小名王秋儿,度宗为皇子时选入宫中,虽相貌平平,却才华出众。据《随隐漫录》载:王清惠"鹤骨臒貌",曾列"春夏秋冬四夫人直书阁",受宠幸,"能属文,为尤亲"。度宗即位后,升为二品,位列昭仪,时常助理批答,"万几之暇,批答画闻,式克钦承,皆出其手"②。宋亡时为元人所虏,随三宫押徙北地。在途经汴京夷山驿时,题《满江红》词于驿壁,一时传诵。北上后,王清惠与汪元量共同担任宋恭帝赵㬎的教养一职。至元十九年(1282)十二月初九,文天祥殉国日,王清惠与帝赵㬎等同被元朝遣往上都,二十一年(1284)又回到大都。二十四年(1287)前后,度为女道士,法号冲华。其后不久,卒于幽州道观。王清惠作品,除《满江红》外,今存诗四首:《李陵台和水云韵》《捣衣诗呈水云》

---

① 余嘉锡先生在《四库提要辨证》中认为《满江红》词为伪作:"至《满江红》词,则麦秀实始付刻,其字为宽所书,非飞之亲笔。然宽不言所据为何本,见之于何书,来历不明,深为可疑……《满江红》词不题年月,亦不言作于何地,故无破绽可指,然不见于宋元人之书,疑亦明人所伪托。"(余嘉锡《四库提要辨证》卷23,中华书局1980年版,第1451—1453页)

② (宋)陈世崇:《随隐漫录》卷2,中华书局2010年版,第15页。

第二章　二嫔妃：皇宫女眷的悲吟与绝唱

《秋夜寄水月水云二昆玉》①《亡宋宫人诗赠汪水云（劝字韵）》，载于汪元量辑《亡宋宫人诗》，皆与汪元量酬唱，作于北上后。

《满江红》创作于北上途中。三宫北上，沿途所见，满目疮痍。国土沦陷，百姓罹难，惨不忍睹。在过北宋故都汴京时，王清惠百感交集，宋王朝昔日之荣辱涌上心头。

汴京，古称大梁、汴梁，治浚仪、开封二县，赵匡胤于陈桥（今开封东北）发动兵变，仍以开封为首都。昔日之汴京繁华，金兵南下，惨遭劫掠，府库蓄积荡然无存。自靖康之耻，收复汴京一直是南宋臣民的愿望。如今踏上故土，却成降虏。面对千疮百孔，王清惠于夷山驿壁题下《满江红》，其词曰：

太液芙蓉，全不是旧时颜色。尝记得恩承雨露，玉阶金阙。名播兰簪妃后里，晕潮莲脸君王侧。忽一声鼙鼓揭天来，繁华歇。

龙虎散，风云灭。今古恨，凭谁说。顾山河百二，泪盈襟血。驿馆夜惊尘土梦，宫车晓转关山月。若嫦娥于我肯相容，从圆缺。②

上阕自伤身世，下阕痛伤亡国。千古之恨，欲向谁说！"山河百二"，原指秦地形势险要，二万军士即可抵挡百万关东军队，以此借指昔日宋朝国力强盛，而今河山却尽失他人手。想此泪湿衣襟，泣涕

---

① 《秋夜寄水月水云二昆玉》在当时流传最广，（清）叶申芗《本事词》载：元初李嘉谟之孙至大都，途中，一位从杭州来的同船者每吟"万里倦行役，秋来瘦几分。因看河北月，忽忆海东云"，触动李生之心。抵达大都后，一日夜里，李生亦吟诵此诗，恰邻舍有人闻歌而泣。次日李生造访，得知原是旧宋宫人金德淑，并告知李生，所诵乃是"亡宋昭仪王清惠所作寄汪水云诗"，昔日同供奉，极相亲爱，如今王清惠已"为泉下人矣"。金德淑后嫁李生为妻，王清惠诗促成了一段姻缘。（清）叶申芗《本事词》卷下，古典文学出版社1957年版，第103页。
② 文天祥撰，熊飞等校点《文天祥全集》卷14，江西人民出版社1987年版，第550—551页。此词中字，（宋）周密《浩然斋雅谈》卷下、《文天祥全集》卷14、（元）陶宗仪《南村辍耕录》卷3、（明）叶子奇《草木子》卷4等记载互有异文。

如血！家国沦丧，前路惶惶，内心茫然，唯与明月相伴，同其圆缺。此词作于亡国之际，俨然一首国破家亡的挽歌，而王清惠大有率亡国之人长歌当哭之意。

二 《满江红·太液芙蓉》在宋人中的传播

这首词别具特点：时间特殊——宋亡之际；作者身份特殊——帝王之妃；地点特殊——亡国故都。《满江红》故名气倍增，和者甚众。其中，文天祥对王清惠词持有争议，影响最大；汪元量的和词深幽绵邈，隐含脉脉情思。

（一）文天祥驳议"从圆缺"语

文天祥和词载于《指南后录》卷一下。该卷所载是文天祥第二次被俘后即一二七九年四月二十二日自广州启行至六月十二日达建康（今江苏南京），以及滞留建康两月有余期间的作品，此卷亦编入邓光荐和词、王清惠原作及文天祥代作。邓光荐与文天祥关系甚密，崖山兵溃被俘后，自广之北，与文天祥同行，时相唱和。至建康（今江苏南京），邓光荐以病留。由《指南后录》的作品编次以及二人行程可知，二人之和词当作于羁留建康期间。

文天祥录《满江红》时，附有小注："王夫人至燕，题驿中云云，中原传诵，惜末句少商量。"遂提笔相和：

满江红·和王夫人《满江红》韵，以庶几后山《妾薄命》之意

燕子楼中，又捱过、几番秋色？相思处、青年如梦，乘鸾仙阙。肌玉暗销衣带缓，泪珠斜透花钿侧。最无端蕉影上窗纱，青灯歇。

曲池合,高台灭。人间事,何堪说!向南阳阡上,满襟清血。世态便如翻覆雨,妾身元是分明月。笑乐昌一段好风流,菱花缺。①

文天祥激励王清惠勿忘旧主,于元朝勿有丝毫妥协。上阕用"燕子楼"典故,重在说忠。唐贞元年间,武宁军节度使张愔镇守彭城,为爱妾关盼盼筑建小楼,因楼飞檐挑角,形如飞燕,故名"燕子楼"。张愔死后,盼盼念旧情而不嫁,居是楼十余年,幽独块然,曾作《燕子楼诗》三首咏情。白居易感此作《感故张仆射诸妓》,讽关盼盼只能守节而不能殉节。盼盼得诗泣,旬日不食而卒。文天祥亦感于此,北行过徐州时,曾赋《燕子楼》诗:"自古皆有死,忠义长不没。但传美人心,不说美人色。"以忠义相尚。

下阕感叹兴亡,以"乐昌破镜"典故,重在说节。南朝陈太子舍人徐德言,娶后主妹乐昌公主。时陈政方乱,徐德言言之于乐昌公主:"以君之才容,国亡必入权豪之家。"乃破镜,与妻各执其半,以为他日相见信物。及陈亡,其妻没入杨素家,德言流落至京。一日,有苍头卖半镜,德言出半镜合之,因访得其妻,重为夫妇。文天祥反用此典,尽管破镜重圆,但菱花已缺,怎能如初;而今国破家亡,主辱臣死,只有"缺",哪会"圆"!忠告王清惠要砥砺完节,绝不能苟且偷生,随月圆缺。

文天祥的和词,蕴含铁骨豪情,明人对此评价甚高,"总是文山钢肠铁骨所吐。必不肯稍缺,英雄戎马中,读书深思而得之"②,给国破家亡困顿之人以震动。文天祥意犹未尽,再用原韵,拟昭仪心境,

---

① 熊飞等校点:《文天祥全集》卷14,江西人民出版社1987年版,第550页。
② (明)沈际飞:《〈草堂诗余别集〉评笺》,张璋等编纂《历代词话》(下),大象出版社2002年版,第633页。

代作一首：

>　　试问琵琶，胡沙外、怎生风色。最苦是、姚黄一朵，移根仙阙。王母欢阑琼宴罢，仙人泪满金盘侧。听行宫、半夜雨淋铃，声声歇。
>
>　　彩云散，香尘灭。铜驼恨，那堪说。想男女慷慨，嚼穿龈血。回首昭阳辞落日，伤心铜雀迎新月。算妾身、不愿似天家，金瓯缺。①

代作全拟王清惠口吻道出。繁华落尽，山河哭泣，滴不尽亡国血泪。巾帼不让须眉，如好男儿那样壮怀激烈！山河业已破碎，志节长留世间，哪能似空中之月，时圆时缺，斩钉截铁，全无"从圆缺"之弱态。

文天祥对"从圆缺"的反驳，使得王清惠的词有了一抹暗色。明叶子奇《草木子》转录此词时，录文天祥"中原士人多诵之，但惜末句欠尔"的评价，陈霆《渚山堂词话》亦将"少商量"语照录，至晚清况周颐甚至将王清惠与赵孟頫相比，谴责其词中隐含苟安之意。②

文天祥是令人景仰的英雄人物，或许是由于史籍记载的偏颇，或许是受到与王清惠和词的影响，使人误认为文天祥曾有过黄冠南归的请求，一些诗话记载失实，导致对文天祥的误读。明代卓人月《词统》云：

---

①　熊飞等校点：《文天祥全集》卷14，江西人民出版社1987年版，第550页。
②　（清）况周颐《蕙风词话》卷3：宋昭容王清惠北行，题壁《满江红》云："愿嫦娥、相顾肯从容，随圆缺。"文丞相读至此句，叹曰："惜哉！夫人于此少商量矣。"赵文敏《木兰花慢·和李筼房韵》云："但愿朱颜长在，任它花落花开。"言为心声，是亦"随圆缺"之说矣。载（清）况周颐原著，孙克强辑考《蕙风词话·广蕙风词话》，中州古籍出版社2003年版，第53页。

沈天羽曰：文山黄冠之志，昭仪女冠之请，先后合辙，从容圆缺语，未可遽贬。①

潘游龙《古今诗余醉》全录此说。至清代，王弈清《历代词话》进而评曰："文山于成败死生之际，盖见之明，守之固矣。然女史载王昭仪抵上都，恳为女道士，号冲华。则昭仪女冠之请，丞相黄冠之志，固先后合辙，从容圆缺，取义成仁，无有二也。"叶申芗《本事词》亦云："考王昭仪抵上都，即恳请为女道士，自号冲华，与丞相黄冠之志正同。"

以上诸说皆谓文天祥曾有黄冠之志，然非也。文天祥被俘后多次求死而不得，"非有秋毫贪生畏死之意"②，更无黄冠之志。

其一，文天祥自提兵勤王至"陷虏五载"，早已把生死置之度外。他认为自己不屈地活着是以南宋丞相之身份为宋朝赢得尊严，而以身殉国则为宋朝增添荣耀，为后世树立道德理想的丰碑。他在《指南录·后序》中回忆赴元营议和、镇江得脱这九死一生的经历时道：

呜呼！予之及于死者不知其几矣！诋大酋当死；骂逆贼当死；与贵酋处二十日，争曲直，屡当死；去京口，挟匕首以备不测，几自刭死；经北舰十余里，为巡船所物色，几从鱼腹死；真州逐之城门外，几傍徨死；如扬州，过瓜洲扬子桥，竟使遇哨，无不死；扬州城下，进退不由，殆例送死；坐桂公塘土围中，骑数千过其门，几落贼手死；贾家庄几为巡徼所陵迫死；夜趋高邮，迷失道，几陷死……道海安、如皋，凡三百里，北与寇往来

---

① （明）卓人月：《词统》卷12，吴熊和主编《唐宋词汇评》第5册，浙江教育出版社2004年版，第3892页。
② （宋）邓光荐：《文信国公墓志铭》，参见陈柏泉《元至元二十一年文天祥墓志铭》，《文史》17辑，中华书局1983年版，第240页。

其间，无日而非可死；至通州，几以不纳死；以小舟涉鲸波出，无可奈何，而死固付之度外矣。①

在海丰被俘后，面对元人的威逼利诱，文天祥大义凛然，谈笑自若，"贼以刀胁之，笑曰'死，末事也。此岂可吓大丈夫耶？'尝伸颈受之"②；见元将张弘范，他"大骂求死"，"越七日，至潮阳，踊跃请剑就死"；在广州，张弘范大会诸将，副元帅庞绰尔齐起行酒，天祥不为礼，庞怒骂，"天祥亦大骂，请速死"③；自广州北上，绝食八日，不死；至大都，怒激平章阿哈玛，又与博罗丞相抗辩，求快死；后闻忽必烈令受刑，从容就义。忠义如此，焉有"黄冠之志"？

其二，黄冠之志乃他人之意，非文天祥本意。史书以讹传讹，加于文天祥。"黄冠"语首见郑思肖《文丞相叙》：

忽必烈意欲释之，俾公为僧，尊之曰"国师"；或为道士，尊之曰"天师"；又欲纵之归乡。公曰："三宫蒙尘，未还京师，我忍归忍生耶？但求死而已。"

此承接上文之意。文天祥被俘后，宋叛臣留梦炎对忽必烈说："若杀之，则全彼为万世忠臣；不若活之，徐以术诱其降，庶几郎主可为盛德之主。"忽必烈深善其说，"欲以术陷之于叛而后已"④。此处"意欲释之"，或为僧，或为道士，或归乡，是忽必烈之意。据

---

① 熊飞等校点：《文天祥全集》卷13，江西人民出版社1987年版，第479页。
② （宋）郑思肖：《文丞相叙》，熊飞等校点《文天祥全集》卷19，江西人民出版社1987年版，第752页。
③ （元）刘岳申：《文丞相传》，熊飞等校点《文天祥全集》卷19，江西人民出版社1987年版，第767页。
④ （宋）郑思肖：《文丞相叙》，熊飞等校点《文天祥全集》卷19，江西人民出版社1987年版，第752页。

《宋史》文天祥本传载：

> 时世祖皇帝多求才南官，王积翁言："南人无如天祥者。"遂遣积翁谕旨，天祥曰："国亡，吾分一死矣。倘缘宽假，得以黄冠归故乡，他日以方外备顾问，可也。若遽官之，非直亡国之大夫不可与图存，举其平生而尽弃之，将焉用我？"积翁欲合宋官谢昌元等十人请释天祥为道士，留梦炎不可，曰"天祥出，复号召江南，置吾十人于何地！"事遂已。①

此处请"黄冠归故乡"出自文天祥之口，但《宋史》所载，未必真实。明代胡广"集庐陵先贤传，恒病《宋史·文天祥传》简略失实"，作《丞相传》，辨明请释文天祥为"黄冠师"是王积翁、谢昌元、程飞卿等十人之意：

> （王）积翁合宋官谢昌元、程飞卿等十人谋，请释天祥为黄冠师、冀得出便。留梦炎私语积翁曰："文公赣州移檄之志，镇江脱身之心，固在也。忽有妄作，我辈何以自解？"遂不果。②

清代赵翼对《宋史》本传中"黄冠归故乡"语又加驳斥：

> 《文天祥传》：元主欲降天祥，天祥不肯，曰："不得已以黄冠侍樽俎可也。"此乃袭野史之讹。按郑所南《心史》：有人告元主云：汉人欲挟文丞相，拥德佑嗣君为主。元主诏天祥面诘，天祥怒骂，但求刀下死。元主犹欲释之，俾为僧或为道士，又欲纵之还乡。天祥痛骂不止，元主始杀之。是黄冠归故乡，

---

① （元）脱脱等撰：《宋史》卷418，中华书局1977年版，第12537页。
② （明）胡广：《丞相传》，熊飞等校点《文天祥全集》卷19，江西人民出版社1987年版，第781页。

乃元主之意，非天祥意也。而《宋史》移作天祥语，岂不厚诬耳？①

此以郑思肖《心史》为据，说明《宋史》是"袭野史之讹"，将忽必烈之意"移作天祥语"，《宋史》所言文天祥有黄冠之志，是站在元朝统治者立场的一种谬语。

由文天祥对王清惠《满江红》末句之不满，牵出后世词评家误以为文天祥有"黄冠之请"，这主要由于《宋史·文天祥传》的错误所致。而一些词评家将文天祥比之王清惠，无形中是低评了文天祥的志节。应该说，文天祥的精忠大义，王清惠不及，无须争辩。当时同与王清惠北行的朱美人、陈才人与二宫女，在上都觐见忽必烈的当晚，自缢殉节，朱美人袖中遗诗道："不免辱国，幸免辱身。不辱父母，免辱六亲。艺祖受命，立国以仁。中兴南渡，计三百春。身受宋禄，羞为北臣。大难既至，劫数回轮。妾辈之死，守于一贞。焚香设誓，代书诸绅。忠臣义士，期以自新。"冀望以死唤起国人，策勉忠义。清代词评家吴衡照《莲子居词话》云："王昭仪……卒不得与陈、朱二夫人比烈。观文山之惜昭仪，即以见文山审择自处，盖已有素，安得重有黄冠之请，与昭仪同符耶。"

尽管王清惠《满江红》中有"欠商量"语，但不能以此作为王清惠向元朝乞怜乞降的依据，更不能将王清惠与以宋宗室身份仕元的赵孟頫相提并论。就《满江红》词本身而言，王清惠词深婉凄凉，是南宋宫人词中极为难得的作品；文天祥词正气凛然，激励后世，是宋代乃至后世《满江红》的精品。

---

① （清）赵翼著，栾保群、吕宗力校点：《陔余丛考》卷13，河北人民出版社1990年版，第203页。

（二）邓光荐以和词诉悲歌

王清惠《满江红》，"文信国改其卒章，邓中斋亦为和之"①，且"有佳句"②。更准确地说，邓光荐的和词用典细密，体现学者风格。

邓光荐（1232—1303），初名剡，字中甫，又字中斋，庐陵（今江西庐陵）人。少负奇气，以诗名世。景定三年（1262）登进士第，咸淳初尝为县尉。宋亡避地入广。景炎二年（1277）冬，强寇突至，一门十二口同时死于贼火中。文天祥起兵勤王，他赞募入闽，后赴崖山随驾，除礼部侍郎。崖山溃，他欲以身殉国，被元军钩起，蹈海者再。元将张弘范改容以待，命子珪师事之。与文天祥一同被押北上，从广州至金陵，同行数月，互有唱和。有诗集名《东海集》，文天祥为之序，且以墓志铭托焉。至建康，以病留于天庆观，得免北行。久之，被放还。邓光荐和词云：

  王母仙桃，亲曾醉，九重春色。谁信道、鹿衔花去，浪翻鳌阙。眉锁姮娥山宛转，鬓梳堕马云欹侧。恨风沙、吹透汉宫衣，余香歇。

  霓裳散，庭花灭。昭阳燕，应难说。想春深铜雀，梦残啼血。空有琵琶传出塞，更无环佩鸣归月。又争知、有客夜悲歌，壶敲缺。③

上阕咏叹亡国。"鹿衔花去"语出《渊鉴类函》："明皇时，野鹿衔去牡丹，后有禄山之祸"，此处借喻元人入侵，三宫赴北。"浪翻鳌

---

① （清）沈雄：《古今词话·词辨》，吴熊和主编《唐宋词汇评》，浙江教育出版社2004年版，第3891页。
② （清）贺裳：《皱水轩词筌》，吴熊和主编《唐宋词汇评》，浙江教育出版社2004年版，第3898页。
③ 熊飞等校点《文天祥全集》卷14，江西人民出版社1987年版，第550页。

阙",以唐末时皇帝殿前陛阶上镌有巨鳌,借指江山易主。"眉锁姮娥山宛转",以昭君出塞写宋宫人北行之态,发髻偏垂,容颜尽失。下阕咏叹宫人命运,借典故抒写壮怀。"壶敲缺":东晋王敦每酒后辄咏曹操诗,"老骥伏枥,志在千里。烈士暮年,壮心不已",并以如意敲打唾壶为节,壶边尽缺。

邓光荐生平遭遇惨烈,"凡十数年间,可惊、可愕、可悲、可愤、可痛、可闷之事,友人备尝,无所不至"[①]。国破家亡,邓光荐满门丧命,他带着无尽悲痛投身崖山,与国家同命运,共生死。可以说,他尽了为人臣之忠义,故元代郑元佑《遂昌杂录》评价"宋亡,以义行著",清代黄虞稷《千顷堂书目》评价他"以节行著"。在历尽个人生死及国家覆亡后,邓光荐似有洞悉历史的超然,接受宿命之安排。邓光荐和词有学者之风,沉郁苍凉,蕴含难以言说之愤懑,清代陈廷焯《放歌集》评其"情、文根于血性,笔力亦与原作相抗"。

(三)汪元量和词蕴含脉脉情思

相比文天祥从政治名节立场、邓光荐从身世角度的和作,汪元量所和二词在情感上与王清惠血泪交融,最为默契,亦最动情。其和词一首作于至元十三年(1276)秋抵大都之初,饱含深挚同情;一首作于南归之后,抒发深切悼亡。其第一首云:

满江红·和王昭仪韵

> 天上人家,醉王母、蟠桃春色。被午夜、漏声催箭,晓光侵阙。花覆千官鸾阁外,香浮九鼎龙楼侧。恨黑风、吹雨湿霓裳,歌声歇。

[①] (宋)文天祥:《东海集序》,熊飞等校点《文天祥全集》卷14,江西人民出版社1987年版,第552页。

> 人去后，书应绝。肠断处，心难说。更那堪杜宇，满山啼血。事去空流东汴水，愁来不见西湖月。有谁知、海上泣婵娟，菱花缺。①

这首词抒发一种从高处落入深渊的覆灭感。词中描画王清惠的生活，但字里行间却飘忽着作者的身影，恍若如影随形、荣辱与共的精神知己。

作为曾供奉掖庭的琴师，汪元量接触后宫生活机会较多。咸淳中，二人曾是主仆关系，汪元量陪同谢太后、王昭仪赏花竞船，为宴会弹奏乐曲，奏者陶醉于艺术，听者欣赏琴技，以昭仪之才华，也许暗中会欣赏这位沉浸在艺术中的演奏者。陵谷之变，山川失色，昔日繁华转瞬幻灭，历尽亡国之痛后，在异域逐渐平复内心伤痕的岁月，随着环境改变，昔日主仆身份也逐渐模糊，惺惺相惜升华为埋藏心里的爱恋。被遣塞外时，寒冷的雪域风沙侵袭着流离者孱弱的身体，在如此恶劣的环境中，汪元量却能体会些许快乐，是因为"美人塞边来，邀我分豆粥。手持并铁刀，欣然割驼肉"，也许正是因为一份感情的支撑，才使他们撑过颠沛流离的艰难岁月。

但岁月总有尽头，在失去自由的十余年中，已看不到南归的任何希望，至元二十五年（1288）九月，元朝令赵㬎往吐蕃学佛，全太后入正智寺为尼，约在次年前后，王清惠度为女道士，在青灯黄卷中结束了一生。汪元量第二首和词《满江红·吴山》作于南归之后。此时王清惠已不在人世。其词云：

> 一霎浮云，都掩尽、日无光色。遥望处、浮图对峙，梵王新阙。燕子自飞关北外，杨花闲度楼西侧。慨金鞍、玉勒早朝人，

---

① 孔凡礼辑校：《增订湖山类稿》卷5，中华书局1984年版，第173页。

经年歇。

　　昭君去，空愁绝。文姬去，难言说。想琵琶哀怨，泪流成血。蝴蝶梦中千种恨，杜鹃声里三更月。最无情、鸿雁自南飞，音书缺。①

　　吴山又名胥山，在杭州西湖东南，是临安的重要标志。至元二十五年秋，汪元量自大都启行，黄冠南归。再见吴山，昔日庄严宫殿已改成寺庙，面目全非。元朝江南释教总统杨琏真伽发掘故宋赵氏在钱塘、绍兴的陵寝及大臣家墓凡一百零一所，又将宋故宫改建成一塔五寺。汪元量所见，正是宋故宫新建的佛塔和寺庙，眼前此景令人痛惜悲愤！

　　时间消磨着历史的伤痛，江南人民也逐渐接受了新朝统治。于汪元量而言，王清惠的离世令他感到无尽失落。这首和词由国家的命运写到个人的命运，汪元量的情感似乎与王清惠生前之哀怨融为一体，如庄周之梦蝶，物我难分。他在词中流露自己的痛"难言说"、倾诉"鸿雁自南飞"，清晰地表达着对王清惠的悼念和眷恋。在汪元量的和词中，有患难与共的悲戚，血泪交融的感伤，也给读者留下丰富的想象。

　　杨镰在《元诗史》中写道："他们至少是诗友——但似乎不仅于此。汪元量有《天山观雪王昭仪相邀割驼肉》诗……这首诗就是相依为命，两心相知的期许与交流。当然，他们更多的是精神上的互相支持、依靠。特别是以王清惠的身份处境，汪元量不该、也不能有非分之想。可这种非分之想，有时又是深深埋藏在心中的秘密。"② 隐含着王清惠与汪元量二人关系的亲密与微妙。

---

①《增订湖山类稿》卷5，中华书局1984年版，第173页。
② 杨镰：《元诗史》，人民文学出版社2003年版，第346页。

三　后世对王清惠及《满江红·太液芙蓉》的评价

明末，清军南下，这使人们想到了南宋遭遇异族入侵的历史。继王清惠赋词的四百年后，吴本泰、彭孙贻、王继朋与王清惠相和，跨越时间的长河，人们对国家命运、对历史人物的看法也略有不同。

吴本泰（1574—?），字美子，一字药师，浙江仁和（今杭州）人。崇祯七年（1634）中进士时，年已六十一。除行人，选授吏部主事，改南京礼部，历郎中。明亡后隐居不仕。顺治四年（1647），自海上迁避，卜居杭州西溪。隐居后多与僧道为侣，居园种梅，自号西溪种梅道者。著有《续论语颂》《绮语障》等，辑有《西溪梵隐志》四卷。其和词云：

满江红·和王昭仪

白雁南飞，摇落尽、汉宫秋色。笳吹起、霓裳声断，绛河仙阙。翡翠巢空金殿里，鸳鸯瓦碎瑶台侧。忆春风、拂槛露华浓，都销歇。

尘黯淡，灯明灭。蛩语似，支离说。怨琵琶空抱，杜鹃啼血。戍柝惊回鸡帐梦，玉容羞照龙沙月。莫悲伤、环子系罗衣，君恩缺。①

这首词以唐明皇和杨贵妃的爱情悲剧为注脚，诠释王清惠的命运悲剧，一改对王清惠志节的谴责，指出王清惠的不幸是由君主荒怠国事造成的，度宗先去，她独自承受苦难。文天祥"欠商量"的谴责，吴本泰没有深究，他更多是从历史的角度去看待亡国给宫妃带来的不幸命运。

---

① （清）王昶辑，王兆鹏校点：《明词综》，辽宁教育出版社1997年版，第91—92页。

明遗民彭孙贻有和王清惠《满江红》词二首，一首咏王清惠，另一首咏文天祥，抒发了国亡难复的憾恨。彭孙贻（1615—1673），字仲谋，号茗斋，浙江海盐（今浙江海宁）人。博闻才辩，五试于学使，皆列第一，名噪一时。崇祯十六年（1643），以贡生首拔于两浙。父期生，明太仆寺卿，清军南下，以江西布政使守赣州，城破，冠带自缢殉国。孙贻冒白刃以求遗骨，有江右义士，负骸送归。乃杜门奉母不出，布衣蔬食，以遗老自居。当道有重其才，劝其出仕，皆谢绝勿应。以节义自许，不妄交游，人皆服其深识。乡人私谥孝介先生。词集有《茗斋诗馀》。和词其一云：

满江红·次文山和王昭仪韵（并序）

　　昭仪"嫦娥相顾肯从容，随圆缺"句，须于"相顾"处略读断，原是决绝语，不是商量语，文山惜之，似误。然文山所和二绝句，又高出昭仪上，读之悲感，敬步二阕。

　　曾侍昭阳，回眸处、六宫无色。惊鼙鼓渔阳尘起，琼花离阙。行在猿啼铃断续，深宫燕去风翻侧。只钱塘早晚两来潮，无休歇。

　　天子气，宫云灭。天宝事，宫娥说。恨当时不饮，月氏王血。宁坠绿珠楼下井，休看青冢原头月。愿思归望帝早南还，刀环缺。（其一）①

彭孙贻认为文天祥对王清惠词的理解有偏颇之处，乃断句有误，原是决绝语，不是商量语，是在表明清白自守，岂能随波逐流的决绝态度。这一看法，从词作本身出发，较有说服力。同时，彭孙贻认为文天祥和词高出王清惠之上，评价较为公允。

第二首和词歌咏文天祥苦心沥胆、匡扶宋室的英勇气概，抒发壮

---

① （明）彭孙贻：《茗斋诗馀》，商务印书馆1936年版，第43—44页。

志难酬、无力回天的慨叹。在反复吟咏中，彭孙贻体会到王清惠词中表达的是一种决绝的心态，应与"相顾"处断句，也就是"问嫦娥相顾，肯从容，随圆缺！"这种理解接近王清惠词的本意，也使她摆脱了因末句"欠商量"而导致的评价上的污点。这对于认识王清惠的志节极为重要。

吴本泰、彭孙贻均为浙江人，可知王清惠《满江红》词的传播以江南为主。另有钱塘人王继朋的故事也发生在江南，清毛奇龄《西河词话》载：

> 王（清）师下浙时，钱唐王继朋奉母避兵，露宿于凤凰山南……是时溃军南窜，东渡者半，而半不得渡，仓皇间恐追及，倪短后束枪投涧中，杀马而食。少顷，望城中火起，各相向哭，继朋乃为词和王昭仪《满江红》调哀歌之。次早散去，军主急推一病婢与继朋曰："昨闻君歌哀，似非恒人，吾欲以孱婢累君之行。"言讫，遽别。后继朋居富春，婢病愈，呼曰"红得"，以其从《满江红》一词得之故也。既而婢复病，呕血而死。母哭之。继朋曰："红得之而红失之，何哭之有。"[①]

清军南下，王继朋奉母避兵。值城中火起，有明朝溃兵拥着十几位妇女在此露营。继朋悲伤难抑，王清惠《满江红》词萦绕耳边，遂低声相和。次日清晨，军主感其赋而将一病婢相托。后来婢病愈，继朋呼其为"红得"。然不久婢又病，呕血而死。在王继朋看来，国破家亡，聚散离失乃是一种命运，就连受过君王恩宠、名播后宫的王清惠都有如此之大悲痛，对于遭遇亡国的普通人而言，更应看透世间百

---

① （清）毛奇龄：《西河词话》卷1，张璋、职承让、张骅等编纂《历代词话》（下），大象出版社2002年版，第885页。

态，无须为得失而悲伤。王继朋生平，史料缺载。他生逢明朝败亡之际，之所以能说出"红得之而红失之"，并以此劝慰母亲，正因为他从王清惠的词作及经历中领悟到看尽世间一切荣辱繁华，忘怀得失的人生境界。

王清惠的词，在当时除文天祥认为其"末句少商量"外，刘辰翁亦作有批点，曰："尾句欠商量。"① 可见，时人对此词确有微词。然至明末清初，彭孙贻认为王清惠语本决绝，是文天祥断句有误，为王清惠移掉失节阴影；而王继朋则从王清惠的命运中体会到忘怀得失、淡泊无欲、一切随缘的人生境界。由此可见，时代越远，人们对王清惠是否有失志节的争议逐渐淡化，取而代之的是理解和宽容。

一首《满江红》，引发当时及后世如此多的关注，可见其词魅力之所在，亦见古人对于道德理想、忠义节操的推崇。一首好词，传诵千载，其间传递的忠义爱国精神，更是中华民族亘古不变的文化传承。

第二节 《袖中遗诗》：朱美人的贞烈绝唱

宋亡之际，宋帝、后妃及大批宫人、朝臣、太学生等相继被元军押解北上，宋度宗的嫔妃美人朱氏、才人陈氏及二位佚名宫女，在进入元上都（今内蒙古锡林郭勒盟正蓝旗境内）朝觐元世祖忽必烈之后，以死殉节并留下《袖中遗诗》之事，在当时曾震惊元廷，也曾得

---

① 张静《刘辰翁评点词作考辨》文："《水云词集》一卷。笔者在国家图书馆见到此集。抄本，朱丝栏，一册。该集虽首页标明'宋水云汪元量大有行吟'，次行题'元须溪刘辰翁会孟批点'。然而全集仅有两条刘辰翁的批语。一条是在《满江红·和王昭仪韵》附录的'王昭仪词'下录有一条刘辰翁的批语……批云：'尾句欠商量。'"载张红主编《叶嘉莹教授八十华诞暨国际词学研讨会纪念文集》，南开大学出版社2005年版，第700页。

到当时及后世一些文人儒士的赞颂，影响到后世的节烈观。如今，美人朱氏等四位女性的节烈之事尘封已久，其《袖中遗诗》今人更鲜有知者。

一　朱美人《袖中遗诗》本事

朱美人等以死殉节的事迹曾轰动一时，对后世的影响也较为深远。对此事的记载可见于宋佚名氏的《昭忠录》、元杨瑀的《山居笔记》、刘麟瑞的《昭忠逸咏》、元末明初陶宗仪的《南村辍耕录》（卷3）、明代佚名氏《东园友闻》、田汝成的《西湖游览志余》（卷6）、清代潘永因所编《宋稗类钞》（卷13）、毕沅的《续资治通鉴》（卷183）等著作。

朱美人《袖中遗诗》原本无题，清人厉鹗编《宋诗纪事》时始题此名。① 关于朱美人及《袖中遗诗》，诸多文献均有记载，而元代杨瑀的《山居新话》② 卷4的记载最为翔实可靠，具体内容如下：

> 至元十三年丙子正月廿二日，伯颜丞相入杭城。二月廿二日，起发宋三宫赴北。四月廿七日，到上都。五月初二日，拜见世祖皇帝。十一日，命幼主为检校大司徒、开府仪同三司，进封瀛国公。十二日，内人安康朱美人、安定陈才人，又二侍儿失其姓氏，浴罢肃襟闭门，焚香于地，各以抹胸自缢而死。解下，衣中有清江纸书一卷云：

---

① （清）厉鹗：《宋诗纪事》卷84"宫掖·朱氏"条，上海古籍出版社1983年版，第2032—2033页。
② 杨瑀，字元诚，杭州人。官至太史院判官，改建德路总管。事迹详见元杨维桢《元故中奉大夫浙东尉杨公神道碑》（《东维子文集》卷24）。《山居新话》记事凡144则，《钦定四库全书总目》卷141称该书所"记朱夫人、陈才人之殉节……有裨于风教"。（中华书局1997年版，第1868页）

不免辱国，幸免辱身。不辱父母，免辱六亲。艺祖受命，立国以仁。中兴南渡，计三百春。身受宋禄，羞为北臣。大难既至，劫数回轮。妾辈之死，守于一贞。焚香设誓，代书诸绅。忠臣义士，期以自新。丙子五月吉日泣血书。①

十三日奏闻，露埋四尸，取其首悬于全后寓所，以戒其余，在上都时济门。予尝闻之先父枢密，因观周草窗《日抄》亦载此事，又得祈请使日记官严光大《续史》，所说相同。二书皆写本，恨《三朝政要》《钱塘遗事》板行于世，皆失此一节。惜哉！若此贞烈，可不广传乎？因笔之于此。②

据此可知：1276年元军进占临安之后，又以"自古降王，必有朝觐之礼"，将宋恭帝及后妃、朝臣、太学生等三千余人押解北上，自二月二十二日从临安出发，至五月初二达上都朝觐在此避暑的元世祖忽必烈于大安殿，五月十一日封宋恭帝为瀛国公。十二日宋度宗安康朱美人、安定陈才人及二侍儿（佚名），各自用贴身的胸衣自缢而死。十三日，世祖大为震怒，下令将她们四人的尸体不用任何棺椁埋葬，另割下她们的头颅悬挂在太后寓所，以儆效尤。根据作者的说明，这段史料源于周密《日抄》、严光大《续史》，所记俱为周、严二人之亲历，所以内容基本可靠。

---

① 《袖中遗诗》的文字各书记载或有不同：明田汝成《西湖游览志余》："既不辱国，幸不辱身。世食宋禄，羞为北臣。妾辈之死，守于一贞。忠臣孝子，期以自新。"明代佚名氏《东园友闻》："既不辱国，幸免一身。不辱父母，且不辱亲。艺祖受命，立国以仁。中兴南渡，计二百春。世食宋禄，羞为北臣。大难既至，劫数回轮。妾辈之死，守于一贞。焚香设誓，代书诸绅。忠臣孝子，期以自新。"清潘永因《宋稗类钞》、厉鹗《宋诗纪事》等的记载相同："既不辱国，幸免辱身，世食宋禄，羞为北臣。妾辈之死，守于一贞，忠臣孝子，期以自新。"清代毕沅《续资治通鉴》卷183："誓不辱国，誓不辱身。"

② 宋宫人北上抵达大都、上都的具体时间，各家记载微异，然"五月初二日，拜见世祖皇帝""十二日，安康朱夫人等四人自缢"的时间则基本一致。此详考参见宋末严光大《祈请使行程记》。

第二章 二嫔妃：皇宫女眷的悲吟与绝唱

关于安康朱美人、安定陈才人，《宋史·后妃传》均无载，其生平也未见其他文献记载，只有《昭忠录》《宋季三朝政要》（卷5）记朱美人为"美人"。按宋朝后宫品制，美人、才人的品位分别为四品、五品。① 在宋代嫔妃中，她们二人的品位几乎是最低的，但是表现出的"贞烈"气节在当时就震动朝野，其人其事其诗广为传播，在后世也时被载录书册，或深得称颂，与那些位高权重者、锦衣玉食者、叛降者、苟活者绝不可同日而语。

根据文献记载，元军在二月二日入临安后曾索求宫女、内侍、乐官诸色人等，宫人因此赴莲池死者甚众。② 然节烈如朱美人、陈才人等在当时并未赴水而死，何以在被押解到上都并朝觐元世祖后的十天却自缢殉节了呢？《昭忠录》的记载似乎道出了个中原委：

> 美人从全太后赴燕，有悦其色者，欲娶之。使人喻旨。明日寝门不启，发视之，美人已自杀，有幅纸书曰："向之未死者，以太后犹在，今事至此，岂复自辱，欲全节以见度宗于地下。"美人有一婢，亦自缢于其侧。③

朱美人抵达上都后，有位元朝的达官显贵欣赏她的美色欲娶为内室，并让人把此意传达给朱氏，朱氏固守着贞洁观不堪受此玷污，所以在当晚就和婢女自杀了，"向之未死者，以太后犹在"，说当初在临

---

① 《宋史》卷163《职官志三》："内命妇之品五：曰贵妃、淑妃、德妃、贤妃，曰大仪、贵仪、淑仪、淑容、顺仪、顺容、婉仪、婉容、昭仪、昭容、昭媛、修仪、修容、修媛、充仪、充容、充媛，曰婕妤，曰美人、才人、贵人。"见《宋史》，中华书局1977年版，第3837页。

② （元）刘一清：《钱塘遗事》卷8"京城归附"条，上海古籍出版社1985年版，第187页。

③ （宋）佚名：《昭忠录》"美人朱氏"条，中华书局1985年版，第33页。"悦其色者"，元初刘麟瑞《美人朱氏》诗作"名王"，诗下记朱美人之事有云"有名王悦其色，欲娶之"。见元赵景良编《忠义集》卷5，影印文渊阁《四库全书》本。

安陷落时就有殉节之志,但考虑到太皇太后谢氏、太后全氏尚在,而自己一死则有失伦理孝道。亡国已是奇耻大辱,如今若再以身侍奉敌国之人,"岂复自辱"?唯有以死方能"幸免辱身",实现"全节以见度宗于地下"的心愿。

二 朱美人《袖中遗诗》解读

朱美人、陈夫人等自缢而死,是宋亡后宫人中首例也是唯一的以死抗节的事件,"若不亏朱氏四人,则宋朝宫中便无尽节死义之人,堂堂天朝,为犬羊污辱,千秋万世之下,便做鬼也还羞耻不过哩!"①而朱美人《袖中遗诗》激切果决,深警有力,既表达了自己的贞烈之志,又给宋朝那些投降卖国者以讽刺和批判。

《袖中遗诗》共十八句,可分为三个部分。首四句"不免辱国,幸免辱身。不辱父母,免辱六亲"为第一部分,总领全篇,朱美人告知世人自杀原因:已遭亡国之辱,不能再使贞洁蒙羞,因此以死抗节。第二部分自"艺祖受命"至"羞为北臣"六句,回顾宋朝建国及南渡的历史,谴责国难当头之际那些袖手旁观、叛国投降的宋臣,愧对先祖愧对俸禄。第三部分是末八句,写国家蒙难,臣民在劫难逃,愿坚守节操,为国殉难,唯冀南宋朝臣躬身自省,不做贰臣。"代书诸绅"语出《论语·卫灵公》:"子张问行。子曰:'言忠信,行笃敬,虽蛮貊之邦,行矣……'子张书诸绅。""绅",大带之垂者;"书",志不忘也。"书诸绅"即把话语写在绅带上。朱美人为国殉节,去意已决,故袖中遗诗,以表心志。

---

① (明)周清原著,周楞伽整理:《西湖二集》卷10《徐君宝节义双圆》,人民文学出版社1989年版,第181页。《南村辍耕录》卷3"贞烈"条是《西湖二集》中该小说的本事。

如果说首四句是全诗的灵魂,那么"身受宋禄,羞为北臣""忠臣义士,期以自新"两句则像是一把利剑,锋芒直接指向国难当头之际奔走相竞、卖国求荣的朝臣降将。元军南下灭宋,自元至元十一年(1274)七月到至元十三年(1276)二月南宋递交降表,仅用不到二年的时间。在此期间,南宋"大小文武将吏,降走恐后"。仅据《宋史·瀛国公本纪》的记载,南宋就有70余位守将或请降,或出降,或以城降,或不战而遁;而朝臣更是接踵宵遁。宋德祐元年(1275)二月二十六日,左丞相王爚去,三十日夜,右丞相章鉴遁。三月,京师戒严,朝中大臣无几。谢太后紧急在朝堂张榜,其文云:

> 我朝三百余年,待士大夫以礼。吾为嗣君,遭家多难。尔大小臣未尝有出一言以救国者,吾何负于汝哉!今内而庶僚畔官离次,外而守令委印弃城。耳目之司既不能为吾纠击,二三执政又不能倡率群工,方且表里合谋,接踵宵遁。平日读圣贤书,自负谓何?乃于此时作此举措,或偷生田里,何面目对人言语?他日死亦何以见先帝?①

榜文沉痛激切,但对于心已无国的一些朝臣来说并未起到多大的作用。六月,授陈宜中左丞相,留梦炎右丞相,陈文龙、黄镛佥书枢密院事。十二月,元兵屯平江府,京师戒严,留梦炎、陈文龙、黄镛、刘黻并遁去。至丙子(1276)正月辛未,"文班止六人"②。十八日,元兵至皋亭山,邀陈宜中相见,宜中乃夜遁,"朝廷愈无统矣"③。

如此多的降臣降将,元朝一面竭尽其用以灭宋,一面对他们的卖国

---

① (元)刘一清:《钱塘遗事》卷7《朝臣宵遁》,上海古籍出版社1985年版,第156页。
② (元)脱脱等撰:《宋史》卷47《瀛国公》,中华书局1977年版,第937页。
③ (元)刘一清:《钱塘遗事》卷8《宜中夜遁》,上海古籍出版社1985年版,第185页。

行径狐疑鄙视。元朝灭宋后,在诈马宴上,忽必烈召见宋降将大臣,问宋为何会亡,"尔等何降之易耶?"宋降将回答说:"贾似道当国,薄武人而唯文儒之崇,武人怨之。后太师至,外而疆场,内而京都,莫有斗志,释甲投戈,归命恐后。"忽必烈颇不屑,命董文忠答之曰:"似道薄汝,而君则爵以贵汝,禄以富汝,未尝薄汝也。而以有憾而相,移怨而君,不战而坐视亡国,如臣节何!似道薄汝,岂亦逆知汝曹不足恃为一旦用乎!"① 尽管元朝善待降将,但从伦理道德的角度讲,只有忠于故主、忠于故国之臣才值得尊重。所以,当忽必烈得知朱美人等以死抗节时,反应激烈,"命断其首悬全后寓所",以恐故宋宫人再出现以死殉节者。而《袖中遗诗》语言愤激,态度决绝,使元朝统治者不敢再轻视已投降的宋人。《新元史·世祖昭睿顺圣皇后传》载:

  宋全太后至上都,不习风土,其官人安定夫人陈氏、安康夫人朱氏及二小姬皆自缢邸中。世祖怒,命枭其首。全太后惊怖,后乘间从容为奏,听回江南,不允,再三请。世祖曰:"尔妇人无远虑,彼一国之母,遗民尚在,苦听南归,万一浮言偶动,即难保全,非所以爱之也。时加存恤可耳。"②

察必皇后曾怜悯宋宫人,见全太后水土不服,屡奏世祖,令回江南。然而鉴于陈夫人、朱美人的殉节事件,忽必烈感到宋室余力尚存,担心放全太后南归会激起宋遗民的反抗,故"再三请"亦"不允"。可见朱美人等以死相抗对元朝的震撼。

---

  ① (元)苏天爵:《枢密董正献公》,《元朝名臣事略》卷14,中华书局1996年版,第288页。
  ② 柯劭忞:《新元史》卷104《世祖昭睿顺圣皇后传》,上海古籍出版社1989年版,第483页。

三 对朱美人等殉节本事的接受

朱美人、陈夫人及两名侍女以死抗节之事，不但在当时激起强烈反响，对后世亦影响颇深。后世在称赏朱美人等贞烈之举的同时，多与一同被遣北上的昭仪王清惠于北宋故都夷山驿壁赋《满江红》词事相提并论，贬损王清惠的形象，抬高朱美人等的节义之志，元末明初儒士陶宗仪的《南村辍耕录》就是如此。透过这种添加了主观色彩的一抑一扬，我们能够体会到著者本人对忠孝节义的推崇和追求。

（一）陶宗仪：昭仪比之，相去万万

陶宗仪对朱美人等四人的贞烈之举推崇备至，并以王清惠赋《满江红》词于驿壁事作比，言王清惠比朱美人等之贞烈，"相去盖万万"，这既是对朱美人等的极高弘扬和赞美，又可考见陶宗仪个人"清望独超群"①、崇尚节义的理念和追求。南宋宫人北上事载《南村辍耕录》卷3 "贞烈"条：

> 至元十三年丙子春正月十八日，淮安王伯颜以中书右相统兵入杭，宋谢全两后以下皆赴北。有王昭仪者，题《满江红》词于驿云："太液芙蓉，浑不似旧时颜色。曾记得，春风雨露，玉楼金阙。名播兰簪妃后里，晕潮莲脸君王侧。忽一朝鼙鼓揭天来，繁华歇。龙虎散，风云灭，千古恨，凭谁说。对山河百二，泪沾襟血。驿馆夜惊尘土梦，宫车晓碾关山月。愿嫦娥相顾肯从容，随圆缺。"昭仪名清惠，字冲华，后为女道士。
>
> 五月二日，抵上都，朝见世皇。十二日夜，故宋宫人安定夫人陈氏、安康夫人朱氏与二小姬，沐浴整衣焚香，自缢死。朱美

---

① （明）袁凯：《怀南村陶先生》，《海叟集》卷3，影印文渊阁《四库全书》本。

人遗四言一篇于衣中云："既不辱国,幸免辱身。世食宋禄,羞为北臣。妾辈之死,守于一贞。忠臣孝子,期以自新。丙子五月吉日,泣血书。"明日,奏闻,上命断其首悬全后寓所。夫此四人之贞烈,视前日之托隐忧于辞章者,相去盖万万矣。①

文中,陶宗仪记载了两则关于南宋宫人被俘北上的史事。其一是王昭仪赋《满江红》事,事见上文。其二即是朱美人等以死抗节事。此事《南村辍耕录》所载,与杨瑀《山居新话》内容大体相同,只是《袖中遗诗》部分略去数句。在《南村辍耕录》中,陶宗仪将王昭仪赋《满江红》、朱美人等以死抗节二事并录后,加以扼要评价:"此四人之贞烈,视前日之托隐忧于辞章者,相去盖万万矣。""前日之托隐忧于辞章者"即指王清惠;而"相去盖万万矣",则是对朱美人等贞烈之举至高的赞誉。王清惠抵达大都后,未入元宫,亲授少帝诗书,任教养之职,生活孤独凄苦,十年后自请为女道士,其志节虽难与朱美人等相比,但也不至于遭到如此贬损。那么,陶宗仪为何如此推崇朱美人等的志节而贬抑王清惠呢?这与他个人冲澹端静的品性学养、深厚的家世渊源有着极为密切的关系。

(二) 对陶宗仪接受的分析

陶宗仪(1316—1401年后),字九成,自号南村外史,黄岩(今台州黄岩)人。母赵德珍(?—1346)系宋太祖子燕王德昭十世孙孟本之女。宗仪少负俊才,十岁父兄口授以伏生书,即成诵。秉性疏狂,年二十赴杭州省试,执笔论当世事,逆主试者意,不中,遂弃科举。研务古学,无所不窥。出游两浙,师事张翥、李孝光、杜本,精

---

① (元)陶宗仪:《南村辍耕录》卷3,文化艺术出版社1998年版,第42—43页。

通诗文，深究古学，尤刻志字学，习舅氏赵雍篆法。至正十五年（1355），为避战乱而徙至淞城之北，泗水之南，教授弟子，诸生买地结庐，因自号曰"南村"。躬耕自给，绕屋种菊，读书谈道，翰墨飘香，逍遥其中。至正间，浙帅泰不华、南台御史丑间举为行人，又辟为教官，皆不就。张士诚据吴，数郡之士毕至，署为军咨，亦不赴。明洪武四年（1371），诏征天下儒士，六年（1373），命有司举人才，皆及宗仪，引疾不赴。陶宗仪性冲澹，与人无夷险佞直，坦诚相待。亲事农桑，如遇胜日，引觞独酌，诵诗读书，有"逸心"之乐。明经博学，晚益闭门著书，著述等身，其中《说郛》（一百卷）、《南村辍耕录》（三十卷）、《书史会要》（九卷）最为后世所称。

陶宗仪品性冲淡，归守南村，多次却聘，授生著书，有靖节先生之遗风。寓居南村草堂，日修其身，陶冶情性，形成了他端静和易、淡泊宁静的品性，使他对忠孝节义等儒家思想有着较高的追求。他勤于著述，"著书累数十万言不自知其勤也"①。其著《南村辍耕录》转录当世之书，采以民间见闻，"凡六合之内，朝野口（阙）之间，天理人事，有关于风化者，皆采而录之，非徒作也……以备太史氏采择"②。《南村辍耕录》具有极高的史料价值，是研究元代社会的重要文献。

在《南村辍耕录》中，陶宗仪借忠义英烈的事迹表达对儒家传统价值的推尊，"铺张盛美，为忠臣孝子之劝"③。《南村辍耕录》除了卷3"贞烈"条外，还记载了很多烈妇的义行，如《妓妾守节》（卷15）、《胡烈女》（卷15）、《高丽氏守节》（卷15）、《项节妇》（卷

---

① （元）张枢：《南村赋（并序）》，（明）汪珂玉编著《珊瑚网》卷35，影印文渊阁《四库全书》本。
② （元）邵亨贞：《〈南村辍耕录〉疏》，应再泉，徐永明，邓小阳编《陶宗仪研究论文集》，浙江人民出版社2006年版，第558页。
③ （明）孙作：《〈南村辍耕录〉序》，《陶宗仪研究论文集》，浙江人民出版社2006年版，第558页。

22）、《傅氏死义》（卷23）、《刘节妇》（卷24）、《妓妾守志》（卷27）、《兰节妇》（卷27）、《一门五节》（卷29）、《一门三节》（卷29）、《杨贞妇》（卷29）等。在《南村辍耕录》卷14"忠烈"条，陶宗仪又详细记载了元末战乱中忠臣义士为国殉难的事迹，叙事翔实，并在末尾附按语，表达对殉节诸公的崇高赞美，对世风日下的忧虑。正因为陶宗仪致力古学，推崇儒家道德，故其行事兴怀有着极高的境界。由此，他对于朱美人等以死抗节如此推崇，乃在情理之中了。

　　陶氏家族以忠节为当时所称，有"陶氏三节"见于史册。在元末明初兵乱之际，陶宗仪弟宗儒之妻王淑（1340—1367）、大妹宗媛（1328—1367）、三妹宗婉（1346—1367），抗节不屈，被誉为"陶氏三节"。陶门有如此烈女，可见陶家尊崇忠贞之道，节烈之名。"三节"独聚于陶氏一门，元代杨维桢为之撰《陶氏三节传》①。陶氏三节在当时极为轰动，世人深为陶氏一门的家法门风敬佩膜拜。除了陶氏三节，陶宗仪的妻子费家亦有二女，和陶氏一门三节相比，费氏（元玙、元徽）二女也以贞节著称于时，被后世并称为"双节"②。"陶氏三节""费氏双节"，聚于陶宗仪家，令人震撼。我们在惊愕陶宗仪的生命中有如此亲眷的同时，就更能理解、体会他缘何给予朱美人等的贞烈之举以至高的评价，而对王清惠赋《满江红》的模糊之语给以苛责和贬抑了。

四　后世对《袖中遗诗》的接受

　　对朱美人等以死抗节的事迹，陶宗仪在著作中转录并加以评价，其表述直接而激烈。南宋遗民刘辰翁、元代刘麟瑞、元代遗民王逢则

---

① （元）杨维桢：《东维子文集》卷28《陶氏三节传》，影印文渊阁《四库全书》本。
② （清）赵宏恩等监修：《江南通志》卷177《列女志》，影印文渊阁《四库全书》本。

通过吟词赋诗，赞美朱美人等的贞烈，表达相对含蓄。然而通过解读所赋诗词，了解生平行实，可以考见这些作家本人对忠孝节义的追求与践行。

（一）刘辰翁：香魂携手，相抱犹泣

南宋遗民刘辰翁深怀亡国之痛，赋《兰陵王·丁丑感怀和彭明叔韵》，以"香魂携手抱相泣"句吟咏朱美人等为国抗节的事迹。该词作于宋亡一周年之际，或有以此事告慰故国、慰藉先皇之意。而考察刘辰翁的生平行实，使我们进一步了解到他耿直正义、"慷慨立风节"的志节操守。

刘辰翁（1232—1297），字会孟，吉安庐陵（今江西吉安）人，以故里之须溪山而号曰须溪，被尊称为"须溪先生"。家贫力学，其才华被欧阳守道所赞赏。宝祐六年（1258）贡于乡，适逢丁大全骤用，刘辰翁对策，严君子小人朋党之辨，有司以为涉谤，弃而不用。补太学生，时江万里为国子祭酒，极称赏其文。景定三年（1262）监试，丞相马廷鸾、章鉴争致门下，时贾似道秉国政，欲杀直臣以蔽言路，刘辰翁因言"济邸无后可恸，忠良戕害可伤，风节不竞可憾"①，语涉忌讳，而大忤贾意，然理宗嘉之，亲置之丙第。刘辰翁以亲老为由，请为赣州濂溪书院山长。咸淳元年（1265），丞相江万里荐刘辰翁学宜史馆，任临安教授。江万里再相，问政何事为先，刘辰翁曰：

---

① 按"济邸无后"：济王赵竑（？—1225），宋宁宗弟沂王赵抦之嗣。宁宗无子，嘉定十四年（1221）立竑为太子。宁宗重病，宰相史弥远矫诏改立赵昀为太子。未久，宁宗崩逝，史弥远拥立赵昀为帝，是为理宗。赵竑被废为济王，出居湖州，后因霅川之变，被迫缢死。霅川之变后，真德秀、魏了翁、洪咨夔、邓若水等纷纷上书，相继出贬，一时"朝臣泛论，一语及此，摇头吐舌，指为深讳"。刘辰翁对策极言此事，可见其忠心耿直的风节。

"当先拔异议遭摒者。"文天祥起兵勤王，刘辰翁曾入文天祥幕府。①宋亡后，托迹方外，隐遁不出，专事著述，元大德元年（1297）卒，年六十六。刘辰翁耽嗜文史，淹博涵深，"以文章居当世之第一流"②。其诗气韵生动，多用典故，发沧桑之感，故国之思。其词真率缠绵，内蕴丰厚，"且于宗邦沦覆之后，眷怀麦秀，寄托遥深，忠爱之忱，往往形诸笔墨"③。堪称一代词史。著述富赡，有《须溪集》一百卷。

德祐二年二月，元兵至吉州，为避兵燹，刘辰翁携子至庐陵永阳④，时年四十五。宗社沦覆的沉痛和辗转奔波的疲惫，使他更加伤怀，此年作有《浣溪沙·虎溪春》《兰陵王·丙子送春》《唐多令·丙子中秋前，闻歌此词者，即席借芦叶满汀洲韵》《烛影摇红·丙子中秋泛月》等词，寄寓国破乱离之痛。景炎二年（1277）春，时亡国一周年，他又作《兰陵王·丁丑感怀和彭明叔韵》，伤悼宋亡。在这首词中，刘辰翁隐晦地谈到朱美人等殉节之事。其词曰：

雁归北。渺渺茫茫似客。春湖里，曾见去帆，谁遣江头絮风息。千年记当日。难得。宽闲抱膝。兴亡事，马上飞花，看取残阳照亭驿。

哀拍。愿归骨。怅毡帐何匹，湩酪何食。相思青冢头应白。想荒坟酹酒，过车回首，香魂携手抱相泣。但青草无色。

语绝。更愁极。漫一番青青，一番陈迹。瑶池黄竹哀离席。

---

① （元）刘将孙《文氏祠堂记》曰："将孙之先人交丞相兄弟为厚，盖尝与江西幕议。"载《全元文》卷627，江苏古籍出版社1999年版，第240页。
② （清）顾嗣立编：《元诗选三集》（甲集），中华书局1987年版，第56页。
③ （清）纪昀：《钦定四库全书总目》（整理本），中华书局1997年版，第2184页。
④ （元）刘将孙《梅所曾贡士墓志铭》曰："往丙（子）、丁（丑）间，先君子辟地永水上。"载《全元文》卷641，江苏古籍出版社1999年版，第440页。

约八骏犹到,露桃重摘。金铜知道,忍去国,忍去国。①

序中"丁丑"为宋端宗景炎二年。宋亡以后,刘辰翁效陶渊明,词作以甲子纪年。彭明叔,即彭元逊,字明叔,号巽吾,庐陵禾川(今江西吉安)人,景定二年(1261)通过解试。② 其节行较高,"《松筠录》曰:宋季高节,盖推庐陵、吉水、涂川,亦同一派……至若彭巽吾名元逊,罗壶秋名志仁,颜吟竹名子俞……皆忠节自苦,没齿无怨者。必欲屈抑之为元人,不过以词章阐扬之,则亦不幸甚矣"③。彭元逊与刘辰翁交往甚密,宋亡后,互道苦楚,相互慰藉,刘辰翁有《六丑·春感和彭明叔韵》《酹江月·中秋,彭明叔别去赴永阳,夜集》等十余首词与彭元逊唱和。④《元草堂诗余》(卷上)录彭元逊词20首,惜《兰陵王》原作已佚。

《兰陵王·丁丑感怀和彭明叔韵》分为三片。上片回忆临安人目睹宋宫人一行乘舟离杭的情形。以"雁归北"领起,渲染出浓重的悲哀情绪,以及北上人员即将离开故国、远赴异域的悲怆。天公悲悯帝后等人,风已止息,舟船迟迟未行。"记当日",定格为屈辱的永恒。末句哀叹国家兴亡正如花飞花谢,盛时难再,放眼望去,残阳一片,斜照着衰亭败驿。

第二片以战乱中被掳掠、困居匈奴的蔡琰的命运联想宋宫人北上

---

① 段大林校点:《刘辰翁集》,江西人民出版社1987年版,第323页。
② (光绪)《江西通志》卷51《选举》:"景定二年(1261)辛酉解试有彭元逊名。"
③ (清)沈雄:《古今词话·词话》卷上,吴熊和主编《唐宋词汇评·两宋卷》(第5册),浙江教育出版社2004年版,第3721页。
④ 刘辰翁与彭元逊唱和之词,除上文提及外,还有《水龙吟·巽吾赋溪南海棠,花下有相忆之句,读之不可为怀,和韵并述江东旅行》《水龙吟·寓兴和巽吾韵》《忆旧游·和巽吾相忆寄韵》《琐窗寒·和巽吾闻莺》《汉宫春·岁尽得巽吾寄溪南梅相忆韵》《高阳台·和巽吾韵》《渴金门·风乍起,约巽吾同赋海棠》《渴金门·和巽吾重赋海棠》《渴金门·和巽吾海棠韵》《酹江月·中秋,彭明叔别去赴永阳,夜集》《水调歌头·和彭明叔七夕》《水调歌头·游洞岩,夜大风雨,彭明叔索赋,醉墨颠倒》等。《刘辰翁集》,江西人民出版社1987年版。

生活，着重吟咏朱美人等忠节殉国之事。蔡琰，字文姬，东汉名士蔡邕之女，陈留（今河南杞县）人。博学有才辩，又妙于音律。十六岁嫁河东卫仲道，夫亡无子，归家寡居。兴平中，天下丧乱，为胡骑所获，后嫁给南匈奴左贤王，在胡中十二年，生二子。曹操素与蔡邕友善，"痛其无嗣，乃遣使者以金璧赎之，而重嫁于祀"①。蔡琰所著《胡笳十八拍》真情激切，自然悲壮，表达蔡琰归汉的强烈愿望。词中"愿归骨"就是以此喻指南宋宫人向往南归。南宋宫人极不习惯北方风土，"湩酪"是指用牛、羊、马等乳炼制的食品，对于这种蒙古族饮食，宋宫人感到难以入口。"青冢"指王昭君墓，传说塞草皆白，唯此冢草青，故名。这里想象宋宫人在北方思念家乡，以昭君作比，魂魄难归，为之白头。

"香魂携手抱相泣"，则指朱美人、陈夫人及两名侍女自缢之事。刘辰翁从何处得知此事？元杨瑀《山居新话》载："予尝闻之先父枢密，因观周草窗《日抄》亦载此事。又得祈请使、日记官严光大《续史》，所说相同。"周密（1232—1298），字公谨，号草窗，祖籍济南，流寓吴兴（今浙江湖州），家世显赫，曾祖父周秘、祖父周珌、父周晋，均为南宋显宦。周密雅思渊才，韬晦沉声，幼时就能作台阁之旧章，详官府之故事。宋运既屋，志节不屈，入元不仕，去家寓杭，以南宋遗老自居。周密见闻甚博，沉心于前朝旧史的收集和编撰。作品甚富，有《齐东野语》《癸辛杂识》《浩然斋雅谈》《武林旧事》《云烟过眼录》等十余种。唯杨瑀所言《日抄》今不存。刘辰翁与周密交游甚密，有《行香子·次草窗忆古心公韵》《满庭芳·草窗老仙歌满庭芳寿余，勉次原韵》等词相唱和。周密《日抄》既载宋旧宫朱美人等事，而刘、周二人亦有交情，则刘辰翁很有可能从周密处

---

① （南朝宋）范晔撰：《后汉书》卷84，中华书局1965年版，第2800页。

得知此事，抑或当时朱美人事流传颇广，士人尽知。在祭吊故国之时，刘辰翁以中锋重笔重提此事，或是他认为此事是对故国的最好祭礼。

第三片以周穆王的典故悲叹恭帝此行再也不能重返故国，以铜人流泪的典故想象恭帝离宫去国的心情，深蕴词人对于鼎迁祚移的哀痛。

刘辰翁的《兰陵王·丁丑感怀和彭明叔韵》词围绕南宋宫人离宫北上展开，深蕴亡国之悲。他如此推赞朱美人等为宋殉节，与其个人的思想行事有着密切的关系。刘辰翁颇有志节，廷试对策，触犯贾似道，由此得耿直之名；丙子宋亡，江万里死节，刘辰翁驰哭之，有"千秋遗像，涕泗滂沱"语，极言其悲痛；文天祥殉国，刘辰翁为作《古心文山赞》《文文山画像赞》等，有"昔忌其生，今妒其死"语，极赞其风烈；汪元量南归后，刘辰翁为《湖山类稿》作序，以"诗史"目之；邓光荐为其密友，二人屡有词唱和，寄托心迹；还有遗民赵文、王梦应、王炎午等都与之交往甚密。总之，刘辰翁之交游，多为宋室忠节之士，拒不仕元之人，故须溪不但以文章见重于世，亦以志节闻名于时。《庐陵县志》则云："士人服其赏鉴之精博，然不知其节行之高也。"① 李之鼎赞其云："须溪先生在宋末，文章道德为一时之冠。"②

当闻朱美人等以死抗节之事，刘辰翁为之震动，深为宋朝能有如此捍卫节操之人而欣慰。

---

① 《庐陵县志·刘须溪先生小纪》，转引自《刘辰翁集》，江西人民出版社1987年版，第460页。

② 李之鼎：《须溪先生四景诗跋》，《刘辰翁集》，江西人民出版社1987年版，第469页。

(二) 刘麟瑞：操节已全，两地尽传

元代刘麟瑞广泛搜罗宋末忠义死节遗事，叹服朱美人等的节烈，彰其事迹，赋诗一首，赞咏警策，有益风教。

刘麟瑞（生卒年不详），号如村，南丰（今属江西）人，国亡不仕。其父刘壎（1240—1319），字起潜，号水云村，曾作《补史十忠诗》一卷，述宋末李芾、赵卯发、文天祥等十人忠义之事。元英宗至治年间，刘麟瑞亦追思宋末仗义死节之士，撰述遗事，赋七言律诗五十首，成《昭忠逸咏》四卷，后其乡人赵景良合父子二集为一编，又采宋末遗老诸作，续为二卷，总名之曰《忠义集》。是集共七卷，刘麟瑞所赋《美人朱氏》载于卷5：

> 给事中官已历年，蒙恩扈从赴幽燕。
> 名王索好缘难合，烈妇捐生节已全。
> 日宴寝门疑锁钥，夜长驿馆泣婵娟。
> 同来小妮犹堪诧，一样清风两地传。

> 美人从全太后赴燕，有名王悦其色，欲娶之。使人喻旨。明旦寝门不启，发视之，美人已自杀。有幅纸书曰：向之未死者，以太后犹在，今事至此，岂复自辱。欲全节，以见度宗于地下。美人有一侍婢，亦自缢于其侧。①

首联交代朱美人入宫已有数年；颔联写朱美人捐生殉节的缘由；颈联写朱美人夜间自缢，泪泣婵娟；末联写朱美人侍女随其

---

① （元）赵景良编：《忠义集》卷5，影印文渊阁《四库全书》本。亦见于（清）顾嗣立编《元诗选二集》，中华书局1987年版，第119页。《美人朱氏》后世版本所录略有差异：（明）曹学佺编《石仓历代诗选》卷223："夜"作"宵"；（清）陈焯编《宋元诗会》卷54："夜"亦作"宵"，"妮"作"婢"，影印文渊阁《四库全书》本。

自缢，咏叹此清风烈节，两地尽传。"两地"，应指元朝上都、南宋临安。

刘麟瑞，元岳天祐称其为"南丰逸士"①，其生平事迹见清万斯同《宋季忠义录》："刘麟瑞，号如村，南丰人，国亡不仕。咏死节五十人，人各系以事实。题曰《昭忠逸咏》。"② 按：《昭忠逸咏》咏诗五十首，每首均咏宋季忠义之士，然不限于一人，如《从文丞相诸公（杜浒、巩信、尹玉、赵时赏、张汴、刘洙、缪朝宗、孙宗、孙□、陈龙复、萧焘夫、彭震龙、萧明哲）》《都统曹公（友闻）及大安夜战死节诸将》诗，所咏文丞相府忠义之士，凡十余人。因此《宋季忠义录》所言"咏死节五十人"是一个概数。

刘麟瑞对宋末忠贞节义之事的日渐湮没感到相当遗憾，他在《昭忠逸咏自序》中说："宋末革命，岂无继踵者，顾湮郁弗彰，殊可叹也。"之所以搜寻宋末遗事，赋诗吟诵，就是表彰节义，告慰忠魂，淳正世风。

《昭忠逸咏》所载五十首诗，多赞美都统、守将、守臣、儒士、布衣以及死节诸公，其中赞美列女的诗仅三首：《江东运判赵公（淮）妾（某氏）》咏赵淮及其妾事，《孺人林氏》咏刘仝子妻林氏，另外一首就是《美人朱氏》。而赵淮妾、刘仝妻事迹《昭忠录》《宋史·列女传》均有记载，唯朱美人等事迹《宋史》无载。至明代弘治中，该集予以付梓，刑部尚书何乔新为之作序，其序云：刘麟瑞"作《昭忠逸咏》，皆据其所见闻而录之，盖野史之流也"③。从这一点来看，刘麟瑞的《昭忠逸咏》具有以"野史"补正史，以诗存史的价值。

---

① （元）岳天祐：《昭忠逸咏序》，《忠义集》卷2，影印文渊阁《四库全书》本。
② （清）万斯同：《宋季忠义录》卷16，《四明丛书》本。
③ （明）何乔新：《忠义集序》，《椒邱文集》卷9，影印文渊阁《四库全书》本。

朱美人等忠于宋朝的贞节烈志，忠义之士"触白刃、蹈鼎镬而不慑"的凛然正气，令国难当前而逃遁避责者羞愧，屈身事敌者无颜，令仁人志士"咨嗟涕洟"。

（三）元王逢：龙香一篆，姝死北燕

元代遗民王逢义不负元，崇尚忠孝节义，其《感宋遗事二首（有引）》既赞美朱美人等忠于宋朝，以死慰藉先君的节义精神，又在字里行间流露出他以"胜国遗民"[①]自居的心态。

王逢（1319—1388），字原吉，江阴（今江苏江阴）人。弱冠有文名，从陈汉卿学诗，汉卿出虞集之门，故前人以为其诗得虞集之传。王逢生于元末，而诗名、笔力可与元盛时期的杨载、范梈诸人齐驱并驾。至正中，作《河清颂》，行台及宪司极力荐举，皆以疾辞，人咸高之。王逢志乐隐逸，"澹泊闲靖"[②]，隐居江上之黄山，自号席帽山人。又避地无锡梁鸿山，不久迁淞之青龙江，以祖母徐夫人手植双梧于江阴横河之上，自号梧溪子，以志不忘。至正丙午（1366），复徙上海之乌泾，筑草堂以居，自号最闲园丁。后张士诚据吴，招贤礼士，时多为之用，王逢独高蹈远引，不污一命。元亡，明太祖征召甚迫，以疾辞。洪武二十一年（1388）元旦，自为《圹铭》，是岁卒，年七十。《明史》《新元史》有传。

王逢才气俊爽，属辞于诗，尤长作行草，有书家风范。有《梧溪诗集》七卷，记载"宋、元之际忠孝节义之事甚备，每作小序，以标其崖略，足补史传所未及，盖其微意所寓也"[③]。《感宋遗事二首》云：

[①] （清）钱谦益著，（清）钱曾笺注，钱仲联标校：《牧斋初学集》卷33，上海古籍出版社1985年版，第947页。

[②] （元）杨维桢：《梧溪诗集序》，《全元文》卷1300，江苏古籍出版社2004年版，第41册第251页。

[③] （清）纪昀：《钦定四库全书总目》（整理本），中华书局1997年版，第2252页。

第二章 二嫔妃：皇宫女眷的悲吟与绝唱

一

五月无花草满原，天回南极夜当门。
龙香一篆魂同返，犹藉君王旧赐恩。

二

天遣南姝死北燕，宋朝家法最堪传。
当时赐葬崇双阙，混一当过亿万年。①

宋宫人一行于德祐二年（1276）五月抵达上都，所见是一望无际的青青草原，甚至没有花朵的点缀，与江南的秀美景色相差万里。时局、环境以及地位的骤然变化使朱美人等产生巨大的失落，一切似天旋地转。朱美人等要在夜里有所行动，但元人看管较紧，行动不便，故云"夜当门"。安康朱美人、安定陈夫人、失其姓名的二侍儿之魂魄同返南国，以此告慰君王的亡灵。

第二首诗歌颂朱美人等为国殉节的精神。首二句"天遣南姝死北燕，宋朝家法最堪传"，"姝"，美女，朱美人貌美，《昭忠录》载"有悦其色者欲娶之"，元刘麟瑞《昭忠逸咏》载"有名王悦其色"。"南姝"赞美朱美人等四人不但貌美，更具贞节之志。"南姝""北燕"，宋宫人经历从南至北的万里迁流、长途跋涉，于上都自缢而死，这种经历本身令人悲叹。而朱美人等之所以有此举，足验宋朝祖宗家法值得歌颂，文化精神值得弘扬。末二句"当时赐葬崇双阙，混一当过亿万年"，以元朝对待宋宫人的待遇，说明元朝具有宽宏的气度，其统一中国，可至千秋万代。

王逢生于元明交替之际，其《梧溪集》所载，多是他于元末遭逢

---

① （元）王逢：《梧溪集》卷1，中华书局1985年版，第14页。

丧乱所闻所感，元代杨维桢云："予读其诗，悼家难，悯国难，采摭贞操，访求死节，网罗俗谣言与民讴，如《帖木侯》《张武略》《张孝子》《费夫人》《赵氏女》《丙申纪事》《月之初生》《天门行》《竹笠黄》《官柳场》《无家燕》诸篇，皆为他日国史起本，亦杜史之流欤？"①《梧溪集》中的诸多诗篇，流露出浓厚的遗民情结。朱元璋率北伐大军进入大都后，他作有一系列组诗，如《钱塘春感六首》《无题五首》《后无题五首》等，其唇齿之忧，黍离之泣，追思之意，真切感人，尤其是前后《无题》十三首，"伤庚申之北遁，哀皇孙之见获，故国旧君之思，可谓至于此极矣"。钱谦益把王逢比作宋末谢翱："呜呼，翱之于宋也，原吉之于元也，其于遗民一也。"②顾嗣立则谓其"志在乎元，则成其为元而已矣"③，亦将其附于遗民之例。而后世之所以对王逢有如此高的评价，还在于在传统的夷夏之辨中，元朝乃异族统治的王朝，而王逢对张士诚的农民起义坚决反对，又入明而不仕新朝，这种始终忠于一朝的志节令人感佩，故钱谦益赞叹说："士君子生于夷狄之世，食其毛而履其土，君臣之义，虽国亡社屋，犹不忍废。""夷、齐之不忘殷也，原吉之不忘元也，其志一也。"④

王逢终生布衣，深怀故国之思，崇尚忠义节孝。他在自制的《圹铭》中说："首西正丘有斐士，诗旌忠孝节义鬼"⑤，除《感宋遗事二首》外，《梧溪集》中还有很多咏叹忠贞义士烈女的诗作，

---

① （元）杨维桢：《梧溪诗集序》，《全元文》卷1300，江苏古籍出版社2004年版，第251页。
② （清）钱谦益：《列朝诗集小传》甲前集《席帽山人王逢》，古典文学出版社1957年版，第14—15页。
③ （清）顾嗣立编：《元诗选初集》，中华书局1987年版，第2194页。
④ （清）钱谦益：《跋王原吉梧溪集》，《钱牧斋全集》，上海古籍出版社2003年版，第1765页。
⑤ （元）王逢：《梧溪集》卷7《圹铭（有引）》，中华书局1985年版，第349页。

其中歌咏宋代的，如《宋婉容王氏辞（有引）》歌咏靖康之变时王婉容不事二主、杀身殉节；《银瓶娘子辞（并序）》赞美岳飞女孝父忠君，闻父惨死，负银瓶投井而死；《毗陵秋怀》赞美南宋都统刘师勇在宋元常州之战时所向披靡的忠勇爱国精神；《题宋太学郑上舍墨兰（有序）》赞美南宋郑思肖画兰无根土、坐必南向而义不忘赵；等等。诗多赞颂忠节义士，往往几语道出意旨，"表微阐幽，美不胜记"[1]。

作为元朝遗民，王逢如此多地赞誉节义孝行，表现出他在鼎革之际忠于故国，以"胜国遗民"自居的一种形式。其《感宋遗事二首》在字里行间表达了这种心态。第一首"龙香一篆魂同返"句，南宋宫人所燃之香为北朝之"龙香"，这种口吻不是从南宋宫人的角度出发，而是诗人对当朝御用物品的称呼。第二首云："天遣南姝死北燕，宋朝家法最堪传。当时赐葬崇双阙，混一当过亿万年"，前两句赞美朱美人等为宋朝尽忠，末两句则赞美元朝对朱美人等陵寝之事给予厚待，前后观之，云"天谴"，意在说明元朝灭宋，统一南北，实属天意。这与王逢既崇尚志节，又以"胜国遗民"自居的心理是一致的。

王朝鼎革之际，对前朝大臣、宫妃等达官贵人而言是人生最大的不幸，他们在忠君报国理念与强烈求生欲望的矛盾中痛苦挣扎：多数人最终选择了与新朝合作以求安身立命，一部分人选择了退隐不仕以求洁身自好，只有极少数人固守忠义节烈观念，抗死殉节。南宋朱美人、陈才人等就是那为数不多者。正是通过对朱美人等义不受辱，"一时之身甫尽，万古之身始生"的以死抗节的推尊，力图唤起人们在国难之际对国家的热爱，表现出士人阶层对儒家忠孝

---

[1] （清）顾嗣立编：《元诗选初集》，中华书局1987年版，第2241页。

节义的弘扬。

　　朱美人等的贞烈之举及其《袖中遗诗》，只不过是历史上一段惨烈的佳话，元明清的士人阶层之所以极力推崇，源于朱美人等为国殉节的故事对弘扬儒家忠孝节义的伦理操守而言，是一种极具感召力的精神遗产，可以砥砺世人，振作世风，同时也寄托着他们的人生理念和对儒家道德的追求。

第三章　家铉翁：临危受命者的故国情怀

家铉翁（1213—1298?）①是宋末有着一定影响力的爱国士大夫、学者、文人。号则堂，眉州（今四川眉山）人，以荫补官，曾官知常州，政誉翕然，迁浙东提点刑狱，累官至端明殿学士，签书枢密院事。德祐二年元兵围临安，丞相吴坚、贾余庆檄告天下守令以城降，唯家铉翁拒署降诏。旋任祈请使，赴上都觐见元世祖。元朝尊以高官，他义不事二君，被羁留北方十九载，年逾八十始得放归，徒步还乡。《宋史》卷421有传。

家铉翁有《则堂集》六卷、《春秋集传详说》三十卷传世。其文集，明孙能传、张萱等编《内阁藏书目录》卷3著录"《则堂先生文集》六册，全。宋末家铉翁著，名《瀛洲集》，凡十七卷"。《国史经籍志》卷5著录作"《则堂集》十六卷"，《千顷堂书目》卷29著录作"《则堂先生文集》十八卷"。今存《则堂集》六卷存于《四库全书》，乃四库馆臣从《永乐大典》中辑出，目前没有整理本，《全宋诗》《全宋词》《全宋文》《全元文》均有收录。

---

① 林景熙《闻家则堂大参归自北寄呈》（《霁山集》卷1）诗下元代章祖程注云："至元三十一年（1294）甲午，召还放自便。乃归江南，时年八十有二矣。"据此推家铉翁生年在1213年。又《宋史》卷421《家铉翁传》载："大元成宗皇帝即位（1294），放还……又数年以寿终。"因有"数年"字样，故一般认为卒于大德二年（1298）前后。

第一节　家铉翁的家族世系

家铉翁临危受命，奉使去国，义不二君，羁留北方十九载，高尚节行令士林景仰。然历来对家铉翁家族世系的研究阙略不详，本书哀辑史料，略加考述。

一　家铉翁先祖及世系考

家铉翁出生在四川眉州一个世代为官的名门望族。家氏起源可以追溯到西周时期。宋魏了翁《知富顺监致仕家侯炎墓志铭》云：

> 家氏见于《节南山》之乱及《春秋经》，至晋大夫仆徒、唐侍御史方，世济休闻。方事德宗，以言事忤奸臣杞，出刺戎州，自戎居眉，族乃大。①

据《万姓统谱》：家氏乃"周大夫家父之后"②。《诗经·小雅·节南山》："赫赫师尹，民具尔瞻……家父作诵，以究王讻。"说的是西周时期大夫家父作诗讽谏太师尹氏为政不均。春秋时期，晋国有大夫家仆徒，《春秋》载："桓公八年春，天王使家父来聘……十有五年，天王使家父来求车。"

唐德宗时，御史大夫家方，因直言忤逆奸臣卢杞，出刺戎州（今四川宜宾），后从戎州迁居眉州。此后，眉州家氏族群逐渐壮大。家氏于唐

---

① （宋）魏了翁：《知富顺监致仕家侯炎墓志铭》，《鹤山集》卷84，影印文渊阁《四库全书》本。
② （明）凌迪知：《万姓统谱》卷36，影印文渊阁《四库全书》本。

德宗时迁居入蜀,宋吕陶《朝请郎新知嘉州家府君墓志铭》载:

> 自周衰,大夫家父之后迁于晋,至唐德宗时,有为职方员外郎者,从乘舆幸山南,因入蜀游青衣,访故人,路眉,爱乐风土,遂居眉山,今十一世矣。①

家氏在蜀中是一个大族,人才辈出,声名显赫。家铉翁所在的族系自家勤国以来,世代皆有人在朝廷或眉州出任显官,而在一些历史大事件中,家氏族人每有不凡的表现,青史垂名。

家勤国,忧学忧国。庆历、嘉祐间与从兄安国、定国同从刘巨交游,与苏轼兄弟为同门友。王安石久废《春秋》学,勤国愤之,著《春秋新义》。熙宁、元丰年间人事纷纷变动,而元祐诸贤矫枉过正,勤国忧之,因而建筑房室,作《室喻》,二苏读之敬叹。②

家愿(1073—?),策问直言。家愿字处厚,勤国之子,眉山人,《宋史》有传。绍圣元年(1094)进士,时策问力诋元祐之政。家愿答策唯以坚守九年所已行者为言,居下第,为乐至令。上书枢论时政,谪监华州西岳庙,禁锢不调凡十年。党禁解除后,历知阆州,适逢张浚谋划大举进攻,家愿劝说张浚准备武器充足等待机会,张浚不悦,用便宜行事的旨意调家愿到彭城,不久请求告老还乡。《宋史》赞家愿"奇迈危言,摧折弗悔,咸有可称"。《宋史新编》则云:"家愿位不逾郡守,未尝一日立朝,何啻郎潜之不遇耶。"③

家大酉(1176—?),家愿曾孙,蜀中名士,为人方直,虽累屈守死不变。大酉字朝南,眉山人。举进士,初授昭化县主簿,吴曦叛,

---

① (宋)吕陶:《净德集》卷23,中华书局1985年版,第254页。
② (元)脱脱等撰:《宋史》卷390,中华书局1977年版,第11949页。
③ (明)柯维骐:《宋史新编》卷137,新文丰出版公司1974年版,第16页。

大酉不受其招，弃官而去，洪咨夔赞其"去之以为义者"①。淳祐（1241—1252）中，大酉侍讲经筵，累官工部侍郎，与宰相史嵩之论不合，遂罢去。对于曾祖家愿所上策问，理宗曾征询大酉的看法，他从容及之，上改容嘉叹，宣取所上书，又亲书"西社同门友，元符上书人"十大字以赐。这也是家氏一族因直言敢谏所受到的最高礼遇。

家炎（1145—1231），家勤国的从兄家定国之四世孙，字季文，眉山人。以父任入官，主金州石泉县簿。历雅州司理参军，知潼州府郪县，通判叙州，擢知富顺监。会吴曦反，炎与诸郡守谋讨之。乱平，宣抚使安丙荐知开州，炎辞，后起知资州。魏了翁《知富顺监致仕家侯炎墓志铭》赞其"临大节，凛不可乱"，该文还详细记述了家炎临危不变、以死守城的事迹：

> 抵富顺之明年，曦以蜀叛，侯愤惋至忘寝食。母问故，侯具以对，且曰："万一变作，守城臣当死，为母忧，奈何！"母曰："死城郭，分也，非吾忧。"侯乃夜自为书告本道使者，吏窃稿去，侯不问，驰使四出。及至叙，叙守薛君九龄亟和之；至帅府，帅府布其言十四州。已而叛势鸱张，皆沮且怖，侯不为变。曦诛，侯亦不自言也。母丧去官，除丧，宣抚使安公上富顺抗伪事，请知开州，又荐充监司科，侯辞。②

家炎是非分明，立场坚定，魏了翁又赞赏曰："是非之心，其孰无之，而夺于利害以谬迷其所固有，甘于祸家凶国而不知顾者多矣。此非素讲预定，安能断断若此！"③

---

① （宋）洪咨夔：《家朝南避伪回任橄跋》，《平斋文集》卷10，影印文渊阁《四库全书》本。
② （宋）魏了翁：《鹤山集》卷84，影印文渊阁《四库全书》本。
③ （宋）魏了翁：《跋家季文守富顺日拒吴曦伪檄事》，《鹤山集》卷63，影印文渊阁《四库全书》本。

家铉翁深受家族传统的影响。在宋亡的前三日,家铉翁拒不签署降诏,其时元军遣使至宋廷,欲将其绑缚,铉翁凛然大喝"中书省无缚执政之理"。他对国家的耿耿忠心和凛然正气,正是对忠贞敢谏、以死效国之世代家风的传承。

二 家铉翁父、弟及族人考

家氏不但家风淳朴,忠贞敢谏,而且家学深厚。吕陶《朝请郎新知嘉州家府君墓志铭》载:"眉阳士人之盛甲两蜀,盖耆儒宿学能以德行道义励风俗、训子孙,使人人有所宗仰,而趋于善,故其后裔晚生,循率风范,求为君子,以至承家从仕,誉望有立者众。家氏之族,乃其一也。"牟巘《送家自昭长慈湖》歌咏眉山家氏的家学渊源:"眉山钟神秀,翁季天下伟。直到仲虎辈,奕奕殊未已。家为文章家,百年兼两侍。"家氏一族人才辈出,如家勤国的从兄家安国、家定国为二苏讲友,家定国之子家彬"有学行,为士林所高",家大酉名列朱文公党籍,深得程朱理学旨趣,与魏了翁"为三十余年之交"①,等等。

家铉翁之父,史传无载,其生平大略唯见《则堂集》零散叙述。家铉翁在《志堂说》中回忆说:"余昔与祖仁俱侍先君周游四方,过庭讲习,一在义理。"可见其父喜研理学,重视对子女的教育。其父在何处任职,铉翁佚文《书苏轼〈相视新河次张秉道韵〉诗后》有云:

> 铉翁侍亲东来,莫居此邦垂三十年,亦惟曰先生经行之旧,每当撰杖入麓,慨然遐想,为公拂拭旧题,徘徊其下不能去。复得二诗墨本,以授住山龚君文焕,俾勒石岩宝,以诒来者。龚君

---

① (宋)魏了翁:《太令人程氏墓志铭》,《鹤山集》卷87,影印文渊阁《四库全书》本。

因请摘诗中语,扁宾位曰一庵。予不得而辞也,敬跋诗后。咸淳六年十一月旦。是日冬至。眉山家铉翁书。①

由篇首"垂三十年"及篇末"咸淳六年(1270)书"可推知,前此30年则为理宗嘉熙四年(1240)前后。据此可知,其父入临安任职当在嘉熙三四年间。

家铉翁父在临安所任何职,从家铉翁《三山吴履道承出示理皇御书唐人诗恭题其后》一诗可窥见一二,其诗首二句云:"先君曩侍缉熙殿,拜赐天画盈筐箧。"缉熙殿,乃理宗的筵学之殿,理宗崇尚理学,重视经史,亲笔题写"缉熙"为殿名,并亲为记文,"视朝之隙,临经幄日再款对儒臣,商略经史"②,对经筵讲习非常重视。家铉翁的父亲正是位列于缉熙殿的侍讲经筵官,为理宗讲读经史。

家祖仁,铉翁之弟,喜好经史,尤勤于《易》。铉翁对他寄予很高的期望,"读书多密察之功,遇事有素定之画,尝期之以前辈事业"。宋亡后,祖仁"避地入闽",虽"穷困百罹,未尝一日废书也","更用功于《易》,著论成编"。祖仁有书斋名"志堂",取义于《虞书》,铉翁赞其弟"求道之志,老而弥确",并以此互勉。③ 羁縻期间,家铉翁提及最多的亲人就是弟祖仁,至元二十三年(1286)冬,曾作《和归去来辞(并序)》寄给祖仁,文中充溢着浓浓的手足之情。

铉翁之子孙。铉翁有子,佚名,仅知其习理学。铉翁《心斋说》云:"岁在癸亥(景定四年,1263),余年半百,始定学问之指归。著《心原》《性原》《春秋》《易纲领》,以述其中欲言者,独与子侄讲

---

① (宋)孟宗宝:《洞霄诗集》,江苏古籍出版社1988年版,第16—17页。
② (宋)潜说友:《咸淳临安志》卷22,影印文渊阁《四库全书》本。
③ (宋)家铉翁:《志堂说》,《全宋文》卷8068,上海辞书出版社、安徽教育出版社2006年版,第125—126页。

之。"然其子先于铉翁而卒，铉翁在《祭器之文》中说："去家万里，倏逾一纪。子死孙幼，谁为我视。"该文作于家铉翁被元朝圈禁一纪之后，即至元二十六年（1289）前后，其时家铉翁子已不在人世，而其孙尚未成年。铉翁尚有一外孙见诸史籍，据吴澄《题常道士易学图》载：

> 眉山则堂家公如箕子归周而不仕周，其外孙临邛常君不肯为农、为贾、为胥、为吏，以贱辱其身，而寄迹于老氏清静之教。公遂为言老氏所以同于吾圣人之《易》者，而并及陈、邵、周子之学。所望于其外孙者，不其远乎？常君籍记外祖之训，罔敢坠遗，述一图以广羲、文八卦之说，可谓不羞其先世，不忝其外氏者矣。邵子曰"老子得《易》之体"，又曰"孟子得《易》之用"。进退存亡不失其正，家公有焉；消息盈虚与时偕行，常君有焉。祖孙之所得于《易》者如是。①

家铉翁此外孙为临邛人，常姓，"不肯为农、为贾、为胥、为吏，以贱辱其身"，尤好老庄，故人称"临邛常道士"。以志节行世，受铉翁影响颇多。

家坤翁，号颐山，曾官迪功郎、监普州商税。景定三年（1262），以户部郎中知抚州，吏治甚著，百姓称颂。纂有《抚州图经》（已佚）、《景定临川志》35卷（今存残卷），《宋诗纪事》卷68录其诗一首，《宋代蜀文辑存》录其文9篇。

家铉翁的家世及其父、弟等族人的生平事迹略可考者大致如此，或可补研究之未备。

---

① 《全元文》卷490，江苏古籍出版社1999年版，第504—505页。

第二节　家铉翁的生平行实

家铉翁出生于宋宁宗嘉定六年（1213），元世祖至元三十一年（1294）六月始得还乡，数年后以寿终。其一生跨越宋元两朝，历经宋宁宗、理宗、度宗、恭帝四帝，元世祖、成宗二帝，其跨越时代之长，经历之坎坷，节行之高尚，在当时可谓鲜见。

一　临危受命，奉使祈请

家铉翁深受蜀中文化熏陶，自幼侵染于书香之中，理学思想在他的成长中打下深刻烙印。在南宋派出的祈请使中，唯家铉翁忠贞救国，一心存赵。他的奉命出使，尽管已难以成命，但他忠于宋室，真正承担了为国运祈请，维护尊严的重任。

（一）沉埋州县，垂四十年

家铉翁童幼时期就开始学习理学，"余卯角时，受学于梁山贾齐乡先生。……自是以来，周游四方，请益于当世大老、派系之自武夷出者"。其后受学于赵庸斋先生，受到朱熹学说的影响。[①] 早年的受业经历对家铉翁的学问和思想影响很大。

家铉翁以父荫补官，出任地方官的时间较长，《志堂说》有"自

[①]《宋元学案》中姓赵且号"庸斋"的有二人：一为赵汝腾（生卒年不详），属于朱熹的私淑弟子。另一为赵葵（1186—1266），先后师从于郑清之、牟子才、李燔。今难以考定"庸斋先生"到底是哪一位，然而可以肯定的是家铉翁从"庸斋先生"所接受的主要是朱熹学说的影响，因此赵汝腾的可能性更大一些。见魏崇武《论家铉翁的思想特征——兼论其北上传学的学术史意义》，《西南民族大学学报》2006年第3期。

尔以来,沈埋州县垂四十年"之说。政声很盛,屡得升迁,"所至皆著能名"①。景定五年(1264)十二月,以朝奉郎、监行在诸司粮料院出守常州。②而后迁浙东提点刑狱,入为大理少卿。咸淳八年(1272),兼权知绍兴府、浙东安抚、提举司事。③咸淳九年(1273)三月,吕文焕以襄阳降元后,"朝野震动"④,度宗为使贾似道留镇京师,别置机速房,家铉翁任检详。⑤六月,知镇江军府、兼管内勤农营田事、节制军马。⑥咸淳十年(1274),任朝奉大夫、直宝谟阁。⑦

(二) 国难当头,临危不惧

德祐元年(1273),元帅伯颜率领三路大军直捣临安,南宋岌岌可危,朝廷命家铉翁知临安府、浙西安抚使。时幼帝在位,谢太后垂帘,朝廷对他充分信任,制诰《家铉翁依前直华文阁枢密副都承旨特授知临安府浙西安抚使诰》曰:"尔粹学融明,素履修洁。和平之政,如古循吏所称;清直之名,惟前文人是似","强本折冲,尤难于欧、蔡承平之日"⑧,对家铉翁的正直人品、政治素养给予肯定。

德祐二年(1276)正月,元军进逼临安。陆秀夫等至元营,求称侄纳币,称侄孙,元朝均不满足,唯要南宋以国降附。大部分朝官或逃或遁,国事危急。十九日,家铉翁被委以参知政事,二十日,赐家铉翁进士出身、拜端明殿学士、签书枢密院事。是日,元朝遣使入临

---

① (明)曹学佺:《蜀中广记》卷46,影印文渊阁《四库全书》本。
② (清)谢旻等监修:《江南通志》卷88,影印文渊阁《四库全书》本。
③ (元)脱脱等撰:《宋史》卷46,中华书局1977年版,第910页。
④ (宋)周密撰:《齐东野语》卷17,中华书局1983年版,第311页。
⑤ (宋)周密著,吴企明点校:《癸辛杂识》,中华书局1988年版,第313页。
⑥ (宋)家铉翁:《洞霄宫庄田记》,傅增湘编《宋代蜀文辑存》卷94,北京图书馆出版社2005年版,第7册。
⑦ (宋)家铉翁:《奉化县忠节四公祠堂记》,《延祐四明志》卷19,影印文渊阁《四库全书》本。
⑧ (宋)王应麟:《四明文献集》卷5,中华书局2010年版,第200—201页。

安府，请太皇太后降。太后诏江南诸郡归附。时贾余庆令学士院降诏，告谕天下知州县令率城投降。唯家铉翁不肯署押，吴坚一如贾余庆之命，程鹏飞（降元后为宣抚使）作色，欲缚铉翁，铉翁云："中书无缚执政之理。"归私厅以待，程竟不敢为之奈何。① 时文天祥在元营与伯颜谈判，抗论不屈，闻其事，赋《则堂》诗以自壮："中书堂帖下诸城，摇首庭中号独清。此后方知枢密事，从今北地转相惊。"②

其时家铉翁六十有四，作为朝中重臣，他的使命刚刚开始。正月二十四，元朝请宋宰执亲往燕京朝觐。二月初六，宋廷遣左丞相吴坚、右丞相兼枢密使贾余庆、知枢密院事谢堂、签枢密院事家铉翁、同签枢密院事刘岊任祈请使。五位祈请使心态各异：贾余庆私念缠绕，凶狡残忍；吴坚为老儒，畏怯不能争；谢堂乃谢太后侄，曲意奉元，纳赂免行；刘岊狎邪小人，趁世乱之机捞取美官，扬言使毕即归，不以为意。只有家铉翁一人持着为国祈请之愿，"以为赵祈请，意北主或可语，冀一见陈说，为国家有一线"③。其他四位祈请使各怀心思，几乎未得到好下场：贾余庆抵达燕京后病重，于闰三月十四日薨；吴坚向元世祖"乞归田里"，未允，终客死异乡；谢堂虽当时免行，但后来与恭帝北上，终未逃脱。

二月初九，家铉翁与贾余庆、谢堂、刘岊并为祈请使，从杭州出发赴大都议和。这一日，文天祥与伯颜在元营抗论，激怒伯颜，文天祥被强行随祈请使一道北上。文天祥难受其辱，欲以身殉国，家铉翁

---

① （元）刘一清：《钱塘遗事》卷8《京城归附》，上海古籍出版社1985年版，第186—187页。
② （宋）文天祥：《则堂二首》，熊飞等校点《文天祥全集》卷3，江西人民出版社1987年版，第485页。
③ （宋）文天祥：《使北（序）》，熊飞等校点《文天祥全集》卷3，江西人民出版社1987年版，第489页。

劝阻他"死伤勇，祈而不许，死未为晚"①。文天祥因此暂忍悲愤，以伺报国之机。

家铉翁年逾六十，须发斑白，面大体肥，称"南朝相公"②。北行道路颠簸，其中困苦可想而知。文天祥京口得脱后，在桂公塘得知祈请使一行路过于此，慨然叹息，赋诗曰："白须老子宿招提，香积厨边供晚炊。借问鱼羹何处少？北风安得似南枝！"把家铉翁喻为存孤救赵的程婴："程婴存赵真公志，赖有忠良壮此行。"③ 对家铉翁充满敬意。

（三）祈请不成，义不二君

祈请使一行于闰三月初十抵达燕京。此时元军已进入临安，天下大势已定。吴坚奉表向元廷祈请，以家铉翁介之，祈请之言虽拳拳赤诚，然已微弱无力，故"礼成不得命"④，被留在馆中。闻知宋君臣已羁押在途，家铉翁日夜哭泣，不食不饮，长达数月。元朝以其节高，欲尊以高官，以表示南宋向元朝臣服。家铉翁义不二君，辞无诡对。及宋三宫北还，铉翁再率故臣迎谒，伏地流涕，顿首自言奉使无能，不能感动上衷，无以保存家国，见者莫不叹息，为之感佩。

四月十二日，诸祈请使及官属车马而行，遣赴上都（十五日恭帝等亦赴上都）。自此以往，步步皆沙漠之地，严寒冰冻，"人面耳鼻皆冻裂"，气候恶劣至极。五月一日于上都觐见元世祖，恭帝被元降封为瀛国公。尽管这一日陈宜中等立赵昰于福州，南宋此后又残存了两

---

① （宋）文天祥：《使北（序）》，熊飞等校点《文天祥全集》卷3，江西人民出版社1987年版，第488页。
② （宋）文天祥：《思则堂先生（序）》，熊飞等校点《文天祥全集》卷13，江西人民出版社1987年版，第512页。
③ （宋）文天祥：《使北》（其五），熊飞等校点《文天祥奏集》卷13，江西人民出版社1987年版，第488页。
④ （元）脱脱等撰：《宋史》卷421，中华书局1977年版，第12598页。

年多，然而，南宋主体势力已结束。家铉翁被遣回大都，其后又被安顿到京畿附近的渔阳。

汪元量与家铉翁在临安时就已相识。至元十四年（1277）夏，被俘北上后的汪元量登门拜望家铉翁。家国沦陷，流落异乡的亡国之人久别重逢，共诉心中悲愤。今存汪元量诗《登蓟门用家则堂韵》一首，诗云："蓟门高处小凝眸，雨后林峦翠欲流。车笠自来还自去，筝箫如怨复如愁。珍珠络臂夸燕舞，纱帽蒙头笑楚囚。忽忆旧家行乐地，春风花柳十三楼。"

文天祥长妹懿孙因受其牵连，流落大都，被籍没入官为奴，家铉翁闻之，几乎变卖了所有家什将其赎出，交给其兄文璧。两年后，元人解禁，家铉翁被安置到河间（今河北河间），在河间生活了17年。

二 羁縻河间，流离困悴

家铉翁对河间的礼教风俗非常认同，"河间古文物郡，毛公、董子之化，至今犹有存者。士尊名教而贵礼让，远功利而谈诗书，出而仕于四方，所至皆以兴学校、崇教化为事"[①]。虽然生活困顿，但他经常"与其里人游纵"，得到当地人的帮助，还应当地人之求，写了大量的堂室寺阁等记文以及序、说、跋文。羁縻期间，家铉翁还假馆授学，著书立说。尽管"衰老日益甚，讵意飘流异方"[②]，他仍以使节自律，且"老壮穷坚，不改其操"[③]，期待有生之年能重返故国。

[①] （宋）家铉翁：《送崔寿之序》，《全宋文》卷8066，第94页。
[②] （宋）家铉翁：《心斋说》，《全宋文》卷8068，第127页。
[③] （宋）家铉翁：《青鼎说》，《全宋文》卷8068，第138页。

第三章　家铉翁：临危受命者的故国情怀

（一）初至河间，生活困顿

至元十五年（1278），家铉翁"自燕徙瀛"①。最初几年生活比较艰难，但他得到了邻里的热心帮助，不但渡过了难关，而且在精神上得到许多安慰。

初至河间，首先面临的是居住问题。由于对文天祥之妹的倾囊相救，加之在途中"为暴客所剽"②，经济拮据，只能租房居住。一开始，家铉翁租居于中城，之后数次搬迁，"自城之南历西而东"③，最后又迁至城西。由于不适应北方气候，加之"居无把茅，卧乏班荆，病无以药，寒无以衾"④，家铉翁"穷困百罹"⑤，备尝艰辛。

在邻里的帮助下，家铉翁的生活得到改善，还结交了"文字友"。在中城时，郭舜元见他思乡心切，卧病家中，便以墨竹为赠。邻里李吉甫一家在生活中给了他很多关怀，家铉翁也尽己所能，给以回报。他很欣赏李吉甫的幼子茂实，对茂实寄予厚望，"出其二十年间心性命之业、见诸论难而有成说者，手以授君"。在城西，家铉翁与邻人赵器之建立了深厚的情意，赵器之帮助他设馆授徒，且"以城西之田"送给家铉翁作为墓地。此后家铉翁就一直居住在城西，直到放还。

除此之外，"早岁避地来瀛"的陈真谷、陈子新父子也给予家铉翁很多温暖，"病身不死赖公药，僦屋无人因公户。萧然一身水上萍，

---

① （宋）家铉翁：《近古堂记》，《全宋文》卷8070，第157页。
② 家铉翁《春秋集传详说序》云："已而自燕来瀛，又为暴客所剽。"（《全宋文》卷8066，第99页）家铉翁《青鼎说》云："朝夕观省，由少壮暨老耄，历患难之境，处抢攘之会，老壮穷坚不改其操。"（《全宋文》卷8068，第138页）
③ （宋）家铉翁：《近古堂记》，《全宋文》卷8070，第157页。
④ （宋）家铉翁：《祭器之文》，《全宋文》卷8072，第191页。
⑤ （宋）家铉翁：《志堂说》，《全宋文》卷8068，第125—126页。

惟公为我北道主"，使他有一种天涯遇知己的快乐，"天涯获识我辈人，乃是三生林壑侣"。当送陈真谷赴邢州幕时，家铉翁赠诗："再见便作来生期，临分哽咽不得语。"① 热心邻里的帮助使家铉翁度过了初至河间的艰难岁月。

（二）交游广泛，士人敬重

在河间，家铉翁受到越来越多的人的关注，人们将敬仰之情纷纷投向这位年逾古稀、志坚节高的南宋故臣。无论是乡学教授、儒生学士，还是医者术士、艺人方外，无论是地方官员，还是京师朝官，很多人慕名而来，求文问道。家铉翁也逐渐融入其中，开始了新的生活。

《则堂集》收录家铉翁所撰记、序、说、跋、箴、赞、偈、疏、祭文诸体文凡80余篇，其中大部分是受人请托之作，涉及人物有：儒士如河间教授张彦举、河间教授傅梦臣、高阳教授阴振之，医士如崔善卿、边镇之、杨和卿，方外如虎岩大长老、肃水下上人，官吏如沁水审官高济卿、路知事杨君实，其他如真定术士史国卿、芦川德人李资夫、太行隐者王诚甫、相台画师韩京叔，以及任丘范某、鲸川李氏、曲沃许君祥，还有诸多儒生学士。家铉翁居河间，"北方学者师尊之"②。在前来拜访的人群中，朝官刘容、田忠良值得一提。

刘容，字仲宽，号拙斋，祖籍西宁青海，后徙云京（今山西大同）。《元史》卷134有传。幼颖悟，喜读书，善骑射。元中统初年，以国师荐入东宫侍真金太子。与经学家许衡过往甚密，得到许衡的举

---

① （宋）家铉翁：《送陈真谷赴邢州幕》，《全宋文》卷3343，第29948页。
② （明）郑真撰：《书盘峰先生墓表后》，《荥阳外史集》卷40，影印文渊阁《四库全书》本。

荐提拔。至元十五年（1278），奉旨赴江西抚慰南宋归附之民。至元十九年（1282）授太子司仪，二十四年（1287）除秘书监，出任广平路总管。家铉翁一直想要拜访许衡，但当其迁置河间，"许公亦告老而归，旋闻下世"，终无缘见面，"每用此为恨"①。恰刘容有公事来瀛，拜访家铉翁，惠之以茶。家铉翁赋诗表达谢意："蓬山伟人国俊彦，哀此下土南冠羁"，"苍崖赤子望苏息，霖雨八荒舍公而其谁"②。又为其作《拙斋记》。

除了刘容，前来拜访的朝官还有田忠良。田忠良（1243—1317），字正卿，通晓儒学及阴阳术数之学，曾在太保刘秉忠贫贱时就看出了他的才能，后来刘秉忠将他推荐给元世祖。田忠良深得元世祖赏识和信任，在围攻襄阳、选拔征宋将领伯颜、海都叛乱等重大决策都与其商讨，预测神准。至元十八年（1281），任太常丞，至元二十九年，升任太常卿。大德元年（1297）以昭文馆大学士兼太常太卿。《元史》卷203有传。家铉翁为其作《一乐堂记》。家铉翁能得到田忠良、刘容的拜望，尤能说明元朝士人对他的敬重。

（三）假馆授学，潜心著书

尽管"身履患难之境"，"困苦千状"③，但家铉翁"未尝一日废书"④。来到河间的第六年，在友人赵器之的帮助下，家铉翁设馆授徒，尽心传学。因"得青衿来伴"⑤，生活充实。他在《稽古斋说》中说："吾授徒于乡，冠者、童子从吾游，常数百人。朝夕所稽，皆

---

① （宋）家铉翁：《拙斋记》，《全宋文》卷8071，第172页。
② （宋）家铉翁：《谢刘仲宽惠茶》，《全宋文》卷3343，第39951页。
③ （宋）家铉翁：《笃信斋说》，《全宋文》卷8068，第632页。
④ （宋）家铉翁：《志堂说》，《全宋文》卷8068，第126页。
⑤ （宋）家铉翁：《水调歌头·题旅舍壁》，唐圭璋编《全宋词》，中华书局1965年版，第3032页。

六艺之言，与夫训诂传注之辞。诸生有问，依古为对，其非古者，有未暇言也。"在《假馆诗》中自述："昼闲对客无俗谈，夜灯从容须挟册。有疑必问问必中，讲学定知有源脉。……平生著书苦不多，可传者见之《春秋》与《周易》。"秉烛夜读，探疑解惑，从容惬意，找到了一种适合自己的生活方式。

《春秋》与《周易》是家铉翁用力最多的两部经典。家铉翁"喜谈《春秋》，尤喜谈《易》"①，他以《春秋》教授弟子，研讲之时，总会联想到宋朝的兴亡成败，他"数为诸生谈宋故事及宋兴亡之故，或流涕太息"②。以史为鉴，发人警醒深思，朝代兴亡的故事引来无数叹息之慨。

除了尽心授课，家铉翁还潜心治学。至元二十一年（1284），他完成《春秋集传详说》30卷。《春秋》记述自鲁隐公元年（前722）到鲁哀公十四年（前481），共242年的行事，"以诛乱贼而始，以诛乱贼而终"，家铉翁学专《春秋》，亦有以古鉴今，以《春秋》砥砺志节之意。其著《春秋集传详说》"以《春秋》主乎垂法，不主乎记事，其或详或略，或书或不书，大率皆抑扬予夺之所系"③。国破家亡后，家铉翁仍"以道自任，不与世变俱迁"④，正是对《春秋》大义的最好诠释。

三 浩然南归，遗民咏赞

至元三十一年（1294），自家铉翁北上后，已是第十九个年头。他鬓发雪白，已是八十一岁的老翁。六月，元成宗即位，欲显擢之。家铉

---

① （清）纪昀：《钦定四库全书总目》（整理本），中华书局1997年版，第2193页。
② （元）脱脱等撰：《宋史》卷421《家铉翁传》，中华书局1977年版，第12599页。
③ （清）纪昀：《钦定四库全书总目》（整理本），中华书局1997年版，第353页。
④ （宋）家铉翁：《送杨善长序》，《全宋文》卷8066，第96页。

翁再次拒绝，唯望元廷放归，他说："臣年八十矣。亡国之俘，不能死，陛下安用之。得以骸骨，归葬先人冢旁，受恩多矣。"① 成宗感佩，赐千金，放还眉山，赐号"处士"。家铉翁皆辞不受，徒步还乡。

虽然孤处河间，但家铉翁未曾被人遗忘。至元十六年（1279），文天祥被押解北上，路过河间府，"宿其家，相对大哭，赋诗而去"②。文天祥《河间三首》（其一）云："空有丹心贯碧霄，泮冰亡国不崇朝"，对"忠贞俨然"的家铉翁致以崇高的敬意。至元二十五年（1288）秋，汪元量南还，过河间，留住数月，"两人倡和赋诗，皆慷慨悲凉，令读者增黍离之感"③。

南归时，孙潼发前来拜谒，林景熙、谢翱赋诗咏怀，家铉翁的南归，又一次激发了南宋遗民对故国的怀念。

（一）盘峰先生：徒步拜谒

孙潼发（1244—1310），字帝锡，一字君文，桐庐（今浙江桐庐）人。少力学，工于文辞。刘克庄见其文，大奇之，由是名动州邑。弱冠游太学，登咸淳四年（1268）甲科，赐进士及第。任衢州军事判官，用龙飞恩，升文林郎，为官贤能，颇有政绩。州人留梦炎赏爱孙潼发的才华，想把女儿嫁给他，孙潼发未同意。不久征召御前军器所干办公事。宋亡不仕，避地万山中，草栖露宿，若与世隔。久之，返归其乡。与邑人袁易、魏新之为三友，标榜古人风节。元侍御史程钜夫求遗逸，以潼发应诏，固辞弗受，甘老布衣。有《桐君山集》，人多传之（今佚）。学者称其为盘峰先生。

---

① （明）曹学佺：《蜀中广记》卷46，影印文渊阁《四库全书》本。
② （清）李鸿章修，黄彭年等纂：《畿辅通志》卷244《流寓》，商务印书馆1934年版，第103页。
③ 同上书，第106页。

孙潼发与家铉翁是故交。孙潼发任衢州军事判官时，家铉翁在浙东任职，"雅知潼发，所至辄挽以自随，狱事悉委焉"。及宋亡，孙潼发甚为惦念，"数致书候安否"；家铉翁南归时，孙潼发"徒步往见之，握手道旧故，辄相对歔欷泣下"。孙潼发隐居桐庐，"古貌野服，高谈雄辩，四座尽倾，每语当世事及前代故实，亹亹不倦"，"慨然以古人之风节自期"①。孙潼发所为，尽显一位逸民的气节与情怀。两位"志同道合"②的故友，执手重逢，所有的语言都凝结为对故国沉重的怀念，对彼此志行的敬意。

（二）霁山先生：赋诗寄呈

林景熙（1242—1310），一作景曦，字德阳，一作德旸，号霁山。出生于温州平阳县亲仁乡林坳村（今浙江苍南）。咸淳七年（1271），太学释褐，授泉州教官，历礼部架阁，转从政郎。宋亡，弃官归里，隐于州治后白石巷，"时景熙年方英锐，闻益、广二王行遁海滨，与同里周景灏皆有南行意……后以道梗不果"③。南宋六帝陵寝被元僧盗掘，林景熙痛愤不已，他扮作丐者，"背竹箩，手持竹夹，遇物即以夹投箩中。林铸银作两许小牌百十，系腰间，取贿西番僧"④，检得高宗、孝宗两庙骨，遗骸，装为两函，托言佛经，归葬东嘉，并在坟上植冬青树为识，以《梦中作》为题记之。林景熙以忠

---

① （元）黄溍：《盘峰先生墓表》，王颋点校《黄溍全集》（下），天津古籍出版社 2008 年版，第 719—720 页。
② （明）郑真《书盘峰先生墓表后》："独则堂家公以清节著，其不署降表，首为文丞相所称。虽以祈请使北，终不受爵命。居河间讲《易》。北方学者师尊之。归殁临安。遗爱在民，有不忘于先生，其志同道合者乎。"载（明）郑真《荥阳外史集》卷 40，影印文渊阁《四库全书》本。
③ 符璋：《民国平阳县志》卷 35《林景熙传》，见萧耘春《林景熙事迹系年》，浙江省苍南县委员会文史资料研究委员会编《苍南文史资料》第 2 辑 1986 年，第 28 页。
④ （元）郑元祐：《遂昌山人杂录》，中华书局 1991 年版，第 6 页。

义垂名后世,"其忠义之怀,每形诸言辞间,道德之士,闻其风者,罔不敬仰,识与不识,咸称霁山先生"①。著《白石稿》10 卷,《白石樵唱》6 卷,《霁山集》5 卷。

闻知家铉翁南归,林景熙赋诗相赠,赞誉家铉翁的"持身之节"②,其《闻家则堂大参归自北寄呈》云:

> 滨死孤臣雪满颠,冰毡啮尽偶生全。
> 衣冠万里风尘老,名节千年日月悬。
> 清唳秋荒辽海鹤,古魂春冷蜀山鹃。
> 归来亲旧惊相问,禾黍离离夕照边。③

沧桑悲壮是这首诗的基调,家铉翁以濒死之躯坚守志节,其名节如日月垂悬千年。林景熙的诗是对家铉翁家国情怀及忠义品格的真实写照。

(三) 晞发处士:歌咏赞誉

谢翱(1249—1295),字皋羽,自号晞发子,长溪(今福建霞浦)人,徙浦城(今福建浦城)。咸淳间试进士不第,慨然倡古文。德祐二年(1276),率乡兵数百人投文天祥于延平,任咨议参军。得知文天祥被俘死节,谢翱悲不能禁。过严子陵钓台,设文天祥牌位,跪酹号痛。取竹如意击石,作楚歌招之,歌阕,竹石俱碎,失声大哭,作《西台恸哭记》祭奠。元初杨琏真伽尽发宋帝后陵墓,谢翱与唐珏、林景熙等密收遗骨,葬于兰亭附近,作《冬青引别玉潜》一诗

---

① (明)吕洪:《霁山先生文集序》,《霁山集》卷首,影印文渊阁《四库全书》本。
② (明)木讷《归田诗话》序:"见前人林景熙咏陆秀夫诗,而知表殉国之忠;咏家铉翁诗,而知表持身之节。"见丁福保《历代诗话续编》之瞿佑《归田诗话》卷首,中华书局 1983 年版,第 1232 页。
③ 陈增杰校注:《林景熙诗集校注》,浙江古籍出版社 1995 年版,第 63 页。

记其事。其后往来于永嘉、括苍、鄞、越、婺、睦州等地，与方凤、吴思齐、邓牧等结诗社。元贞元年（1295），以肺疾卒于杭州，年四十七。谢翱宋季知名，节义气概"卓然可传"①。

他对家铉翁景仰已久，早年与家铉翁有过交往，曾作诗《因北游者寄峨眉家先生先生曾宰建之浦城故末章及之二首》②，其时家铉翁尚在河间，谢翱作诗寄思念之情。家铉翁南归，谢翱正寓居杭州，有诗题咏，其《怀峨眉家先生》云：

露下湿百草，病思生积愁。窟泉春洗屐，毡雪莫过楼。
魂梦来巴峡，衣冠老代州。平生仗忠信，心自与身仇。③

这首诗以所见百草被露水打湿起兴，由此联想到自己孱弱的身体，积怨着挥之不去的亡国哀愁。其后咏叹家铉翁的事迹和品质，"衣冠"乃是对"士大夫""缙绅"的代称，以"巴峡"代指家铉翁的故乡四川眉山，以古"代州"指河间，写家铉翁圈禁期间魂系故乡，身体日渐苍老衰弱，而精神志节傲岸不屈。

家铉翁于1294年还乡，谢翱于1295年患肺病辞世，此诗应作于谢翱离世前不久，其诗已流露身体有恙的端倪。谢翱怀思深重，"闲居常有忧色，语声甚微，郁积不平之气"④，而"遇谈胜国事，辄悲鸣烦促，涕泗潸然下"⑤。这首诗正反映了谢翱然骨气奇高的特点。

---

① （清）纪昀：《钦定四库全书总目》（整理本），中华书局1997年版，第2189页。
② 谢翱《因北游者寄峨眉家先生先生曾宰建之浦城故末章及之二首》："灵关高缥缈，缥缈出曾城。其上盘紫云，倏忽牛马形。交青不栖树，浴彼清泠泓。惟有孤鸳鸯，衔命此山灵。迎风遡寥廓，杳杳西北征。羽毛中道折，六月霜霰零。回首灵关云，泪下如悬缨。（其一）江淹所治县，粤王曾种树。山人雨后来，空台唯宿莽。故人出端平，子孙今不武。寥寥南峰寺，枯禅尚灵雨。犹记桐乡祠，影前及僧语。（其二）"《全宋诗》卷3691，第44314页）
③ 《全宋诗》卷3691，第44318页。
④ （宋）邓牧：《谢皋父传》，《伯牙琴》，中华书局1985年版，第9页。
⑤ （明）宋濂：《宋处士谢翱传》，《文宪集》卷10，影印文渊阁《四库全书》本。

（四）白云上人：吟诗赞誉

白云上人英（约1244—约1330），字实存，钱塘（今浙江杭州）人。唐诗人厉玄之后。幼而力学，稍长喜为诗，有能诗声，为一时名公所知赏。壮益刻苦，厌于世故。元初，曾出游江湖，历走闽、海、江、淮、燕、汴。一日登径山，闻钟声忽有所悟，遂弃官出家，结茅天目山中。别号"白云"。卒年87岁。① 喜作诗，有《白云集》3卷。生平见牟巘、赵孟頫、胡长孺、林昉、赵孟若等《白云集序》②，《元诗远初集》、《四库全书总目》卷166有小结。

释英虽处宋季，然"厌弃世事"，遁入空门，"与遗民之有托而逃者，其事不同"，故《白云集》中"多闲适之作，而罕睹兴亡之感"③。然而，他对家铉翁的持节南归表达了由衷的赞美，这在《白云集》中并不多见。其《家则堂大参南归》诗云：

> 故国衣冠已变迁，灵光此际独依然。
> 一身幽蓟三千里，两鬓风霜十九年。
> 归去午桥非旧日，梦飞秋塞隔遥天。
> 江南遗老如公少，青史名高万古传。④

大参：宋代参知政事的别称，副宰相。家铉翁出使之前，被任以签书枢密院事兼参知政事，故称。"灵光"：鲁灵光殿，汉景帝子鲁恭王所建。汉王延寿《鲁灵光殿赋序》："遭汉中微，盗贼奔突"，西京一些殿堂皆堕坏，"而灵光岿然独存"，故后世用此语称硕果仅存的人

---

① （元）成廷珪《白云上人悼章》诗云："八十七翁如古佛，山房只共白云居。"（元）成廷珪：《居竹轩诗集》卷2，影印文渊阁《四库全书》本。
② （元）释英：《白云集》卷首，影印文渊阁《四库全书》本。
③ （清）纪昀：《钦定四库全书总目》（整理本），中华书局1997年版，第2203页。
④ （清）顾嗣立编：《元诗选初集》，中华书局1987年版，第2460页。

或物。这首诗以鲁灵光殿譬喻家铉翁,盛赞历经罹难仍傲然屹立。"午桥":旧址在洛阳南十里,为当时名胜,中唐名相裴度在此修建别墅,诗以"午桥"暗指家铉翁重返故乡。这首诗气势恢宏,塑造了家铉翁风霜十九载、持节而独存的使者形象。

元贞元年(1295)九月,家铉翁来到故都临安,游览了重建的洞霄宫。洞霄宫,在余杭县西南18里。汉武帝元封三年(前108),创宫坛于大涤洞前,为投龙祈福之所。① 咸淳十年(1274),"不戒于火,千础皆灰",至元二十一年(1284)六月又"郁攸洊作,一夕复尽"。十余年后洞霄宫得以竣工,元朝请他为文,"朝家钦崇护持,视昔有加。既成,嘱余为记",家铉翁遂以"前端明殿学士中奉大夫签书枢密院事兼参知政事"的身份作《洞霄宫记》。身历江山易主,辗转塞北江南,无论前朝遗老还是当朝士人,都对家铉翁给予敬仰尊重,其名望在当时可见一斑。数年后,家铉翁以寿终。

家铉翁在南宋时的交游,《则堂集》中不多见,但在他人的酬赠诗文中可窥见一二。如与家铉翁几乎同龄同寿、隐居四明山的陈著(1214—1297)回忆两人交往:"则堂先生之于某,无一事不用情欺之者,实仁言也。"② 如拒做贰臣、以死报国的谢枋得回忆家铉翁对他的知遇之恩:"余老且病矣,只欠一死,回思少年遇知己,如忠斋留公、敬斋谢公、梅石赵公、则堂家公、实堂吴公、泉石青阳公,皆待以国士,期以远业。"③ 又如"眷怀故国,匿迹穷居"30年的卫宗武(?—1289)作有《和家则堂韵赠高教之北》诗:"别时欠折苏堤柳,西方美人无恙否。子卿啮雪19年,何似生前一杯酒。麒麟胡可系而羁,要使为祥在郊薮。当年谁擅西湖春,公间遗臭千载后。但知金屋

---

① (宋)潜说友:《咸淳临安志》卷1,影印文渊阁《四库全书》本。
② (宋)陈著:《答上虞陈宰(阜)书》,《全宋文》卷8097,第198页。
③ (宋)谢枋得:《送史县尹朝京序》,《全宋文》卷8217,第98页。

醉蛾眉，簸弄威权翻覆手。徒劳吉士远有行，令人骄骄赋维菶。君今重整燕蓟辕，老子蹙然欣得偶。殷勤为我问平安，司马深衣想如旧。"记录与家铉翁的交往。又如牟子才之子，宋亡不出，杜门隐居36年的牟巘也在文中屡屡提及家铉翁。①家铉翁曾自道："予周游海内，岁行五周，所与缔交，数千百人。就其中相从之久，相知之深，殆不十数。平居无事，握手论心，期岁寒不忍负。"② 可见家铉翁是一位喜欢结交、有情有义之人。上文所述，谢翱、谢枋得、林景熙均为宋季享有盛名的忠义之士，而陈著、孙潼发、卫宗武、牟巘等亦是隐遁山林、保守名节的著名遗民。可以肯定，家铉翁的南归对其故交及遗民故老的激励和安慰不言而喻。

第三节　家铉翁的家国情怀

羁北时间最长、年龄又最高，晚年岁月，家铉翁独居异乡，忍受着巨大的痛苦和孤独，"今年不归明年复不归"，艰难地等待得释南归的消息。执着的坚守，痛苦的煎熬，刻骨的思念，这些都化作诗篇，以宣泄郁积的乡国之思，寄托浓重的故国之情。

一　蜀乡风物，萦绕心间

久居河间，家铉翁对河间的风土景致已多有了解。他曾作组诗

---

① （宋）牟巘《义斋记》："至近代平齐洪君出……家则堂尝为作诗序，其胸次已不俗。又以'义'名其书斋，而问于予。"（《全元文》卷8234，第383页）牟巘《野翁禅师塔铭》："师为人宽厚笃实……如周伯弢、家则堂、文本心、黄东发、舒阆风，咸与之游。"（《全宋文》卷243，第742页）
② （宋）家铉翁：《笃信斋说》，《全宋文》卷8068，第132页。

《鲸川八景》，以景为题，赞咏东城春早、西园秋暮、冰岸水灯、沙堤风柳、戍楼残照、客船晚烟、市桥月色、莲塘雨声等景观。① 然而，他的内心总是充满对故乡的思念。至元二十二年（1285），家铉翁73岁，正值流寓北方的第十个年头，似乎万虑皆空，唯有故乡故国在他心头萦绕。其《跋辋川图》云：

> 余年七十有三，行世五纪，周游半天下。所至值佳山美景，藉草倚树，适吾之适，兴尽辄去，居无一寸之园、一丘之亭，而余之内心无所怀也。兹寓高阳，四境平旷，而余之山崔嵬，与西山俱高也。极目无川，而余之水浑茫，与大河俱长也。人言此土疏瘠，不可以树艺，而余之土熙然其春，萧然其秋，物生其间，可花可实，生意浩乎其莫遏也。此其为乐内乎外乎，必有能辨之者。②

尽管高阳之地平旷，但他时常能够忆起崔嵬万寻的蜀之西山；尽管高阳之土贫瘠，而他心中却随着四季的轮回而春华秋实，一切都像在故乡的样子。这种思乡之情，怀国之意，在《则堂集》中俯首可拾，随处可见。

（一）以心悟雪，意在归洁

雪是北方最为常见的景致之一，然家铉翁所歌咏的却不是北国之雪，而是"蜀之西"雪山之雪。面对六出飞花，家铉翁契之于心，参之于《易》，悟出雪之真意。《雪庵记》与《雪崖说》可视为其咏雪的姊妹篇，前者精深透彻，更见思乡之意，其开篇就抒发了对故乡雪

---

① 《鲸川八景》见《全宋诗》卷3344，第39960页；《则堂集》卷6载其七《市桥月色》。
② （宋）家铉翁：《跋辋川图》，《全宋文》卷8067，第110页。

山的喜爱，写出了陶然其间的美妙意境：

> 余蜀人也。蜀之西有雪山焉，崔嵬万寻，皓爽高洁，贯冬夏而不改。余爱之仰之，暇日必升高丘以望。当其喜而泰舒，山与余心俱明；当其静而敛藏，山与余心俱肃。或忧愁萦纡，睹山而万虑俱澄；或事物胶葛，见山而万纷俱寂。①

雪山与心俱明，与心俱肃；登高而望则万虑俱澄，万纷俱寂。尽管如此，他感到仍然没有领悟雪之真谛。直到得山中隐者的指引，他"读《易》数十遍"，至中年读《礼》，始悟出"洁静精微"之意。他认为只有"以心悟雪，以雪洗心，内外契合"，才能"以成其为德"，领悟雪所蕴含的精神实质。

在《雪崖说》中，家铉翁亦阐释了"真知雪者"非求之于外在形色，而是涤荡内心，以心悟雪，他说：

> 魏晋以后，诗翁才人为雪赋者多矣，或拟其形，或喻其色，唯恐其不能工，然皆非真知雪者也……盖拟其形，喻其色，求之于外也。求之于外，逐物而驰者也。即是物穷是理，求之于我也。学道君子以心悟雪、以雪洗心，故能真有得于雪，是之谓格物之功，篇章云乎哉！②

"潜心内守，笃志穷理"，这是家铉翁对学道君子"知雪""悟雪"的要求，在雪中参悟世事，砥砺情志，将大自然的雪与个人的节行融为一体。家铉翁有词《念奴娇·送陈正言》，其中有"我节君袍雪样明"之句，以雪喻志节，亦是"以心悟雪，以雪洗心"的明证。

---

① （宋）家铉翁：《雪庵记》，《全宋文》卷8069，第145页。
② （宋）家铉翁：《雪崖说》，《全宋文》卷8069，第140页。

家铉翁之爱雪，不同于一般的"诗翁才人"，他在咏雪的诗词文赋中融入了深切的思乡之情，浩然的归洁之意。

（二）梅兄竹友，天外怀人

羁縻北方的漫长岁月，家铉翁时常忆起蜀西之雪山，岷山之梅竹。他亲切地称梅为"梅兄"，竹为"竹友"，蕴含他对家乡的思念，对故人的牵挂。

家铉翁酷爱竹，"吾家南方，竹之品甚多。有竹甚大，可以为柱、为栋、为梁，人取之架厦屋，可以避风雨，岂非竹之奇者乎？"他认为竹不但具有实际用途，更具高尚品格："伯夷之清，柳下惠之和，史鱼之直，子桑伯子之简，闵子之特立独行，皆士君子之美德也。而竹兼此五德，是故举世贵之。"然而北方无竹，使他的思乡之情愈浓。他时常感叹北方无竹："我家苕源山深处，万竹森森饱风雨。一从脚踏黄沙堆，不见此君四寒暑。"[①] 在《题梅竹图》中，他直抒胸臆，直言"是邦无梅竹，因见王善乡此图感而赋"，道出独居异乡居而无竹的巨大失落，其诗云：

> 余家乎岷之下兮，有梅萧萧，有竹森森。今泊乎瀛之野兮，秋草萋萋，黄沙冥冥。有怀彼美兮在天一垠，梦不可即兮聊因其似而记其真。真兮似兮，岂墨君笔史之可寻。皓兮苍兮，吾独想其岁寒之心。

岷山梅竹肃朗高洁，与古瀛秋草萋萋、黄沙冥冥形成对比，激起对故乡的思念。然而乡国迢远，梅竹无迹可寻，只有效仿其精神，经得住岁月风霜的考验。

---

① （宋）家铉翁：《谢舜元以墨竹为赠》，《全宋诗》卷3343，第39951页。

第三章 家铉翁：临危受命者的故国情怀

《雪中梅竹图》赞咏故乡的梅竹，蕴含对故人的思念。其诗（并序）云：

古瀛之地不产梅竹。里人得《雪中梅竹图》来示，画手精诣，为题十五韵，见天外怀人之意。

梅兄乃我义理朋，竹友从我林壑游。青青不受尘土涴，皭皭肯与红紫侔。别来天涯今几载，老大相逢俱白头。玉龙排空展鳞鬣，天姥振佩锵琳璆。古心峣节自为伴，严气正性谁能俦。儿童莫作飞絮看，道眼无以空花求。花飞絮舞两值遇，殆天之合非人谋。娇禽谩夸颜色好，弱羽难禁寒风遒。寄尔南枝尺寸地，莫与鸷群为辈流。何人画工巧位置，使我坐对消闲愁。却风吹灰万象改，平生故交还在不。绨袍犹思见范叔，雪堂剩欲逢元修。故山自有归隐处，琅玕成林雪成坞。会当见汝面目真，西湖西畔踏雪寻故人。①

在这首诗中，家铉翁以梅竹清正高洁、不浊流俗的外在形质自勉，又以梅竹孤心自傲、刚劲挺拔的内心品格激励自己，抒发久在异乡的孤独。其中，"绨袍犹思见范叔，雪堂剩欲逢元修"两句使用典故，抒发对故人的想念。上句用"绨袍"典故，战国魏人范雎（字叔），先事魏中大夫须贾，遭其毁谤，笞辱几死，于是改名张禄，仕秦为相。须贾出使秦国，范雎装扮成穷人去见他。须贾不知，怜其寒而赠一绨袍。后知范雎即秦相张禄，惶恐请罪。范雎以须贾尚有赠袍念旧之情，终予宽释。② 下句"雪堂剩欲逢元修"指苏轼贬谪黄州，故友巢元修徒步前往拜见。真德秀《东坡书归去来辞》载："东坡谪岭南，故旧少通问者。在蜀惟巢元修，在吴则僧契顺，皆徒步万里访

---

① （宋）家铉翁：《雪中梅竹图（并序）》，《全宋诗》卷3343，第39944页。
② 参见（汉）司马迁《史记》卷79，中华书局1959年版，第2401—2418页。

之于荒陬绝徼之外。"① 家铉翁渴望与故交相见，更渴望回乡归隐竹林，踏雪交游。"天外怀人"，犹见思念故人之迫切心情。

（三）牡丹坪上，乡国之思

除了梅竹，牡丹亦是家铉翁最喜爱的蜀乡风物。羁旅漂泊，家乡之牡丹坪恍然如梦，遂赋《牡丹坪诗（并引）》，抒发乡国之思。其引文及诗云：

> 曩在吴门幕府，人有问余者曰：莲以周子为知己，菊以靖节为主人。牡丹名花也，独未有所属，舒元舆一赋甚丽，君许之乎？曰否。元舆比德于色，花之羞也。康节邵子其牡丹知己乎？因为诗曰：洛花古来称第一，人人爱花几人识。惟有天津桥上观物翁，独向根心验生色。四时之春四德元，惟花与翁天其天。春陵无人彭泽不可起，千载识花一邵子。今三十年矣。近见洛阳人，书以遗之，寄题种花处。夜梦人语余云：子忆大峨中峰乎？吾家其下。觉而味其语，岂牡丹坪为皇人守花者乎。谩成此诗，见乡国之思也。

> 洛花古来称第一，金为之相玉为质。画堂深处养根荄，丽日光中见颜色。人力栽培傥未周，本然之天从而失。我家大峨峰顶牡丹坪，傲雪凌霜知几春。冬深突兀层崖上，春来烂漫红云生。相传皇人炼丹处，帝勅六丁为守护。天葩只合奉天人，那许移根到下处。吁嗟皇人长与花为主，世上红紫纷纷何足数。②

牡丹以洛阳最负盛名，但因多是人力栽培而失"本然之天"。而

---

① （宋）真德秀：《真西山先生集》卷4，中华书局1985年版，第54—55页。
② （宋）家铉翁：《牡丹坪诗（并引）》，《全宋诗》卷3343，第39946页。

家乡大峨峰顶的牡丹坪，却得之天然，引人入胜。深冬之时，牡丹花兀然于层崖之上，待春来而花开烂漫，似红云凌绝高空。家铉翁颇以此为傲。

《牡丹坪诗》附有小注："大峨中峰，相传上古天真皇人居焉。丹气融为此花，大者如扇，径二尺，其高有数丈者，遍满山中，故其地号牡丹坪。人有欲移根种之山下者，辄为雷电雨雹所侵。花与世俗牡丹稍异。"可知家铉翁所咏牡丹株高而花大，与世俗牡丹颇有不同。据《蜀中广记》卷6载："牡丹坪者，自青城之长平山扪萝而上，历鸟道三十里许，有平阜数十亩，高树蔽天，春深先花后叶，状如芙蕖，香类牡丹。"[1] 由此可知，牡丹坪所产的牡丹，因其特殊的生长环境而"状如芙蕖，香类牡丹"，奇丽绚烂，这大概就是牡丹坪的独特之处。小注中又云"大峨中峰，相传上古天真皇人居焉，丹气融为此花"，更为牡丹坪笼罩了一层神秘色彩。忆念牡丹坪，眷恋蜀乡美。

二 只余归梦，万事心灰

在极其漫长的与衰老、困苦、孤独为伴的羁留岁月，能够重返故国、回到家乡是家铉翁最大的愿望。《则堂集》中的诗文既有对已逝君王的怀念，又有对家中亲人的思念，而每逢佳节，这种乡国之思就会重重击伤他心底的渴望。日复一日，年复一年，在无尽的怀想中望断长空。

（一）怀念君王，涕泪滂沱

《则堂集》中有两首诗写到南宋君主——《题宁皇雪月图后》和《三山吴履道承出示理皇御书唐人诗恭题其后》。由于家铉翁的父亲曾

---

[1] （明）曹学佺：《蜀中广记》卷6，影印文渊阁《四库全书》本。

任理宗的经筵讲官,他本人又在理宗时期度过了青年、中年的黄金时段,这使他对理宗有着较为深厚的情感。其诗《三山吴履道承出示理皇御书唐人诗,恭题其后》饱含深挚的怀念,诗云:

> 先君曩侍缉熙殿,拜赐天画盈筐箱。帝书超轶钟王上,不与欧柳论低昂。孤臣流落滨九死,老眼尚能识偏傍。旅檐惊见亟再拜,拜起不觉涕泪滂。几拟从君换此宝,囊空无物可以将。待归从君乞模本,刻之琬琰永为子孙藏。①

异乡流落的家铉翁偶见理宗御书唐人诗,他盛赞理宗遒劲的笔法胜过钟(繇)、王(羲之),可比欧(阳询)、柳(公权),想到这应当是收藏于昔日讲殿——缉熙殿的御书,宋亡后被元军掠运北去而流散民间,他悲痛万分,进而惊慌跪拜,不觉已是涕泪滂沱。然而囊中羞涩,无力换得,只能乞得模本,刻于玉石,为后世子孙珍藏。亡国之悲、孤臣之痛,于诗中可见一斑。

在南宋时,家铉翁曾赋诗以花喻君臣,歌咏君臣之义。今在河间触物生情,遂重赋旧诗。《人有画花中四伦者偶记毗陵旧诗即题其上》即是此诗,诗中写道:

> 万红深处一花王,犹带姚家官样黄。
> 物物有君还有佐,殿春须属召公棠。
>
> (其一)②

毗陵,常州,陆游《老学庵笔记》云:"今人谓贝州为甘州,吉州为庐陵,常州为毗陵。"③ 如诗题所云,这首诗是他在常州任职时所

---

① 《全宋诗》卷 3343,第 39942 页。
② 《全宋诗》卷 3344,第 39959 页。
③ (宋)陆游:《老学庵笔记》卷 10,影印文渊阁《四库全书》本。

作，此时忆起，即题其上。诗中自注："牡丹、海棠为君臣，前辈有《君臣庆会诗》。"其诗前两句歌咏牡丹，姚黄为牡丹之王，万红深处，姚黄独领奇秀，冠绝花苑；后两句歌咏花中臣子召公棠争霸暮春。召公棠，《史记》载："召公之治西方，甚得兆民和。召公巡行乡邑，有棠树，决狱政事其下，自侯伯至庶人各得其所，无失职者。召公卒，而民人思召公之政，怀棠树不敢伐，哥咏之，作《甘棠》之诗。"[①]后遂用"召公棠"称颂官员的惠政。家铉翁赞美以花喻人，君臣辅佐之意见诸纸上。然而沧海桑田，君臣永难再见，只能徒留小诗以做纪念了。

（二）佳节思乡，凄凉堪哀

"每逢佳节倍思亲"，当别人欢呼着贺岁赏灯之时，家铉翁独守寂寞，"市人欢呼赏元夕，羁人掩关玩周易"[②]。每逢节日，家铉翁总会提笔赋诗，《则堂集》中关于节令的诗篇有十余首。

立春时节，蜀人有用巢菜做饼的习俗。在大都，因未见巢菜，家铉翁深感遗憾，然而河间却有巢菜，又使他想起家乡习俗，遂赋诗《西州旧俗每当立春前后以巢菜作饼互相招邀名》曰"东坡饼"。顷在燕，尝有诗云："西州最重眉山饼，冬后春前无别羞。今度燕山试收拾，中间惟欠一元修。"元修即巢菜之别号，盖豌豆菜也。东坡故人巢元修尝致其种于黄冈下，因得名元修。南方有之，燕中无此种，余来河间再见，立春感旧事用前韵。其诗云：

朔风吹我过瀛州，釜甑生尘转可羞。

[①]（汉）司马迁撰：《史记》卷34《燕召公世家》，中华书局1959年版，第1550页。
[②]（宋）家铉翁：《辛巳正月十六日张云斋过访郭舜元高飞卿持草书黄庭来会作上元歌》，《全宋诗》卷3343，第39944页。

聊向春前寻故事，定知食饼记前修。

（其一）

我家自贵东坡饼，不为人间肉食羞。
闻道西山薇蕨长，摘来我可辈元修。

（其二）

凄凉如在黄冈下，苦淡从教邻壁羞。
拟向城隅问耕稼，锄犁阙坏不堪修。

（其三）①

一个人童年的饮食往往会成为无法忘怀的味道，更成为对家乡形象的深刻记忆。元修菜，乃以苏轼好友巢元修命名。② 家铉翁记忆中的巢菜（元修菜），既是一种食物的味道，更有着乡贤苏轼与友人巢元修交往的文化印迹。河间的巢菜因此被家铉翁赋予了浓重的乡愁，由此也反衬了他在河间凄凉无着的生活。

重阳题咏的几首诗最见思乡之苦、归乡之切。其《九日登瀛台和昔人韵二首》云：

屋角东边十仞台，龙蟠虎踞亦奇哉。
四时长是几案物，九日仍烦杖屦来。
乐事无穷谁共管，孤云在望我堪哀。
梦随鸿鹄南飞去，岑下长号酹一杯。

（其一）（自注：先君茔域在岑山下）

此地无山喜有台，南瞻北眺两宜哉。

---

① 《全宋诗》卷3344，第39955—39956页。
② （宋）苏轼《元修菜（并序）》："菜之美者，有吾乡之巢，故人巢元修嗜之，余亦嗜之。元修云：'使孔北海见，当复云吾家菜耶？'因谓之'元修菜'。余去乡十有五年，思而不可得。元修适自蜀来，见余于黄。乃作是诗，使归致其子，而种之东坡之下云。"《苏轼全集》（上），上海古籍出版社2000年版，第273页。

衰翁无事日倾倒，佳客何人时一来。

孤鹤飞鸣知我在，征鸿嘹唳为谁哀。

老来万事如归宿，不为忧愁强把杯。

（其二）①

第一首写佳节思乡，遥望孤云，目送归鸿，登高台而远眺，发长啸而酹酒一杯，聊寄思乡之情。第二首抒发孤苦与悲凉，"孤鹤飞鸣""征鸿嘹唳""衰翁"，物我交融，将潦倒孤苦之况刻画得淋漓尽致。

《九日偶成呈彦举》亦是家铉翁抒写重阳思乡的佳作。其诗云：

高阳今日是重阳，与客凭高送一觞。白首相逢俱老大，黄花随地看芬芳。故园三径都荒了，目断晴空归路渺。人生暮景更天涯，眼中愁绪知多少。寒风萧萧吹我衣，酒阑莫遣帽檐敧。我歌老圃秋容句，君诵渊明归去辞。我歌君和日欲夕，我醉君扶君须力。明年此会还相忆，江东暮云千里隔。②

"彦举"指友人张广文。家铉翁诗《赵提举求作字余辞以不能工仍作诗谢之》自注："广文翁谓张彦举"，铉翁曾为之作《云斋记》，介绍友人曰："河间张彦举，早负乡曲盛名，以乡国公选教授六州。十年于兹，安恬不竞，余所谓仕而隐、隐而能以其道私淑诸人者也。"这个重阳节，他们一起度过。两位白首老翁凭高悬觞，赏菊吟诗，铉翁意在归乡，而彦举意在归隐，各抒己情，各发己意，儒雅惬意。想到暮年晚景而人在天涯，多少愁绪涌上心头。

---

① 第一首为《则堂集》佚诗，《全宋诗》卷3344，第39961页题目为《九日登瀛台和昔人韵二首》，此是其一；第二首原载《则堂集》卷6，《全宋诗》卷3344收录，第39955页题目为《九日登瀛台》，此是其二。

② 《全宋诗》卷3343，第39948页。

(三) 闻鹃忆蜀,梦里归乡

季节的变化触动思乡的情怀,无望与悲伤则寄于梦中。家铉翁在诗中无数次地提到梦回故乡,将对故人、故乡、故国的思念倾注于梦中。

洞霄宫历史悠久,是著名道观,家铉翁在南宋时曾多次游历,除了前文提及的元贞元年他重返临安为之作《洞霄宫记》外,咸淳九年(1273)六月,他还作有《洞霄宫庄田记》一文。家铉翁与洞霄道友有着深厚的感情,羁留河间时,他非常思念远在江南的道友,有《寄洞霄道友清溪翁》诗,诗云:

> 汉家中郎年七十,霜鬓垂垂人不识。冬深破屦踏层冰,暑到露头走赤日。穷坚老壮本分事,百年未死为形役。洞天九锁郁嵯峨,古来相传神仙宅。我尝结茅天柱前,屐齿苍苔印行迹。劫火洞然城郭非,清境不坏还如昔。安期羡门我辈人,圆峤方壶一咫尺。梦魂几度如相逢,别来已久知相忆。愿分仙家九转丹,服之身轻生羽翼。周游八表任去来,跳出阴阳寒暑域。①

其诗抒发了重返故国的强烈渴望,"梦魂几度如相逢",已有生离死别,此生难以再见之感,因此他愿服仙丹,生出羽翼,只为离开河间,跳出这"阴阳寒暑域"。

《寄江南故人》是家铉翁的代表作,亦"堪称宋遗民爱国诗代表作"②。其诗仅五言四句,然而诗中描绘那种对故国、对家乡魂牵梦绕的意境却令人深深动容。其诗云:

---

① 《全宋诗》卷3343,第39952页。《洞霄诗集》卷9亦载,题作《诗寄洞霄道友清溪翁,书于寓舍归洁》。
② 孔凡礼:《宋代文史丛考》,学苑出版社2006年版,第192页。

第三章　家铉翁：临危受命者的故国情怀

曾向钱唐住，闻鹃忆蜀乡。不知今夕梦，到蜀到钱唐。①

按，钱唐，即钱塘，杭州古称。秦置县名，至唐代因避国号讳，改为"钱塘"。② 家铉翁早年生活在四川眉州，入仕后才离开家乡，辗转于各州县为官，至国势衰微之时，来到政治权力中心，知临安府，任浙西安抚使。故诗歌首二句回忆居杭州时思念故乡眉州，写乡愁；末两句则写现在羁留北方，梦里恍惚回到江南，故国之思和家国之痛如影随形。对这首诗，历来评价极高，清贺贻孙《诗筏》说：

谓宋诗不如唐，宋末诗又不如宋，似矣。然宋之欧、苏，其诗别成一派，在盛唐中亦可名家；而宋末诗人，当革命之际，一腔悲愤，尽泄于诗，如家铉翁《忆故人》诗云："曾向钱唐住，闻鹃忆蜀乡。不知今夕梦，到蜀到钱唐？"……情真语切，意在言外，何遽减唐人耶？③

"情真语切，意在言外"，将亡国之悲愤尽情倾泻，将梦境熔铸于现实，达到亡国诗的最高境界。

三　仗节瀛海，俯仰无愧

人生暮年，亡国的悲痛，精神上的打击，身体上的日渐衰老一直吞噬着家铉翁。他时常仰天长叹南北相距的遥远，离群索居的孤独："羯来高河阳，乃在天壤北。离群久索居，心茅殆欲塞"④；慨叹望眼

---

① 《全宋诗》，卷3344，第39960页。
② （明）郎瑛撰《七修类稿》："钱塘之名，按《史记》'始皇浮江下丹阳，至钱唐'，历代地志亦有钱唐县名，至唐避国号，始加土焉。"（上海书店出版社2001年版，第54页）
③ 见郭绍虞编选，富寿荪校点《清诗话续编》（一），上海古籍出版社1983年版，第195页。
④ （宋）家铉翁：《孔同知孔圣之裔垂念逆旅用意勤甚诗以谢之》，《全宋诗》卷3343，第39941页。

欲穿却不知归期："嗟余仗节五寒暑，岂不欲归迷归路。"① 然而，家铉翁的内心似乎凝聚着一股无比巨大的力量，使他在忧患与挫折中始终坚守志节，不改初衷。

（一）南北相望，肝肠如昨

河间与杭州，相距两千余里；而河间与眉州，则更加遥远。故国亲人只能南北遥望，鸿雁飞书，聊寄思念。

至元二十一年（1284），家铉翁困于北方已八年，其弟祖仁寄书求他为自己的书室"志堂""发扬其义"，家铉翁遂作《志堂说》。在文中，家铉翁抒发了与弟家祖仁在板荡凄凉中无法共处一室、相濡以沫的无奈，表达了兄弟二人各自以学问为旨归，坚守志节的患难之情。《志堂说》是《则堂集》中书写兄弟之情、守节之志用墨最多的一篇，也是《则堂集》中的佳篇，其文如下：

> 余弟祖仁甫笃学好《诗》，合毛、郑以来诸儒训说而为之折中，扁读书室曰"志堂"，取义在《虞书》。其用志于《诗》久之矣，精之矣。书来，乃更欲余发扬其义，附于平舟翁题扁之下。祖仁求道之志老而弥确，余忧患摧折，学殖荒落，不能有所发也。然昔日读《诗》，深有味于《诗序》"在心为志"之旨。以为在心之志，乃喜怒哀乐欲发而未发之端，事虽未形，几则已动。圣贤学问每致谨乎此，故曰"在心为志"。若夫动而见于言，行而见于事，则志之发见于外者，非所谓在心之志也。是以夫子他日语门弟子曰："诗三百，一言以蔽之，曰思无邪。"无邪之思、在心之志，皆端本于未发之际，存诚于几微之间。迨夫情动

---

① （宋）家铉翁：《送陈真谷赴邢州幕》，《全宋诗》卷3343，第29948页。

第三章　家铉翁：临危受命者的故国情怀

而言，形为雅，为颂，为风，为赋，为比，为兴，皆思之所发，志之所存。心之精神实在于是，非外袭而取之也。序《诗》者，即心而言志，志其《诗》之源乎？本志而言情，情其诗之派乎？自心而志，由情而诗，有本而末，不汨不迁，盖门人高弟亲得之圣师而述之于《序》，非后儒所能到也。是道岂惟《诗》，圣贤平日讲贯，每于此而拳拳焉。告子谓"不得于言，勿求于心"，逐乎外而不由其本者也。孟子辞而辟之，为之说曰："志，气之帅也；气，体之充也。""持其志，毋暴其气。"反复详说，大率以持志为学问据依之地。志足以驭气，动容貌，正颜色，出辞气，何莫非天理之著形！是固心学，而曰"勿求于心"，岂非失之远乎？诗人之诗所以嗟叹咏歌，不知手之舞足之蹈，亦由气统乎志，喜怒哀乐发而皆中节，非由外也。是故善观诗者，观其辞之洋溢畅达，而知其气之充周；观其辞之雅正温纯，而知其气之安定；观其乐而不淫，哀而不伤，怨而不怒，而知其气之循轨而有节，由学问操存有以主乎其内也。《诗序》《孟子》，其相为发明欤？或语余曰："若子所言，志，一而已，其发也乃有多歧之异，何哉？"曰：志乎道德者，在心之志也。伊、傅、周、召、颜、曾、思、舆，隐见不同，而其志乎道德则无不同也。彼志乎功名，志乎富贵，则管、晏、申、商之所谓志，中无所守，沦而入于他歧者也。所贵在心之志，操之而存，如水之有本，自源徂流，行地万里，一本而已。溢而为潢污，别而为沟渎，是岂水之正哉？余昔与祖仁俱侍先君，周游四方，过庭讲习，一在义理。每见祖仁读书多密察之功，遇事有素定之画，尝期之以前辈事业。而余也迂拙自信，恪守绳尺之外无他。中年因读《礼》，采《内则》名篇之义，命堂曰"则"。尝语祖仁："我则其则，子志其志，持是自见于世，何行而不可乎？"自尔以来，沈埋州县垂四十年。晚岁有位于朝,大厦告倾,栋折榱摧,非一木可支。余以国事见驱而北,祖仁避地入闽,别去八九年,穷困百罹,未尝一日废书也。比闻祖仁更用功于《易》,著论成编。余自燕以来瀛,卒《春秋》旧业,成《集传》三十卷。以为《春秋》者,圣人见志之书,《易》为天下事物之准,志之所至,则亦至焉;则之所止,志亦在焉。《春秋》二百四十二年之行事,何志而非则之所存?《易》六十四卦三百八十四爻,何则而非志之所在?吾兄弟虽衰迈日侵,不复有意当世,犹能以既老之识从事于经,尚庶几托圣言以垂不朽乎!昔坡、颍弟兄感夜床风雨而兴会合不偶之悲,今吾与祖仁南北相望万里,寒饥疾疢之弗恤,而汲汲于道,惟恐失之。是固常情所迂,而吾徒暮年,舍此复何所事乎?"风雨凄凄,鸡鸣喈喈",自今益知所以自勉,乃书此复于祖仁。甲申正望,某书于古瀛归洁道院。①

在文中,家铉翁阐发"志堂"二字的义理。文章从《毛诗序》之"诗言志"说到学问之"志",进而谈到"道德"之"志"。认为三者之"志"的内涵是基本相同的:诗歌是"思之所发,志之所存",学问亦是如此,"大率以持志为学问据依之地",再者,道德操守与作诗、问学一样,亦是"在心为志"。无论是作诗、做学问还是道德修养,家铉翁都以"志"为追求之本。

接着,家铉翁从祖仁之"志"谈到"则堂"之"则":"中年因读《礼》,采《内则》名篇之义,命堂曰则。"则,规则、模范之意,从中可见家铉翁中年时即以高尚的道德规范要求自己,而今家国不在,他仍然坚守誓言,并以此勉励其弟祖仁:"我则其则,子志其志,

---

① (宋)家铉翁:《志堂说》,《全宋文》卷8068,第124—126页。

第三章　家铉翁：临危受命者的故国情怀

持是自见于世，何行而不可乎?"于是，兄弟二人虽饱尝亡国之痛，而将心志投注于学问，祖仁用功于《易》，著论成编，铉翁则攻于《春秋》。他从《春秋》《易经》二者的特点说开去："《春秋》者，圣人见志之书；《易》，为天下事物之准。志之所至，则亦至焉；则之所止，志亦在焉。"阐释兄弟二人明经治道的人生价值，进而抒发穷且志坚、老当益壮的心绪。

　　文章的最后，家铉翁以苏氏兄弟"夜雨对床"之典，写他与祖仁的兄弟之情。元丰三年（1080），苏辙沿江而上去探望被贬黄州的苏轼，因风浪过大，在磁湖滞留二日，寄诗于苏轼："惭愧江淮南北风，扁舟千里得相从。黄州不到六十里，白浪俄生百万重。自笑一生浑类此，可怜万事不由侬。夜深魂梦先飞去，风雨对床闻晓钟。"① 对于家铉翁兄弟而言，国家灭亡的悲剧使他们南北相隔，铉翁奉使北上，而祖仁隐居闽中，兄弟二人只能南北相望，问学守道。"风雨凄凄，鸡鸣喈喈"出自《诗经·郑风》，家铉翁借用此句，借指当时风雨如晦的社会环境，进一步抒发兄弟二人暮年以道义自勉，守志不渝的坚定信念。

　　《念奴娇·送陈正言》是《则堂集》中为数不多的送别词。该词借送陈正言南归，抒发自己的耿耿孤忠。其词云：

　　　　南来数骑，问征尘、正是江头风恶。耿耿孤忠磨不尽，惟有老天知得。短棹浮淮，轻毡渡汉，回首觚棱泣。缄书欲上，惊传天外清跸。

　　　　路人指示荒台，昔汉家使者，曾留行迹。我节君袍雪样明，

---

① （宋）苏辙：《舟次磁湖以风浪留二日不得进子瞻以诗见寄作二篇答之前篇自赋后篇次韵》，余冠英等主编《唐宋八大家全集·苏辙集》，国际文化出版公司1998年版，第4781页。

俯仰都无愧色。送子先归，慈颜未老，三径有余乐。逢人问我，为说肝肠如昨。①

陈正言，被俘北上的南宋旧臣，疑词中陈正言为三山人陈春伯，此据《昭忠录》"高应松"条："丙子正月……范文虎引元兵至涌金门入，举朝奔窜，留者九人，如应松及正言陈春伯、侍郎翁仲得、大理卿郭珙皆三山人也。"②"正言"为门下省左正言、中书省右正言之通称，掌规谏。此处明言"正言陈春伯"。另据《钱塘遗事》载：德祐二年正月十九日，"大兵进屯北关门外，京城百姓门上各贴好投拜三字，吕文焕、范文虎九骑入城，遂入大内，谒太皇太后"③。由此可知，元军入大内时，唯有陈春伯等九人留守，宋亡时陈春伯亦被俘押解北上。

这首词寓忠肝义胆于婉曲的言辞之中。家铉翁在北方，每遇南来者，便询问故国消息。词中"江头风恶"暗指当时的社会环境。恭帝被元朝押解至大都后，南宋有陆秀夫等扶持的赵昰、赵昺的海上小朝廷，一直到至元十六年正月蹈海覆亡。另外，元朝统治之初，江南时有农民暴动。社会风云如此变幻，而自己坚守节操的志向没有丝毫改变，只是孤忠之心无人知晓罢了。

下阕写与陈正言的送别。开头三句表明自己要向苏武一样，坚守节操。"俯仰都无愧色"出自《孟子·尽心上》："仰不愧于天，俯不怍于人。""送子先归，慈颜未老，三径有余乐"，则是对友人南归后生活的预想之词。"三径"出自汉赵岐《三辅决录·逃名》："蒋翊归乡里，荆棘塞门，舍中有三径，不出，唯求仲、羊仲从之游。"指归隐者的住所。末句最悲壮动人，"逢人问我，为说肝肠如昨"，一面是

---

① 唐圭璋编：《全宋词》，中华书局1965年版，第3032页。
② （宋）佚名氏：《昭忠录》，中华书局1985年版，第27—28页。
③ （元）刘一清：《钱塘遗事》卷8"诸郡望风而降"，上海古籍出版社1985年版，第182—183页。

祝福友人能有幸回到故国，希望自此以后不问世事，以隐居为乐；另一面是自己还要留下来忍受磨难，茫茫然不知归期。家铉翁嘱咐陈正言，若有人打听自己的处境，则告知我心依旧，不会动摇。

虽是送别之作，却有一种震撼人心的力量，唐圭璋《唐宋两代蜀词》评价此词云："孤忠耿耿，毕见于词。"

（二）菊中贞士，比之四皓

随着衰老日甚，家铉翁时常发出"孤露余生，流落天外"[①]的悲慨。然而，他并未屈服。闲暇之时，家铉翁最喜赏花，万花之中，他尤爱菊花，常寄情以自勉。

九月菊和六月菊是家铉翁最欣赏的两个菊品。九月菊是大花菊花，因在阴历九月前后开花而得名。九九重阳，登高赏菊，最为文人雅士所青睐。家铉翁所歌咏的九月菊诗目前存有三首：《中秋日菊盛开》《九日即事雪中见菊》《鲸川八景》（其二《西园秋暮》），其中以《九日即事雪中见菊》最能体现家铉翁咏菊言志、仗节瀛海的情怀。

九月菊玉质金相，傲霜斗雪，已是公认的花中君子，然而，家铉翁又觉得花期短暂，缺少六月菊那种贯夏历秋、经暑寒而不改的持久耐力，他作有《六月菊以夏中破萼，至秋晚枝条虽苍劲，而花色灼然鲜明。贯暑寒而不改，菊中之贞士也。余以比之商山四皓，为之赋》一诗，赞美六月菊既能"傲暑"又能"凌寒"的精神，其诗云：

> 九月菊偏与秋霜宜，六月不受炎暑欺。秋霜似同君子操，岁寒相遇长相好。暑不与贞士谋，杨燥怒煌如相仇。要之二菊所遭有难易，夏居其难秋若居其易。君不见当年秦焰焦中州，儒坛处

[①] （宋）家铉翁：《跋心如水翁治家箴》，《全宋文》卷8067，第108页。

处同荒丘。独余商山老人在，高卧林泉节不改。平生不识咸阳门，晚随币聘来汉京。欲兴诗书谈王道，再使风俗还归治古淳。我评此花似此老，傲暑凌寒无不可。种之阶庭今几年，我自识花花识我。粤从夏五开敷到残秋，更与黄花为辈俦。嗟哉黄花非辈俦，老行难逐少年游。此菊当为菊中第一流。①

商山四皓乃秦朝东园公唐秉、夏黄公崔广、绮里季吴实、甪里先生周术四位博士，出山时已八十岁有余，眉皓发白，故称"商山四皓"。当秦之世，四人避入商洛深山，以待天下之定也。汉高祖刘邦闻而召之，不至。汉十二年，刘邦因宠戚夫人而欲废太子刘盈，立戚夫人子如意为太子，留侯、叔孙太傅等谏阻，不听。其后吕后用留侯计，使刘盈卑辞束帛致礼，迎接四皓。四皓想到刘邦废长立幼必使新的政权动荡，万民遭殃，遂出山辅佐。太子刘盈因有四皓辅佐，羽翼日渐丰满，使刘邦打消了改立太子的念头。刘邦去世后，太子刘盈登皇位，即汉惠帝。家铉翁歌咏四皓历经秦始皇焚书坑儒之乱世而不改节操、隐居林泉的品行，赞美四皓晚岁获聘、立挽时局的胸怀与智识，赞美六月菊拥有与四皓一样的高尚节操。

家铉翁赞美菊花，尤其赞美遭遇霜雪仍然凌然绽放的菊花，以菊花傲霜斗雪的精神激励自己的意志。家铉翁以年老之身、衰病之躯而仗节瀚海，其毅力品质有如六月菊，其志节贞行犹如商山四皓，"菊中之贞士"更是人世之贞士。

（三）齿发衰谢，浩气如虹

至元二十三年（1286），家铉翁流寓北方已经整整10年，南归的

---

① 《全宋诗》卷3343，第39945页。

第三章　家铉翁：临危受命者的故国情怀

强烈渴望时时吞噬他的内心。他想到苏轼、苏辙、魏了翁等遭遇贬谪之时，都曾和陶渊明《归去来兮辞》，后辗转得归。恰有人了解他的心意，"持诸老和辞见示"，家铉翁"读之感慨不能已，因亦和成一篇，以见其引领南望之意"。《和归去来辞》是家铉翁抒发志节的佳篇，其文如下：

> 归去来兮，天涯万里将安归！落日孤云在何许，百感会而多悲。念开元之盛际，事已远而莫追。哀天宝之末造，世日降而日非。玚怙权而染鼎，裳倒植而成衣。权门焰焰而踵炽，国脉浸浸而遂微。智者见几而勇逝，愚者苟得而欢奔。谨者避射而括囊，弱者含污而彗门。耽大厦之千础，蕲一木之仅存。尔焜尔污，我全我尊。堕九仞而皇恤，视千古而有颜。旅既焚而胡号，节甚苦而难安。辩义利之两界，严理欲之一关。睇圣涯之浩瀚，陈众说而遐观。慨时运之已往，冀道脉之犹还。处幽谷之昧昧，希正途之桓桓。归去来兮，余胡为乎远游！方羁縶之未释，岂安闲之可求？咽毡雪以自厉，视箪瓢而何忧！惟余早志当世，谓八荒之可畴，谓津可梁，谓川可舟。冀剥极之犹舆，期涣奔之必丘。嗟断梗之中叶，倏长堤之溃流。贤愚汨而同尽，万事毕于一休。已矣乎！钟仪拘而获释，解扬踬而得全，子卿困而终归，忠宣浩乎弗留。水万折犹将障而东之，鸟暮投林岂无期？余纵不能效靖节躬东皋之耔，犹欲陪子由赓夜雨对床之诗。天运周星而必复，明年其归尚奚疑！①

在这篇和辞中，家铉翁首先描绘了宋亡之际权门熏灼、奸臣叛国的丑恶现实，接着以"归去来兮"发起，抒发欲归不能、日夜思归的

---

① （宋）家铉翁：《和归去来辞（并序）》，《全宋文》卷8066，第91—92页。

急迫心情，最后以历史上的"钟仪拘而获释，解扬颠而得全，子卿困而终归，忠宣浩乎弗留"等四位流寓异国、历经千辛万苦终于得还的事迹作结，抒发坚定志向和思归之情。其中，钟仪、解扬、苏武、洪皓是家铉翁的精神偶像，作为奉使出疆的使者，他们饱受艰辛、不辱使命，家铉翁时常以他们的精神激励自己。

钟仪，春秋时楚国人。楚共王七年（前584），钟仪随同令尹子重伐郑，为郑军所俘，后被郑人献给晋国。在晋都新田过了两年多的俘虏生活。晋景公视察军事仓库，看到仍戴着楚国帽子的钟仪，询问他的族系世官，钟仪说先人是乐官；要钟仪操琴，他便弹奏楚国的乐调；景公探问楚共王的事，钟仪不说任何关于共王的坏话。晋景公钦佩钟仪不弃根本、尊重国君的高尚情操，重加礼待。最后钟仪被释归楚。

解扬，春秋时晋国大夫，字子虎，霍（今山西霍县）人。楚庄王二十年（前594），庄王举兵围宋。宋急，求救于晋。晋派大夫解扬往宋，告宋须坚守，晋救不日将至。解扬将至宋，为楚军所执，送于楚王。庄王给以厚遇，令其劝宋军速降于楚。解扬佯许，及登上楼车与宋军对语，则背约告宋以晋救将至，劝宋人固守待援。庄王大怒，命诛之。解扬临刑不惧挺身辩解说："君能制命为义，臣能承命为信，载信义而行之为利，我奉晋君之命以出，有死而不负命，您收买我，是不知我会信守使命。今死得其所，我别无所求。"庄王嘉其气节，赦其返晋。

苏武（前140—前60），西汉大臣。字子卿，杜陵（今陕西西安）人。苏武早年以父任为郎。稍迁移中厩监。天汉元年（前100）以中郎将率百余人出使匈奴。当时，匈奴缑王图谋劫持单于母阏氏归汉，副使张胜卷入此事，苏武因此受到牵连。单于为诱逼苏武投降，将他幽置于大窖中，不给饮食。时天降大雪，苏武啮雪吞毡，数日不死，匈奴以为神。乃徙武北海上无人处，"使牧羝，羝乳乃得归"。廪食不至，苏武掘取野鼠所储藏的草实来吃。"杖汉节牧羊，卧起操持，节旄尽落。"① 苏武在匈奴前后19年，昭帝始元六年（前81）还抵长安。

洪皓（1088—1155），字光弼，鄱阳人。彦先子。政和五年进士，建炎三年擢徽猷阁待制，假礼部尚书，以"两宫远狩"而奉命出使金国。离别之时，"长子适甫十三岁，遂以下皆襁褓，呱呱省别，行路不能仰视先君弗子也"②。洪皓使金被留，先在太原一年，而又被迁徙云中（今山西大同）。在云中，金元帅宗翰威逼他出仕刘豫的伪齐政权，洪皓大骂："万里衔命，不得奉两宫南归，恨力不能磔逆豫，忍事之邪！留亦死，不即豫亦死，不愿偷生鼠狗间，愿就鼎镬无悔。"宗翰怒，将杀之。幸得在场的一个官员因受感动而为洪皓跪请，洪皓得以被赦，流递冷山（今黑龙江五常）。冷山"地苦寒，四月草生，八月已雪，穴居百家"，是金尚书陈王悟室家族所在地，洪皓在这里为悟室的8个儿子和其他女真族子弟教书。冷山生活极其艰苦，"或二年不给食，盛夏衣粗布，尝大雪薪尽，以马矢然火煨面面食之。或献取蜀策，悟室持问皓，皓力折之"③。洪皓在云中，屡以敌情辗转上达，乞兴师进击，以图恢复，又尝求韦太后书献帝，报印符卧起，备尝艰辛。留金凡15年始还，"忠义之声闻于天下"④。

钟仪、解扬、苏武、洪皓四人，都曾奉命出使，历尽千辛万苦而终归故国，他们大义凛然，不事二主，为完成使命而舍生忘死的精神为后世所传颂。其中，苏武被留19年而归，洪皓被留15年得返，被困河间十年的家铉翁以他们坚贞不屈、万死一生的精神砥砺自己，唯

---

① （汉）班固撰：《汉书》卷54，中华书局1962年版，第2463页。
② （宋）洪适：《先君述》，《盘洲文集》卷74，影印文渊阁《四库全书》本。
③ （元）脱脱等撰：《宋史》卷373《洪皓传》，中华书局1977年版，第11559页。
④ 《宋史》卷373《洪皓传》，中华书局1977年版，第11561页。

有坚守，才是最终的胜利。

生活条件的恶劣，北方气候的不适以及远离故国的孤苦，日渐衰老的恐惧，种种艰难与家铉翁如影随形，侵袭他的身体与意志。家铉翁在《假馆诗》中，坚定地表明了自己"留得浩然英气在，便将生死付朝曛"①"为言仗节瀛海上，齿发衰谢气如虹"②的决心与意志：

> 江南遗老瀛边客，来时鬓斑今雪白。几年坐困市井尘，五迁来到诗书宅。中州典型尚未艾，故家文献宛如昔。主人盛年兀老苍，古心不为名利役。昼闲对客无俗谈，夜灯从容须挟册。有疑必问问必中，讲学定知有源脉。世人骛外如轮云，君心向道坚金石。念我南冠久繋维，分我三间明月席。绨袍厚德更高古，冬有纤纩夏有绤。我衰拟作莵裘藏，感君推田城西陌。今年不归明年复不归，病骨嵚崎会当化为原上骼。拟从诸君豫乞石一方，他年埋之塚前三四尺。上书宋使姓某其名某，下书人是西州之西老逢掖。平生著书苦不多，可传者见之春秋与周易。③

"假馆"原指借用馆舍，以授门徒，引申为作客旅居。面对无尽的等待与绝望，家铉翁写下了悲壮的遗言。在这份遗言中，他最想表明的是自己作为南宋的祈请使被元朝扣留的身份和历经千辛万苦不辱己志的坚定信念。

---

① （宋）家铉翁：《挽刘文蔚》，《全宋诗》卷3344，第39955页。
② （宋）家铉翁：《朱信叔洛阳人往佐长安省幕》，《全宋诗》卷3343，第39949页。
③ （宋）家铉翁：《假馆诗》，《全宋诗》卷3343，第39946—39947页。

第四章 家铉翁：元明清的接受与传播

家铉翁不以著述彰显，而以志节名垂史册，本章裒辑史料，探讨家铉翁的事迹尤其是其志节品格在元、明、清的传播与接受情况。

第一节 元代婺州作家群对家铉翁的赞誉

元代江浙行省之婺州路，北与杭州路接壤，金华、东阳、义乌、永康、武义、浦江六县为其领县，兰溪州为其管辖。① 在宋末至明初百余年的历史中，婺州士人无论在学术还是文学领域可谓名贤辈出，声誉显赫，士人之间或以师生而传承接续，或以同乡地缘而方便联络，或以友朋关系而更加亲密，或以姻亲联结而增益关系②，形成了一个士人文化圈。在这里，有宋遗民方凤、谢翱、吴思齐，有与虞集、揭傒斯并称"儒林四杰"③的黄溍、柳贯，有"在元人中屹然负

---

① （明）宋濂等撰：《元史》卷62，中华书局1997年版，第1497页。
② （元）戴良：《祭方寿父先生文》："某等之于先生，或以姻亲而托交，或以乡枌而叨契，或以弟子而游从，或以友朋而密迩。"（李军、施贤明校点《戴良集》，吉林文史出版社2004年版，第80页）
③ 《元史·柳贯传》："（柳贯）与溍及临川虞集、豫章揭傒斯齐名，人号为'儒林四杰'。"（明）宋濂等撰：《元史》卷181，中华书局1997年版，第4189页。

词宗之目"的古文家吴莱，还有明初"开国文臣之首"① 宋濂，以及与宋濂并为《元史》总裁官的王袆等。他们不但才华卓著，而且节行高尚，宋濂曾自道："吾婺旧称礼义之郡，士生其间，皆存气节，仗忠义。而东阳为尤盛。自宋中世以来，以直道著称，而列于国史者甚众。"②

在元代，以婺州士人对家铉翁的了解最多。曾在宋亡时北上的太学生张观光是婺州人。在大都，家铉翁曾赠张观光诗四章，深著归洁之意，希望他冰操自守，不负赵宋故国。张观光南归后，将赠诗珍藏于家，去世后，其子张枢请当时书法名流杜本书之，张枢的同乡好友柳贯、吴师道亦知晓家铉翁的事迹，作跋文，将家铉翁的精神传播开去。

一 北解流人张观光与家铉翁的交往

张观光（1249—1328），字直夫，一字用宾，号屏岩，婺州东阳（今浙江东阳）人。世居邑南屏岩，因以自号。学者称屏岩先生，"群经子史，莫不涉览"③，26 岁入太学，"以诗义第浙士第一"④。德祐二年三月，三学生（太学、文学、武学）数百人随三宫被押解北上，张观光是太学生中为数不多的幸存者之一。北解道途凄凉，羁旅郁悒，他时时悲歌长吟，感伤不已。至元十五年（1278），授婺州路儒学教授，阶将仕郎。在官 10 年，改调绍兴路平准行用库大使。循新

---

① 《明史》卷 128《宋濂传》，中华书局 1984 年版，第 3787—3788 页。
② （明）宋濂：《景定谏疏序》，罗月霞主编《宋濂全集》，浙江古籍出版社 1999 年版，第 1746 页。
③ （清）王梓材、冯云濠编撰，沈芝盈等点校：《宋元学案补遗》卷 82，中华书局 2012 年版，第 4817 页。
④ （元）吴师道著，邱居里、邢新欣点校：《吴师道集》卷 14《张屏岩文集序》，吉林文史出版社 2008 年版，第 325 页。

例换将仕佐郎,"以母老不赴,遂弗仕",杜门隐居,沉潜经籍,"家食者垂四十年而卒"。张观光对婺州儒学贡献很大,后学论此云元初婺州"有学自先生始"①。张观光去世后,其子张枢收集遗稿编辑成集,题为《屏岩文集》,吴师道作《序》。

张观光在大都二载有余,此间家铉翁亦在大都。家铉翁书诗四章赠之。张观光授婺州路教授南归,将此带回并保藏于家。卒后,其子张枢请当时书法名流杜本用隶古书之,张枢的同乡佳友柳贯、吴师道得以领略家铉翁之诗。柳贯作有《跋张直夫先生所得家枢密四诗》,其文曰:

> 枢密家公之奉使祈请,此何如时?盖辞命方申,而运祚已去,夷然羑里之拘,痛甚秦庭之哭。公之是心,知有名义,而不知有死生。《春秋》之用,深切著明,固一世之伟人哉!于时吾乡张直夫先生,亦以太学诸生从狩京都,公一见,待以国士,虽其言议曲折,概莫能传,而赠言在纸,尚恳恳如也。先生之嗣子枢宝藏益谨,复为辞请京兆杜原父,用隶古书之,系于其后。贯从枢借观,作而言曰:夷齐之事,于商为烈,而太公谓其义人,扶而去之。然则公之所以自靖自献,而世祖皇帝之所以函容覆获之者,是皆纲常大计之攸系,汉唐末际胡可拟哉!公诗四章,其一《雪山辞》也,著归洁之意,与朋友共之,其属望先生,则诚在矣。宜枢有以表见之也。②

文中记述了家铉翁与张观光在大都的交往。家铉翁以"国士"之礼相待,可见张观光的品格,诚如吴师道《张屏岩文集序》所云:

---

① (元)黄溍:《张子长(枢)墓表》,王颋点校《黄溍全集》(下),天津古籍出版社2008年版,第727页。
② 柳遵杰点校:《柳贯诗文集》卷19,浙江古籍出版社2004年版,第394页。

"先生之为人,纯明而粹美,夷坦而渊深,孝爱友让,敦义笃行,自其乡之人及吾党之士,识与不识,皆称其为君子长者也。"

二人交往于圈禁之中,在元人控制之下,固然有太多情意彼此诉说,然而只能隐晦曲折,以心意会。家铉翁赠以诗,于诗中表明对故国的拳拳之心、恳恳之意,而张观光倍加珍爱,深藏家中,后世得以明了家铉翁当日之志。

二 张枢对家铉翁事迹的传播

张枢(1292—1348),字子长,婺州金华(今浙江金华)人,幼居外家潘氏,尽读其藏书数万卷。"过目辄不忘。既长,肆笔成章,顷刻数千言。有问以古今沿革、政治得失、宇宙之分合、礼乐之废兴,以至帝号官名、岁月先后,历历如指诸掌。"① 尝作《小臣策》,讥讽宋高宗忘亲事仇,而追为定复两宫之计。时前代遗老多尚存,无不叹服,贤士名卿以得见为幸。一日,许谦偶见张枢,问他汉高帝何以取天下,张枢对答如流,出入纪传,话语蝉联不能休,许谦大为惊奇。既而张枢以书上谒,请就弟子列,许谦未应允,而始终以朋友待之。至正三年(1343),命儒臣纂修辽、金、宋三史,辟张枢本府长史,使者奉驿券行四千里,张枢力辞不拜,四方之士无不敬佩。后五年,命史臣纂修后妃、功臣传,复以翰林修撰、儒林郎、同知制诰兼国史院编修官召枢,固辞不就。著述颇丰,有《春秋三传归一义》30卷,《刊定三国志》65卷等。《元史》卷199有传,黄溍有《张子长墓表》。

---

① (明)宋濂等撰:《元史》卷199《张枢传》,中华书局1997年版,第4477页。

张枢虽"杜门不出,同郡之士与之交者,可以偻数"①,然同郡的名儒柳贯、吴师道等都是他的"佳友","时时以文字相激发"②。柳贯有《草堂琳藏主得往年黄晋卿、吴正传、张子长北山纪游八诗,装潢成卷,要予继作,因追叙旧游,为次其韵,增诸卷轴》《久不与子长交问,今日初寒,读向所示〈文清谏事篇〉,慨今感往,并赋忆别》《慈慧庵记》《书婺本〈易程氏传〉后》等均提到与张枢的交游。

张枢耻仕元朝。其行事,颇有乃父之风。虽说"遗民不世袭"③,但父辈的思想却刻植于心。张枢作《宋季逸事》,询诸故老,旁采稗官,"谓宋之亡也,将相群臣伏节死义者,固已有传在史氏;卑官下士、吏卒女妇之死者,多史所弗录",因成此书,对南宋史实人物深怀顾念之情。

张枢身处婺州学术奥区、文学佳域,又与诸多贤才良士为友,使遗民精神得以传播,父辈的事迹得以弘扬。

三 柳贯、杜本对家铉翁的接受

柳贯、杜本与张枢是同乡好友,他们对家铉翁极为钦佩。柳贯作《跋张直夫先生所得家枢密四诗》,杜本书之,记录张观光与家铉翁之间的深厚情谊。

---

① (元)黄溍:《张子长墓(枢)表》,王颋点校《黄溍全集》(下册),天津古籍出版社2008年版,第726页。
② (元)柳贯:《题子长作〈谢太傅王右军画赞〉后》,柳遵杰点校《柳贯诗文集》卷19,浙江古籍出版社2004年版,第401页。
③ 赵园:《明清之际士大夫研究:作为一种现象的遗民》,北京师范大学出版社2014年版,第168页。

（一）柳贯：知有名义，不知有死生

柳贯（1270—1342），字道传，婺州浦江（今浙江浦江）人。幼有异质，颖悟过人。及冠，从金履祥学性理之学。金履祥远宗朱熹之学，柳贯刻意问辨，微辞奥义多有发挥。文学上师从方凤、吴思齐、谢翱，三先生均以风节行义称名于世，古文歌诗皆卓然出于流俗，是婺州作家群的第一代盟主及核心成员。① 柳贯受时贤指教，日浸其中，深染其泽，然"不自以此为足"，复出游当时名儒聚集的杭州，遍游方回、龚开、仇远、戴表元、胡之纯、胡长孺、牟应龙等"前代遗老之门，该综百氏，根极壶奥"②，"凡学问之本末，文献之源流，历历如指诸掌。发于论议，言必有征"③，逐渐名闻四方。大德四年（1300），年三十一，任江山县学教谕。至大元年（1308）迁昌国州学正。当时号为名公卿者争相延誉，声名大振。吴澄尝语人曰："东阳柳君，卿云甘雨也，天下士将被其泽。"程钜夫赞曰："文章正印，今属子矣。"④ 延祐六年（1319）改国子助教，阶将仕佐郎。至治元年（1321）升博士，转将仕郎。泰定元年（1324）迁太常博士，三年（1326）出为江西等处儒学提举。秩满归，杜门不出十有余年。至正元年（1341）起为翰林待制，上任七个月卒，士人深以为憾，余阙

---

① 欧阳光《论元代婺州文学集团的传承现象》认为："婺州文学集团几乎是与宋王朝的覆亡同时形成的。其第一代盟主方凤，核心成员谢翱、吴思齐都是宋遗民……这些记载显示，方、谢、吴三人以其高行峻节和富有特色的诗文创作，已然确立了在当地文坛的盟主地位。"载黄天骥主编《中国古代戏曲与古代文学研究论集》，中华书局2001年版，第509页。

② （明）危素：《柳待制文集序》，柳遵杰点校《柳贯诗文集》，浙江古籍出版社2004年版，第480页。

③ （元）黄溍：《翰林待制柳公（贯）墓表》，王颋点校《黄溍全集》（下册），天津古籍出版社2008年版，第723页。

④ （明）宋濂：《元故翰林待制奉务郎兼国史院编修官柳先生行状》，柳遵杰点校《柳贯诗文集·附录》，浙江古籍出版社2004年版，第490页。

说:"惜其未显而已老,欲用之而已没也。"① 集贤大学士吴直方,国子博士吴师道,共经纪柳贯之丧事。著有文集四十卷、《字系》二卷、《近思录广辑》三卷、《金石竹帛遗文》十卷。

柳贯被誉为"儒林四杰"之一,是婺州作家群的第二代盟主之一②,他在同乡佳友张枢处知悉家铉翁的事迹,作《跋张直夫先生所得家枢密四诗》,盛赞家铉翁在国运已去之时不顾个人安危而奉使祈请,若"秦庭之哭","羑里之拘","知有名义,而不知有死生"。"秦庭之哭"指春秋时楚国大夫申包胥向秦哀公祈求出兵救楚,"立,依于庭墙而哭,日夜不绝声,勺饮不入口七日","秦师乃出"③。"羑里之拘"则用因崇侯虎向纣王进谗言,周文王被囚于羑里,增演《易》的八卦为六十四卦的典故,以此比喻家铉翁被圈禁河间而著述《春秋详说》。柳贯对家铉翁的爱国之情、不移之志极其钦佩,盛赞其重名节、尚忠义,堪称一世之伟人。

柳贯对家铉翁的崇高气节感慨不已,将其不仕元朝的事迹比作伯夷、叔齐之不食周粟,作《跋张直夫先生所得家枢密四诗》云:"夷齐之事,于商为烈,而太公谓其义人,扶而去之。"伯夷、叔齐事见《史记·伯夷列传》:孤竹君之二子伯夷与叔齐拒绝接受王位,让国出逃。武王伐纣时,又以仁义叩马而谏:"以臣弑君,可谓仁乎?"武王身边的随从要杀掉他们。太公吕尚说:"此义人也。"于是搀扶他们离去。等到天下宗周,伯夷、叔齐耻之,"义不食周粟,隐于首阳山,

---

① (元)余阙:《待制集原序》,柳遵杰点校《柳贯诗文集》,浙江古籍出版社 2004 年版,第 482 页。
② 欧阳光《论元代婺州文学集团的传承现象》认为:"元英宗至治元年方凤逝世,标志着婺州文学集团开创时期的结束。在此年前后,方凤的一批学生已开始活跃于文坛,并从中产生了第二代盟主——黄溍和柳贯。"载黄天骥主编《中国古代戏曲与古代文学研究论集》,中华书局 2001 年版,第 509 页。
③ 郭丹译注:《左传》,中华书局 2016 年版,第 423 页。

采薇而食之"①，终饿死于首阳山。

柳贯得见家铉翁赠予张观光之四诗，"其一《雪山辞》也，著归洁之意"，然考《则堂集》，未载《雪山辞》，亦未见其他三首诗。但是由柳贯所言"著归洁之意"，可以想见家铉翁在诗中蕴含坚守节操，以清白之身南归故国的强烈愿望。

（二）杜本：隶古书之，系于其后

张枢将家铉翁诗"宝藏益谨"，"复为辞请京兆杜原父，用隶古书之，系于其后"。京兆杜原父，即杜本（1276—1350），字伯原，清江（今属江西临江）人。其父杜谦曾在文天祥幕中，毁家以佐军用。杜本为人湛静，笃于行义，曾受学于庐陵刘须溪、礼部邓光荐、虞汲（虞集之父）、豫章熊朋来及吴澄等前辈，超然有遗世之意。吴越岁饥，杜本上救荒之策，江浙行省丞相布呼密采用他的办法，米价顿平。隐居武夷山。文宗即位，征召不起。所著有《四经表义》《六书通编》《十原》等书。学者称为清碧先生。《元史》卷199有传。杜本经术赅博，淹贯古今，尤工于篆隶，陶宗仪《书史会要》评价其"楷书结体谨严，全具八法；隶书学汉《杨馥碑》"②。

杜本尝辑宋遗民诗为《谷音》一卷，鉴别极精。杜本与婺州渊源很深，他被荐于武宗而在京师时，曾去游金华，与柳贯、许谦、吴师道为友③，与张枢亦有交往。杜本曾为吴师道跋《吴氏家述》，吴师

---

① （汉）司马迁撰：《史记》卷61，中华书局1959年版，第2123页。
② （元）陶宗仪：《书史会要》卷7，上海书店出版社1984年版，第316页。
③ （明）危素《元故征君杜公伯原父墓碑》："既不乐久居，思天下名山，去游金华，与柳待制贯、许处士谦、吴礼部师道为友。"钱伯城、魏同贤等主编：《全明文》（第2册），上海古籍出版社1994年版，第379页。

道去世后，杜本为他书篆《墓志铭》，且张枢为吴师道撰写的《墓表》①，由杜本所书。

由此可知，杜本虽不居婺州，然而他与婺州士人交往密切。张枢将其父收藏的家铉翁所赠四诗请杜本书之，"系于其后"，不仅是对父辈特殊情意的珍视，而且将家铉翁的高尚气节在婺州士人之间更好地继承和发扬。

四　吴师道对家铉翁的接受

吴师道是元代婺州作家群的重要成员之一，与柳贯一样，他也是从同郡张枢处得见家铉翁赠予张观光之诗，有感于家铉翁气节，遂作跋文。

吴师道（1283—1344），字正传，婺州兰溪（今浙江兰溪）人。"少勇于学，不督而勤。始为文辞，辄惊骇长老。"② 年十九，读宋儒真德秀书，幡然有志于为己之学。至大初，始受业于同郡许谦，"于是造诣日深，誉望日隆"③。至治元年（1321），登进士第，授将仕郎，高邮县丞，改任宁国路录事，赈灾御暴，爱民有声。至元元年（1335）迁池州建德县尹，专意于教养，多所建树。至元末，入为国子助教，升博士，"六馆诸生，人人自以为得师"④。至正三年（1343）丁母忧南归。四年（1344）秋，朝廷授奉议礼部郎中，命未下而卒，年六十二。世因以"吴礼部"呼之。吴师道学识赅博，"于书无不观，亦无所不通，为文章清劲，善持论，晚益踔绝，有《史》

---

① （元）张枢：《元故礼部郎中吴君墓表》，《全元文》卷1207，第594—598页。
② （明）宋濂：《吴先生碑》，《吴师道集》（附录），吉林文史出版社2008年版，第499页。
③ （元）杜本：《吴礼部墓志铭》，《全元文》卷1018，第61—64页。
④ （明）宋濂等撰：《元史》卷190《吴师道传》，中华书局1997年版，第4344页。

《汉》风"①。今存《礼部集》二十卷,《吴礼部诗话》一卷,《敬乡录》十四卷,另有《战国策校注》十卷等。

吴师道交友甚众,与柳贯、黄溍、吴莱、张枢等均有文字之谊②,四库馆臣称其"与黄溍、柳贯、吴莱相与往来倡和,故诗文具有法度"③,清顾嗣立谓其"尝与同郡黄晋卿、柳道传友善,数以诗篇相往来"④。至大三年(1310),吴师道与张枢定交⑤,其时吴师道二十八岁,张枢十九岁,此后交往密切。吴师道《礼部集》卷3有《目疾谢柳道传、张子长惠药》、卷7有《寄张子长》、卷12有《金华北山游记》,记录了与张枢的交往,更作有《张屏岩文集序》;而在吴师道去世后,张枢为其作墓表。吴师道《家则堂诗卷后题》曰:

> 士大夫当废兴存亡之际,而能秉节守义,归洁其身,为清议所予,其言论风旨之存者,人固望而实之。在宋之季,则文天祥、谢枋得之诗章,与家公之《春秋义说》是也。屏岩张先生在宋师时,得公所写赠书若干篇藏家。其子枢哀以为卷,且推明古

---

① (元)张枢:《元故礼部郎中吴君墓表》,《全元文》卷1207,第597页。
② 除上文所提及的吴师道与张枢的文字交往外,吴师道亦有以下诗文记录了他与柳贯、黄溍、吴莱等同郡乡友的交游酬赠:《和黄晋卿效古五首》《追和黄晋卿北山纪游八首》《四月癸卯原父杜征君自武夷山道兰江道传子长来会明日往拜许君益之墓道传有诗因次其韵》《寄黄晋卿》(绣湖有客今奇才)、《答黄晋卿约游金华三洞不果》《寄黄晋卿》(故人别我今何适)、《秋山楼观图》《和黄晋卿北山纪游韵》《京城寒食雨中呈柳道传吴立夫》《寄叶审言并简晋卿》《和黄晋卿客杭见寄三首》《次韵黄晋卿清明游北山十首》《碛雪骑竹图柳道传提举自作此图并题其所为诗有百年行役今如此安用文章气吐蜺之句》《题谢君植吴立夫诗词后》《柳常博所藏楔帖后题》等。以上诗文载邱居里、邢新欣点校点《吴师道集》,吉林文史出版社2008年版,第20、25、37、57—59、76、101、110、112、117、174、377、420页。
③ (清)纪昀:《钦定四库全书总目》卷167,中华书局1997年版,第2234页。
④ (清)顾嗣立编:《元诗选初集》,中华书局1987年版,第1545页。
⑤ 张枢《元故礼部郎中吴君墓表》:"予投分于君三十有五年,斑白不渝,而始终如一。"吴师道卒于至正四年(1344),上推35年再减去一虚年,则张枢与吴师道于定交于至大三年(1310)。参见方莉玫《吴师道年谱》,硕士学位论文,广西师范大学,2006年。

昔行人之义，以赞我朝待公之有礼而成其志，是皆民彝世教之所关者。予观家公故宋大臣，遭履艰险而制行卓然，固不可及。及张先生以太学诸生从主北迁，例得拜官，或因以致通显，先生顾以母老，受乡郡教授归，年四十既辞禄谢事，从容去就，亦无愧焉。君子之所予以其类，则家公之惓惓于先生也，宜哉！读其诗，想其时风羁雨绁，饮泣相顾，麦秀之歌，其声凄然，使人悲而不禁也。钟仪之操，越石之吟，其志皎然，使人悚而起立也。吁！其可以有所感也夫。①

文中，吴师道颂扬家铉翁能秉节守义，归洁其身，其精神可与文天祥、谢枋得相提并论，将家铉翁《春秋详说》比之于文天祥《指南录》、谢枋得北行诸诗，钦佩有加。

家铉翁《春秋集传详说》凡30卷，写作过程十分艰辛，凝聚了毕生心力。他在《序》中写道："会国有大难，奉命起家，无补于时，坐荒旧学。既遂北行，平生片文幅书，无一在者。忧患困踬之久，覃思旧闻，十失五六。已而自燕来瀛，又为暴客所剽。然以地近中原，士大夫知贵经籍，始得尽见《春秋》文字。"② 艰难之状，融于笔端。家铉翁羁縻期间以《春秋》教授弟子，《春秋集传详说》既是他的讲义，也是他抒发夷狄华夏、蒙元亡宋之忧愤的载体。吴师道所赞美的，正是家铉翁于《春秋集传详说》中所蕴含的深意。

吴师道对张观光的操守亦给予赞美。宋亡时，张观光二十八岁，原本奋发有为之年却遭遇亡国，北上后以母老为辞，受乡郡教授南归，在官十年，年仅四十致仕，此后杜门著述以终老。张观光的选择无愧于当年家铉翁所寄予的深切期望，故吴师道感叹

---

① 邱居里、邢新欣点校：《吴师道集》卷17，吉林文史出版社2008年版，第395页。
② （宋）家铉翁：《春秋集传详说序》，《全宋文》卷8066，第100页。

家铉翁与张观光二人均可堪称"君子"一类,"家公之惓惓于先生也,宜哉!"

柳贯、吴师道、张观光及张枢等元代婺州作家群既以儒学名重当时,又以文学光耀后世。《宋元学案》黄百家案云:"白云高弟子虽众,皆隐约自修,非岩栖谷汲,则浮沉庠序州邑耳。如子长、正传,文采足以动众,为一世所指名者,则又在师友之间,非帖帖函丈之下者也。然白云非得子长、正传,其道又未必光显如是耳。"① 同时,婺州作家群有很好的气质内品,柳贯"局度凝定,燕居默坐,端严若神。即之如入春风中,久与之处,未尝见疾言遽色","满秩而归,杜门不出者十余年。完庐数间,仅蔽风雨,而饘粥或不继,先生处之裕如也"②;吴师道"道德性命之明达,礼乐刑政之该通,操行清白而不愧于古人,志节刚方而不徇于流俗"③;张观光"纯明而粹美,夷坦而渊深,孝爱友让,敦义笃行,自其乡之人及吾党之士,识与不识,皆称其为君子长者也"④;张枢屡征不起,"子长之才之美,过绝人远甚,其无愧于前修,可传于来世者,则不在彼而在此也"⑤。所谓物以类聚,人以群分,淡然守志、操行高洁、博学多才是婺州作家群的核心特征。

可以说,元代婺州作家群对家铉翁的接受,体现家铉翁高尚气节在后世的感召力,又可见元代婺州作家群体的优秀品质。

---

① (清)黄宗羲著,(清)全祖望补修,陈金生、梁运华点校:《宋元学案》卷82,中华书局1986年版,第2761页。
② (明)宋濂:《元故翰林待制承务郎兼国史院编修官柳先生行状》,柳遵杰点校《柳贯诗文集·附录》,浙江古籍出版社2004年版,第491页。
③ (元)张枢:《元故礼部郎中吴君墓表》,《全元文》卷1207,第597页。
④ (元)吴师道:《张屏岩文集序》,《吴师道集》卷14,吉林文史出版社2008年版,第325页。
⑤ (元)黄溍:《张子长(枢)墓表》,王颋点校《黄溍全集》(下册),天津古籍出版社2008年版,第725页。

第二节　明代对家铉翁的评价

家铉翁在明代的影响，主要体现为以瞿佑《归田诗话》为中心的读者群的接受，以及何乔新《椒丘文集》的记载及评价。考察瞿佑、何乔新等人的生平行实，亦可见他们身上的凛然正气。

一　《归田诗话》及其读者群对家铉翁的传播和接受

《归田诗话》是明初著名诗话，其卷中载有"家铉翁持节"一事，不但对家铉翁的志节给予高度赞扬，亦以诗话的形式描述了文天祥与家铉翁在北解途中交往的一段史事，钦佩之意溢于笔端。翰林院庶吉士钱塘木讷，翰林院学士蒲田柯潜、胡道识等为之作序。200余年后，蒋一葵远宗瞿佑《归田诗话》之遗风，著《尧山堂外纪》，全文转载了《归田诗话》中对家铉翁的记载，可视为对家铉翁事迹的再次接受和传播。因此可以说，以瞿佑《归田诗话》为载体，以柯潜、木讷二《序》为发展，以《归田诗话》的读者群为外延，形成了家铉翁事迹在明代的传播。

（一）瞿佑：抗节不屈，不负文山

瞿佑（1341—1427）[①]，字宗吉，一字存斋，浙江钱塘（今杭州）人。学博才赡，嗜好问学。"少不为其父所知"，适值"乡人张彦复自

[①] 瞿佑，"佑"一作"祐"。其生卒年的记载，见清万斯同《明史列传》卷387、清钱谦益《列朝诗集小传》。姜亮夫据此考订瞿佑生卒年，见其著《历代名人年里碑传综表》（中华书局1959年版）。又清吴荣光《历代名人年谱》云："瞿佑至正元年生。"（上海书店出版社1989年版）

福建检校回家，佑父杀鸡具酒待之。佑年十四，适自学舍归，彦复指鸡为题"，佑应声以诗相对，"彦复大加称赏，手写桂花一枝，并题其上以赠"①。一时名人凌彦翀、彦能、吴敬夫辈与为忘年之交，声名大振。瞿佑的叔祖瞿士衡与杨维桢是诗友，一日杨维桢游杭，访瞿士衡于传桂堂，瞿佑见杨维桢《香奁八题》，即席倚相和，俊语迭出，杨维桢叹赏，对其叔祖说："此君家千里驹也。"因以"鞋""杯"命题，瞿佑制《沁园春》一阕，杨维桢大喜，袖其稿而去。② 洪武中，瞿佑由贡士荐授仁和（今属杭州）训导，一直到洪武十一年（1378）还在任，以后又转任临安（今浙江临安）教谕，洪武末，任河南宜阳（今洛阳西南）训导，后升周王府长史。成祖永乐年间，瞿佑以诗祸下狱，谪戍保安（今陕西延安）十年。洪熙元年（1425）放归，瞿佑已是年近七十的老翁，复原职。宣德二年（1427）卒，年八十七。著有《春秋贯珠》《诗经正葩》《阅史管见》《鼓吹续音》《存斋诗集》行世。

《归田诗话》作于洪熙元年（1425）或稍前③，此时瞿佑刚从保安赦还，流放十年，"平日耳有所闻，目有所见，及简编之所记载，师友之所谈论……十已忘其五六"④，遂笔录其有关诗道者。凡三卷，一百二十条，以记诗话为主，上卷多记唐诗，中卷多记宋诗，下卷则重在记元及明初，史料丰富。家铉翁事迹见载于卷中"家铉翁持节"条，兹录如下：

---

① （明）田汝成：《西湖游览志余》卷12，上海古籍出版社1958年版，第202—203页。
② （清）钱谦益：《列朝诗集小传》（上），古典文学出版社1957年版，第189—190页。
③ 按：《〈归田诗话〉自序》落款为"洪熙乙巳中秋日"，考"洪熙乙巳"为1425年，则成书当在此年或稍前。四库馆臣认为：此书作于瞿佑保安谪戍期间，而成书于放还归来之后。此见《四库全书总目》卷199："至洪熙乙巳，始赦归。据所自序，援欧阳修《归田录》为例，则似成于放还后。而末一条叙塞垣事，称尚留滞于此，未得解脱，又似成所之语。殆创稿于保安，归乃成帙欤？"[《钦定四库全书总目》（整理本），第2768页]
④ （明）瞿佑：《归田诗话自序》，《归田诗话》，中华书局1985年版，第1页。

第四章 家铉翁：元明清的接受与传播

元兵南下，次高亭，宋朝纳降。吴坚为左相，家铉翁为参政，与贾余庆、刘岊为祈请使北行。文天祥诗云："当代老儒居首揆，殿前陪拜率公卿。"又云："程婴存赵真公志，赖有忠良壮此行。"前谓吴，后谓家也。至北，铉翁抗节不屈，拘留河间。世祖崩，成宗即位，始赐衣服，遣还乡里，年逾八十矣。林景熙有诗送之云："濒死孤臣雪满颠，冰毡啮尽偶生全。衣冠万里风尘老，名节千年日月悬。清唳秋荒辽海鹤，古魂春冷蜀山鹃。归来亲旧惊相问，禾黍离离夕照边。"可谓不负文山所期矣。①

文中首先歌咏家铉翁与文天祥交往的一段佳话。宋亡之时，家铉翁以祈请使北赴大都，文天祥被迫同行。当时，文天祥一心求死以殉国难，"家则以为死伤勇，祈而不许，死未为晚"。文天祥听从了家铉翁的劝告，"犹冀一日有以报国"，有感于家铉翁一心救国，为赵祈请，遂作《使北》诗以记其事。《使北》其二："至尊驰表献燕城，肉食那知以死争。当代老儒居首揆，殿前陪拜率公卿"，对以吴坚为"首揆"的懦弱之臣以辛辣犀利的讽刺。《使北》其五："廷争堂堂负直声，飘零沙漠若为情。程婴存赵真公志，赖有忠良壮此行。"赞美家铉翁拒签降署，并以程婴托孤救赵的故事喻家铉翁此行之志。此后，家铉翁"抗节不屈，拘留河间"，没有辜负当年文天祥的期望与评价，故《归田诗话》云："可谓不负文山所期矣。"

《归田诗话》以记诗与事为主，书中论诗，偏重思想内容，或以诗论史，或指古摘今，多以君臣大义为旨归。通读全书，可以看出瞿佑对宋代诗人的气节、品格的赞赏，除了"家铉翁持节"外，还有诸

---

① （明）瞿佑：《归田诗话》，中华书局1985年版，第25—26页。

多条目如"岳鄂王墓""泸溪送澹庵"等展现了宋人的爱国精神。而"家铉翁持节"条之前的"陆秀夫殉国",之后的"汪水云赐还",更见瞿佑对南宋亡国这段史事的偏好与兴趣。瞿佑说陆秀夫在赵昺即位海上时为首相,"每朝会,秀夫独俨然正立如治朝,虽流离中,犹日书《大学》章句以劝讲。及崖山兵溃,秀夫行驱其妻子入海,即负帝同溺",哀伤痛楚之情溢于言表;记宋宫人送汪元量南还诗,意极凄婉,可见他对宋季士大夫爱国情感的体察和深悟。

瞿佑生长于钱塘,故对宋亡史事多有所闻,而他又生于元末明初,虽少年时才华横溢,有"千里驹"的美誉,但却一直怀才不遇,只是一名不入流的低级官吏。明初文网密布,又以诗祸谪戍塞外,"羁穷困约"①。这些经历使他备受挫折,或多或少有一些遗民情结。从瞿佑对家铉翁与文天祥交往的叙述中,可见瞿佑对家铉翁的由衷钦佩、赞美之情。

(二)木讷:忠义之心,持身之节

木讷《序》列三序的第一位。木讷(1387—1466年后),钱塘(今杭州)人,瞿佑同乡,晚于瞿佑40年而生。浙江辛卯(1471)解元,赐进士、前翰林院庶吉士、文林郎、河南道监察御史。成化二年(1466),瞿佑侄德恭及弟德宣、德润共图将《归田诗话》刻板印刷,持其稿示木讷,木讷"展玩再四,不能释手",遂为之序。序中木讷称瞿佑"得古人作诗之要",并从书中所载的各条目中体会到瞿佑的价值取向和深刻用心,尤其对卷中所载林景熙咏家铉翁一事给予高度赞美。其序文如下(节选):

---

① (明)柯潜:《归田诗话序》,《归田诗话》,中华书局1985年版,第1页。

第四章　家铉翁：元明清的接受与传播

先生不以夷险易心，暇日则笃嗜评古人篇什，取其旨趣微妙者著之。及触景动情，形于吟咏以自遣者，亦录之。凡百二十条，析而为上中下三卷，目曰《归田诗话录》，先生自述其事弁诸首……观诸录中所载先生诵少陵诗，则有识大礼之称；诵太白诗，则有大胸次之美；诵唐人采莲诗，则美其用意之妙；诵晦庵感兴诗，则知其辟异端之害；诵东野诗，而服前人穷苦终身之论；诵晏元献诗，则叹斯人富贵气象之豪。及见前人林景熙《咏陆秀夫》诗，而知表殉国之忠；《咏家铉翁》诗，而知表持身之节。①

前文已载，家铉翁南归后，林景熙有诗送之，木讷认为这是林景熙以诗表彰家铉翁持身之节，这一点被瞿佑所领悟。而由木讷对《归田诗话》中所载林景熙诗话、家铉翁事迹的关注和理解，再次通过其所作序文，使家铉翁事迹在明初得以进一步传播。

（三）柯潜：以丑奸臣，以壮义士

柯潜《序》列《归田诗话》三序的第二位。柯潜（1423—1473），字孟时，别号竹岩，兴化莆田（今福建莆田）人。"生有奇质，颖异绝人，数岁能作诗，十五能为举子程文。"② 景泰二年（1451），廷试第一甲第一名，授翰林院修撰。景泰七年（1456），升司经局洗马。天顺（1457—1464）初，迁尚宝少卿，兼修撰。宪宗即位（1465），擢翰林学士。《英宗实录》成，进少詹事。连遭父母丧，成化七年（1471），诏起为祭酒，未几病卒。柯潜正义刚直，"遇事感

---

① （明）木讷：《归田诗话序》，《归田诗话》，中华书局1985年版，第1页。
② （明）王佃：《少詹事柯公传》，郭皓政、甘宏伟编著《明代状元史料汇编》（上），武汉大学出版社2009年版，第429页。

发言论，侃侃扬榷古今，毅然自负"①。颇负才学，"清德邃学，流誉词林"，作文亦严整有法，类其为人。尤长吟咏，如有兴致，举笔立就，清新微婉，绰有风致。京师有"柯家文章"②之称。今存《竹岩集诗》一卷，《文集》一卷，《补遗》一卷。

《归田诗话》久藏于瞿佑之家，由其侄德恭、德宣、德润共谋刻梓。成化三年（1467），德恭之子中书舍人廷用求柯潜为序。序中，柯潜首先介绍瞿佑的生平行实，对其诗歌给予较高评价，同时肯定瞿佑勤于问学的志向以及《归田诗话》的价值："于此见公之问学自修，老而弥笃，非寻常浅学，辄矜持其所有者为可及也。"柯潜在谈到《归田诗话》的内容时，强调"家铉翁持节"条，并以其作结。其序文曰：

> 公生长多贤之里，山川奇诡秀丽之州，而又嗜好问学，取诸外以充于内者多矣。……余观卷中所载，如谓陆秀夫殉国，家铉翁持节，汪水云赐还，实足以丑奸臣，壮义士，岂独娱戏风月，以资人之笑谈而已哉？故为之序。③

《归田诗话》共三卷，记人记事凡120则，而柯潜独取"陆秀夫殉国""家铉翁持节""汪水云赐还"三条来肯定其书的价值，可见这些记载在《归田诗话》中的与众不同与特殊地位。

柯潜"为人高介，有气节，遇事不苟"，士人呼为"柯竹岩"。④

---

① （明）吴希贤：《中顺大夫詹事府少詹事兼翰林院学士竹岩柯公行状》，《竹岩集》附录，见郭皓政、甘宏伟编著《明代状元史料汇编》（上），武汉大学出版社2009年版，第428页。
② （明）董士宏：《竹岩集序》，郭皓政、甘宏伟编著《明代状元史料汇编》（上），武汉大学出版社2009年版，第440页。
③ （明）柯潜：《归田诗话序》，《归田诗话》，中华书局1985年版，第1页。
④ （明）廖道南：《少詹事兼学士柯潜》，《殿阁词林记》卷6，影印文渊阁《四库全书》本，见郭皓政、甘宏伟编著《明代状元史料汇编》（上），武汉大学出版社2009年版，第431页。

有两件事可鉴：其一，景泰七年（1456）七月，柯潜"命往应天考试，舟经淮扬，土有暮夜投公鬻私者"，他严词拒绝，其人"以所赂遗公前"。柯潜大怒，责令有司惩处。是秋"场屋肃然"，揭晓时咸称得人。其二，宪宗皇帝即位（1465），其生母周贵妃（本是英宗妃）被尊为皇太后，与英宗正室钱皇后两宫并尊，称钱皇后为慈懿皇太后。成化四年（1468），周太后不欲慈懿皇太后与英宗合葬。彭时首对，詹事柯潜、给事中魏元等上疏，请合葬裕陵。廷臣争执激烈，未报。柯潜曰："朝廷大事，臣子大节，舍是奚所用心。"① 切中事理，与罗璟又上疏论争，终于得以依照礼数操办。

柯潜认为那些记录吟风咏月的文字只是"资人之笑谈"，而宋季忠义的事迹"实足以丑奸臣、壮义士"，具有振聋发聩的意义，可以激励后世，忠义为人。

（四）蒋一葵：《尧山堂外纪》对家铉翁的接受和传播

蒋一葵《尧山堂外纪》的书体例仿效《归田诗话》而成，内容亦多有从中转载，而对"家铉翁持节"的转载，则使家铉翁事迹在明代得以再次传播。

蒋一葵（生卒年不详），字仲舒，号石原，江苏武进（今江苏常州）人。年少时聪颖，善强记，然性情放诞，不喜读"举子书"，而犹"喜《齐谐》诸书，见辄津津有味乎其言之惟恐易尽"。读书刻苦，"年十五，即挟一经糊口四方，交道日广，见闻日益博"②。万历二十二年（1594）举于乡，万历三十九年（1611）任广西灵川知县，时猺夷攻刺，而土著渠魁构煽其间。一葵廉得主名，置之法，而胁从

---

① （清）张廷玉等撰：《明史》卷152，中华书局1984年版，第4199页。
② （明）蒋一葵：《尧山堂外纪·颠末》，上海古籍出版社1996年版。

余党单骑喻以朝廷威德,正疆界,别直枉,夷情遂定。① 后迁任京师指挥使。平生撰述甚富,编著有《尧山堂外纪》《尧山堂八朝偶隽》《长安客话》等,曾刻有《山海经释义》18 卷。

"尧山"为蒋一葵读书堂之名。《尧山堂外纪》凡 100 卷,上起古初,下迄明代,记历代文人遗事,摭拾古人诗词佳句,极为赅博,既"是明代稗乘中之上选",也是自明至清,"记历代文学源流掌故之书"的上乘之作。《尧山堂外纪》卷 63 载家铉翁事迹,除了未录最后一句瞿佑的评点"可谓不负文山所期矣"外,其余则与《归田诗话》记载完全相同。《尧山堂外纪》受《归田诗话》影响很大,"其所摭拾,取舍所向,颇有明初瞿宗吉之风"②:体例上,《归田诗话》以唐、宋、元及明初各代诗话分为 3 卷,以人物事迹标目,《尧山堂外纪》亦是以朝代分卷,以人名标目;内容上,《尧山堂外纪》对《归田诗话》亦多有借鉴、转录;同时记载瞿佑遗事 13 则,是后世收录瞿佑事迹最为全面的文献。

《尧山堂外纪》卷 42 至卷 63 以时间为顺序,记载宋代名人逸事。该卷除了"家铉翁"一则之外,还记载了江万里、文天祥、陈文龙、陆秀夫、谢枋得、邓剡、信世昌、谢翱、刘须溪、郑思肖、汪元量、唐珏十二位宋遗民的史事,记录颇为翔实,可见蒋一葵对南宋遗民事迹的重视。而在十三位遗民中,蒋一葵列家铉翁于第七位,位于谢翱、刘须溪、郑思肖、汪元量等名家之前,更见家铉翁事迹在蒋一葵心中的地位和分量。遗憾的是,《尧山堂外纪》不标所记来源出处,"雅俗并陈,真伪并列"③,尚有待后世辨别。

---

① (清)汪森:《粤西诗载》卷 66,影印文渊阁《四库全书》本。
② 谢国桢:《尧山堂外纪跋》,谢国桢著,姜纬堂选编《瓜蒂庵小品》,北京出版社 1998 年版,第 217 页。
③ (清)纪昀:《钦定四库全书总目》(整理本),中华书局 1997 年版,第 1748 页。

二 何乔新：不负所学，不事二君

何乔新（1427—1502），字廷秀，江西广昌（今江西广昌）人，吏部尚书文渊之子。景泰五年（1454）进士，授南京礼部主事，改刑部主事，历广东司郎中。锦衣卫卒犯法，何乔新按律处理，丝毫不宽恕。都指挥袁彬托他办事，执意不从。彬怒，派人找诬告他的把柄，一无所得。由是名声大起。成化四年（1468）迁福建副使。调任河南按察使。助都御史原杰招抚流民，何乔新前去协助，附籍者六万余户。迁湖广右布政使。十六年（1480）擢右副都御史，巡抚山西。召拜刑部右侍郎。孝宗嗣位（1488），万安、刘吉等忌恨乔新刚正，将其调到南京任刑部尚书。不久又遭中伤，遂致仕。何乔新"颖敏过人"[①]，博综群籍，听到哪有罕见的书，"辄从假录，藏书至三万卷，忘其疲与其身之既老"[②]。给事中吴世忠评价其"杜门著书，人事寡接，士大夫莫不高其行"[③]。著述甚富，撰有《椒邱文集》四十四卷，又有《周礼集注》《策府群玉》等，并行于世。

何乔新虽"不以文章名"，然所作"详明剀切，直抒胸臆"[④]。其《椒邱文集》卷4至卷8为史论，褒贬宋、元人物事迹，读来可见其忠义刚正，"操节矜励，玉洁冰清"[⑤]的风格。其卷8载有《赐宋使者家铉翁号处士遣还乡》，赞美家铉翁不负所学、不事二君的优秀品质，其文曰：

---

① （明）蔡清：《椒丘先生传》，《椒邱文集》外集，影印文渊阁《四库全书》本。
② （明）林俊：《刑部尚书赠太子少傅谥文肃何公神道碑》，《椒邱文集》外集，影印文渊阁《四库全书》本。
③ （清）张廷玉等撰：《明史》卷183《何乔新传》，中华书局1984年版，第4855页。
④ （清）纪昀：《钦定四库全书总目》（整理本），中华书局1997年版，第2298页。
⑤ 马文升等：《祭（何椒丘先生）文》，《椒邱文集》外集，影印文渊阁《四库全书》本。

士之仕也，犹女之嫁也。嫁而更二夫，不可谓之贞妇；仕而更二姓，其可谓之忠臣乎？宋之亡也，士大夫仗节死义者固多，然贪生失节者亦不少焉。留梦炎，宰相也，事元为尚书；赵孟頫，宗室也，事元为学士。彼皆号通古今者也，不知平日所学何事哉？若家铉翁者，可谓不负所学矣！铉翁学专《春秋》，其于君臣上下之分，道义功利之辨，讲之明而信之笃矣。故元师入杭也，不署谕降之檄。及奉使北行，也不受敌国之官。安置河间，流离困悴，曾无毫发怨悔之心。至其年逾八十，赐号处士，遣还乡里，赐予金币，皆固辞不受。皭然不染于污尘，而俯视肤敏裸将之士，殆若沙虫酰鸡然。所谓忠臣不事二君者，铉翁有之矣。彼梦炎、孟頫，髹缨垂组，扬扬出入元之朝廷者，闻铉翁之风，其颡能无泚乎？①

文中，何乔新将家铉翁与留梦炎、赵孟頫相比照，讥讽留梦炎、赵孟頫出入元廷，当为汗颜！留梦炎（？—1295），字汉辅，号中斋，三衢（今浙江衢州）人。淳祐四年（1244）进士第一，德祐元年六月，除右丞相兼枢密使、都督诸路军马，十月除左丞相。十一月弃位而逃，十二月先后两次遣使召梦炎，皆不至。景炎元年（元至元十三年，1276）五月，衢州陷后，留梦炎降元。② 入元历礼部尚书，元贞元年（1295），以翰林学士承旨告老。赵孟頫（1254—1322），字子昂，宋太祖子秦王德芳之后裔。其曾祖、祖及父仕宋皆至显宦。至元二十三年（1286），程钜夫奉诏搜访遗逸于江南，得20余人，孟頫名

---

① （明）何乔新：《赐宋使者家铉翁号处士遣还乡》，《椒邱文集》卷8，影印文渊阁《四库全书》本。
② 《元史》卷129《唆都百家奴》："攻衢州，……拔之，宋丞相留梦炎降。"（中华书局1997年版，第3151页）《续资治通鉴》卷183《元至元十三年（宋景炎元年）纪事》："五月，宋故相留梦炎降。"（中华书局1957年版，第4985页）

列其首,并单独被引见入宫。元世祖宠幸,让他坐于右丞叶李之上,官至翰林学士承旨,荣禄大夫,封魏国公。留梦炎与赵孟頫,一位是宋朝状元,官职丞相,另一位是宗室后裔,"以书名天下"①,然而这两位受到宋朝恩惠最多的"号通古今"之士,在国家覆亡之时却反身事敌。何乔新痛斥他们"贪生失节",并以此作比,赞扬家铉翁学专《春秋》,能辨忠义;元师入杭,不署降檄;奉使北行,不受敌官;安置河间,曾无怨悔;赐号还乡,固辞金币。家铉翁心底皎然明洁,不被世俗环境所污染,其精神令屈身仕元者惭愧汗颜。

《椒邱文集》还载有宋季元初的若干史事,皆言辞犀利,正气逼人。如卷7《陈宜中弃位而逃》痛骂陈宜中心胸狭隘、怯懦逃遁:"至其为相也,王爚之清介而不能容,文天祥之忠义而不能用,张世杰请背城借一之策,反假诏命而沮之。其为国谋者,请称侄纳币而已耳!请求封小国而已耳!请奉玺以降而已耳!事既危亟,则奉头鼠窜而已耳!"卷7《帝及皇太后全氏北去太学生徐应镳死之》赞美徐应镳:"至德祐之际,宗社已覆,帝后已迁,徐应镳以一书生,未沾一命之荣,未食升斗之禄……不忍北面事仇,从容赋诗,与一男二女赴井以死。呜呼!汉唐之季亦有一士如应镳者耶。彼叶李、留梦炎之徒闻应镳之风,其颡有泚矣。"卷8《杀宋少保枢密使信国公文天祥》颂扬文天祥精忠大义、千古流芳:"天祥一死,而其精忠大节耿耿然与日月争光。虽死犹不死也。彼偷生苟免者,至今人犹唾骂不已。是不忍一死,而继之以百千死矣。"卷8《福建参知政事魏天祐执宋谢枋得至燕不屈死之》:"枋得视文海辈若将浼焉,不惑于甘言,不屈于怒态,绝粒而死,以全其节而洁其身,真可谓死得其所矣。彼偷生忍耻者,其果不死乎,虽死犹有余辱。若枋得者,虽死犹不朽也。"

---

① (明)宋濂等撰:《元史》卷172《赵孟頫传》,中华书局1997年版,第4023页。

在《赐宋使者家铉翁号处士遣还乡》之后，何乔新再次痛贬留梦炎身为宋状元宰相，却贪图富贵，以身降元，其《翰林学士承旨留梦炎致仕》曰："宋以科目取士三百年间，以大魁登相位者七人而已。若吕蒙正、王曾、李迪、宋祁、冯京、文天祥。或以相业著，或以刚直称，或以忠义显，皆足以为科目重。其为科目玷者，惟留梦炎耳。当德祐初立，敌兵长驱，梦炎尝以右相兼枢密督诸路军马矣，又尝以江东西湖南北宣抚大使守衢婺矣，权位非不隆，委任非不重也。然元师渡江，既不能督励列阃北首迎敌，及元兵攻衢，又不能竭力固守，遽以城降，至乃立元朝受元官，以荣名厚禄终其身。所谓状元宰相者乃如此，岂不为武夫俗吏所嗤哉。"何乔新又讽刺赵孟頫，其《以赵孟頫为翰林学士承旨》曰："孟頫天潢之裔也，舍生取义，北首死敌……顾乃不知忘亲事仇之为非，不以下乔入谷之为耻。北面事人，拜跽匍匐于其庭，珠帽貂裘，日与群官相追逐，使人望而指之曰：'此故宋王孙也。'而孟頫曾不耻焉。岂复知有义哉！……天祥、枋得之徒，皆庶姓也，为谁而死？而宗子顾可食其禄乎！孟頫之罪，于是大矣。虽词翰之工，学问之博，又何足称哉。"

何乔新性刚介，年十一时，侍父京邸。修撰周旋拜望他父亲，乔新正读《通鉴续编》。周旋问他："书法何如《纲目》？"对曰："吕文焕降元不书叛，张世杰溺海不书死节，曹彬、包拯之卒不书其官，而纪義、轩多采怪妄，似未有当也。"旋大惊异。① 他在《椒邱文集》中评论史事，其中卷4至卷7为宋史史论，卷8为元史史论，皆正义刚方，言辞犀利，掷地有声。从何乔新对宋末元初爱国志士与投降叛国者的评价中，可以看出他不阿权贵、是非分明、通国家大体的高尚品质。

---

① （清）张廷玉等撰：《明史》卷183《何乔新传》，中华书局1984年版，第4854页。

三 "大礼议"谏臣对家铉翁的接受

"大礼议"是指发生在明世宗朱厚熜执政期间的一场重大事件,也是明代政治史上的大事件。

正德十六年(1521)三月,武宗朱厚照病死,没有子嗣,死后由慈寿皇太后与顾命大臣杨廷和定策,以遗诏宣布迎立兴献王朱祐杬之子、武宗的堂弟朱厚熜入继大统,是为世宗,即嘉靖皇帝。世宗即位不久,就命礼官议兴献王主祀称号,即其生身父母朱祐杬夫妇的尊号问题。世宗继承武宗帝位,遵奉《祖训》兄终弟及的嗣位传统,按照皇统继承规则,世宗应承认自己是孝宗(朱祐樘)的儿子,但是由于世宗生父兴献王朱祐杬本孝宗之弟,按照家系来讲,孝宗则是世宗伯父,这样便发生了世宗是继承皇统还是继承家系的矛盾。以内阁首辅杨廷和为首的许多官员,主张世宗应考孝宗,而以兴献王为皇叔父,拥护皇统;而新进士张璁与桂萼等迎合圣意,主张应考兴献王,在宪宗与武宗之间应加入兴献王一代。嘉靖三年(1524)二月,杨廷和被攻击去职,张璁入阁。七月十五日,杨派官员230余人跪哭于左顺门请愿。世宗下令逮捕134人。十七日,廷杖杨慎等160余人。二十八日再次廷杖杨慎等7人。至此已有18人先后死于酷刑之下,废黜、降职及流放者共达208人。九月,世宗更定大礼,称孝宗为皇伯考,昭圣皇太后为皇伯母;献王为皇考,其母为圣母。长达三年半的"大礼议"之争,最终以君权的高压统治而结束。

"大礼议"事件中以死力谏、终被罢黜的官员杨慎、安磐,在其各自的著述中分别提到宋代家铉翁,表现出对历史上忠义大臣的敬佩和尊重。这可以视为"大礼议"事件中的大臣对家铉翁事迹的接受。

（一）杨慎：南宋遗人，不屈夷狄

杨慎是"大礼议"事件中的"重要流放者"①。杨慎（1488—1559），明代著名文学家、学者，字用修，号升庵，四川新都（今成都新都）人。出身生儒官世家，其父杨廷和历仕三朝，为武宗、世宗两朝宰辅。杨慎十一二岁能诗文，被视为神童，后受业于大学士李东阳门下。年二十四，举正德六年（1511）殿试第一，授翰林修撰。十二年（1517）八月，武宗弃政，冶游选美，百官怨怒。杨慎谏诅讽喻，武宗不纳，遂称病告假回蜀。"大礼议"起，嘉靖三年（1524），世宗纳桂萼、张璁言，召为翰林学士。杨慎偕同列36人上言："臣等与萼辈学术不同，议论亦异……今陛下既超擢萼辈，不以臣等言为是，臣等不能与同列，愿赐罢斥。"②世宗怒，停发俸禄。一个多月后，杨慎又偕学士丰熙等疏谏，世宗置之不理。七月，世宗正式下诏称其父为"恭穆皇帝"，杨慎等抗争不从，偕廷臣伏左顺门力谏。世宗震怒，命执首事八人下诏狱。于是杨慎及王元正等撼门大哭，声彻殿庭。世宗益怒，悉下诏狱，廷杖之。过了10天，世宗获悉是杨慎、王元正及给事中刘济、安磐等纠众倡言，认为杨慎辈倡率叫哭，欺君慢上，震惊阙廷，实属大肆恶逆，命再将这几个人廷杖。前后两次廷杖，杨慎被打得死而复苏，几至毙命。削籍，遣戍云南永昌卫（治今云南保山北）。嘉靖三十八年（1559）卒，年七十二。天启中，追谥文宪。

杨慎家学相承，益以赅博。凡宇宙名物之广，经史百家之奥，下至稗官小说之微，医卜技能草木虫鱼之细，无不究心多识，阐其理，

---

① 李兴盛：《增订东北流人史》，黑龙江人民出版社2008年版，第139页。
② （清）张廷玉等撰：《明史》卷192《杨慎传》，中华书局1984年版，第5083页。

博其趣，而订其讹谬。著述宏富，达400余种。记诵之博，著作之富，堪称明代第一。如此一位仗节死义、才高学博的大儒，亦高度评价家铉翁等宋遗民，其《升庵集》卷49《刘须溪》云：

> 庐陵刘辰翁会孟，号须溪，于唐人诸诗及宋苏黄大家，皆有批点。又有批评《三子口义》及《世说新语》，士林服其赏鉴之精博，而不知其节行之高也。余见元人张孟浩赠须溪诗云："首阳饿夫甘一死，叩马何曾罪辛已。渊明头上漉酒巾，义熙以后为全人。"盖宋亡之后，刘公竟不出仕也。噫，是与伯夷陶潜何异哉！须溪私印，古篆"三代人物"四字自许，良不为过。张孟浩盖亦同时合志者。他如闽中之谢皋羽，徽州之胡余学，慈溪之黄东发，峨眉之家铉翁。自以南宋遗人，不屈夷狄者，不知其几。宋朝待士之厚，其效可验矣。①

文中，杨慎赞美刘辰翁赏鉴精博、节行高尚，赞美谢翱、胡余学、黄震、家铉翁等其他几位南宋遗民。谢翱是宋季鼎鼎有名的遗民，黄震亦是正气浩然、坚贞不屈的名儒。胡余学《宋史》无载，事迹不详②，然而从杨慎的叙述中可知他亦是一位高行节义之士。

杨慎认为，宋元易代之际，南宋士人不仕新朝者很多，尤以谢翱、胡余学、黄震、家铉翁著称，将家铉翁位列南宋遗民的前五名，可见他对家铉翁气节的钦佩。这样的赞美，与杨慎的生平经历和忠义

---

① 吴文治主编：《明诗话全编》第3册《杨升庵诗话》，江苏古籍出版社1997年版，第2753页。
② 胡余学事迹不详，仅见零星记载：1.（宋）曹泾《次胡余学同年四首》："对看中秋是好天，健来欣为子分田。只消菽水欢无尽，况有经书腹可便。家事既传情思稳，吟篇谩写墨痕鲜。惟余学课随年捱，共我艰劬知几员。"（载宋胡次焱《梅岩文集》卷9）2.（元）陈栎《勤有堂随录》："尝读胡余学作《寿庆楼记》云：文字颇细，然却自好。大凡作文字，如装戏然：先且说一片冷语，又时说一段可笑之语，使人笑。末说一段大可笑者，使人笑不休……"

死节的品质密不可分。杨慎又说"宋朝待士之厚,其效可验矣",这句话让我们想起他哭谏时所说的话:"国家养士百五十年,仗节死义,正在今日"①,与此句何其相似。不负国家养士之恩,危急时刻,大义凛然,将生死置之度外,这正是杨慎的为人准则,也正因为此,杨慎才能对拒签降署、抗节不屈的家铉翁给以崇高的礼赞。

(二)安磐:忠信大义,人自不同

安磐是"大礼议"事件中受廷杖的谏官之一,"升庵先生友也"②,与彭汝实、启充及徐文华皆为同里,时称"嘉定四谏"③。

安磐(生卒年不详),字公石,一字松溪,号颐山,嘉定州(今四川乐山)人。弘治十八年(1505)进士,改庶吉士。正德时历任吏、兵二科给事中。世宗立,起故官。在世宗兴斋醮、永福长公主下嫁期仪以及锦衣旗校王邦奇复职等事中曾直谏世宗。在"大礼议"事件中,安磐亦正义直言、刚正不阿。"大礼议"初起,世宗手诏欲加兴献帝皇号,安磐谏言:"兴,藩国也,不可加于帝号之上。献,谥法也,不可加于生存之母。本生、所后,势不俱尊。大义私恩,自有轻重。"时值廷臣多力争,事得且止。嘉靖三年(1524),世宗以驿马传召席书、桂萼等入京,安磐请求斥退他们来向天下人道歉,并且说:"今欲别立一庙于大内,是明知恭穆不可入太庙矣。夫孝宗既不得考,恭穆又不得入,是无考也。世岂有无考之太庙哉。此其说之自相矛盾者也。"皇帝不听。与诸廷臣力谏,跪伏不起,遭廷杖。逾十日,世宗知悉是杨慎、安磐等七人纠众伏哭,安磐等因此再受廷杖。而后,安磐则削官为民。卒于家。事见《明史》卷192本传。

---

① (清)张廷玉等撰:《明史》卷192《何孟春传》,中华书局1984年版,第5068页。
② (清)王士禛撰,勒斯仁点校:《池北偶谈》卷11,中华书局1982年版,第244页。
③ (清)张廷玉等撰:《明史》卷208《彭汝实传》,中华书局1984年版,第5504页。

第四章 家铉翁：元明清的接受与传播

安磐攻于吟咏，其诗风神卓绝，世人知者甚少，有《颐山诗话》刊行于世。《颐山诗话》有嘉靖七年（1528）自序，盖书当成于此时，即削官为民归家之后。该书凡二卷五十八则，内容以评品诗句为多，间涉考证及掌故。其载家铉翁事迹一则：

> 谢翱有《怀峨眉家先生》诗，小序：先生曾宰建之浦城。诗云："露下湿百草，病思生积愁。窟泉春洗屐，毡雪莫登楼。魂梦来巴峡，衣冠老代州。平生仗忠信，自与身为仇。"
>
> 则家先生者盖余峨眉人而寓于代者，惜乎名字行履不可考，然观"仗忠信"之语，其人亦自不同也。①

这则诗话阐述谢翱《怀峨眉家先生》中所提及的"家先生"②，因谢翱诗题中有"峨眉家先生"语，所以安磐知家铉翁与自己同里。按，嘉定州与眉州同属四川，二州南北相接，故安磐说"盖余峨眉人而寓于代者"。然而安磐对家铉翁事迹并不十分了解，他说"名字行履不可考"。尽管这样，安磐仍然从谢翱诗中"平生仗忠信"一语中，知道家铉翁的气节、人品定有不凡之处。

安磐与杨慎都是"大礼议"事件的重要参与者，二人除了同朝共事，志同道合外，在文学上亦多有切磋。杨慎在《升庵集》卷3中说：

> 嘉州杨孟载，青城王汝玉，成都袁可潜、徐遵晦，富顺晏振之，近得宜宾牟君伦，长宁侯汝弼，嘉州安公石、程以道，卓然名家。往年慎修《全蜀艺文志》，载之不能尽也。③

---

① （明）安磐：《颐山诗话》，影印文渊阁《四库全书》本。
② 安磐《颐山诗话》说该诗有小序："先生曾宰建之浦城。"而这句话正见于前章所及谢翱诗《因北游者寄峨眉家先生先生曾宰建之浦城故末章及之二首》之诗题，或许为安磐所记有误，待考。
③ （明）杨慎：《升庵集》卷3《周受庵诗选序》，影印文渊阁《四库全书》本。

杨慎高度评价安磐文学超迈,"卓然名家",可惜在修撰《全蜀艺文志》时未能尽载。杨慎又在《升庵集》卷60中云:

> 亡友安公石,嘉州人,妙于集句,以"鲈鱼正美不归去"对"瘦马独吟真可哀"。又:"请君酌我一斗酒,与尔共消万古愁。"又:"梁间燕子闻长叹(李义山句),楼上花枝笑独眠(刘长卿)。""水国莲花府(韩翃),云帆枫树林(杜工部)。"又:集杜句《吊叶叔晦》,读者为之泣下。其诗云:"临江把臂难再得,便与先生成永诀。文章曹植波浪阔,死为星辰亦不灭。老去新诗谁与传,男儿性命绝可怜。出门转盼已陈迹,妻子山中哭向天。中夜起坐万感集,人生有情泪沾臆。凤凰麒麟安在哉?石田茅屋荒苍苔。君不见空墙日色晚,悲同为我从天来。"①

由此可见,安磐善吟诗,集句甚妙。杨慎博学才高,他对安磐如此赞美,不但是对安磐才华的欣赏,更包含对安磐人品的钦佩。

杨慎、安磐对家铉翁的接受,正说明了在历史的关键时刻,家铉翁的节操与事迹能够激励后人坚持正义、舍生忘死,具有不可磨灭的意义。

第三节 清代对家铉翁精神的传承

清代对家铉翁的接受,以清初明朝遗民贺贻孙、方文为主要接受及传播途径。此外,乾隆皇帝的老师——学者蔡世远在《古文雅正》中提到家铉翁与文天祥在宋季的交往与情意,提高了家铉翁在宋季遗

---

① (明)杨慎:《升庵集》卷60《集句》,影印文渊阁《四库全书》本。

第四章　家铉翁：元明清的接受与传播

民中的位置，进一步扩大了他的影响和知名度。

一　明遗民对家铉翁的接受

明朝遗民贺贻孙、方文是家铉翁事迹在清初的主要接受者。

（一）贺贻孙：一腔悲愤，尽泄于诗

贺贻孙（1605—1688），字子翼，初名诒孙，自号水田居士。江西永新（今江西吉安永新县）人。先祖贺凭，浙江会稽人，是初唐著名诗人贺知章的玄孙。贺贻孙的祖父贺嘉迁（1552—1633），曾任儒学训导，生性耿直。父贺康载（1577—1632），万历四十年（1612）举人，先后出任浙江西安县令、山东兖州府同知，为人刚直，廉政爱民。贺贻孙自幼聪颖，乡里誉称神童。二十岁后屡赴乡试，只是两度中副榜，录为郡廪生。崇祯九年（1636），贺贻孙三十二岁，与陈宏绪、徐世溥、万茂先、邓左之等江右名士，结社豫章，师法欧阳修、曾巩古文，社选诸刻，被推为领袖。三十八岁时，场屋再次失利，遂焚弃举业之书，肆意于古诗文创作。后二年，清兵入关，江南沦陷，贺贻孙以明季遗老自居，偕家人隐遁山林。明亡后，隐居不出。顺治七年（1650）学使慕其名，特列贡榜，不就。御史笪重光以"博学鸿儒"荐，书至，贺贻孙愀然道："吾逃世而不能逃名，名之累人实甚！"乃剪发衣缁，逃入深山。晚年更加穷苦，布衣蔬食，无愠色，杜门著书四十年，以著作自娱。康熙二十七年（1688），老死乡里。著有《水田居文集》五卷、《诗筏》一卷、《水田居存》诗三卷、《骚筏》一卷、《诗触》六卷、《易触》七卷。被后世子孙珍藏者，还有未付梓的手稿《水田居掌录》二十卷、《水田居典故》二卷等。《清史稿》卷484有传。

贺贻孙《诗筏》是清初颇具特色的诗话专著，该书按照时代先后评议历代诗歌，在谈到宋诗与唐诗二者不同时，书中写道：

> 宋人诗佳者，殊不愧唐人，多看可助波澜，但须熟看唐人诗，方能辨宋诗苍白。盖宋之名手，皆从唐诗出，虽面目不甚似，而神情近之，如人耳孙十传以后，犹肖其鼻祖。昔萧颖士绝肖其远祖鄱阳忠烈王，非发冢破棺，亲见鄱阳王者，不能识也。但不可从宋入手，一从宋入手，便为习气所蔽，不能见鼻祖矣。
>
> 谓宋诗不如唐，宋末诗又不如宋，似矣。然宋之欧、苏，其诗别成一派，在盛唐中亦可名家。而宋末诗人，当革命之际，一腔悲愤，尽泄于诗。如家铉翁《忆故人》诗云："曾向钱塘住，闻鹃忆蜀乡。不知今夜梦，到蜀到钱塘？"王曼之《幽窗诗》云："西窗枕寒池，池边老松树。渴猿下偷泉，见影忽惊去。"谢皋羽《商人妇》云："抱儿来拜月，去日尔初生。已自满三载，无人间五行。孤灯寒杵石，残梦远钟声。夜夜邻家女，吹箫到二更。"又《过杭州故宫诗》二首云："禾黍何人为守阍，落花台殿暗销魂。朝元阁下归来燕，不见前头鹦鹉言。""紫云楼阁燕流霞，今日凄凉佛子家。残照下山花雾散，万年枝上挂袈裟。"皆宋、元间人也，情真语切，意在言外，何遽减唐人耶？①

这段论述总结了宋季诗坛的特征，社会的动荡使诗人处于亡国悲痛之中，故将一腔悲愤尽泄于诗中，形成"情真语切，意在言外"的风格，而这种风格无减于唐诗气象。

贺贻孙评论古代诗歌，称赞感情真挚深厚、风格宛转含蓄的作

---

① （清）贺贻孙：《诗筏》，郭绍虞编选，富寿荪校点《清诗话续编》（上），上海古籍出版社1983年版，第194—195页。

品，同时注重寄托，提倡"畅我性情，使人兴观群怨"，不主一格，不持门户之见，较为平实公允。其《诗筏》认为："诗人佳处，多是忠孝至性之语"，"忠孝之诗，不必问工拙也"。这些评语不但反映出贺贻孙在经历时代动荡后对诗歌创作的深层理解，也体现出他对作家思想的深刻体察。在这段诗话中，贺贻孙列举了宋季诗坛的三位作家：家铉翁、王曼之、谢翱，而将家铉翁排名第一，这与家铉翁《忆故人》诗具有包蕴深沉、真挚沧桑的特点有很大关系。正是因为贺贻孙经历了社会变革，因此能够取古人之说而意度之。

（二）方文：河间谈经，业在《春秋》

方文（1612—1669），字尔止，一名一耒，字明农，桐城（今属安徽）人。桐城方氏"世以忠孝节义名其家"①，是皖中最负盛名的世家大族之一，不仅祖巨裔繁，而且屡世官宦，以刚直著称。方文七世祖方法是方孝孺的学生，目睹其师被永乐帝诛灭十族而愤慨自杀。祖父方学渐乃桐城讲学之风的开山之人。父亲方大铉是万历进士，任户部主事。方文七岁时，父卒于京邸，母亲王氏年二十余岁即守节养育子女。方文"状貌魁伟，赋性亢爽，少负时誉"②。遭遇世乱，重视气节，不就博士弟子试，专心著述。好结纳四方名流，知识界的有名之士，多折节交之。入清后以卖卜、行医或充塾师游食为生，气节凛然。康熙八年（1669）卒，年五十八。著有《嵞山集》五十卷。

方文尝作《六声猿（并序）》诗，高度赞美谢枋得、家铉翁、唐珏等六位南宋遗民义士，其诗（并序）云：

---

① （清）朱书：《方嵞山先生传》，（清）方文《嵞山集》，上海古籍出版社1979年版，第1185页。
② 孙静庵：《明遗民录》卷34《方文》，浙江古籍出版社1984年版，第259页。

昔徐文长作《四声猿》，借祢衡诸君之口以泄其胸中不平，真千古绝唱矣。予欲仿其义作《六声猿》，盖取宋末遗臣六事演为杂剧。词曲易工，但音律未谙，既作复止。先记以诗，俟他日遇知音者始填词焉。

其一　谢侍郎建阳卖卜

肮脏乾坤八尺躯，且将卜肆溷屠沽。

当时犹解钦风节，今日程刘辈亦无。

（自注：程文海、留梦炎也。）

其二　家参政河间谈经

平生志业在《春秋》，说与诸生涕泗流。

吴楚风诗犹不采，那堪戎索遍神州。

其三　唐玉潜冬青记骨

凤巢龙穴不成栖，玉匣珠襦踏作泥。

唯有年年寒食节，冬青树下杜鹃啼。

其四　郑所南铁函藏书

吴门春草绿参差，枯井藏书哪得知。

三百余年书始出，中原又似画兰时。

其五　王炎午生祭文相

文相精忠泣鬼神，当年犹有见疑人。

可知尽节唯应死，才说权宜便不真。

其六　谢皋羽恸哭西台

严子滩头风雪飘，生刍一束蓟门遥。

伤心岂独悲柴市，万古厓山恨不销。①

　　诗凡六首，前有小序。序中所云"徐文长"即徐渭（1521—1593），浙江山阴（今绍兴）人。书画家、诗人、戏曲作家。《四声猿》是徐渭所作杂剧，其中第一种杂剧《狂鼓史渔阳三弄》讲述的是东汉祢衡在阴间重演击鼓骂曹的故事。方文生于明清鼎革之际，他效仿徐渭《四声猿》杂剧借祢衡之口发泄胸中不平之气，而欲作《六声猿》，写宋末遗民的事迹以抒发自己坚守气节的决心。

　　方文拟作的六出杂剧分别是关于谢枋得、家铉翁、唐珏、郑思肖、王炎午、谢翱6位遗民的事迹。第一首写谢枋得死不仕元事。方文在明亡后也有卖卜为生的经历，与谢枋得相似。第三首歌咏义士唐珏掩埋南宋帝后骸骨事②，诗中慨叹南宋皇室陵寝惨遭元僧挖掘践踏，唐珏毁家取义，收贮遗骸，瘗兰亭山后，"为人所不敢为于不可为之时"③。第四首歌咏郑思肖著《心史》事④，《心史》于300余年后才被发现，而此时中原同宋季一样遭受异族入侵。第五首写王炎午作

---

①　（清）方文：《六声猿》，《嵞山集》卷12，上海古籍出版社1979年版，第504—505页。
②　按：唐珏（1247—?）字玉潜，号菊山，会稽山阴（今浙江绍兴）人。景炎三年（1278）元僧杨琏真伽将发宋诸陵，珏时年三十二岁，倾家资邀里中少年夜往收贮遗骸，瘗兰亭山后，上种冬青树为识。义风震动吴、越。事迹见（元）罗灵乡《唐义士传》、（明）张孟兼《唐珏传》。
③　（元）陶宗仪：《南村辍耕录》卷4《发宋陵寝》，文化艺术出版社1998年版，第51页。
④　按：郑思肖（1241—1318）原名不详，宋亡后，改名思肖，以示思念赵宋；字忆翁，号所南，以示不忘故国。连江（今属福建）人。宋末太学生，尝应博学鸿词试。元兵南下，曾扣阍献策，不报。一生不娶，念念不忘君国之意。坐卧不北向，画兰不画土，以示土地为人夺去。延祐五年卒，临终嘱友人书牌位曰"大宋不忠不孝郑思肖"。有诗集曰《心史》。明崇祯时于吴中承天寺井中出之，有铁函封缄，世称《铁函心史》。事迹见（元）卢熊《郑所南小传》，《南宋书》卷54。

《生祭文丞相文》，勉励文天祥以身殉国事①，赞美王炎午"作为文章以望其友为万世立纲常"②的孤忠劲节。第六首则写谢翱于严子陵钓台祭文天祥事，借古咏今，崖山败亡固然令人悲痛，而今日的亡国之恨更是令人断肠。

《六声猿》将家铉翁列入第二，仅次于谢枋得。诗中"吴楚"：古代的吴国和楚国，指长江南北，即南宋故土。古代有采风的制度，"风诗不采"，谓文化受到摧残。"戎索"："戎"指西部少数民族。"戎索"指元人之法。元朝成立后，以四种人制度统治中国，对待南人及汉人极不平等，压迫尤深。方文生值明清易代，对异族的入侵与统治所造成的文化破坏愤恨不已，他在诗中写道："妖氛向京网，宗社遂颠坠。野人算天运，甲子凡五易。历数仅三百，尚短二十四。每逢履端日，仰天必长喟。"表达深怀故国之情。《嵞山集》中到处可见亡国之痛，黍离之悲，他有《悯忠寺》诗，歌咏宋季守节拒聘、饿死大都的谢枋得，其诗云："侍郎隐名姓，卖卜建阳桥。行省忌其忠，劫之来北朝。宁甘首阳饿，不折彭泽腰。毕命此寺中，千古魂未招。我来访陈迹，霜树空萧条。"③可见方文的遗民之痛。

方文亲身经历国破家亡的沧桑巨变，其悲愤更甚于徐渭，故拟作《六声猿》以寄托哀思。他所选择的六个主人公，都是宋元易代之际坚持民族气节的人物，他们的品格风骨与方文有相似之处。因

---

① 按：王炎午（1252—1324）初名应梅，字鼎翁，号边梅。庐陵安成（今江西安福）人。咸淳间补太学生。临安陷，谒文天祥，毁家以助军饷，天祥留置幕府。已而以母病归，未几，天祥被执，作生祭文以励其死，并以此文知名，欧阳玄以"奇气壮节"称之。宋亡后杜门却扫，益肆力于诗文，名其所作曰《吾汶稿》，示不仕易代之意。事迹见李时勉《王炎午忠孝传》及《吾汶稿》序跋。
② （元）揭傒斯：《吾汶稿序》，王炎午《吾汶稿》卷首，影印文渊阁《四库全书》本。
③ （清）方文：《嵞山集》，上海古籍出版社1979年版，第549页。

此方文写作此剧，在歌颂宋遗民气节的同时，更包含以他们的事迹激励世人的用意。

二 蔡世远：正义明快，文相心赏

蔡世远（1682—1733），字闻之，乾隆帝的老师，福建漳浦（今福建漳浦）人。康熙四十八年（1709）进士，改庶吉士。大学士李光地深器之。蔡世远佐之纂修《性理精义》。四十九年（1710），乞假省亲。参与御纂《性理精义》，书成，辞归。巡抚吕犹龙延请他主鳌峰书院，以正学教士。居久之，雍正元年（1723）特召授编修，直上书房，侍诸皇子读。寻迁侍讲。四年（1726），迁右庶子，再迁侍讲学士。五年（1727），迁少詹事，再迁内阁学士。六年（1728），迁礼部侍郎。十二年（1734）卒。蔡世远"夙尚气节，敦行孝弟，好语经济，而一本于诚信"，"议论慷慨，自为诸生，即以民物为己任"。侍诸皇子读书，"凡进讲四书五经及宋五子之书，必近而引之身心，发言处事，所宜设诚而致行者；观诸史及历代文士所述造，则于兴亡治乱，君子小人消长，心迹异同，反覆陈列，三致意焉"①。而皇子们对他十分尊崇，乾隆继位，未忘师恩，追赠为礼部尚书，谥文勤，所著《二希堂集》，乾隆御制序弁首。乾隆还制怀旧诗，称为"闻之蔡先生"。乾隆六十年（1795），加赠太傅。著有《二希堂文集》十五卷，《鳌峰学约》《朱子家礼辑要》《合族家规》各一卷。所编《性理精要》《历代名臣言行录》，论定《古文雅正》《汉魏六朝四唐诗》各若干卷。《清史稿》卷290有传。

蔡世远在其古文选本《古文雅正》中评点柳宗元《唐陆文通先生

---

① （清）方苞：《礼部侍郎蔡公墓志铭》，《方苞集》卷10，上海古籍出版社2008年版，第260—261页。

墓表》时提到家铉翁，兹录其文如下：

> 仲尼祖述尧舜，宪章文武，而作《春秋》。陆氏盖知此意，以求其道法之原，非若他家莫得而本者也。此文醇深峻整，虽西京艺文志，殆不是过。文通字符冲，本名淳，避宪宗讳，赐今名。所著《春秋》三种，兼采啖、赵，时益以己见，啖、赵之专家，久不孤行，其所存者，恃此而已。解《春秋》者，三传之外，有唐三传。啖助、赵匡、陆淳三家是也。始能绎经而不专信传，最得《春秋》体要。宋程伊川、胡康侯、刘原父最善，余尤喜原父之说。宋末家氏铉翁亦明快，宜为文信国所心赏之人。①

《古文雅正》作于康熙五十四年（1715），评选历代古文自汉至元二百三十余首，于忧居期间与《历代名臣言行录》《性理精要》一并完成。《古文雅正》的选文"采之各家文集者若干篇，采之二十一史者若干篇，若《文选》《文苑英华》《唐文粹》《宋文鉴》《元文类》以及《历代名臣奏议》，偶有所喜则登之。文虽佳，非有关于修身经世之大者不录也；言虽切，而体裁不美备则贤哲格言不能尽载也"。对文章采选的要求很高。

柳宗元《唐陆文通先生墓表》文的墓主陆质"明《春秋》，师事赵匡，匡师啖助，质尽传二家学"，并著有《春秋》三种，蔡世远由《春秋》入手，谈到家铉翁亦曾作《春秋集传详说》，"宋末家氏铉翁亦明快，宜为文信国所心赏之人"，并评价家铉翁其人正义，其书明快，而其经历宋元易代的沧海桑田，曾与文天祥有过交往，并深为文天祥所赞许。

蔡世远从阐述《春秋》入手，以文天祥精忠报国、坚贞不屈的崇

---

① （清）蔡世远：《古文雅正》卷9，影印文渊阁《四库全书》本。

高气节作为参照，让世人在宏大的背景下得以认识家铉翁其人、其著、其事。从中更能看出蔡世远本人对于家铉翁的崇敬和钦佩。

要之，家铉翁生值宋亡之际，他以风烛残年之身经历了宋元易代的风云巨变，临危受命，拒签降署；奉命北上祈请存赵，礼虽成然不得命；闻宋亡而旦夕哭泣，不食饮者数月；三宫北还之时，他率故臣迎谒，伏地流涕，顿首谢奉使无状之罪；元欲尊官之，他义不二君，辞无诡对，圈禁河间，设馆授徒，教授《春秋》；啮雪吞毡，流徙北方达十九年，年逾八十，终被特赦持节南归。

家铉翁深怀一颗忠君爱国的赤诚之心，北流19年，日夜思念乡土故国，《则堂集》饱含乡国之思。在宋季，虽不及文天祥那样有着轰轰烈烈的救国之举，然而他以老迈之躯，坚贞之志，倾余年之所有，完成了宋王朝最后一位使者的使命，为他自己的人生，更为南宋历史画上壮丽的一笔。

家铉翁对后世的影响较为深远。无论是婺州作家群对其"知有名义，不知有死生"，"秉节守义，归洁其身"的评价，还是明代以瞿佑《归田诗话》及其读者群对其"抗节不屈，不负文山""忠义之心，持身之节""以丑奸臣，以壮义士"的赞美，抑或是明代杨慎、安磐对其"南宋遗人，不屈夷狄""忠信大义，人自不同"的赞誉，又或是贺贻孙、方文等明遗民，理解家铉翁的持节之志，激励自己的人格理想，都说明家铉翁所选择的人生道路和生活方式是一种值得遗民效仿的典范。

从后世对家铉翁的接受与传播亦可看出，这些极力推崇家铉翁的士人，无论是作家、学者，还是官宦，大都具有正直不屈的品质、刚正不阿的意志，在其所处的时代亦是佼佼者，是坚守气节的精神领袖。家铉翁与其后世的接受者，激励我们以正义之风、爱国之志砥砺前行。

第五章　汪元量：黄冠氅服者的亡国之痛

作家历经时代鼎革，书写亡国之痛，文学史上不乏其人。然而，琴书画皆通，人生经历富有传奇色彩，被同时代人推许而号为"诗史"者，汪元量则独树一帜。

第一节　汪元量的生平行实

汪元量才华横溢，不但以善琴著称，而且擅长诗词，精通书史，能于绘事。"国家不幸诗家幸"，南宋亡国的巨变，使他的命运发生极大转折，激发了他的诗情与才艺，创作了大量表达亡国情怀的作品，取得了较高的文学成就。

汪元量（1245?[①]—1320年以后？），字大有，号水云，钱塘

[①] 汪元量生年，学界有以下说法：1. 嘉定（1208—1224）、宝庆（1225—1227）之间，或在绍定年间（1228—1233），郁达夫《钱塘汪水云的诗词》（《人间世》1934年第15期）；2. 淳祐六年至十年（1246—1250）这五年之内，杨树增《汪元量祖籍、生卒、行实考辨》（《中华文史论丛》1983年第4辑）；3. 淳祐元年（1241），孔凡礼《汪元量事迹纪年》（《增订湖山类稿》，中华书局1984年版）；4. 淳祐五年（1245），程亦军《关于汪元量的生平和评价》（《中国古典文学论丛》第四辑，人民文学出版社1986年版）；5. 绍定三年（1230），杜耀东《略谈汪元量的生年——与孔凡礼先生商榷》（《扬州师院学报》1990年第2期）。本书取程亦军之说。

第五章 汪元量：黄冠氅服者的亡国之痛

人①。长身玉立，修髯广颡，音若洪钟。②家世略有背景，先祖为"青云贵戚"③，出身书香门第。父名琳（1224—1304年后），字玉甫。汪元量有兄弟七人，名、号俱悉，其排行第三。元刘将孙《湖山隐处记》记之较详："其家尊名琳字玉甫，生甲申，于今八十一。七子：明、白、灿、逸、洁、远，皆从元。水云其三。各取号于水，以月、天、霞、相、玉、楼为序。"④《湖山隐处记》作于元大德八年（1304），"甲申"年为宋宁宗嘉定十七年（1224），由"生甲申，于今八十一"推之，则其父生于宋嘉定十七年（1224），卒于元大德八年（1304）以后。汪元量《南归对客》有"北行十三载，痴懒身羁孤……堂前双老亲，粲粲色敷腴"，刘师复《题汪水云诗卷》有"万里归来葺故园，阆湖新结小船轩。双亲八十喜康健，七子侍劳三十孙"⑤，由此可知，汪元量双亲高寿，南归以后，双亲健在，后嗣兴旺。

汪元量兄弟之中，只有长兄汪元明（号水月）史籍有零星记载。王清惠四言绝句《秋夜呈水月、水云二昆玉》诗云："万里倦行役，秋水瘦几分。因看河北月，忽忆海东云。"由诗中内容可知，该诗作于宋亡后。"昆玉"是对兄弟的美称，可见汪元明（水月）与王昭仪亦相识。遗憾的是，关于汪元明的资料仅此一则，清代汪森叹惜说："及读王昭仪《秋夜呈水月、水云二昆玉》绝句，水月之为人，不少

---

① （宋）周方《书汪水云诗后》、（元）廼贤《读汪水云诗集》、（明）钱士升《南宋书》谓汪元量为钱塘人。文天祥序，刘辰翁、赵文、李珏跋以及《宋遗民录》均谓汪元量为"吴人"。当代学者王颋认为：之所以文天祥等以"吴人"相称，乃因位于钱塘江北岸的杭州即属于"吴"地，汪元量祖籍为杭州钱塘县。见王颋《诗怀昔朝——汪元量籍贯、旅踪、生平考辨》，《古代文化史论集》，上海古籍出版社2007年版。
② （元）廼贤：《读汪水云诗集》，《全元文》卷1604，凤凰出版社2004年版，第533页。
③ （宋）李吟山《赠汪水云》有"青云贵戚玉麟儿，曾逐銮车入紫闱"句。见孔凡礼辑校《增订湖山类稿》（附录一），中华书局1984年版，第210页。
④ 《全元文》卷633，江苏古籍出版社2000年版，第322页。
⑤ 孔凡礼辑校：《增订湖山类稿》（附录一），中华书局1984年版，第192页。

概见,其诗亦绝无传者,则又爽然自失矣,悲夫!"①

一 宋亡之前:入宫给事,以琴事主

汪元量以善琴而供奉掖庭,然初入宫时,汪元量以辞章给事宫掖。

元刘将孙《湖山隐处记》云:"盛年以词章给事宫掖,如沉香亭北太白。""沉香亭"是唐玄宗兴庆宫内的凉殿,李白曾应唐玄宗之诏,为助唐玄宗、杨贵妃宴饮之兴而赋《清平调》。刘将孙以汪元量比李白,可见汪元量辞章文赋在当时也较有名气。元黄与言亦云:"或问水云何?曰:其遇也如李翰林,其流落如杜工部……"严日益《题汪水云诗卷》亦将汪元量比之沉香亭赋诗的李白:"沉香亭北雉尾高,诗成先夺云锦袍。纵横奏赋三千字,文采风流多意气。"元陈泰《送钱唐琴士汪水云》则进一步交代了以辞章给事宫掖和以善琴侍御的先后顺序:"东观初令习书史,宝诏再直行丝纶。熙明殿中早朝罢,仗内玉辇扶皇君。""东观"是东汉宫廷中贮藏档案典籍和从事校书著述的处所,"熙明殿"是度宗讲殿,陈泰诗指出了汪元量在度宗朝参加早朝及侍御的情况。《咸淳临安志》载:"(熙明)殿实东宫讲堂……乃咸淳三年春三月落成。"②由此可知,咸淳三年(1267)时,汪元量已在宫中。

作为宫廷琴师,汪元量经常参加宫中宴饮集会。咸淳五年(1269),谢太后六十岁生日时,汪元量曾作词《太常引·四月初八日庆六十》寿谢太后。又作有《凤鸾双舞·慈元殿》《莺啼序·宫中新进黄莺》《瑞鹧鸪·赏花竞船》等词,描写繁华绚丽的后宫生活。

初以辞章给事宫掖,又以善琴侍谢太后及王昭仪,使汪元

---

① (清)汪森:《湖山类稿后序》,孔凡礼辑校《增订湖山类稿》(附录一),第192页。
② (宋)潜说友:《咸淳临安志》卷1,影印文渊阁《四库全书》本。

量对后宫有着直接的接触。无论太平之时还是亡国以后,汪元量的人生都随着三宫的命运而起伏,成为南宋末年三宫生活的记录者。

二　宋亡之际:随从恭帝,三月北行

德祐二年三月,元军押解宋宗室北上觐见元世祖,汪元量随从恭帝,于三月北上。因汪元量的某些诗句意思模糊,令人产生他与谢太后同行的误解。学界对此多有探讨,观点如下:

一是王国维根据汪元量诗歌的内容"谢了天恩出内门"为目击恭帝北行,"太皇太后过江都"为随行字样,认为谢太后、恭帝一同北上,汪元量从行,"据此诗,谢太后实与少帝同时北行,足证《宋史》以病缓行之误"。二是王献唐《汪元量事辑》以《南宋书》《钱塘县志·文苑传》《改虫斋笔疏》中的记载,认为汪元量从谢太后北行,于至元十三年(1276)五月抵燕。① 三是孔凡礼认为恭帝与谢太后分行,汪元量从谢太后北行,于春三月、闰三月间出发,八月抵达。四是程瑞钊先生认为恭帝与谢太后分行,汪元量从恭帝行。② 五是张立敏硕士论文《汪元量研究五题》有专题"汪元量从行研究述析",认为汪元量北行之初随恭帝行,在江都,缓行的谢太后与恭帝一行会合为一股一同北行,汪元量从行。③

笔者认为谢太后确实缓行,汪元量随恭帝北行。据《元史》《平宋录》《南宋书》等记载,此次北行,谢太后因病多次向伯颜请命缓行,得到允许,故谢太后没有当时启行,缓行后于该年八月方

---

① 《汪元量事辑》:"全太后幼帝北狩,公未从,谢后北行,公始往。"载王献唐《双行精舍校汪水云集》,齐鲁书社1984年版,第227—228页。
② 程瑞钊:《汪元量及其诗词之研究》,巴蜀书社1997年版。
③ 张立敏:《汪元量研究五题》,硕士学位论文,吉林大学,2004年。

至京师。① 除此之外，还有时人郑思肖《文丞相序》能说明这一点："二月晦……时全太后、幼帝北狩，将道经维扬，公欲借扬州兵与贼战，邀夺二宫还行内。"② 文天祥与祈请使北上，二月二十九日至镇江时脱去，而后至真州、扬州，文天祥自临安来，知全太后、恭帝北狩，"将道经维扬"，故欲借扬州兵与元军战，"邀夺二宫还行内"。"二宫"指代明确，说明恭帝、全太后先行，而谢太后缓行。

另外，是年五月恭帝一行抵达通州时，元廷官吏出通州迎迓，旋入幽州，大开筵席，汪元量《湖州歌》详细地叙述了十次筵席的情况，有诗《御宴蓬莱岛》之"晓入重闱对冕旒，内家开宴拥歌讴。驼峰屡割分金盏，马奶时倾泛玉瓯"，可知曾陪宴饮，这也进一步说明汪元量随恭帝北行。

三 宋亡之后：北侍三宫，南归故国

五月初二，历经二月有余，宋室一行抵达上都朝见元世祖，宋恭帝赵㬎被元朝降封开府仪同三司、瀛国公，福王与芮被封为平原郡公。元世祖"闻汪元量能琴，尝召入禁中，令鼓琴，称善"③。汪元量屡请为

---

① 《元史》卷9载："宋主䞍拜毕，子母皆肩舆出宫，唯太皇太后谢氏以疾留。"（元）方回《平宋录序》："三月甲戌，赴阙，迁宋全太后、幼主北行。太皇谢太后病，未迁。"《平宋录》卷中："谢太后以疾言，屡遣万户赵兴祖诣丞相请命。丞相曰：'既不能起，留之无碍。'是日，宋太后、幼主同宫人出城，止宿北新桥船中。"《钱塘遗事》卷8："惟太皇太后以疾留大内。"（明）钱士升《南宋书》卷7载："临安破，恭帝与全太后北迁，谢太后以疾留杭。秋深至燕。降封寿春郡夫人。"《宋史·谢皇后传》："宋亡，瀛国公与全后入朝，太后（谢太后）以疾留杭。是年八月至京师。"然而，关于谢太后北行及抵达时间问题，史料记载颇多抵牾，本书以《宋史》记载为准：《宋季三朝政要》卷5记谢太后出发时间为同年八月，"太皇太后卧病，主者自宫中舁其床以出，卫卒七十余人从行，八月乃行，降封为寿春郡夫人。"元代元明善撰《丞相淮安忠武王碑》记恭帝、谢太后同时出发，四月抵达上都："（至元十三年）四月，献宋主赵㬎、谢后、全后于上都。"陶宗仪《南村辍耕录》卷3亦记谢太后与恭帝同时出发，五月二日抵达上都："至元十三年春正月十八日，淮安王伯颜以中书丞相统兵入杭，宋谢、全两后以下皆赴北……五月二日抵上都朝见。"

② 见《文天祥全集》，江西人民出版社1987年版，第752页。

③ （清）毕沅撰：《续资治通鉴》卷188，中华书局1957年版，第5146页。

黄冠，世祖许之。① 汪元量为谢太后、王昭仪鼓琴奉酒，老宫人能诗者，多由其指授。至元十四年（1277），汪元量被元世祖遣为使者，祭祀岳渎后土，其《自题水云诗后》云："又一年，捧香下五岳四渎。"② 沿途所见，多有所感，汪元量用诗歌记录了游历之行。

在大都，文天祥被拘于狱中，汪元量多次到狱所探望，援琴奏《拘幽》十操，天祥亦倚歌相和。诗书互酬，汪元量激勉文天祥以忠孝告白天下。至元十九年（1282）十二月初九文天祥殉国，汪元量有《挽文丞相》及《浮丘道人招魂歌》诗哭之。同日，元朝遣赵㬎等宋宗室居上都，汪元量从行。

至元二十一年（1284）二月，元朝又"迁故宋宗室及其大臣之仕者于内地"，远至居延（今内蒙古额济纳旗）等地，汪元量亦从行。同年，谢太后卒，有《太皇谢太后挽章》悼挽。二十五年（1288）九月，赵㬎学佛于吐蕃；全太后为尼，宫人亦多从之为尼，宋旧宫室没者为青冢，存者为浮屠，汪元量凄然无聊，是年秋末，束装南下。③ 临行时，燕赵诸公子多把酒饯别，故幼主赵㬎，故相吴坚、留梦炎等分韵赋

---

① 文天祥《书汪水云诗后》："吴人汪水云，羽扇纶巾，访予于幽燕之国。"时汪元量已为黄冠。见《全宋文》卷8316，上海辞书出版社、安徽教育出版社2006年版，第131页。
② 汪元量：《自题水云诗后》，见祝尚书《汪元量〈湖山类稿〉佚跋考》（《书品》，1995年第3期）。关于汪元量五岳祀渎的时间，学术界有四种说法：1. 至元十三年（1276）七月，见王献唐《汪水云事辑》；2. 至元二十三年（1286），见孔凡礼《汪元量事迹纪年》；3. 至元二十一年（1284），见孔凡礼《关于汪元量研究的一些新资料》（《宋代文史论丛》，学苑出版社2006年版）；4. 至元十四年（1277），见祝尚书《汪元量〈水云类稿〉佚跋考》。本书以汪元量《自题水云诗后》为准，同意祝尚书说。
③ 汪元量南归时间，学界有如下说法：1. 至元二十五年（1288），见王献唐《汪水云事辑》；杨树增《汪元量祖籍、生卒、行实考辨》（《中华文史论丛》1983年第4辑）；孔凡礼《关于汪元量的家世、生年和著述》（《文学遗产》1982年3期），《汪元量事迹纪年》（《增订〈湖山类稿〉》）。2. 至元二十二年（1285）秋，孔凡礼否定前说，载《关于汪元量研究的一些新资料》（《宋代文史论丛》，学苑出版社2006年版）。3. 至元二十三年（1286），见祝尚书《汪元量〈湖山类稿〉佚跋考》（《书品》1995年第3期）。按：汪元量《答徐雪江》《重访马碧梧》《东湖送春和陈自堂》诸诗，均谓十年。唯《南归对答》云"此行十三载"。其北流诗至《全太后为尼》止（1288），而从其抵达上都的时间（1276）计算，则正为十三载。故本书认为汪元量南归在至元二十五年（1288）。

诗，为之饯行。又故宫人王清惠等十八人，酹酒城隅以饯，援琴击鼓，泪如雨下，悲不自胜。汪元量行箧藏有赐砚，背分书而刻"天赐永宝"四字，右刻"水云"二篆字，又左刻绝句云："斧柯片石伴幽闲，堪与遗民共号顽。试忆当年承赐事，墨痕如泪尽成班。"

回归江南，汪元量啸傲山水，与旧侣唱和，遍访前朝故人，求题诗序，其诗得到遗民及名士的推许。此后曾有赣湘之游，晚岁于西湖丰乐桥外建小楼五间，作为归隐处。而后，多往来于彭蠡间，风踪云影，倏无宁居，人莫测其去留之迹，以为神仙，多画其像祀之。

汪元量卒年，不见元明人的记载，唯清曾濂所撰《元书》卷91载"延祐后始卒"[①]，元仁宗延祐年间乃在1314—1320年。据此记载，汪元量至少活到元英宗至治年间（1321—1323），享年七十以上。[②]

汪元量诗多记亡国情状，因家有湖山堂，故名集为"湖山类稿"，有《湖山类稿》十三卷、《汪水云诗》四卷、《水云词》三卷，已佚。清人鲍廷博刻刘辰翁选《湖山类稿》五卷、《水云集》一卷及附录三卷。有《四库全书》本、《知不足斋丛书》本。孔凡礼辑校《增订湖山类稿》，辑录诗词，附录相关资料，较为完备。

第二节　忧国之愤：宋亡前的作品风貌

汪元量的作品，亡国情怀是最为突出的主题。宋理宗景定年间（1260—1264），汪元量已有创作，刘师复《题汪水云诗卷》（其三）

---

① （清）曾濂撰：《元书》卷91《汪元量传》。
② 关于汪元量的卒年，学术界有如下说法：1. 元贞元年（1295）前后，见郁达夫《钱塘汪水云的诗词》；2. 至治三年（1323），见杨树增《汪元量祖籍、生卒、行实考辨》；3. 元仁宗延祐二年（1315）后不久，见孔凡礼《汪元量事迹纪年》；4. 元英宗至治年间（1321—1323），见程亦军《关于汪元量的生平和评价》。本书取程亦军之说。

云:"能言景定年间事,公主鸾箫锦棹来。""公主"乃理宗女周汉国公主,母贾贵妃,景定二年(1261),理宗选杨太后侄孙杨镇为驸马。景定三年(1262),公主薨,年二十二,理宗哭之甚哀。刘师复所云概指此事。

此外,马廷鸾《书汪水云诗后》云:"展卷读甲子初作,微有汗出。""甲子"为景定五年(1264),汪元量诗写到景定年间事的诗唯《越州歌》(其十三)一首,其诗云:

> 甲子初秋柳宿乖,皇天无雨只空雷。
> 正当七月初三夜,帝劝长星酒一杯。①

《宋史》载:"秋七月甲戌(初二),彗星出柳。"《钱塘遗事》卷5亦载:"景定甲子秋七月甲戌,彗星出柳,芒角烛天,长数十丈,自四更从东方见,日高方敛,如是者月余。"彗星出柳,在古代是不祥之兆,"嘉定壬午(1222)八月初五夜,彗星见于西南方,去地不甚远,尾长三丈余。初十日夜,光芒亘天。至甲申(1224),宁宗升遐,始验艺祖升遐,彗亦出柳云"②。景定五年七月初二的彗星出柳,群臣惊骇,故汪元量作此诗。"长星,劝尔一杯酒,自古何时有万岁天子?"③由晋孝武帝司马曜对彗星出柳的忌讳,写出理宗驾崩的征兆。景定五年十月,理宗升遐,汪元量此诗正是该年彗星出柳、理宗驾崩的记录。④

---

① 本书所引汪元量诗,均出自孔凡礼辑校《增订湖山类稿》,中华书局1984年版。下不另注。
② (元)刘一清:《钱塘遗事》卷5《彗星之变》,上海古籍出版社1985年版,第106页。
③ (南朝宋)刘义庆撰,朱奇志校注:《世说新语校注》,岳麓书社2007年版,第195页。
④ 胡才甫先生《汪元量集校注》中《越州歌》(其十三)校注①认为汪元量此诗写的是度宗事:"甲子应是甲戌(1274),是年七月,度宗死。"(浙江古籍出版社1999年版,第89页)按:这种说法有误,甲子乃景定五年(1264),这首诗写的是理宗一事。

随着襄樊保卫战的结束以及幼帝即位,汪元量的作品逐渐增多,他曾对国事抱有希望,有"江山有待伟人出,天地不仁前辈休。何处如今觅巢许,欲将心事与渠谋"(《柴秋堂越上寄诗就韵柬奚秋崖》)的期许。然而,元兵日炽,国事穷蹙,他很快看清了时局,对贾似道的擅权误国予以猛烈抨击。

一 襄樊失陷,痛惜悲愤

襄樊之战的双方形势。襄阳与北岸樊城相对,上通夔州、利州,下控荆楚,顺流而下,即进入长江中游的门户鄂州,襄阳是扼守长江的天然屏障,在战略上具有极其重要的地位。元至元四年(1267),南宋降将刘整向忽必烈献策:"宋主弱臣悖,立国一隅,今天启混一之机。臣愿效犬马劳,先攻襄阳,撤其扞蔽。"[①] 如攻占襄樊,"浮汉入江,则宋可平"[②]。至元五年(1268),忽必烈命刘整、阿术督诸军,围襄阳。从此,宋元开始了长达六年之久的襄樊之战。

襄樊战事直接关系南宋命运。元朝方面,刘整以对南宋军事、地势的了解,采用计策谋取襄阳。他要求南宋京湖制置使吕文德同意蒙古在樊城外置榷场,进而借口防止榷场为盗所掠,要求在沿江筑垒置堡。至元七年(1270)三月,刘整筑实心台于汉水中流,上置弩砲,下为石囤,"以遏南兵之援"[③]。又造船五千艘,日练水军,得练卒七万人。八月,复筑外围,以遏南宋援军。

南宋方面,军政大权掌握在贾似道手中。咸淳元年(1265)四月,度宗特授贾似道为太师,封魏国公。咸淳三年(1267)二月,又

---

① (明)宋濂等撰:《元史》卷161《刘整传》,中华书局1997年版,第3786页。
② (元)姚燧:《湖广行省左丞相神道碑》,《全元文》卷312,第553页。
③ (元)佚名:《宋季三朝政要》卷4,中华书局1985年版,第46页。

授平章军国重事,位在丞相之上。自襄阳被围以来,贾似道"每上书请行边,而阴使台谏上章留己"①。吕文焕几次率领宋军,突破包围,均未成功。咸淳五年(1269)三月,张世杰率马步舟师援助襄阳,战败退回。六月,南宋荆鄂都统唐永坚兵败被俘,七月,夏贵增援失败。襄樊告急,然而贾似道却欺君瞒上,谎报军情。咸淳六年(1270)时,度宗问贾似道:"襄阳之围三年矣!"贾似道谎称:"北兵已退去,陛下得臣下何人之言?"度宗曰:"适有女嫔言之。"② 贾似道遂将此宫女赐死,从此无人敢言边事。南宋襄阳保卫战终因久困无援,吕文焕以城降元而告终。

汪元量诗,有近二十首直接针砭贾似道的荒淫无度、擅权误国,如《贾魏公雪中下湖》《贾魏公出师》《鲁港败北》《醉歌》(其一)、《贾魏公府》(三首)、《越州歌》(其六、八、九、十、十二)、《鲁港》等。其中《贾魏公雪中下湖》作于贾似道当权之时,其诗云:

冻木号风雪满天,平章犹放下湖船。
兽炉金帐羔儿美,不念襄阳已六年。

咸淳九年(1273)二月,吕文焕以襄阳府归降元朝,此诗作于降元前夕。"下湖"指游西湖。史载:"大石佛寺,考秦始皇东游入海,缆舟于此石上。后贾平章住里湖葛岭,宋大内在凤皇山,相去二十余里。平章闻朝钟响,即下湖船,不用篙楫,用大锦缆绞动盘车,舟去如驶。大佛头其系缆处也。"③ 襄樊告急,而贾似道仍船游西湖,将缆

---

① (元)脱脱等撰:《宋史》卷474《贾似道传》,中华书局1997年版,第13784页。
② (元)刘一清:《钱塘遗事》卷6《贾相讳言》,上海古籍出版社1985年版,第128页。
③ 丁传靖辑:《宋人轶事汇编》卷18,中华书局1981年版,第1010页。

绳系在千年佛头之上，诗人心中的愤恨可想而知。

吕文焕以襄阳降元直接导致南宋在宋元战争中处于被动地位，汪元量《醉歌》（其一）痛言此事：

> 吕将军在守襄阳，十载襄阳铁脊梁。
> 望断援兵无信息，声声骂杀贾平章。

"文焕捍御应酬，备殚其力，粮食虽可支吾，而衣装薪火断绝不至。文焕撤屋为薪，缉麻为衣，每一巡城，南望恸哭。"[①] 吕文焕降元，由多方面因素造成，尤以贾似道不出援兵为首。《宋史·贾似道传》载："时襄阳围已急，似道日坐葛岭，起楼阁亭榭，取宫人娼尼有美色者为妾，日淫乐其中。"汪元量为吕文焕身处绝境之境而激愤，更为贾似道的荒淫误国而痛恨不已。

襄樊失陷，南宋失去了天然屏障，等于向元朝敞开了大门。汪元量的《醉歌》（其二）以浅白的语言状写危急的国势："援兵不遣事堪哀，食肉权臣大不才。见说襄樊投拜了，千军万马过江来。"痛惜襄樊陷落，批判权臣奸相。

二 贾相出师，无望之寄

襄樊陷落，元兵长驱直入，而掌握南宋军政大权的贾似道不是积极备战，而是妄想向元朝纳币求和。咸淳十年（1274）十二月，元兵渡过长江，攻破鄂州，太学生群言非贾似道亲出不可。贾似道不得已，始开都督府于临安，但又惧怕刘整，未能出师。第二年正月刘整死，贾似道闻此，于当月十五日上表出师。二月初九，抽诸路精兵十

---

① （元）刘一清：《钱塘遗事》卷6《襄樊失陷》，上海古籍出版社1985年版，第134页。

余万,以范文虎为殿帅,孙虎臣为步帅,"金帛辎重之舟,舳舻相衔百余里",入池州,遣使入元营,请称臣、奉岁币,遭到元人拒绝,严重挫伤了宋军士气。

贾似道被迫出师,暗中请和,汪元量有《贾魏公出师》揭露其丑态:

奏罢出师表,翻然辞庙堂。千艘空宝玉,万马下钱塘。
□许命真主,欺孤欲假王。可能清海岱,宗社再昌唐?

贾似道在出师之前,上《出师表》请行,表达自己一番忠君爱国之心,表中自言:"自襄有患,五六年间,行边之请,不知几疏,先帝一不之许……与其坐待其来,于事无补,孰若使臣决于一行,以求必胜事理,较着有不难知者。恭惟祖宗三百余年德泽其来,未艾两宫仁慈孝爱,动无缺失,臣恃此咸发信顺之心,断可凭借以办此事。臣羸弱之躯,非不知自爱云云,孤忠自誓,终始以之。"① 言之切切,却非贾似道本心。他"翻然辞庙堂",但不是去抵御元兵,而是"千艘空宝玉",向元军纳币请和。如此怎能担当抵御外辱的重任?

贾似道率兵十万余,与夏贵会合。夏贵以"宋历三百二十年"字示与贾似道,意宋朝气数已尽,贾似道心领神会,将军中七万余人尽属孙虎臣,他与夏贵则以少数军马驻扎鲁港。元军看出贾似道无心应战,遂制造声势,威吓宋军。二月十八日,伯颜亲自指挥,夹于江岸,树炮弓弩等具,并力攻击,宋兵大败。汪元量《鲁港败北》写出了鲁港之败的惨烈,其诗云:

夜半挝金鼓,南边事已休。三军坑鲁港,一舸走扬州。

---

① (元)刘一清:《钱塘遗事》卷7《贾相出师》,上海古籍出版社1985年版,第143—144页。

星殒天应泣，江喧地欲流。欺孤生异志，回首愧巢由。

史载，二月十九日夜，孙虎臣以失利报，贾似道仓皇出逃，呼曰："虎臣败矣！"夏贵不战而去，贾似道与孙虎臣以单舸奔扬州，宋军溃败惨烈，"江面流尸，水为之赤"①。鲁港溃败，使南宋丧失了绝大部分精锐部队，从此军心涣散，"岸江郡邑小大文武将吏降走恐后"②。如此惨烈的失败，天地都为之哭泣。诗人已预感到南宋灭亡的结局。

第三节 亡国之痛：宋亡时的创作取向

汪元量的作品记录了宋臣的腐朽懦弱，临安城内的各种惨状，宫室北上的不幸遭遇，表达了身世之感、黍离之悲，是宋亡之际的历史见证。

一 宋室投降，悲辱之至

鲁港之败使南宋军队丧失了士气。德祐元年（1275）三月，江东诸郡以城降，淮西滁州诸郡也相继出降；七月，焦山大败；九月，淮安失守；十月，扬州被围；十一月，常州遭元军屠城。继而元军兵分三路。十二月，伯颜已兵次无锡。临安危在旦夕。

从史籍的记载可知，以谢太后为首的主降派已做好了投降的准备。自德祐元年（1275）十二月至次年（1276）正月，信使往来，

---

① （元）刘敏中：《平宋录》（卷上），中华书局1985年版，第8页。
② （元）苏天爵：《湖南安抚使李公祠堂记》，《全元文》卷1054，第225页。

第五章 汪元量：黄冠羁服者的亡国之痛

和议未决。正月初一，宋廷命陆秀夫等至元军中，求称侄纳币，元军不从；称侄孙，亦不从。初五，遣监察御史刘岊奉表称臣，岁奉银绢二十五万，乞存境土。时元兵屯于长河堰，陈宜中初与伯颜约于十五日会于长安堰，然陈宜中转而后悔，私自逃遁，故元兵竟至皋亭山下。皋亭山距临安城仅三十里，宋廷沸恐。

汪元量的诗歌记录了南宋亡国的一幕幕场景，以组诗《湖州歌》最著，凡九十八首，写出了宋室投降、被俘北上乃至入燕前后的情况。其前三首以元兵驻扎皋亭山为横断面，摹写南宋朝臣的胆怯与无能。"丙子正月十有三，挝鞭伐鼓下江南。皋亭山上青烟起，宰执相看似醉酣"，皋亭山上元军已经燃起了灶火，然而宋朝宰执却无计可出，令人痛恨！

"乱点连声杀六更，荧荧庭燎待天明。侍臣已写归降表，臣妾佥名谢道清。"《醉歌》（其五）将讽刺的矛头直接指向太皇太后谢道清，刘辰翁批此诗曰："忍见忍见！"《和徐雪江即事》亦批判谢太后，其诗云：

> 万里起青烟，旌旗若涌泉。国家开气数，陵谷见推迁。
> 避难浑无地，偷生赖有天。夜来闻大母，已自纳降笺。

从诗中的描述来看，这首诗似作于谢太后签署降表后的一两日。鲁港大败后，贾似道曾奏请迁都，谢太后不许。十月，元兵破常州，陈宜中率公卿请迁都，太后又不许，陈宜中痛哭固请，不得已从之。陈宜中意为明日启行，但仓促失奏，而谢太后意为日暮启行，于是等到暮时宫车已驾，而陈宜中不至，谢太后怒，脱簪珥掷之地，遂闭阁，群臣求内引，皆不纳。鲁港大败和常州遭屠，南宋两次面临危机，谢太后不肯迁都，一味罢兵投降。汪元量怒指太后这是在"偷生"！南宋命运掌握在谢太后手中，而她却拱手交给元朝，纳表投降。

元兵进驻皋亭山,逼迫南宋马上投降,"皋亭山"成为元兵压境的代名词。汪元量有诗《北师驻皋亭山》,在现存汪元量的480余首诗中,这首诗在元、明笔记中出现最多,影响最大,其诗云:

> 钱唐江上雨初乾,风入端门阵阵酸。万马乱嘶临警跸,三宫垂泪湿铃鸾。童儿空想追徐福,厉鬼终当灭贺兰。苦议和亲休练卒,婵娟剩遣嫁呼韩。

这首诗隐晦深邃,主要体现在对颈联句意的理解上。"童儿空想追徐福""厉鬼终朝灭贺兰"二句分别用典,结合史实,诗中"徐福"借指护送二王出宫的驸马杨镇,"厉鬼"代指主战派文天祥,"贺兰"(进明)代指主降派陈宜中。

"徐福"指"徐市",齐国方士徐市尝上书秦始皇:"言海中有三神山,名曰蓬莱、方丈、瀛洲,仙人居之。请得斋戒,与童男女求之。于是遣徐市发童男女数千人,入海求仙人。"① 在诗中,汪元量以徐市借指驸马都尉杨镇。德祐二年(1276)正月十二日,杨镇护送广王昰、益王昺出逃。伯颜派阿剌罕、董文炳、范文虎率诸军先据守钱塘口,以劲兵五千人击,过浙江不及而还。② 二王远遁,在南宋朝廷走投无路的情况下,成为宋人心中尚存的希望。汪元量正是以"徐福"典故隐晦地写出了二王出宫远遁的史实。

"厉鬼终当灭贺兰"句,以"厉鬼"代指张巡、南霁云。史载:安史之乱,南霁云与张巡守睢阳,为安禄山叛军所困。城中食尽,议

---

① (汉)司马迁撰:《史记》卷6《秦始皇本纪》,中华书局1959年版,第247页。
② 《元史》卷9《世祖本纪九》:"正月乙酉(十九),师次临安北十五里,囊加带、洪模以总管殷俊来报,宋陈宜中、张世杰、苏刘义、刘师勇等挟益、广二王出嘉会门,渡浙江遁去,惟太皇太后、嗣君在宫。伯颜亟使谕阿剌罕、董文炳、范文虎率诸军先据守钱塘口,以劲兵五千人追陈宜中等,过浙江不及而还。"(明)宋濂等撰:《元史》卷9,中华书局1997年版,第177页。

第五章 汪元量：黄冠羁服者的亡国之痛

弃城东走，张巡遣霁云向临淮贺兰进明乞师相救，贺兰进明不肯发兵，霁云拔佩刀断指，示于进明。出门箭射佛寺浮屠曰："吾破贼还，必灭贺兰，此矢所以志也！"敌人登城，将士病，不能战。张巡西向再拜曰："臣力竭矣，不能全城，生既无以报陛下，死当为厉鬼以杀贼！"① 城遂陷，张巡、许远俱被执。诗中"灭贺兰"指南霁云对贺兰进明拥兵不发的气愤，"厉鬼"则是张巡骂敌之语："生既无以报陛下，死当为厉鬼以杀贼！"汪元量合此二典，将南宋起兵勤王、誓死抗元的文天祥喻为安史之乱中死守睢阳的南霁云、张巡，将拥兵不发的临淮守将贺兰进明比作阻挠文天祥发兵、一意投降的宰相陈宜中。

将张巡等指代文天祥，还有其他史料可证。文天祥就义后，汪元量曾作有《浮丘道人招魂歌》（九首），其第一首将文天祥比作誓守睢阳的南霁云："睢阳临难气塞充，大呼南八男儿忠。"诗中"南八男儿"即指南霁云，其在兄弟中排行第八，故称"南八"。汪元量在《文山道人事毕壬午腊月初九日》一诗中，又将文天祥比作张巡："生愧夷齐尚周粟，死同巡远只唐官。"汪元量用"巡远"称颂文天祥，盖因文天祥在《指南后录》中曾以"巡远"自许："巡远应无儿女态，夷齐肯作稻粱谋"（《黄金市》），"举世更无巡远死，当年谁道甫申生"（《万安县》）。王炎午在《生祭文丞相文》中亦将文天祥比作张巡："臣子之于君父，临大节，决大难，事可为则屈意忍死以就义，必不幸，则仗大节以明分。故身执而勇于就义，当于呆卿、张巡诸子为上。"② 王炎午《又望祭文丞相文》有："倡义举勇，文山张巡，杀身不异，而公秉钧。"③ 这些都说明汪元量此诗以张巡比作文天祥。

---

① （宋）欧阳修：《新唐书》卷192《张巡传》，中华书局1975年版，第5539页。
② （宋）王炎午：《生祭文丞相文》，《全元文》卷557，第371页。
③ （宋）王炎午：《又望祭文丞相文》，《全元文》卷557，第373页。

德祐元年，陈宜中拜右丞相。元兵日迫，他却无心抗战，一意请降。文天祥主战，他百般阻挠。元兵破常州，入独松关。陈宜中、留梦炎召文天祥，要他弃平江，守余杭，使南宋放弃了坚守的机会。①陈宜中贪生怕死，畏葸不前，激起南宋人民的极大不满。汪元量这首诗用南霁云"吾破贼还，当先灭贺兰"的典故，表达了南宋人民对陈宜中的厌恶与愤恨。

德祐二年（1276）二月初六，南宋遣贾余庆、吴坚、谢堂、刘岊、家铉翁充祈请使。汪元量作诗记之，虽然其诗题及部分内容已佚，但仍能从只言片语中体会其心情："计穷但觉归降易，事定方知进退难。献宅乞为祈请使，酣歌食肉愧田单。"南宋君臣轻易作出投降决定，直到递交降表时，方知进退维谷。国家灭亡、丧失领土的悲痛与耻辱在诗中体现得淋漓尽致。

二　元兵入杭，悲愤泪零

在宋廷递交降表后，元军在较为和缓的形式下完成了收缴军器、封存府库等政权交接事宜，宋朝行将结束，南宋宫人将面临被押赴大都的生离死别。

元兵入临安城，城内到处是元军守卫，喧嚣一片。汪元量的《醉歌》（其八）写出了西湖遍布元军的一幕："涌金门外雨晴初，多少红船上下趋。龙管凤笙无韵调，却挝战鼓下西湖。"元军敲击战鼓为游园助兴，刺痛亡国之人。《醉歌》（其九）讽刺元兵不识梅花的愚拙："南苑西宫棘露芽，万年枝上乱啼鸦。北人环立阑干曲，手指红

---

① 元刘岳申《文丞相传》云："常州破，攻独松关急，梦炎、宜中、陈文龙议弃平江。趣天祥移守余杭。天祥未决，两府札再至，遣环卫王。邦杰留平江，天祥去平江三日，通判王举之与邦杰开门迎降。"（熊飞等校点《文天祥全集》卷19，江西人民出版社1987年版，第767页）

梅作杏花。"梅花以韵胜,以格高,红梅更是梅中佳品。生长在北方的元兵以红梅为杏花,这种对中原文化的无知令人鄙视。铁骑横扫江南,消灭的不仅是南宋王朝,还有对文化的践踏。

作为宫廷琴师,汪元量与宫人的接触较为密切。国家灭亡,宫人的命运往往最悲惨。《醉歌》(其四)有:"六宫宫女泪涟涟,事主谁知不尽年。太后传宣许降国,伯颜丞相到帘前。"写出了元军驻皋亭山,宫女对亡国后命运的恐惧。刘辰翁批点曰:"读之堕泪。"汪元量的《吴山晓望》则写出了宫人北去时的凋零景象,其诗云:

城南城北草芊芊,满地干戈已惘然。
燕燕莺莺随战马,风风雨雨渡江船。
小儒愁剧吟如哭,老子歌阑醉欲眠。
一夜春寒花命薄,乱飘红紫下平川。

史载德祐二年丝雨连绵,数月不止,上苍如同感知了亡国的悲愁而为之泪下。在缠绵的阴雨天气里,诗人晓登吴山,看到燕燕莺莺跟随战马出城,风风雨雨中渡江下船。这首诗既写出宫人北迁的场面,更表达了内心的悲痛。

汪元量又作有《兵后登大内芙蓉阁宫人梳洗处》,进一步写出了对南宋宫人的怜惜和同情:

粲粲芙蓉阁,我登双眼明。手扪沈香阑,美人已东征。美人未去时,朝理绿云鬟,暮吹紫鸾笙。美人既去时,阁下麋鹿走,阁上鸱枭鸣。江山咫尺生烟雾,万年枝上悲风生。空有遗钿碎珥狼籍堆玉案,空有金宝炬错落悬珠楹。杨柳兮青青,芙蓉兮冥冥。美人不见空泪零,锦梁双燕来又去,夜夜蟾蜍窥玉屏。

《钱塘遗事》载:"(德祐二年二月)十二日,索宫女、内侍、乐官诸色人等，宫人赴莲池死者甚众。"① 《宋季三朝政要》载："二月丁未，索宫女、内侍、乐官诸色人等，宫人守节而死者甚众。"② 元朝索宫人北上大都，很多宫人不堪忍受侮辱，投水自尽。其他宫人则在国破家亡的巨大悲痛下，在不可预知的命运安排下，离开无限眷恋的宫阙。人去楼空，金钿委地，这首诗正是通过对宫人住处的描绘，抒发对宫人命运的担忧与同情。

三 三宫北迁，惆怅惘然

德祐二年三月十二日，伯颜遣阿塔海、阿剌罕、董文炳诣宋主宫，趣宋主赵㬎同全太后入觐。郎中孟祺奉诏宣读，至"免系颈牵羊"语，全太后闻之泣，谓赵㬎曰："荷天子圣慈活汝，当望阙拜谢。"③ 赵㬎拜毕，与全太后肩舆出宫。相比靖康之变时金朝对徽钦二宗及宫室的侮辱，元朝对待南宋的态度还是温和的。宋宫室一行于当日出发，绝大多数人终老北方，再也未能回到江南故国。

宋宫北迁是南宋历史上最为悲壮的一幕，宋宗室、朝臣、太学生等一行数千人在元军的监视下登舟北上。汪元量在诗中多次慨叹，《越州歌》（其二）云："东南半壁日昏昏，万骑临轩趣幼君。三十六宫随辇去，不堪回首望吴云。"较之这首诗的悲情晓畅，《钱唐歌》更显凄凉沉郁，诗云：

钱唐江上龙光死，钱王宫阙今如此。白发宫娃作远游，漠漠平沙千万里。

---

① （元）刘一清：《钱塘遗事》卷8《京城归附》，上海古籍出版社1985年版，第187页。
② （元）佚名氏：《宋季三朝政要》卷5，中华书局1985年版，第62页。
③ （明）宋濂等撰：《元史》卷9，中华书局1997年版，第180页。

> 西北高楼白云齐，欲落未落日已低。古人不见今人去，江水东流乌夜啼。

"钱王"指五代吴越国王钱镠，唐末拥兵两浙，统十二州，封吴王、吴越王，兼淮南节度使，雄踞一方。国家灭亡，诗人先从帝王的命运写起，起笔令人震骇。颔联写宫女的命运，"白发宫娃"最为悲苦，青春已在宋宫耗尽，年老还要随驾北去，可怜可叹！末联则借南唐后主李煜的《乌夜啼》曲，将古今亡国之恨汇成一处，浩浩汤汤，茫茫无际，随江水东流。《钱唐歌》既以钱塘江怀古，又以钱塘江咏今，内涵深厚，韵味无穷。

汪元量词《水龙吟·淮河舟中夜闻宫人琴声》则是北上途中夜闻宫人琴声伤怀而作，其词云：

> 鼓鼙惊破霓裳，海棠亭北多风雨。歌阑酒罢，玉啼金泣，此行良苦。驼背模糊，马头匼匝，朝朝暮暮。自都门燕别，龙艘锦缆，空载得、春归去。目断东南半壁，怅长淮、已非吾土。受降城下，草如霜白，凄凉酸楚。粉阵红围，夜深人静，谁宾谁主。对渔灯一点，羁愁一搦，谱琴中语。

上阕咏国亡宫人随驾北去，下阕叹东南半壁国土尽失，昔日主人沦为亡国奴。清叶申芗《本事词》卷下录此词云："汪元量水云，随驾北迁，尝于淮河舟中，夜闻故宫人弹琴，感赋《水龙吟》。（词略）"[1] 胡薇元《岁寒居词话》亦云："汪元量……有《湖山类稿》，多亡国之恨。《水龙吟》后阕'目断东南半壁，怅长淮已非吾土'，不自料其恺骚也。"[2] 词中流露的亡国之恨、悒郁之怀，浸透筋骨，令人断肠。

---

[1] （清）叶申芗：《本事词》（下），古典文学出版社1957年版，第102页。
[2] 见吴熊和主编《唐宋词汇评》，浙江教育出版社2004年版，第3943页。

第四节 故国之情：宋亡后的文学主旨

念君怀国之情在汪元量诗歌中占有一定分量，清代汪森在《湖山类稿后序》中写道："旧国故都，不忘瘝瘝，一篇之中，三致意焉，可谓有守不辱之士矣。臣之事君，贵知命而守义。"① 清代潘耒说："汪水云诗，元名人共相推许，有诗史之目。其咏宋幼主降元后事，皆得之目击，多史传所未载，而声情凄婉，悲歌当泣，故国故君之思，斯须不忘，可以愧食禄之臣矣。"② 亦是对其忠爱故国的赞誉。

北上大都后，汪元量抒发对故国思念之情的诗句比比皆是，"十年愁眼泪巴巴。今日思家，明日思家"（《一剪梅·怀旧》），而在一些特殊的日子，则更是诗情迸发。七月初九是全真道掌教丘处机的忌日，元朝举行盛大斋醮仪式，而这一日也恰巧是度宗的忌日，想到亡国惨状，幼帝的遭遇，汪元量难抑心中悲痛，提笔写下《玉楼春·度宗憨忌长春宫斋醮》，其词云：

    咸淳十载聪明帝，不见宋家陵寝废。暂离绛阙九重天，飞过黄河千丈水。长春宫殿仙璈沸，嘉会今辰为憨忌。小儒百拜酹霞觞，寡妇孤儿流血泪。

"憨忌"，指忌日，度宗于咸淳十年（1274）七月九日崩。"长春宫斋醮"，据《辍耕录》"丘真人"条，元大宗师长春真人丘处机于丁亥

---

① （清）汪森：《湖山类稿后序》，《增订湖山类稿》（附录一），中华书局1984年版，第190页。
② （清）潘耒：《书汪水云集后》，《增订湖山类稿》（附录一），中华书局1984年版，第190页。

(1227)七月九日仙逝，二者忌日正在同一天。至元二十四年（1287），元廷纪念丘处机升天，设此"嘉会"。

这首词上阕痛伤国事。至元二十二年（1285），"故宋赵氏诸陵之在钱唐、绍兴者及其大臣冢墓凡一百一所"① 惨遭元朝江南释教总统杨琏真伽的盗掘，"将孟后、徽宗、郑后、高宗、吴后、孝宗、谢后、光宗等陵尽发掘，劫取宝货，毁弃骸骨"②。又，七月九日本是元朝为祭奠全真教丘处机而设置的斋醮，然而汪元量无法忘记，这一日又恰好是度宗的忌日，想到孤儿寡母承受亡国罪名，想到南宋六陵惨遭被挖掘的厄运，对故国故君更是思恨无穷。

一 伴慰三宫，知命守义

北上大都后，汪元量仍服侍宋旧三宫，与太皇太后谢道清、太后全玖、昭仪王清惠以及赵㬎的交往比较密切。

（一）伤悼谢后，哀婉凄绝

谢道清在汪元量的诗中着笔较多，《湖山类稿》中有近十首诗直接写谢太后。而每逢谢太后的生日，汪元量更是感慨良多。

谢太后生于嘉定三年（1210）四月八日，《西湖游览志余》载有一事：四月初八，谢太后寿崇节，初九，度宗乾会节，贾似道命司封郎中黄锐致语，有一联云："圣母神子，万寿无疆，亦万寿无疆。昨日今朝，一佛出世，又一佛出世。"③ 人皆称之。谢太后60岁生日时，豪华奢靡，其时汪元量有《太常引·四月初八日庆六十》贺寿。

---

① （明）宋濂等撰：《元史》卷201《释老传》，中华书局1997年版，第4521页。
② （宋）周密著，吴企明点校：《癸辛杂识》"杨髡发陵"条，中华书局1988年版，第152页。
③ （明）田汝成：《西湖游览志余》，上海古籍出版社1958年版，第34页。

然而十年间发生了巨变,元至元十六年(1279)四月八日,谢太后已沦为亡国奴,70 岁生日充满屈辱与苟生的悲哀。汪元量在《婆罗门引·四月八日谢太后庆七十》中对谢太后贪恋生年,以生命残年远赴大都发出不尽的喟叹。词中写道:

一生富贵,岂知今日有离愁。锦帆风力难收。望断燕山蓟水,万里到幽州。恨病馀双眼,冷泪交流。

行年已休。岁七十、又平头。梦破争银屏金屋,此意悠悠。几度口口,见青冢,虚名不足留。且把酒、细听箜篌。

宋亡时,谢太后"抱病滋久"①,暂"以疾留杭"。"主者自宫中舁其床以出,卫者七十余人从行。"② 此时,谢太后久病缠身,沉默寡语、卧病、冷眼、苟活,是她生活的全部内容。

至元二十年(1283),谢太后凄凉离世,此时她已在大都生活了七年。③ 汪元量作《太皇谢太后挽章》,诗云:

羯鼓喧吴越,伤心国破时。雨阑花洒泪,烟苑柳颦眉。
事去千年速,愁来一死迟。旧臣相吊后,寒月堕燕支。

(其一)

大汉阴风起,羁孤血泪县。忽闻天下母,已赴月中仙。

---

① (元)刘一清:《钱塘遗事》卷8《诏谕三将》,上海古籍出版社1985年版,第170—171页。
② (元)佚名氏:《宋季三朝政要》卷5,中华书局1985年版,第63页。
③ 关于谢太后卒年,《宋史》本传有明确记载:"越七年(1283)终,年七十四。"即谢太后卒于至元二十年(1283)。然学界仍有几种说法。其一:王国维认为卒于至元二十二年(1285);其二:王献唐《汪水云事辑》认为卒于至元二十一年(1284);其三,孔凡礼《增订湖山类稿》以汪元量降香和南归的时间考虑,南岳降香《南岳道中》诗,有"三宫万里知安否"之句,其时谢太后尚在,有"忽闻天下母"句,疑谢太后逝时,汪元量在降香途中。其后,在《关于汪元量湖山类稿的整理》一文中更正了这一说法,认为卒年是至元二十年(1283)。

第五章　汪元量：黄冠氅服者的亡国之痛

哀乐浮云外，荣枯逝水前。遗书乞骸骨，归葬越山边。

（其二）

这首诗悲叹南宋亡国之速，愤慨谢太后今日之死，何其来迟，咏叹谢太后归葬故国的遗愿。清毕沅《续资治通鉴》载："元量归杭州，具言：'谢太后临殁遗言，欲归葬绍兴……'遗老闻之，有泣下者。"① 此作以诗证史。明代钱士升云："其《酬王昭仪》及《平原公第夜宴》《谢太后挽诗》尤凄绝。"② "凄绝"一语，道出了此诗的风格。

（二）叹咏母子，遁入空门

历史总是惊人地相似，宋朝的初建与灭亡在某些方面极其巧合。③其一是"三百年"的时间轮回。开宝八年（975），宋太祖命曹翰攻取江州，其年为乙亥年。德祐元年（1275），南宋吕师夔以江州降元，其年亦为乙亥年，时间整整相距三百年。开宝九年（976），南唐后主李煜降于宋太祖。德祐二年（1276）宋恭帝降于元世祖，均为丙子年，时间亦是相距三百年。宋于太平兴国四年己卯（979）灭北汉统一天下，三百年后的己卯年（1279），南宋崖山败亡。其二是以幼主亡国的气象。后周恭帝显德七年（960），赵匡胤黄袍加身，时周恭帝

---

① （清）毕沅撰：《续资治通鉴》卷188，注云："时理宗陵已发，谢后在北，犹未之知，盖冀与理宗同穴也。"（中华书局1957年版，第5146—5147页）

② （明）钱士升撰，林开甲、唐子恒点校：《南宋书》卷62，齐鲁书社2000年版，第936页。

③ （明）郎瑛《七修类稿》卷51"宋兴亡"条载：宋祖以乙亥命曹翰取江州，后三百年乙亥，吕师夔以江州降元。以丙子受江南李煜降，后三百年丙子，帝㬎为元掳。己卯灭汉混一天下，后三百年己卯，宋亡于崖山。宋兴于后周显德七年，周恭帝方八岁，亡于德祐元年，少帝止四岁，讳㬎，显德二字又同，庙号亦曰恭帝。周以幼主亡，宋亦以幼主亡。周有太后在上，禅位于宋，宋亦有太后在上，归附于元。何其事事相符，岂亦报应之说耶。（中华书局1959年版，第743页）

年仅八岁。而宋亡时，宋恭帝亦年幼，仅四岁，不但"㬎"与"显"二字相似，庙号亦相同，且均以幼主亡国。后周灭亡时，有符太后在上，禅位于宋。宋亦有太皇太后谢氏、太后全氏在上而归附于元。宋朝的建立与灭亡，在重大的时间与事件上如此相合，以致后人感慨万千，这似乎是对宋太祖当年逼迫后周幼主柴宗训让位的报应。

全太后（？—1288年后），名玖，会稽人，理宗母慈宪夫人的侄孙女。略涉书史，仪态端庄，言语伶俐，才智出众。景定二年（1261）册为皇太子妃，咸淳三年（1267）册为皇后。咸淳十年（1274），度宗崩，赵㬎立，被册封为皇太后。宋亡，北上大都，全力抚育陪伴儿子赵㬎。至元二十五年（1288）九月，元朝令赵㬎往吐蕃学佛，全太后入正智寺为尼，时宫人多从之。汪元量感慨全太后的不幸遭遇，赋诗一首，题为"全太后为尼"：

  南国旧王母，西方新世尊。头颅归妙相，富贵悟空门。
  传法优婆域，诵经孤独园。夜阑清磬罢，趺坐雪花繁。

这首诗通篇静穆，字字肃然。全太后出身名门世家，在南宋时乃贵为皇后、太后，不但涉猎书史，而且"谦愻自将，柔恭有恪"[1]，具有名门淑媛的风范。南宋亡国，她幽居大都，而今又遁入佛门。《西湖游览志余》载："后北去时，手写其像以遗族人，广额凤目，双眉侵鬓，其衣则缟素道服也。"[2] 宋亡时她已做好出家的准备，大概因为恭帝尚小，需要承担抚育教养之职，故忍受悲痛与其相伴，在大都苦度时日。如今即将遁入空门，萧疏寂静的佛门生活也许会使她渐渐放下桎梏心灵的枷锁。

---

[1] （宋）马廷鸾：《皇太子妃全氏立为皇后制》，《全宋文》卷8178，第322页。
[2] （明）田汝成：《西湖游览志余》卷2，上海古籍出版社1958年版，第35页。

第五章　汪元量：黄冠氅服者的亡国之痛

赵㬎尚在幼年时就承载了亡国的历史重荷，其大半生的命运都与政治紧密相连。对投降的宋室，元廷始终没有放松监管，每有风吹草动，都首先联想到是否有人蓄意复辟宋室。元廷在杀文天祥的当天，将赵㬎等遣送上都。至元二十五年（1288）十月，又命赵㬎往吐蕃出家，学习佛法。

元廷为何外遣赵㬎，明代袁忠彻《符台外集》的记载或可参考，归咎于忽必烈的一个梦："宋幼主北迁，降封瀛国公。一夕世祖梦金龙舒爪绕殿柱，明日瀛国来朝，立所梦柱下。世祖感其事，欲除之。瀛国知之，大惧，乞从释，号合尊大师，往西天受佛法，获免。"① 田汝成《西湖游览志余》亦载："少帝既封瀛国公，及长，世祖以公主配之。一日，与内宴，酒酣，立傍殿楹间，世祖恍惚见龙爪拏攫状。时有献谋除灭者，世祖疑而未许，瀛国公密知之，乃乞为僧，往吐蕃学佛法。"② 宋朝降附后的十年间，江南并不太平，屡发暴动，这使元人对赵㬎的存在顾忌重重。这或是忽必烈将赵㬎遣往吐蕃为僧的主要原因。

离开大都时，赵㬎已是18岁的青年。出家后他学会了藏文，参与了大量的汉藏文佛经的对勘和翻译工作。他曾出任萨迦寺总持一职，大约在萨迦寺居住了30年后，至治三年（1323）四月，终被元廷赐死。③

汪元量与赵㬎有着非同一般的情意。赵㬎于六岁被遣北上，十八岁离开大都，这期间王昭仪曾担任教养之职，汪元量则教认诗书。这十二年，赵㬎渐谙世事，在元人的视线之内，活在无尽的恐惧与压抑

---

① 丁传靖辑：《宋人轶事汇编》卷3，中华书局1981年版，第105—106页。
② （明）田汝成：《西湖游览志余》卷6，上海古籍出版社1958年版，第107页。
③ 《佛祖历代通载》卷32载："至治三年（1323）四月，赐瀛国公合尊死于河西，诏僧儒余书藏经。"转引自傅斯年《明成祖生母记疑》，载《中国现代学术经典·傅斯年卷》，河北教育出版社1996年版，第184页。

之中。如何对这样一位被软禁的末代帝王进行培养教育，如何尽可能对他加以保护，又尽量保持对元人的友好态度，汪元量应该付出很多。在《平原郡公夜宴月下待瀛国公归寓府》诗中，汪元量写道"春事阑珊梦里休，他乡相见泪空流"，那种故人相见的无言之苦，从诗句中渗透出来。赵㬎远赴吐蕃，汪元量作《瀛国公入西域为僧号木波讲师》相赠，其诗云：

木老西天去，袈裟说梵文。生前从此别，去后不相闻。
忍听北方雁，愁看西域云。永怀心未已，梁月白纷纷。

赵㬎幼时登基，他成长在祖母、母亲及大臣们惶惶不安的忧虑环境之中，童年充斥着元军南下、城池陷落等各种声音，并最终以他双手捧交传国玉玺成为两国交战的结局。故宋幼主的远行，也预示着故老遗梦的彻底破碎。这首诗正是在纪实中道出难以言说的悲剧心绪。

（三）相慰昭仪，琴诗无间

汪元量"半生结交尽清流"，《湖山类稿》所载艺术名流、僧侣道士、宋旧皇亲重臣、新朝翰林学士等与其交往者有30余人。其中以宋度宗昭仪王清惠的身份最为特别。

汪元量与王清惠的主仆关系在南宋时就已建立。汪元量初以辞章入宫，谢太后庆六十岁生日时（1269），他已以琴侍奉后宫。而王清惠在度宗即位后，受到度宗的宠幸并主批答，可推知其入宫时间最晚在度宗即位之时（1265）。即使以谢太后生日作为二人主仆关系的开始，可知到王清惠逝世（1287）时，二人的交往也近20年。共同经历宋亡被俘，担负教导赵㬎诗书的责任，同被元朝遣往内地、上都，最后又一同回到大都，漫长的岁月以及特殊的经历，使汪、王产生了较为特殊的情感。

除了题壁词《满江红》外，王清惠今存诗四首：《李陵台和水云韵》《捣衣诗呈水云》《秋夜寄水月水云二昆玉》，以及宋旧宫人送汪元量南还的"劝"字韵诗，均是与汪元量的酬唱之作，足见二人往来之密，情感之深。

汪元量有《幽州秋日听王昭仪琴》写悲怨，其诗云："雪深沙碛王嫱怨，月满关山蔡琰悲。羁客相看默无语，一襟秋思自心知。"寂静的夜晚，王清惠心情沉重，抚琴起兴，饱含昭君之怨，蔡琰之悲。听琴者默默无语，心灵相惜处，怀思自心知。《秋日酬王昭仪》写孤独，诗云："愁到浓时酒自斟，挑灯看剑泪痕深。黄金台隗少知己，碧玉调湘空好音。万叶秋风孤馆梦，一灯夜雨故乡心。庭前昨夜梧桐语，劲气萧萧入短襟。"宋亡后，汪元量顺应历史潮流，接受了元朝官职，尽管只是文职，但是儒家"不事二主"的思想一直折磨着他，他特别渴望得到别人的理解，以减轻内心的负罪感与纠结。而王清惠亦是寂寥终日，曲高和寡。两个孤独的人面面相对，心灵的默契也便由此产生。

至元十九年（1282）十二月，汪元量、王清惠等随赵㬎等赴上都，至元二十一年（1284）二月，又随赵㬎远至居延（今内蒙古额济纳旗）等地。路途遥远，环境艰苦，汪元量在诗中屡屡抒发万里行役之苦。患难见真意，苦乐共担当，在极为恶劣的环境中，汪、王二人赋诗唱和。汪元量赋《李陵台》诗云：

> 伊昔李少卿，筑台望汉月。月落泪纵横，凄然肠断裂。当时不受死，心怀归汉阙。岂谓壮士身，中道有摧折。我行到寰州，悠然见突兀。下马登斯台，台荒草如雪。妖氛霭冥蒙，六合何恍惚。伤彼古豪雄，清泪泫不歇。吟君五言诗，朔风共鸣咽。

天汉二年（前99），李陵率步卒五千北出居延，千里击匈奴，遇敌骑十万，奋死力战，终寡不敌众被迫投降，他困居匈奴，常思汉地，筑台南望，故名"李陵台"。汪元量跨越历史找到与李陵遭际的共通之处，咏叹千载同心。汪元量的感伤勾起了王清惠的无限愁思，遂作《李陵台和水云韵》与之相唱和。至元二十二年（1285）前后，在被遣途中，汪元量又有《天山观雪王昭仪相邀割驼肉》："北征已十年，抑郁悲局促。拄杖看天山，雪光皎如玉。满目鹯鹰飞，晴天猎鸿鹄。羁人灶无炊，竟夕枵其腹。美人塞边来，邀我分豆粥。手持并铁刀，欣然割驼肉。勿诮草堂翁，一饱死亦足。"压抑与悲戚之感充溢其诗。昔日天山雪光如玉，鹯鹰翩飞，然此刻身在异域，灶上无炊，饥肠辘辘。好在眼前的窘境因为有知己相伴而少了一些抑郁。

然而，或许是王清惠已感到南归无望，不想在煎熬中苦度时日，或许是历尽繁华与屈辱使她再无意留恋尘世，回到大都后，她自请为女道士，不久卒于道观，汪元量难以抑制心中的悲痛，作《女道士王昭仪仙游词》：

  吴国生如梦，幽州死未寒。金闺诗卷在，玉案道书闲。
苦雾蒙丹旐，酸风射素棺。人间无葬地，海上有仙山。

由汪元量极度悲痛的悼挽，可以想见在近20年的漫长岁月中，昔日的主仆之情已经演化为一种真挚的眷恋之情，甚至是一种融入生命的爱慕与难舍。

二 慰勉文山，尽忠守节

汪元量与文天祥的交往，始于宋亡以后，文天祥被拘于大都狱所期间。宋景炎三年（1278）十二月，文天祥于海丰五坡岭被元军所俘，次年（1279）十月被执至燕。元世祖"既壮其节，又惜其才"①，囚之连年。元朝曾派南宋旧臣留梦炎、宋幼主赵㬎、文天祥的亲眷以及平章阿合马、丞相博罗等劝降，皆被文天祥严词拒绝。

汪元量应是以道士身份奉元朝之命赴文天祥囚所的，文天祥《书汪水云诗后》云："吴人汪水云，羽扇纶巾，访予于幽燕之国。"其"羽扇纶巾"一词恰是说明了汪元量的身份。一位是力挽宋室于余烬中的抗元义士，另一位是伴慰三宫、深念故国的守义之士，在特殊的时代背景下，二人建立了深厚的友谊，成为南宋历史上的一段佳话。

（一）幽幽琴曲，结为知音

汪元量曾多次赴囚所，奏《拘幽》以下十操，文天祥倚歌相和，作《汪水云援琴访予缧继弹而作十绝以送之》；汪元量援琴作《胡笳十八拍》，文天祥集杜诗成拍赋《胡笳诗》。幽幽琴曲，传递汪元量对文天祥崇高的礼敬和慰勉之情，也使文天祥沉浸其中，淡化囚狱生活的痛苦。

刘辰翁《湖山类稿序》云："杭汪水云……又或至文丞相银铛所，为之作《拘幽》以下十操，文山亦倚歌而和之。"《拘幽》：琴曲名，相传周文王为崇侯虎所谮，被商纣囚于羑里，申愤而作此曲。"《拘幽》以下十操"为十首琴曲，汪元量访文天祥狱所时曾为其弹奏，哀怨的琴曲使文天祥洞开了忧愤郁结的心灵，倚歌相和，作《汪水云援琴访予缧继弹而作十绝以送之》：

---

① （元）脱脱等撰：《宋史》卷418，中华书局1977年版，第12540页。

《文王思舜》意悠悠，一曲南音尉（慰）楚囚。
解秽从他喧羯鼓，请君为我作《拘幽》。

（《文王思舜》）

去齐去鲁畏于匡，陈蔡之间更绝粮。
自古圣贤皆命薄，奸雄恶少尽侯王。

（《夫子去鲁》）

苏卿持节使穷荒，十九年间两鬓霜。
到了丹心磨不尽，归来重见汉君王。

（《苏武归汉》）

李陵思汉默如痴，独上高台望月时。
降志辱身非将略，五言诗法是吾师。

（《李陵思汉》）

三尺孤坟青草深，琵琶流恨到如今。
君能续响为奇弄，从此朱弦不是琴。

（《昭君出塞》）

蔡琰思归臂欲飞，援琴奏曲不胜悲。
悠悠十八拍中意，弹到关山月落时。

（《蔡琰胡笳》）

紫气绸缊冒翠寒，骑牛老子不忘机。
只因西出流沙去，惹得缁尘上素衣。

（《青牛度关》）

白云深处紫芝肥，一尾琴边局一棋。
自是有心扶汉业，故将羽翼辅英儿。

（《商山四皓》）

第五章 汪元量：黄冠氅服者的亡国之痛

梦破黄粳（梁）万法通，随师学道入空蒙。

文章博得雌雄剑，飞过洞庭烟霭中。

(《黄粱一梦》)

中散翛然物外身，广陵安肯授官人？

斫头视死如归去，惭愧吾生堕□尘。

(《失题》)①

这十首七绝均以琴曲命名。从这些曲辞可以看出，这些诗名应是汪元量所奏琴曲的曲名，文天祥为每首琴曲一一赋诗唱和，赞颂先贤，抒发内心的悲痛。其中前六首曲辞幽怨哀婉，极尽悲苦：《文王思舜》咏叹文王拘幽申愤的悲慨与哀怨；《夫子去鲁》咏叹孔子去鲁的颠沛流离，志不得遂；《苏武归汉》咏叹苏武历尽万难，终归汉室的持节不屈；《李陵思汉》咏叹李陵独上高台，抑郁彷徨的思归之情；《昭君出塞》咏叹王昭君出塞和亲，化为青冢的千古之恨；《蔡琰胡笳》咏叹蔡琰感伤乱离，悲叹欲绝的两难之情。后四首曲辞则隐含功成遁世之意：《青牛度关》咏叹老子西游，得道隐遁；《商山四皓》咏叹商山四皓辅佐汉室，功高身退；《黄粱一梦》咏叹尘世若梦，得道成仙；《失题》则咏叹视死如归的人生坚守。汪元量所弹奏的《拘幽》以下十操，既使文天祥忧愤的心灵得到一定的疏解，又使他渐悟道家羽化成仙、超脱遁世的真谛。

文天祥在大都狱中时，元朝曾多次派人诱降，均被其断然拒绝。或许是因为元人得知文天祥崇奉道教，遂派遣灵阳子、赵王宾、罗道士、汪元量等赴其囚所劝降。汪元量对文天祥充满景仰，面对文天祥，他能做的就是操琴奏曲，让这位宋人的精神领袖感知到他发自心

---

① 原载《诗渊》，明抄本，第7册。刘文源编：《文天祥研究资料集》，中国社会科学出版社1991年版，第520—521页。

底的钦佩和激励,淡忘肉体的折磨,超脱尘世。文天祥在见过几位道士后曾"自谓于死生之际,脱然若遗",而"自是诗文,时有洒脱忘世之意"①,都说明了文天祥对汪元量有很好的印象。

至元十七年(1280)中秋,汪元量赴文天祥狱所,为文天祥弹奏《胡笳十八拍》,并索赋《胡笳诗》。十月,又去探望,文天祥将写就的《胡笳曲(十八拍)》与"水云共商略",并书以遗之。

相传《胡笳十八拍》的词曲均为东汉蔡琰所作,"汉末大乱,琰为胡骑所获,在右贤王部伍中。春月登胡殿,感笳之音,作诗言志。"②蔡琰作《胡笳十八拍》,叙述自己被掳匈奴、强留生子、思念乡土而又不忍骨肉分离的悲惨遭遇。汪元量作《胡笳十八拍》,寓意自明,文天祥则集杜诗赋《胡笳曲(十八拍)》,自谦"盖囹圄中不能得死,聊自遣耳,亦不必一一学琰语也"(《胡笳曲序》),酬赠汪元量弹奏之苦心。

《胡笳曲(十八拍)》感山河破碎,亲人丧乱流离。此时,距离丁丑岁(1277)八月十七日家人离散已三载有余;距离其母曾夫人离世亦有两年。被拘狱中,身世沉浮,文天祥最思念的是万里之外的故国,最记挂的是儿女是否幸存的消息。文天祥有二子:长子道生死于祥兴元年(1278),次子佛生死于空坑难中。在《胡笳诗》中,文天祥集杜甫诗句,反复哀叹两个儿子的不幸:"大儿九龄色清彻,骅骝作驹已汗血。小儿五岁气食牛,冰壶玉衡悬清秋"(十三拍);"自有两儿郎,忽在天一方"(十七拍)。正是由于汪元量的真诚和理解,使文天祥毫不掩饰地表达自己对儿子的思念。

---

① (宋)邓光荐:《丞相传》,《文天祥全集》卷17,江西人民出版社1987年版,第709页。

② (宋)郭茂倩辑:《乐府诗集》卷59"蔡琰《胡笳十八拍》题解引《蔡琰别传》",影印文渊阁《四库全书》本。

《胡笳曲序》云:"水云索予书之,欲藏于家。故书以遗之。"可知文天祥手书《胡笳曲》赠予汪元量,这是一份极为珍贵的情感。《胡笳曲》虽是集杜诗而成,但情词真挚,意境完整,如出己手。文天祥就义后,汪元量作《招魂歌》,从人性本身出发,体会文天祥未能履行作为儿子、兄长、丈夫、父亲责任的惭愧之意。正是有《胡笳曲》的写作背景,我们得以了解汪元量与文天祥之间的情意。

(二)互赠诗稿,以诗见志

宋亡之际,汪元量与文天祥的诗歌创作均达到了顶峰,不但作品数量多,而且质量高。二人互赠诗稿,表达彼此之间的深情厚谊。

"妾薄命"是乐府古题之一,内容多写妇女的不幸与哀怨,汪元量反用其意,以结发之妻"誓以守贞洁,与君生死同"的誓愿,励勉文天祥"君当立高节,杀身以为忠"。其《妾薄命呈文山道人》诗云:

> 妾初未嫁时,晨夕深闺中。年当十五余,颜色如花红。千里远结婚,出门山重重。与君盛容饰,一笑开芙蓉。君不顾妾色,剑气干长虹。耿耿丈夫□,□□天下雄。结发未逾载,倏然各西东。妾独□□□,□养姑与翁。姑翁去年春,长梦随飘风。思君□□□,音信安可通。谅无双飞翼,焉得长相从。自服嫁时衣,荆钗淡为容。誓以守贞洁,与君生死同。君当立高节,杀身以为忠。岂无春秋笔,为君纪其功。

文天祥感其意作《集杜句和韵》,其诗云:

请陈初乱时,哭庙灰烬中。落日照大旗,云汉为之红。本朝再树立,乘舆安九重。惜哉瑶池饮,襦隐绣芙蓉。翠华蒙尘飞,影若扬白虹。丈夫誓许国,人马皆自雄。南游炎海甸,编蓬石城东。稍令社稷安,万里狎渔翁。虏骑速如鬼,一一灰悲风。魂断苍梧帝,凄凉信不通。壮士血相视,征伐听所从。中夜间道归,咫尺或未容。岂知英雄士,古来逼侧同。平生白羽扇,蹉跎效小忠。再光中兴业,何人第一功。①

国家危亡之际,文天祥起兵勤王,京口脱险后又组织义兵南下抗元,他九死一生,在《指南录》《指南后录》中已经多次表明视死如归的夙愿。在这首诗中,文天祥再次表明自己的坚贞不渝。

作为宫廷乐官,汪元量怀着对故国的深情,北上后辞官不仕,请为黄冠,以这种方式坚守忠于南宋的志节。在南宋旧臣、幼帝前来劝降的情况下,汪元量以"妾薄命"见赠,表达自己不能如文天祥一样"杀身以为忠",但他会尽微薄之力,"为君纪其功"。汪元量以自己的方式表达对英雄的礼敬,对故国的忠诚。

在狱中,汪元量曾拜读文天祥书稿,抑或文天祥将诗稿赠予他,汪元量诗《文山丞相丙子自京口脱去变姓名作清江刘洙今日相对得非梦耶》当是他在拜读诗稿后咏赋。有两处可以证明:其一,该诗题出自《纪年录》和《指南录》中的诗文。文天祥狱中手书的《宋少保右丞相兼枢密使信国公文山先生纪年录》有关于京口逃脱的记载:"二十九日,予与杜浒以下十一人,夜走真州。"京口逃脱,险象环生,其《指南录》卷3《脱京口》有小序叙述了每个惊险环节。又有《真州杂赋》(七首)叙述与巩信、尹玉、赵时赏等一行十二人奔至

---

① (宋)汪元量撰,孔凡礼辑校:《增订湖山类稿》卷3,第71页。该诗《文天祥全集》未载,《增订湖山类稿》将之附于汪元量《妾薄命呈文山道人》诗后。

第五章 汪元量：黄冠氅服者的亡国之痛

淮安后，文天祥变姓名为"刘洙"①一事的经过。文天祥《过黄岩》序云："予至淮，即变姓名。及天台境，哲斋张，为予觅绿漪诗。予既赋，题云：清江刘洙书此。过黄岩，寄二十字。"诗云："魏睢变张禄，越蠡改陶朱。谁料文山氏，姓刘名是洙。"记录了其逃脱虎口变易姓名一事。其二，汪诗颈联有"魏睢张禄梦中梦，越蠡陶朱身后身"句，文天祥《过黄岩》亦有"魏睢变张禄，越蠡改陶朱"句，二人在诗中同用魏睢更名张禄、范蠡被称陶朱的典故，借指变名为刘洙一事。

汪元量有诗稿请文天祥作跋，文天祥欣然作《书汪水云诗后》云：

> 吴人汪水云，羽扇纶巾，访予于幽燕之国，袖出《行吟》一卷。读之如风樯阵马，快逸奔放。询其故，得于子长之游，嗟夫异哉！乃为之歌曰："南风之薰兮琴无弦，北风其凉兮诗无传。云之汉兮水之渊，佳哉斯人兮水云之仙。"一百五日卢陵文山天祥履善甫。②

"一百五日"，指寒食节，因自冬至日到清明，共一百零七日，而先两日为寒食，故有其称。由跋文可知，文天祥在燕，自至元十六年十月一日至十九年十二月九日就义前，汪元量于此间的某一寒食节拜访文天祥，该跋即作于此时。汪元量诗稿，南归后南宋遗老多为之作序跋，文天祥是为其作跋的第一人。文天祥用"风樯阵马，快逸奔放"来形容汪元量的创作风格，当问及他是怎样写出如此佳作时，汪

---

① （宋）邓光荐《督府忠义传》载："刘洙，字渊伯，号小村，丞相邻曲，相友善。丞相喜像弈，洙初不敌，穷思一昼夜，遂能对垒。自少负气节，与从兄子俊同领漕贡。即矢心殉国，号召同乡义士数千人，从丞相勤王，号忠义刘监军，专将一军，为督账亲卫。圆机应物，督府赖之。"见《文天祥全集》卷19，第786页。
② 《全宋文》卷8316，第359册，上海辞书出版社、安徽教育出版社2006年版，第131页。

元量说他得力于像司马迁那样行万里路,阅多见广之故。文天祥遂作歌曰:"南风之薰兮琴无弦,北风其凉兮诗无传。云之汉兮水之渊,佳哉斯人兮水云之仙。"

(三)痛失文山,哭悼招魂

祭奠文天祥的诗文,以王炎午、谢翱及汪元量三人所作较为著名,影响很大。王炎午有《生祭文丞相文》《又望祭文丞相文》,生祭文激昂奋发,作于文天祥被执大都的途中,"誊录数十本,自赣至洪,于驿途水铺、山墙店壁贴之,冀丞相经从一见"[1],劝文天祥速死,以全其大节;望祭文悲壮激切,作于张千载持文天祥的发齿南归以后。谢翱的《西台恸哭记》深切凄凉,作于文天祥就义八年之后。较之王炎午、谢翱的祭文,汪元量的《招魂歌》不仅从民族大义的角度,更侧重于描述文天祥忠孝难两全的孝子之情、手足之情、夫妻之情、爱子之情,悱恻凄凉,催人泪下。

文天祥起兵抗元,"亡家沉族,折首而不悔"[2],然文天祥亦非圣人,起兵抗元后血缘至亲受牵连以至丧命,其内心充满难以名状的痛苦。汪元量的悼诗从亲情角度,赞美文天祥舍生取义的悲壮豪情。其《浮丘道人招魂歌》(九首)云:

> 有客有客浮丘翁,一生能事今日终。啮毡雪窖身不容,寸心耿耿摩苍空。睢阳临难气塞充,大呼南八男儿忠。我公就义何从容,名垂竹帛生英雄。呜呼一歌兮歌无穷,魂招不来何所从。
>
> (其一)

---

[1] (宋)王炎午:《生祭文丞相文》,《全元文》卷557,第370页。
[2] (宋)邓光荐:《文信国公墓志铭》,陈柏泉《元至元二十一年文天祥墓志铭》,《文史》17辑,中华书局1983年版,第240页。

有母有母死南国，天气黯淡杀气黑。忍埋玉骨厓山侧，蓼莪劬劳泪沾臆。孤儿以忠报罔极，拔舌剖心命何惜。地结苌弘血成碧，九泉见母无言责。呜呼二歌兮歌复忆，魂招不来长叹息。

（其二）

有弟有弟隔风雪，音信不通雁飞绝。独处空庐坐缧曳，短衣冻指不能结。天生男儿硬如铁，白刃飞空肢体裂。此时与汝成永诀，汝于何处收兄骨。呜呼三歌兮歌声咽，魂招不来泪如血。

（其三）

有妹有妹天一方，良人去后逢此殃。黄尘暗天道路长，男呻女吟不得将。汝母已死埋炎荒，汝兄跣足行雪霜。万里相逢泪滂滂，惊定拭泪还悲伤。呜呼四歌兮歌欲狂，魂招不来归故乡。

（其四）

有妻有妻不得顾，饥走荒山汗如雨。一朝中道逢狼虎，不肯偷生作人妇。左挟虞姬右陵母，一剑捐身刚自许。天上地下吾与汝，夫为忠臣妻烈女。呜呼五歌兮歌声苦，魂招不来在何所。

（其五）

有子有子衣裳单，皮肉冻死伤其寒。蓬空煨烬不得安，呌怒索饭饥无餐。乱离走窜千里山，荆棘蹲坐肤不完。失身被系泪不乾，父闻此语摧心肝。呜呼六歌兮歌欲残，魂招不来心鼻酸。

（其六）

有女有女清且淑，学母晓妆颜如玉。忆昔狼狈走空谷，不得还家聚骨肉。关河丧乱多杀戮，白日驱人夜烧屋。一双白璧委沟渎，日暮潜行向天哭。呜呼七歌兮歌不足，魂招不来泪盈掬。

（其七）

有诗有诗《吟啸集》，纸上飞蛇喷香汁。杜陵宝唾手亲拾，沧海月明老珠泣。天地长留国风什，鬼神呵护六丁立。我公笔势人莫及，每一呻吟泪痕湿。呜呼八歌兮歌转急，魂招不来风习习。

（其八）

有官有官位卿相，一代儒宗一敬让。家亡国破身漂荡，铁汉生擒今北向。忠肝义胆不可状，要与人间留好样。惜哉斯文天已丧，我作哀章泪凄怆。呜呼九歌兮歌始放，魂招不来默惆怅。

（其九）

汪元量的这组诗仿效杜甫《同谷七歌》和文天祥《六歌》而成。他们深受杜甫的深刻影响：杜甫有《北征》诗，汪元量亦有《北征》诗；杜甫有"诗史"之誉，文天祥与汪元量追宗杜甫，以诗纪史，亦堪称一代诗史；杜甫历经安史之乱，忧国忧民，沉郁顿挫；文天祥起兵抗元，力匡宋室，有集杜诗二百首；杜甫于乾元二年（759）冬困居同谷，作《同谷七歌》，描写一家人的悲惨遭遇和骨肉分离的哀痛；文天祥被押北上，至元十六年（1279）九月在山东境内渡黄河前后，仿效杜甫《同谷七歌》作《六歌》，分别悲叹妻、妹、子、妾和自己的命运。

《招魂歌》凡九首，其一歌颂文天祥从容就义，名垂千古。西汉苏武，唐代张巡、南霁云等是文天祥生前极为推崇的爱国勇士，集中有多首诗对他们进行赞美，汪元量《招魂歌》将文天祥比之他所推崇的偶像，以昔日英雄礼赞今日志士。德祐二年（1276）三月二日，文天祥真州得脱，守将苗再成从袖中取出李龙眠所绘《汉苏武忠节图》，求其咏题。文天祥深感"浩气愤发，使人慷慨激烈，有去国思君之念"，遂作《题苏武忠节图》三首，书于卷后。文天祥诗《和自山》有"我方慕苏武，谁复从田文"，《己卯十月一日至燕越五日罹狴犴有感而赋》(其四)有"苏武窖中偏喜卧,刘琨囚里不妨吟",《正气歌》有"在秦张良椎,在汉苏武节",对苏武归汉推崇之至。而文天祥《黄金市》诗"巡远应无儿女态,夷齐肯作稻粱谋",《万安县》诗"举世更无巡远死,当年谁道甫申生",《许远》诗"睢阳水东流,双庙垂百世",则对张巡、许远、南霁云等死守睢阳的事迹感佩涕零。汪元量正是从文天祥崇拜的偶像出发,赞美他的从容就义,正如历史上持节归汉的苏武、死守睢阳的勇将一样,令后世景仰,青史留名。

《招魂歌》其二咏叹文天祥"全忠不全孝",未能为母送终的巨大遗憾。文天祥的母亲延师教子,勤俭淡泊,据文璧所撰《齐魏两国夫人行实》载:"先夫人生有挚性,事舅姑尽孝,相夫子以俭勤,自奉极菲薄。惟延师教子,至鬻簪珥,给费无吝色。"省吃俭用,卖掉簪珥饰品以供子读书,可见文母的气量与远见。南宋危难,文母支持二子毁家纾难,随附辗转,处之怡然。"天祥累更麾节,催任瑞赣时,奉重闱以行,然先夫人雅意澹泊,曾不以迎养易家居之乐。德祐乙亥……璧以知惠州迎养。属时多艰,版舆无定所。璧深惧以陨越遗忧。先夫人处之泰然。"① 景炎三年(1278)九月七日,文母薨逝,时文天祥"行府驻船澳","未有返葬夫人期"②,成为平生最大憾事。文天祥作有《告先太师墓文》,抒发了忠孝不能两全的憾恨:"呜呼!人谁不为臣,而我欲尽忠不得为忠;人谁不为子,而我欲尽孝不得为孝。天乎,使我至此极耶!"③ 汪元量正是从文天祥"古来全忠不全孝,世事至此甘滂沱"④ 的巨大遗恨写起,咏叹文天祥精忠报国,然

---

① (元)文璧:《齐魏两国夫人行实》,《文文山全集》卷18,国学整理社1936年版,第469—471页。
② (宋)文天祥:《集杜诗·母第一百四十一》,熊飞、漆身起等校点《文天祥全集》卷16,江西人民出版社1987年版,第664页。
③ 《文天祥全集》卷14,第544页。
④ (宋)文天祥:《哭母大祥》,《文天祥全集》卷14,第580页。

忠孝不能两全的悲痛。

苌弘（？—前492），周景王、敬王的大臣刘文公所属大夫，刘氏与晋范氏世为婚姻，在晋卿内讧中帮助范氏，为周人所杀，流血成碧，后世常以"碧血"指忠臣义士为正义事业而流血。在诗中，汪元量以"拔舌剖心""苌弘血碧"颂扬文天祥舍生殉国的忠义情怀。郑思肖《文丞相叙》载："公闻受刑，欢喜踊跃就死……及斩，颈间微涌白膏。剖腹而视，但黄水；剖心而视，心纯乎赤。"① 这或可作为汪元量诗的一个注脚。文天祥受母教诲，忠诚为国，其《邳州哭母小祥》有"母尝教我忠，我不违母志。及泉会相见，鬼神共欢喜"②，故汪元量诗称其"九泉见母无言责"，慨叹文天祥从容就义，可以告慰其母先灵。

《招魂歌》其三歌咏文氏兄弟之意。文天祥原有兄弟四人，弟霆孙早卒，存有二弟：长文璧，次文璋。然自起兵赴国难，兄弟分别，难以再见。《集杜诗·弟》序云："予二弟……璋自船澳奉母丧趋惠州别，璧来五羊别。自是骨肉因缘，堕寥廓矣。"身为长兄而未能保护好弟弟，文天祥深感自责："何以有羽翼，飞去堕尔前"（《集杜诗·弟第一百五十一》），"不见江东弟，急难心悯然"（《集杜诗·弟第一百五十四》）。汪元量《招魂歌》其三的前四句正是咏叹了文天祥独坐缧绁，思亲念弟的情感。

文氏兄弟中，文天祥以身殉国，文璧以延续宗祀为虑，以惠州降元。文天祥子道生、佛生卒后，文璧将子陞过继给文天祥为嗣。《吟啸集》有《闻季万至》，诗云："弟兄一囚一乘马，同父同母不同天。""季万"，即文璧字。至元十八年（1281）正月，文天祥在《批

---

① （宋）郑思肖：《文丞相叙》，《文天祥全集》卷19，第755—756页。
② 《文天祥全集》卷14，第558页。

付男陞子》书写道:"吾以备位将相,义不得不殉国。汝生父与汝叔姑、全身以全宗祀。惟忠惟孝,各行其志矣。"均是表达对文璧以家族为虑而降元的理解。

季弟文璋小文天祥 13 岁,文天祥被俘后,文璋听从长兄之意,隐居不仕。璋公《圹志》云:"生八岁而孤,丞相教育之如子,仕至朝奉郎带行大理寺丞,知宁武州。至元庚辰,丞相从囚中书来永诀,勉公以不仕。"① 文天祥对两位弟弟既寄寓宗族之望,又有敛收尸骨之托,汪元量诗中"汝于何处收兄骨",正是从文天祥作为长兄的身份出发,勉弟各尽忠孝,与诸弟生死永诀的手足之情。

《招魂歌》其四歌咏文氏兄妹之情。文天祥有妹三人,《齐魏两国夫人行实》载:"女三:懿孙、淑孙、顺孙,顺孙早夭。"长妹懿孙不幸入燕,次妹淑孙不幸遇难。这首诗咏叹懿孙的不幸遭遇,懿孙适孙栗,孙栗遇害,懿孙不幸入燕,孤苦伶仃而志节不减,有贞节之志,郑思肖《文丞相叙》:"公之家人皆落贼手,独妹氏更不改嫁贼曹,谓:我兄如此,我宁忍耶!惟流落无依,欲归庐陵,贼未纵其还乡。"元代吴澄亦对文懿孙的刚烈品格给予赞颂:"一代三百年间有此臣,一家数十口内有此女。臣不二君,女不二夫。臣尽节而死,女全节自生。不愧于天,不怍于人。可传千万世,卓哉!"② 《招魂歌》七八句"万里相逢泪滂滂,惊定拭泪还悲伤",则指至元十八年(1281)夏,文天祥在狱中与弟、妹相见一事。劫后相逢,泣泪滂沱,永诀之痛,令人动容。

《招魂歌》其五咏叹文天祥与妻妾的夫妻之义。文天祥有妻欧阳

---

① (元)文真子:《故宋朝奉郎带行大理寺丞知宁武州文公圹志》,《江右文氏通谱》编纂委员会编《江右文氏通谱》(第5册),江西省永新县禾水印刷厂,2006年,第1971页。

② (元)吴澄:《跋文丞相与妹书》,《全元文》卷493,江苏古籍出版社1999年版,第579页。

夫人，二妾：颜孺人、黄孺人。景炎二年（1277）八月二十七日空坑之败，文天祥仓皇得脱，欧阳夫人被元军所俘。文天祥悲痛万分，赋诗云："结发为妻子，仓皇避乱兵。生离与死别，回首泪纵横。"妻子久无消息，文天祥以为欧阳夫人必不甘受辱，已自杀，作有《哭妻文》："烈女不嫁二夫，忠臣不事二主，天上地下，惟我与汝，呜呼哀哉。"又《六歌》（其一）云："有妻有妻出糟糠，自少结发不下堂。乱离中道逢虎狼，凤飞翩翩失其凰。将雏一二去何方，岂料国破家亦亡，不忍舍君罗襦裳。天长地久终茫茫，牛女夜夜遥相望。"汪元量从文天祥《六歌》中得知欧阳夫人殉难之意，故在《招魂歌》中写道："一朝中道逢狼虎，不肯偷生作人妇……天上地下吾与汝，夫为忠臣妻烈女。"① 实际上欧阳夫人并未离世，邓光荐《丞相传》载："欧阳夫人被掳后，即到燕都，与二女皆留东宫，服道冠氅，日诵道经。"汪元量与文天祥虽然面见多次，然古人礼节，不问对方妻室，所以汪元量仍以文天祥《六歌》诗意，认为欧阳夫人已卒。《招魂歌》其五的第五句至第八句则对文天祥及其妻妾的夫忠妻烈给予礼赞。

《招魂歌》其六歌咏文天祥痛失爱子。文天祥有二子：道生、佛生。长子道生生于咸淳二年（1266），死于祥兴元年（1278），《集杜诗·长子·第一百四十九》序云："予二子，长曰道生，姿性可教，不幸乱离，随家飘泊。空坑之败，能脱身自全。钟爱于太夫人，以疾，后太夫人六十日，死于惠阳郡治中，生十三年矣。"次子佛生死

---

① 时人张枢《文丞相传补遗》载："丞相既俘，其夫人欧阳氏为大将军将校所执，将逼而辱之。夫人曰：'吾有死耳，义不以洁白之躯，辱于贱卒。夫，吾天也，夫既执，尚安所惜哉！夫不负国，我独安忍负夫也！'遂自刭死。丞相闻之，哭而祭之。"文天祥及家人下落在当时备受关注，然传闻未必属实。从欧阳夫人在大都狱中面见文天祥的情况看，欧阳夫人当时并未死。张枢此文说法有误。欧阳夫人被执后，久无消息，文天祥以为她必不受辱而自杀，因而写了《哭妻文》，当时世人也是这么认为的。

于空坑之败。汪元量《招魂歌》其六体察文天祥身为人父,因报效国家而致爱子早亡的巨大悲伤。

《招魂歌》其七歌咏文天祥的爱女之情。文天祥有六女:定娘、柳娘、环娘、监娘、奉娘和寿娘。柳娘、环娘二女生于咸淳三年(1267)①,文天祥《六歌》(其三)"有女有女婉清扬,大者学帖临钟王,小者读字声琅琅"之句表达了对女儿的亲切感情。然而六女之中,唯柳娘、环娘得存,汪元量《招魂歌》(其七)第三、四句"忆昔狼狈走空谷,不得还家收骨肉"咏叹爱女惨遭不幸,而身为人父,文天祥不能为爱女收尸的无奈。柳娘、环娘虽幸免于难,却被关押在大都,整日身着道家装束,念诵道经,过着囚徒般的生活。诗中第七、八句"一双白璧委沟渎,日暮潜行向天哭",则是咏叹文天祥对柳娘、环娘被陷元营的痛惜。

《招魂歌》其八歌咏文天祥的诗集。文天祥在大都狱中作有《吟啸集》一卷,述狱中生活与思想,著名的《正气歌》即位于该集卷首。汪元量诗首句"有诗有诗《吟啸集》,纸上飞蛇喷香汁"就是赞美《吟啸集》中诸诗,势如飞蛇喷汁,扑面而来。在狱中,文天祥曾集杜诗自遣,凡二百篇,皆五言二韵。每篇之首,标目次第,题下多有小序,叙次时事,"于国家沦丧之由,生平阅历之境,及忠臣义士之周旋患难者,一一详志其实","不愧有'诗史'之目"②。"小序之末,多曰哀哉者,公所以伤其国之亡,悯其忠臣义士之同尽,恸其家族之殉国,而自处其身于死,岂待南向再拜,引颈受刃之际,而后有决志哉!"③《招魂歌》(其八)的第三、四句赞美文天祥秉承杜甫

---

① 《纪年录·丁卯咸淳三年》:"二月,女柳生;三月,女环生。"《文天祥全集》卷17,第689页。
② (清)纪昀:《钦定四库全书总目》(整理本),中华书局1997年版,第2181页。
③ (明)刘定之:《文信国集杜诗序》,影印文渊阁《四库全书》本。

"诗史"传统,深怀忧国忧民的情怀,其诗若沧海之明月,鲛人之泣珠。第五句至第八句赞美文天祥诗如《诗经·国风》之篇什,直面现实,直抒胸臆。尤其是其犀利吟啸之风格,低沉呻吟之苦痛,深深地感染世人,将传之千古。

《招魂歌》其九则歌咏文天祥卿相之官。宝祐四年,文天祥廷对擢为大魁;德祐二年(1276)正月,除右丞相兼枢密使;八月,加少保晋爵信国公。首句"一代儒宗"即言文天祥以状元入仕。第七、八句"惜哉斯文天已丧,我作哀章泪悽怆",取《论语·子罕》"天之将丧斯文也"之意,"斯文"谓儒者或文人,此指文天祥。郑思肖《文丞相叙》曰:"忠臣、孝子、大魁、丞相,古今惟公一人。"汪元量诗表达的正是对痛失忠臣英才的无限惋惜,而文天祥的就义,对于南宋遗民来说,更标志着他们眷念的南宋王朝的彻底灭亡,一个时代的彻底结束。

此后数年,尽管斯人已逝,但汪元量对文天祥深情不减,敬佩之意犹增,作《文山道人事毕壬午腊月初九日》悼念,其诗云:

> 崖山禽得到燕山,此老从容就义难。生愧夷齐尚周粟,死同巡远只唐官。雪平绝塞魂何往,月满通衢骨未寒。一剑固知公所欠,要留青史与人看。

崖山败亡后,元将张弘范拘文天祥至广州,劝文天祥"改心易虑,以事大宋者事大元",文天祥说:"殷之亡也,夷齐不食周粟,亦自尽其义耳,未闻以存亡易心也。"① 文天祥崇效夷齐,为亡宋尽忠孝之义。初至大都,元人供帐饮馔如上宾,文天祥不食元粟,友人张千载随赴大都,"寓于公囚所侧近,日以美馔。凡三载,始终如一"②。

---

① (宋)邓光荐:《丞相传》,《文天祥全集》卷17,江西人民出版社1987年版,第708页。
② (元)陶宗仪:《南村辍耕录》卷5,文化艺术出版社1998年版,第71页。

诗中"生愧夷齐尚周粟"即指此意。"一木难支大厦催",文天祥以个人力量尽忠于故宋,汪元量将其比之唐代死守睢阳的张巡、许远,是对文天祥起兵抗元情势的深层理解。

三 南归故国,难言凄凉

汪元量在北方羁留十余年,至赵㬎入吐蕃学佛,期间数次乞请元世祖,终得南归。① 他一路南下,行经今安徽、江苏等地,登览名胜,于次年沿江回杭。无论名胜古迹,还是故都巨变,都勾起了他对宋亡的无限感慨与伤痛。而羁留北方入仕元朝的经历,更使他感到无颜与凄凉。

(一)故国重游,睹景伤情

由北向南的归途,汪元量的心被物是人非的痛苦所吞噬。每到名胜古迹,他总是吟诗赋咏。途经安徽当涂凌歊台,他慨叹"三千歌舞今何处,惟有姑溪绕翠微"(《凌歊台》)。途经凤凰台,他吟咏"齐梁地废鸦千树,王谢家空蚁一丘"(《凤凰台》)。途经扬州,他感慨"后皇庙里花何在,炀帝堤边柳亦枯"(《扬州》)。途经石头城,他由晋武帝司马炎伐吴的史事想到南宋的投降,悲叹如今亦是"一片降旗

---

① 此据(清)毕沅《续资治通鉴》卷188"至元二十五年十二月纪事"考异:"《后编》系汪元量事于至元十七年。据王清惠《送行诗序》,云水云留金台一纪,则断非十七年矣。以水云集考之,所述宋末遗事,皆后于十七年。瀛国公以二十五年学佛法,元量则有诗纪其事,则元量之归杭州,当即在此年,清惠所云一纪者,略言之耳。严冬友谓元量事可以不载,余谓元量所述可见一代之颠末,不仅为元量一人也。"(中华书局1957年版,第5146—5147页)。汪元量南归时间,学界有如下说法:1. 至元二十五年(1288)。王献唐《汪水云事辑》;杨树增《汪元量祖籍、生卒、行实考辨》;孔凡礼《关于汪元量的家世、生年和著述》《汪元量事迹纪年》;王颋《诗怀昔朝——汪元量籍贯、旅踪、生平考辨》。2. 至元二十二年(1285)秋。孔凡礼否定前说,载《关于汪元量研究的一些新资料》(《宋代文史论丛》,学苑出版社2006年版)。3. 至元二十三年(1286),祝尚书《汪元量〈湖山类稿〉佚跋考》(《书品》1995年第3期)。

千古泪,前人留与后人哀"(《石头城》)。途经金陵古都,他借古寓今,"风云旧日龙南渡,宇宙新秋雁北来"(《金陵》)。继而在无奈中咏叹:"东南无霸气,恢复恐难行。"(《后主庙》)

途中最令汪元量痛心的还是鲁港。南宋亡国,惨败于鲁港,其时曾作有《鲁港败北》一诗。南归途中,行经鲁港,历史的惨痛似一幅永远无法抹去的画面,他再赋一首,感喟"大木已颠天柱折,钱塘江上雁成群"(《鲁港》),痛恨贾似道擅权误国。

南宋亡国后,最令江南人民感到痛心的是宋皇陵被元僧盗掘。史载:"嘉木扬喇勒智下令,衰诸陵骨,杂置牛马枯骸中,建白塔于故宫。欲取宋高宗所书《九经》石刻以筑基,杭州总管府推官申屠致远力拒之,乃止。塔成,名曰镇南,以厌胜之。杭人悲感,不忍仰视。"①汪元量难以接受宋旧宫苑矗立佛塔,多次在诗中表达悲愤。其《钱塘》诗云:

> 踽踽吞声泪暗倾,杖藜徐步浙江行。
> 青芜古路人烟绝,绿树新墟鬼火明。
> 事去玉环沈异域,愁来金碗出佳城。
> 十年草木都糜烂,留得南枝照浅清。

"金碗":干宝《搜神记》记卢充与崔少府女幽婚,别后四年忽相遇,崔女与卢充金碗而别,后崔女姨母见曰:"昔吾妹生女亡,赠一金碗著棺中。"诗中第六句以"金碗"典故借指殉葬器物,进而指代杨琏真迦发宋陵事。汪元量在《旧内曲水池》中咏叹宋宫遭建塔宇:

---

① (清)毕沅撰:《续资治通鉴》卷184,中华书局1957年版,第5022页。

> 锦沟引水入觞池，两两金船上下驰。
> 春季夫人扶辇疾，玉堂学士带花迟。
> 当时行乐虽然秘，此日遗踪自可悲。
> 回首支郎新栋宇，浮屠千尺白差差。

"支郎"：僧侣的泛称。新栋宇：指杨琏真伽在宋故大内拆毁宫殿，改建五寺。又发宋诸陵后取陵内物建塔其上，其形为壶，俗称一瓶塔，高二百丈，垩饰如雪，故又名白塔。《孤山和李鹤田》云："林西楼观青红湿，又逊僧官燕梵王。"故国的变化令汪元量感到无比悲愤。

（二）南归对客，梦寐难答

南归以后，汪元量遍访故人，共叙沧海桑田之变，世事无常之情。在元朝履官的经历，是汪元量被迫无奈的选择，这也是他南归后感到最难言说之事。其很多诗都表达了自己这份尴尬与无奈。《答徐雪江》即其中之一：

> 十载高居白玉堂，陈情一表乞还乡。
> 孤云落日渡辽水，匹马西风上太行。
> 行橐尚留官里俸，赐衣犹带御前香。
> 只今对客难为答，千古中原话柄长。

汪元量直言不讳自己入仕元朝，他在《万安殿夜直》《初庵传学士归田里》《北狱降香呈严学士》等诗中均有提及。此诗中"白玉堂"泛指翰苑，代指自己曾为元翰林供奉。"陈情一表"：按李密为侍奉祖母，辞谢晋官，作《陈情表》，借用此典说经过数次上书申请，始得元世祖允许以黄冠南归。面对故人的询问，心中忐忑尴尬，种种不得已无法言说。

汪元量在《三衢官舍和王府教》中表达了难言的伤痛："武淹某泽常思汉，甫寓鄜州只念唐。秉烛相看真梦寐，夜阑无语意茫茫。"借苏武羁留匈奴的经历，叙述自己被迫流落北方的艰辛和日夜思念故国的心情。南归以后，一切恍如隔世，而夜深秉烛，相对无语，个中滋味只能于沧海茫茫中一点点去体味了。

汪元量诗《寄赵青山同舍档》（其一）亦表达了期望得到世人理解的心情。其诗云：

六馆风流不可寻，形骸土木泪痕深。
有时咄咄空书字，俗子宁知我辈心。

赵青山：名文，曾以京庠补太学生，入上舍。汪元量亦曾入太学，故称赵为同舍。前两句谓自己已如土木，然而回想当年，仍是泪痕深深。难言的苦衷，"俗子"怎能体会？仕元的经历难于释怀，更难于向别人解释。胡斗南曾在《题汪水云诗卷》（其六）中写道："年来依旧多游赏，半是南人半北人。"这恐怕也是当时一些人对汪元量的看法与评价。

汪元量虽仕元，但后世因其对宋的忠义之情，仍以遗民视之。清代余集说："水云以布衣流离绝域，寄意诗琴，人品既高，诗亦有《楚骚·天问》之遗。以文发其幽光，刊以行世，洵不朽之盛业也。"① 王国维说："汪水云以宋室小臣，国亡北徙，侍三宫于燕邸，从幼主于龙荒。其时大臣如留梦炎辈，当为愧死，后世多以完人目之。然中间亦为元官，且供奉翰林。其诗具在，不必讳也。水云在元

---

① （清）余集：《题鲍刻水云集》，王献唐《双行精舍校汪水云集》，齐鲁书社 1984 年版，第 102 页。

颇为贵显,故得橐留官俸,衣带御香,即黄冠之请,亦非羁旅小臣所能,后世乃以宋遗民称之,与谢翱、方凤等同列,殊为失实。然水云本以琴师出入宫禁,乃倡优卜祝之流,与委质为臣者有别。其仕元亦别有用意,与方、谢诸贤迹异心同,有宋近臣一人而已。"① 王国维强调汪元量心迹始终忠于宋室。孔凡礼《汪元量事迹纪年》认为任元官问题,有关汪元量大节,从汪元量的"心迹"入手,认为"由于处于特殊之历史环境、特殊之地位,其任元职,有无穷之隐衷在……元量于宋三宫凄凉冷落之中,伴之慰之于生死之际,亦得为忠。"②

汪元量在大都生活十三载,始终与亡宋三宫为伴,实乃重情之人;他将在元朝做事的经历写入诗中,未避忌讳;多番乞求,终得南归,都表现出他对故国的深沉情感。可以说,汪元量虽不能称得上是全"忠"全"节",但心中始终有"义"在。这在易代之际也是非常宝贵的。

---

① 王国维:《观堂集林》卷21,河北教育出版社2003年版,第525页。
② 《增订湖山类稿》(附录二),中华书局1984年版,第266—267页。

第六章　汪元量：元明清的接受与传播

汪元量"以宋室小臣，国亡北徙，侍三宫于燕邸，从幼主于龙荒"的特殊经历，因心念故国，使他得到南宋遗民的理解。南归后广泛联结遗民，创立诗社，活跃在遗民中间，"后世多以完人目之"①。汪元量以深挚的亡国情怀，令元、明、清士人为之叹服。

第一节　宋遗民对汪元量的理解

汪元量南归后，拜望遗老，创立诗社，去湘赴蜀，往来于江湖，与南宋遗民故老诗酒相酬，抒发黍离之悲。水云诗稿有刘辰翁、李珏、马廷鸾、邓光荐等多位著名遗民为之作序跋，又有赵炎、胡斗南、刘师复、罗志仁等40余位遗民为之题诗。汪元量得到了江南遗民的认可。

一　遗民之悲，亡国之恨

据明程敏政《宋遗民录》、朱明德《广宋遗民录》所记，元初有事迹可考的宋遗民有400多人，作为经历了风云巨变的同时代人，他

---

① 王国维：《书宋旧宫人诗词·湖山类稿·水云集后》，《观堂集林》卷21，河北教育出版社2003年版，第525页。

们从险恶的时局出发,从自己相对安稳的生活状态中,体会到北解之人直面元朝统治者的不幸与艰难,对汪元量报之以理解与同情。

(一)谢翱:我本南人,我行北土

谢翱(1249—1295),字皋羽,自号晞发子,长溪(今福建霞浦)人,宋末著名的爱国志士,宋遗民代表作家。文天祥起兵,他散家财募集乡兵,投文天祥幕府,任咨议参军。宋亡后,坚不仕元,与一批遗民结成具有浓厚政治色彩的诗社,互相唱和,眷怀故国。后漫游两浙,病死于杭州。谢翱诗文抑郁悲愤,常以溅血之笔,抒发亡国之痛。他"倜傥有大节"①,其事迹虽未见于《宋史》,然而元明清各代均有名士撰写传记、行状、序跋、诗文笺注以及凭吊诗文,如其友人方凤撰《谢君皋羽行状》、邓牧撰《谢皋父传》,此后,元代有任士林作《谢翱传》、吴谦作《谢君皋羽圹志》,明代有宋濂作《谢翱传》、邓椿作《宋隐士谢翱先生墓碑记》,清代则有徐沁编《谢皋羽年谱》等。有《晞发集》十卷、遗集二卷、附《天地间集》一卷,存于《四库全书》。

汪元量南归后,尽访遗民故老,求诗题跋。谢翱作为遗民领袖级人物,有机会读到水云诗,并深情地写下《续琴操哀江南》诗四章。在众多与汪元量酬唱诗歌中,这一组诗卓然不群。其诗如下:

> 我赴蓟门,我心何苦。我本南人,我行北土。视彼翼轸,客星光光。自陪辇毂,久涉戎行。靡岁不战,何兵不溃。偷生有戚,就死无罪。莽莽黄沙,依依翠华。我皇何在,忍恤我家。
>
> (《我赴蓟门四之一》)

---

① (元)任士林:《谢翱传》,《全元文》卷584,江苏古籍出版社2000年版,第430页。

瞻彼江汉，截淮及楚。起兵海隈，亡命无所。枕戈待旦，愤不顾身。我视王室，谁非国人。噫嘻昊天，使汝缧绁。奸党心寒，健儿胆裂。黄河万里，冰雪峨峨。尔死得死，我生谓何。

(《瞻彼江汉四之二》)

我操南音，爱酌我酒。风摧我裳，冰裂我手。薄送于野，曷云同归。自诒伊阻，不得奋飞。持此盈觞，化为别泪。昔也姬姜，今焉憔悴。山高水远，无相见时。各保玉体，将死为期。

(《我操南音四之三》)

兴言自古，使我速老。麋鹿是游，姑苏荒草。起秣我马，裹回旧乡。江山不改，风景忘亡。谁触尘埃，不见日月。梨园云散，羽林鸟没。吞声踯躅，悲风四来。尔非遗民，胡独不哀。

(《兴言自古四之四》)[①]

沉郁幽凄，诗人拟汪元量的身份描绘了亡国之人未能以身殉国、立地就死，只能无奈苟活的境遇。行走在昔日君王的辇侧，眼见异国莽莽黄沙，哀叹君主无力保护人民，致使丧失生存家园。12年后终得南归，看到梨园云散，羽林鸟没，物去人非，不禁踯躅吞声，悲风四来。

谢翱乃一介布衣，未曾在朝廷任职，然而，在国家危亡之时，他入文天祥幕，随之起兵勤王，南宋陵寝遭遇盗掘，他挺身而出，藏骨记诗，将自己对故国的深沉挚爱付诸行动，在遗民当中树立起一面风节之旗帜。谢翱以自己的亡国心境拟写汪元量北去南归的心路历程，写得凄苦深婉，桀骜有奇气，激发起宋遗民的情感共鸣。元初大儒吴莱曾为此诗作序。

[①] 《全宋诗》卷3692，北京大学出版社1995年版，第44336页。

（二）周方：奋笔直情，为之骨立

汪、周在南宋时乃故交，汪元量有《九日次周义山》诗。周方（1216—?），字义翁，建昌军南城县（今江西南城）人。长于赋，年四十登宝祐四年二甲进士。咸淳中，官朝奉郎，添差浙东安抚司主管机宜文字，兼福王府教导官。生平事迹见《宝祐四年登科录》卷2，《重修兴圣寺记》（《至元嘉禾志》卷18）。其《书汪水云诗后》云：

> 余读水云诗，至丙子以后，为之骨立。再嫁妇人望故夫之陇，神销意在，而不敢出声哭也。水云生长钱塘，晚节闻见其事，奋笔直情，不肯为婉娈含蓄，千载之下，人间得不传之史。山阳夜笛，闻之者四壁皆为悲咽；正平操挝，听之者三台俱无声韵。噫！水云之诗，真能使人至如是，至如是其感哉！渡黄河，历太华，望燕云之日，慨易水之风，则水云续集，余尚能无感，能无喜？①

作为琴师，汪元量虽然地位低微，然而内心却满含忠诚。北解之后，面对元朝的压力，他身不由己而出任元职，但他并未趋炎附势，离弃旧主，而是陪侍亡宋三宫，并终于乞求为道士回到江南。其中之艰难，非亲历而不能道。因此，跋文中说汪元量如"再嫁妇人望故夫之垄，神销意在，而不敢出声哭也"，何其辛酸！

汪元量以诗写史，以诗歌的语言将复杂的时局、难言的情感表达出来，同时丰富了这一特殊时期的历史，正如周方所谓"千载之下，人间得不传之史"。

---

① 《全宋文》卷8151，上海辞书出版社、安徽教育出版社2006年版，第275页。

二 奉使出疆，宋亡诗史

水云诗展现了宋末元初的种种政治形势，有着很强的纪实性，融情于史，将亡国之恨表达得淋漓尽致，堪比杜甫在安史之乱的创作，被时人刘辰翁、马廷鸾、李珏等赞以"诗史"。"诗史"之誉，亦得到后世的认同：明代钱士升《南宋书》云：汪元量诗"多纪国亡事，亲见苍黄归附，展转北行，元帝后赐三宫燕赍，宋宫人分嫁北匠，有种种悲叹……故相马廷鸾、章鉴、谢枋得咸序曰'诗史'"①；清初钱谦益云："《湖州歌》九十八首、《越州歌》二十首、《醉歌》十首，记国亡北徙之事，周详恻怆，可谓诗史。"②

（一）刘辰翁：南吟北啸，如赋史传

刘辰翁是宋遗民的重要代表。刘辰翁（1232—1297），字会孟，号须溪，庐陵（今江西吉安）人。家贫力学，游欧阳守道之门，守道大奇之。宝祐六年（1258）贡于乡，会丁大全骤用，辰翁对策，严君子小人朋党之辨，有司以为涉谤，遂遭摈斥。年二十四，补太学生。贾似道专国，欲杀直臣以蔽言路。景定三年（1262），辰翁廷对，言"济邸无后可痛，忠良戕害可伤，风节不竞可憾"，触犯贾似道，及奏名，理宗亲置之丙第。以亲老请为赣州濂溪书院山长。江万里、陈宜中荐居史馆，又除太学博士，皆固辞。托迹方外，隐遁不出。辰翁事母孝，慷慨立风节，见抑于时，而天下知名士，多钦其慷直。平生

---

① （明）钱士升撰，林开甲、唐子恒点校：《南宋书》卷62，齐鲁书社2000年版，第936页。

② （清）钱谦益：《书汪水云集后》，《牧斋初学集》，上海古籍出版社1985年版，第1764页。

"耽著文史,淹博涵深"①,"以文章居当世之第一流"②。著述甚富,有《须溪集》一百卷,明代已散佚。今存《须溪集》十卷,乃四库馆臣从《永乐大典》辑出。又有《须溪四景诗》四卷,《须溪先生集略》三卷。尝评骘唐宋诸家诗,批点《三子口义》《世说新语》《史汉异同》,士林服其赏鉴之精。

刘辰翁有着强烈的爱国之情,"遗民之痛,寄托尤深"③,"忠爱之忧,往往形诸笔墨"④。正因为此,他理解汪元量以诗传史的心迹。在《湖山类稿序》中他写道:

>杭汪水云,以布衣携琴渡易水,上燕台。侍禁时,为太皇、王昭仪鼓琴奉卮酒。又或至文丞相银铛所,为之作《拘幽》以下十操,文山亦倚歌而和之……归江南,入名山,著黄冠,据槁梧以终,又起而出乎江湖。迩者,名人胜士以诗见。其诗自奉使出疆,三宫去国,凡都人忧悲恨叹无不有。及过河,所历皇王帝伯之故都遗迹,凡可喜、可诧、可惊、可痛哭而流涕者,皆收拾于诗。解其囊,南吟北啸,如赋史传,亦自有可喜。余盖不忍观之。孰不游也,以琴遇少,琴能诗又少,余欲尽其卷计之,而不胜其壹郁也,则复使之进琴焉。庐陵须溪刘辰翁会孟书。⑤

序文感叹汪元量以其亲历,记录了北上、南下之所见,可谓"南吟北啸,如赋史传",保留了珍贵的史料。刘辰翁曾批选汪元量《湖山类稿》,凡五卷,今存。汪元量诗《佚题》中"献宅乞为祈请使"

---

① (清)万斯同:《宋季忠义录》卷16,《四明丛书》本。
② (清)顾嗣立编:《元诗选三集》,中华书局1987年版,第56页。
③ 饶宗颐:《词集考》卷6《宋代词集解题》,《饶宗颐二十世纪学术文集》卷10,台北新文丰出版股份有限公司2003年版,第253页。
④ (清)纪昀:《钦定四库全书总目》(整理本),中华书局1997年版,第2184页。
⑤ 《增订湖山类稿》(附录一),中华书局1984年版,第186页。

句,刘辰翁批之曰"辱哉";又批《醉歌》诗曰:"此十歌真江南野史";批《晓行》诗曰:"此情何以堪";批《忆王孙》词曰:"集句数首,甚婉娩,情至可观。"① 他以诗文评论的形式进行批点,开一代风气之先。

刘辰翁忠介耿直,"节行之高"令人赞叹,是江西遗民群的核心人物。他与文天祥、邓光荐、赵文、李珏、周密等都相知颇深,将遗民之痛付诸笔端,往来酬唱颇多,逐渐形成一个以其为中心的江南遗民群落。以下仅以刘辰翁与诸遗民之间的诗词酬唱情况来说明这一点。

刘辰翁与文天祥:刘辰翁有《古心文山赞》《文文山画像赞》,文天祥有《回刘架阁会孟》。

刘辰翁与邓光荐:刘辰翁有十余首词与邓光荐相唱和:《永遇乐·余方痛海上元夕之习,邓中甫适和易安词至,遂以其事吊之》《忆秦娥·中斋上元客散感旧,赋忆秦娥见属,一读凄然,随韵寄情,不觉悲甚》《忆秦娥·昨和次,又作收灯节,未遣,早见古岩四叠,又得中斋别梅,遂并写寄》《摸鱼儿·辛巳冬和中斋梅词》《好事近·中斋惠念,赐词俾寿,不胜岁寒兄弟之意》《洞仙歌·寿中甫》《摸鱼儿·和中斋端午韵》《八声甘州·和邓中甫中秋》《满江红·古岩以马,观复遣舟,约余与中斋和后村海棠韵,后寄述怀》《唐多令·龙洲曲己八九和,复为中斋勉强夜和,中有数语,醉枕忘之》《齐天乐·节庵和示中斋端午齐天乐词,有怀其弟海山之梦。昨亦尝和中斋此韵,感节庵此意,复不能自已,倘见中斋及之》《水龙吟·和中甫九日》《玉楼春·侯仲泽约饮螺山灵泉寺,余与邓中甫候久,

---

① 刘辰翁批点见(宋)汪元量撰,孔凡礼辑校《增订湖山类稿》,中华书局1984年版,第7、13、27、178页该诗标题下。

欲暮，归，归而侯至寺，相失》《霜天晓角·和中斋九日》《点绛唇·和邓中甫晚春》《花犯·再和中甫》等；邓光荐作品散佚颇多，流传下来的有《好事近·寿刘须溪》赠刘辰翁。

刘辰翁与赵文：刘辰翁有词与赵文相酬唱：《绮寮怨·青山和前韵忆旧时学馆，因复感慨同赋》《莺啼序·赵宜可以余讥其韵，苦心改为之，复和之》《洞仙歌·器之高谊，取前月青山洞仙歌华余重寿，走笔谢之》；赵文亦有《元夕陪须溪野庙观灯》，词《洞仙歌·寿须溪。是年，其子受鹭洲山长》等诗词赠刘辰翁。

刘辰翁与李珏：刘辰翁有《送李鹤田游古杭》诗赠李珏。

刘辰翁与周密：刘辰翁有词《行香子·次草窗忆古心公韵》《满庭芳·草窗老仙歌满庭芳寿馀，勉次原韵》与周密相唱和。

除此之外，刘辰翁与王炎午、詹玉、王梦应、罗志仁等亦有交往。

在这一遗民群落中，刘辰翁具有一定的威望，他不但将亡国之痛"壹泄之于诗，其盘礴襞积而不得吐者，借文以自宣"①，更与诸多遗民一起倾诉衷肠，使诗词酬唱成为对亡国的祭奠。刘辰翁在遗民群中具有一定威望，这对汪元量事迹的传播起到一定作用。

(二) 马廷鸾：恍如隔世，题曰"诗史"

马廷鸾（1222—1289），字翔仲，号碧梧，饶州乐平（今江西乐平）人。端临父。淳祐七年（1247）进士。咸淳元年（1265），进签书枢密院事。五年，拜右丞相兼枢密使。八年，因与贾似道不合，九疏乞罢。九年，为浙东安抚使，知绍兴府。十年，辞免，及辞相位，

---

① 刘将孙：《须溪先生集序》，《全元文》卷622，江苏古籍出版社2000年版，第174页。

度宗恻怛久之曰:"丞相勉为朕留。"廷鸾言:"臣死亡无日,恐不得再见君父。然国事方殷,疆圉孔棘。天下安危,人主不知;国家利害,群臣不知;军前胜负,列阃不知。陛下与元老大臣惟怀永图,臣死且瞑目。"顿首涕泣而退。恭帝即位,召不至。入元不仕,至元二十六年卒,年六十八。廷鸾耿介敢言。初,丁大全"雅慕廷鸾,欲钩致之,廷鸾不为动",及当轮对,欲劾大全,大全以御史朱熠劾罢,由是"名重天下"①。廷鸾又工文辞,朝廷大制作多出其手,晚年自号玩芳病叟。著有《碧梧玩芳集》二十四卷、《六经集传》《语孟会编》《楚辞补记》诸书。《宋史》卷414有传。其《书汪水云诗后》云:

> 余在武林,别元量已十年矣。一日,来乐平寻见,余且卧病,强欲一起迎肃,不可得也。家人引元量至榻前,相与坐语,恍如隔世,戚然有所感焉。元量出《湖山稿》求余为序。展卷读甲子初作,微有汗出。读至丙子作,潸然泪下。又读至《醉歌》十首,抚席恸哭,不知所云。家人引元量出,予病复作,不能为元量吐一语,因题其集曰"诗史"。三月十一日碧梧马廷鸾翔仲。②

咸淳十年(1274),马廷鸾以"翻胃疾"辞归,"乞去甚苦,凡十余疏始得请",未几,元兵渡江,南宋灭亡。马廷鸾时任右丞相,"使公不病,病不亟,则位不可释,位不可释则奉玺狩北之责,公实居之"③。马廷鸾虽然未被元廷押解,但他对南宋始终怀着深厚情感,有词曰"人世纷纷起灭,遗臭与留馨"(《水调歌头·隐括楚词答朱实甫》),"更把南陔读,泪落广陵澜"(《水调歌头·和洁堂韵》),可见悲痛之深。

---

① (元)脱脱等撰:《宋史》卷414《马廷鸾传》,中华书局1977年版,第12437页。
② 《增订湖山类稿》(附录一),中华书局1984年版,第186页。
③ (宋)周密撰,吴企明点校:《癸辛杂识》,中华书局1988年版,第71页。

正因为有幸免北解的经历，马廷鸾对汪元量的遭际充满同情。在与汪元量对坐时，他感到恍如隔世，当读到水云早期诗作，忆理宗驾崩，伤感袭来，"微有汗出"；读到宋亡之作，忆亡国惨状，"潸然泪下"；又读至《醉歌》十首，不觉"抚席恸哭，不知所云"。汪元量的作品仿佛是一幅历史画卷，引起马廷鸾的情感共鸣，题其集曰"诗史"，给予莫大肯定。

（三）李珏：愁思抑郁，甚于草堂

汪、李在南宋时曾有交情，汪元量有《读李鹤田钱唐百咏》《孤山和李鹤田》《寄李鹤田》等诗相酬唱。李珏（1219—1307），字元晖，号鹤田，又号庐陵民，吉水（今江西吉安）人。年十二，通书经，召试馆职，官阁门宣赞舍人。宋亡后不出。元大德十一年卒，年八十九。有杂著及《钱塘百咏》行世。其《书汪水云诗后》云：

> 往时读《泣血录》，为之泪下，因叹德祐之事，意必有杭之文章钜公书于野史，后人见而悲之，未必不若予今日之读《泣血录》也。一日，吴友汪水云出示《类稿》，纪其亡国之戚，去国之苦，间关愁叹之状，备见于诗，微而显，隐而彰，哀而不怨，欷歔而悲，甚于痛哭，岂《泣血录》所可并也？唐之事纪于草堂，后人以"诗史"目之，水云之诗，亦宋亡之诗史也，其诗亦鼓吹草堂者也。其愁思抑郁，不可复伸，则又有甚于草堂者也。噫！水云留诗与后人哀耶？留诗与后人愁耶？可感也，重可感也。敬赋二十字，书缀卷尾云："天地事如许，英雄鬓已斑。泪添东海水，愁压北邙山。吉人鹤田李珏元辉。"①

---

① 《增订湖山类稿》（附录一），中华书局1984年版，第188页。

李珏感叹丁特起曾撰《泣血录》记北宋汴京失守、徽钦二帝播迁之事,靖康之耻如在目前,一百余年后,汪元量以诗歌形式记录宋亡之史,其沉痛远甚于读《泣血录》。同时,汪元量又继承杜诗传统,诗歌抑郁愁思,"甚于草堂",足可称为"宋亡之诗史"。

除了马廷鸾、李珏、周方外,更有众多南宋遗民给予汪元量诗歌以"诗史"的评价,如刘辰翁《湖山类稿序》谓其诗"南吟北啸,如赋史传";萧壎《题汪水云诗卷》云"《行吟》便是江南史,它日真堪付董狐";王祖弼《题汪水云诗卷》云"我辈恨生南渡后,道人啸出《北征》诗";曾顺孙《题汪水云诗卷》云"诗卷犹能续北征";萧灼《题汪水云诗卷》云"袖有诗史继草堂",等等。汪元量曾自述对杜甫诗歌的认识过程:"少年读杜诗,颇厌其枯槁。斯时熟读之,始知句句好。"(《草地寒甚毡帐中读杜诗》)以诗传史,是汪元量遭遇南宋亡国进行创作的动机,他自道:"南朝千古伤心事,每阅陈编泪满襟。我更伤心成野史,人看野史更伤心。"(《答林石田》)同时,"诗史"的创作手法使汪元量在中国文学史上占有一席之地。

三 忠贞义尽,卓荦不群

虽然汪元量曾仕元,但他对故主的忠竭义尽,并未使其失去"遗民"这一称谓。明末程敏政编《宋遗民录》,收录南宋遗民凡十一人,将汪元量与郑思肖、林景熙等一批气节不群之士并行列入,清初藏书家叶万云:"汪水云以一技之末,见知于宫中,犹眷眷于故君。"[①] 在南宋遗民的序跋中,邓光荐、曾子良、章鉴侧重评价其忠义之气节。

---

① 《增订湖山类稿》(附录一),中华书局1984年版,第189页。

（一）邓光荐：忠钩义尽，度越流俗

邓光荐（1232—1303），本名剡，以字行，又字中甫，号中斋，庐陵（今江西吉安）人。景定三年（1262）进士。宋末入文天祥幕，举家入闽，赵总卿辟为干办官，除宣教郎、宗正寺簿。随驾崖山，除秘书丞，兼权礼部侍郎，迁直学士。国亡投海，为元兵所救，与文天祥同拘建康，后得释。元将张弘范礼致之，以教其子。晚岁隐于乡。著有《东海集》《中斋集》，又有《文丞相督府忠义传》一卷，今存。有《题水云诗》云：

> 崔德符语简斋诗云"俗难"，后山亦云"宁拙勿俗"。近时有一等事，治语言伶牙倒颊，为清言绝俗，而用意迂阔，远于事情，反不若近俗者之切于日用。因思般若生于尘劳，莲花出于淤泥，沦于寂灭，而性情远矣。汪水云流浪南北，行地万里，所赋皆天下胜处，奇迹巨题，人或讶其刊落未尽。然古律每篇每联必有警处，道岂离俗哉，顾在变俗为雅耳。若夫论诗于苏窖，携琴于嵇岳，一序十诗，忠钩义尽，光芒错落，照乘前后，其度越流俗，何翅百倍！道人出见太山、黄河，又见异人，年尚壮，游益雅，行吟不休，其奔轶绝尘，异时当不止此，余将瞠若其后耳。庐陵邓光荐中甫。①

应该说，较之汪元量，邓光荐的经历更具悲剧性，也充满戏剧性。崖山败亡时，他反复投海，但求一死，但都被元兵钩至，使其殉国不得，元帅张弘范改容以待，礼遇甚隆，令邓光荐教其子，终于黄

---

① 原载《永乐大典》卷909，转引自祝尚书《汪元量〈湖山类稿〉佚跋考》，《书品》1995年第3期。

冠南归。这样的遭遇使他感慨命运有时并不完全掌握在自己手里。国破家亡的痛苦、殉国不遂的经历以及元人厚待的礼遇，使邓光荐深刻体味到宋元易代之际秉持忠义的艰难。因此，他更能体会汪元量辗转于大江南北，行地数万里，"忠钩义尽"，"度越流俗"仍坚守一颗眷恋故国之心的宝贵。

（二）曾子良：忠义之气，其诗必传

曾子良（1224—1292年后），字仲材，号平山，先世为南丰望族，后徙居抚州金溪（今江西金溪）。笃志性理之学，尝从徐霖游。咸淳四年（1268）进士，以能赋擢进士第，历兴安尉、建德府淳安令，清慎自守，时边事已急，子良多方保障，民赖以安。入元，程钜夫以遗逸荐，授宪佥，子良坚辞不赴，归隐陶唐。扁其室曰"节居"，学者称平山先生。著有《易杂说》《中庸大学语孟解》《圣宋颂》等。生平事迹见《忠义集》卷6、《宋季忠义录》卷16、王梓材《宋元学案补遗》卷84等。其《题水云湖山稿》云：

> 汪子元量《燕山稿》，文山既序之矣，《湖山稿》俾余着语焉。余观之，见其出入贯穿，驰骋上下，皆大家数。乐府自昌谷，五言佳处往往自工部。德祐元、二间，贾似道悉精锐、竭帑藏以出，国人皆知其有无君之心，知而不敢言，言而不敢尽。君能抉剔奸肠，万世之下，犹足寒乱贼之胆；白虹贯天，乃知其为蓝田之玉。盖其一点忠义之气固如此，而其病简斋体格如一，则其识固高。为人质朴简默，似不能言者，其诗乃如此，此其诗必传。南丰曾子良亦陶。①

---

① 原载《永乐大典》卷909，转引自祝尚书《汪元量〈湖山类稿〉佚跋考》，《书品》1995年第3期。

曾子良感叹汪元量的忠义之气,在宋亡前夕抨击贾似道,"德祐元、二间,贾似道悉精锐、竭帑藏以出,国人皆知其有无君之心,知而不敢言,言而不敢尽",而汪元量能秉笔直言,"抉剔奸肠",尤见其不畏权贵,令人敬畏,使万世之下,仍能够使乱贼生畏。

此外,曾子良描述汪元量其人"为人质朴简默,似不能言者",为了解汪元量含蓄内敛的性格提供了宝贵资料。

四 倾奏琴音,幽忧沉痛

汪元量在南宋时尝以善琴御宫掖,琴艺卓异,所倾奏的乐曲宛若天籁,涤荡内心悲恨。

(一)赵文:断肠泣血,比雍门周

赵文(1239—1315),字仪可,一字惟恭,号青山,庐陵(今江西吉安)人。初名宋永,从弟宋安,字功可,以文章齐名,号"二赵"。曾冒宋姓三领乡荐,后以本名入太学。宋末,入闽依文天祥。元兵陷汀州,与文天祥相失,"兵败被俘至燕,备经艰苦,获释归"①。入元后为东湖书院山长,南雄郡文学。元仁宗延祐二年卒,年七十七。有《青山稿》三十一卷,已佚。清四库馆臣据《永乐大典》辑为《青山集》八卷。事见程钜夫《赵仪可墓志铭》、刘将孙《赵青山先生墓表》、万斯同《宋季忠义录》卷16等。其《书汪水云诗后》云:

> 读汪水云诗而不堕泪者,殆不名人矣。水云,杭人,善琴,尝以琴事谢后及王昭仪。暨国亡,亲见苍黄归附,又展转北行,道途所历,痛心骇目,不可具道。留燕日久,尚能和王昭仪歌

---

① (清)万斯同:《宋季忠义录》卷16,《四明丛书》本。

诗，访文丞相于囚中。三宫幸得不死，没者为青冢，存者为浮屠，皆史记所未有。盖昔人纥干山头之歌，"水西流，朕东上"之叹。"世世勿生天王家之恨"，一披史册，尚能感涕，君皆耳闻目见，又能写为诗，幽忧沈痛，殆不可读。今君已入名山作黄冠师，飘然兴亡得丧之外，独留此断肠泣血，遗千古羞与千古恨。昔雍门周以琴见孟尝君，不能令孟尝君悲也，及为言千秋万岁后，宗庙必不血食。高台倾，曲池渐。坟墓下婴儿竖子采樵者踯躅而歌其上，然后孟尝君泫焉承脸。周引琴而鼓之，孟尝君泣涕增哀，若破国亡邑之人。况余亡国贱俘，未听君之琴而先读君之诗，其泫焉承脸已不可禁矣。君谓余："吾取琴为先生鼓之何如？"余拭泪而谢之曰："止，止！"庐陵青山赵文仪可。①

"纥干山头之歌"，指唐昭宗受朱温胁迫由长安迁都洛阳事。《资治通鉴》载：甲子，（昭忠）车驾至华州，民夹道呼万岁，上泣谓曰："勿呼万岁，朕不复为汝主矣！"馆于兴德宫，谓侍臣曰："鄙语云：'纥干山头冻杀雀，何不飞去生处乐。'朕今漂泊，不知竟落何所！"因泣下沾襟，左右莫能仰视。② 后以"纥干山头"指帝王处于穷途末路的境地。赵文感叹生于帝王之家的无奈，尤其是恭帝赵㬎几乎一生都处于别人的主宰下，而汪元量将此录之于诗，读之无不泪下。

汪元量不但善诗，而且琴技卓妙，赵文将他比之雍门周。雍门周，战国时曾为孟尝君鼓琴，以琴相谏，使孟尝君洞晓居安思危、登高思坠之理。桓谭《新论》载：孟尝君曾问雍门周："先生鼓琴，亦能令文悲乎？"雍门周告之孟尝君，君现在"居则广厦高堂"，"水戏

---

① 《增订湖山类稿》（附录一），中华书局1984年版，第187页。
② （宋）司马光撰：《资治通鉴》卷264"唐昭宗天祐元年"条，中华书局1956年版，第8627页。

则舫龙舟","野游则登平原,驰广囿",即使有善鼓琴者,亦不会使之动容。雍门周提醒孟尝君应居安思危:"天下未尝无事,不从即衡。从成则楚王,衡成则秦帝。夫以秦、楚之强而报弱薛,譬犹磨萧斧而伐朝菌也。有识之士,莫不为足下寒心酸鼻。天道不常盛,寒暑更进退,千秋万岁之后,宗庙必不血食。高台既以倾,曲池有已平,坟墓生荆棘,狐兔穴其中,游儿牧竖,踯躅其足而歌其上,行人见之凄怆,曰:'孟尝君之尊贵,亦犹若是乎!'"于是,孟尝君喟然太息,涕泪承睫而未下。雍门周引琴而鼓之,徐动宫徵,叩角羽,初终而成曲。孟尝君遂唏嘘而就之,曰:"先生鼓琴,令文立若亡国之人也。"① 雍门周晓谕琴理,描述了若干年后可能出现的亡国景象,使身处富贵之中的孟尝君犹如身临其境,进而懂得了居安思危的道理。

汪元量亲历幼主北狩,更能理解雍门周以琴谏主的乐理,其琴声也更加苍凉凄婉,吴莱在《续琴操哀江南》中,亦将汪元量比之雍门周:"夫人者乃能以善鼓琴见上,吾意其不为邹忌,必为雍门周。纵不能一悟主听,使之少有更张,亦能使之泣。若破国亡邑,至闻疾风飞鸟之声,穷穷焉固无乐已。及大事已去,独其心怏怏,奔走万里,若不释然者,嘻,亦晚矣。"② 作为一名善琴的艺术家,汪元量对国家沦亡的体会更加刻骨,更为其琴声增添感染力和无尽的悲凉。

(二) 章鉴:钟仪之絷,南冠之音

章鉴(1215—1294),字公秉,号杭山,分宁(今江西修水)人。淳祐四年(1244)进士,调岳州教授。度宗咸淳三年(1267)

---

① (汉)桓谭:《新论·琴道第十六》,上海人民出版社1977年版,第65—67页。
② 《全元文》卷1365,凤凰出版社2004年版,第24—25页。

为秘书丞，累迁右相兼枢密使，德祐元年罢。人颇叹其清约，在朝号宽厚，与人多许可，士大夫目为"满朝欢"。入元不仕。元世祖至元三十一年卒，年八十。《宋史》卷418有传。有《杭山集》。其《题水云行稿》如下：

水云汪子，吴人，感姑苏鹿游，翩然北征，向燕昭黄金之台，问自隗始。会方释钟仪，论官职事，水云从旁援轸，命官总弦，遂操南音，合上意。有旨诣衡岳。于是乘风云姿，挟日月光，驰神终南，寓目太行，举骊山阿房、长城易水罗列胸次，居延出塞之音，祁连青冢之怨，弦赓句索，收拾殆尽。已而追二卿河梁之别，挥五弦，弹双凫，载歌再扬，南翔北飞，会各有适。一日，水云出示行稿，初读如转圆脱兔，微露机轴；再读如移宫换徵，闻《韶》忘味；三读如鞭鸾驾霆，倏忽八极，不知吾心水云、水云吾心也。夫水乃动之机，云非止之物；君有至文之水张四海，无心之云行四方，子长避三舍矣。水云辴然而笑，据梧而弄，不觉风寒大江空。丙戌小雪，双井章鉴公秉。①

序文将汪元量比作被拘晋国的楚国琴师钟仪。《左传》载：鲁成公九年（前582），晋景公到军器库时见到钟仪，问道："南冠而絷者，谁也？"有司对曰："郑人所献楚囚也。"问钟仪："能乐乎？"钟仪对曰："弹奏是先父之职官，岂敢另学习其他的事？"景公令钟仪弹琴，钟仪操南音。又问钟仪楚共王为人如何，钟仪不答，景公固问之，则对曰："楚共王为太子时，他的父亲庄王，曾有师保教育他，但他早晨还向楚令尹子重请教，晚上又访问司马子反。"范文子认为

---

① 原载《永乐大典》卷909，转引自祝尚书《〈水云类稿〉佚跋考》，《书品》1995年第3期。

钟仪"言称先职,不背本也;乐操土风,不忘旧也;称太子,抑无私也;名其二卿,尊君也。"后世多以"南冠楚囚"来赞美钟仪忠君仁义的美好品质。章鉴序文将汪元量比之钟仪,突出了汪元量忠于故国的精神品质。除此之外,刘辰翁亦有此比,其《湖山类稿序》云:

> 昔者乌孙公主、王昭君,皆马上自作曲,钟仪之絷,南冠而操土音。自作乐,使人听乐,孰乐?或谓作者之悲,不如听者之乐;听者之乐,复不如旁观者之悲也。汪氏之琴,天其使之娱清夜、释羁旅耶?何其客之至此也。琴本出于怨,而怨者听之亦乐,谓其能雪其心之所谓也。当其奏时,如出乎人间,落乎天上,殆泊与淡相遭,而卒归于无有,其亦有足乐耶。①

刘辰翁赞美汪元量的琴声不但能够赏娱清夜,更能消解羁旅愁苦,涤荡心中的哀怨,当他弹奏时,乐音仿佛从天而来,淡泊清雅,无与伦比。而这种带有亡国之悲的琴曲所达到的境界,堪与王昭君、钟仪之乐音相比。

将汪元量比之楚囚钟仪的,还有萧灼,其《题汪水云诗卷》云:"南冠岌岌操南音,此意此心千万古。"写出汪元量既具备钟仪之才,亦有不忘故国的情怀。严日益《题汪水云诗卷》云:"南冠楚囚血化碧,恨入胡笳十八拍。"写出汪元量身为楚囚之恨,去国思归之深切。黄建可《题汪水云诗后》云:"汉有铜仙空化泪,楚囚宝剑不全身。"②感叹汪元量虽未能全节,然而心如钟仪,怀君念国之情使人泪湿衣襟。

---

① 《增订湖山类稿》(附录一),中华书局1984年版,第185页。
② 萧灼、严日益、黄建可诗见《增订湖山类稿》(附录二),中华书局1984年版,第221、223、226页。

第二节　元代对汪元量的认识

汪元量生于宋淳祐五年（1245），卒于延祐七年（1320）以后，宋亡时正值盛年，其一生的大部分时间生活在元朝的统治之下，所结交者既有遗民故老，亦有入仕新朝者，还有在元朝统治下成长起来的一代新人。因元朝仅存百年，对汪元量的认识有着一定的时代特殊性。

一　一梦卅年，归隐湖山

汪元量晚岁于西湖丰乐桥外建五间小楼，隐居于此。元成宗大德八年（1304），汪元量健在，刘辰翁子将孙为之作《湖山归隐记》。

刘将孙（1257—?）在士人中间亦小有名气，字尚友，庐陵（今江西吉安）人。少质鲁，长而颖悟过人。曾官临汀书院山长、延平教授。为文"翘然度越流辈"①，较其父辰翁愈奇崛。吴澄题其集曰："国初庐陵刘会孟氏突兀而起，一时气焰震耀远迩，乡人尊之，比于欧阳。其子尚友，式克嗣响。"② 时人以辰翁号须溪先生，称将孙为"小须"。著有《养吾斋集》32卷，今存《四库全书》。刘氏父子与汪元量相知甚深，刘将孙《湖山归隐记》曰：

　　西湖在三百年前，特隐者之所盘旋。自坡公筑堤种柳，遂为游赏处。自过江，京都宫阙，遂成富贵窟。然三十年来烟云莽

---

① （元）曾闻礼：《养吾斋集序》，曾永义编《元代文学批评资料汇编》（上），台湾成文出版社1978年版，第362页。
② （元）吴澄：《刘尚友文集序》，《全元文》卷486，第347—348页。

第六章 汪元量：元明清的接受与传播

苍，虽舫嬉如故，而感慨系之。岂无山水佳处著方外游踪？顾昔之览者意岂在是，后之来者去而他之。山水依然，吾意造物者亦厌是久矣。且复如其初，使高人胜士得览而有之，固其所也。而谁与领此？仙翁、释子方各治公事，而名山大川，类光宠过人间。于是东南无隐处矣，况湖山间哉！水云汪氏盛年以词章给事官掖，如沉香亭北太白。中岁从八骏，宴瑶池，如奉天陆九、凤翔韩致尧。燕云朔雪，抱琴来归，如还自会稽之庚肩吾。绳桥栈道，使祷群望，又如乘槎之博望侯。于是弃尘事，称道人。复寻古杭旧筑于丰乐桥五步外，作小楼五间，上题"湖山好景"，紫微史公书也。下题"水云隐处"，本心文枢密书也。楼后船亭十一间，本心公书"西湖一曲"在焉，乃昔者奉亲所。其址则春谷赵卿所畀者。船轩回环，刻诸名士棹歌十数未已。请记水云隐处，指点虚无，结契以示。予真复怳然如再在其处，则为之记曰：此畴昔盛处也。南北两峰在红云岛屿间，所谓飞龙而舞凤者也。画船往来，此禁御邸第所不能得见，台观登而杳茫望者也。右而断桥之曲折，大佛头之奇诡，西太乙四圣之先后，第一桥之风月。此穿红绕绿、涂金、涌碧，宫省领而禁旅卫者也。左而万松籁之郁苍，涌金之出入，净慈之岿隐约，第六桥之烟浪，此画图屏障，摹幽写胜，横斜高下，而不能尽得之笔墨者也。在他时为隐处，得乎？若昔遭逢隆盛，尚方加赉；贵公名宰，分地题颜，亦岂意为今日隐处哉！水之今昔不见其改，云之来去邈不可留。俯仰对之，得无有触目而兴怀者乎？"何所独无芳草兮，何怀乎故宇？"抑吾闻之，大隐朝市。若兹隐处，又以朝市之变而隐者也。隐者，谁独无其意哉？固有不可隐与不得隐者矣。马上之去笳，辽东之化鹤，虽欲隐而去之，得乎？忆开、天者，想月宫之游；疑巫山者，继阳台之梦，虽欲于此而隐，得乎？若水云之隐也，则阅其常也，如水之无味，玩其变也，如云之无心，澹与泊相遭，而晦与明不异。逍遥乎四方，而湖山无不在目，归休乎四望，而宇宙之大，总不出几案间。是足以隐矣。嗟乎！却后百年徘徊其处者观于予，又以悉水云之平生，其亦可永慨矣乎？抑但以为观览之胜而已也……①

汪元量的归隐与其他遗民有所不同：刘辰翁、马廷鸾等均隐居家乡，而汪元量是由南入北，自北南归，隐居在昔日南宋的皇家花园近旁。西湖历经江山易主，30 年来烟云苍莽，虽舫嬉如故，然而却是遗民深悲剧痛之所系。汪元量于西湖"作小楼五间，上题'湖山好景'，紫微史公书也。下题'水云隐处'，本心文枢密书也。楼后船亭十一间，本心公书'西湖一曲'在焉，乃昔者奉亲所。其址则春谷赵卿所畀者"。据此文可知，汪元量隐居之所乃宋宗室赵春谷（赵孟奎）供与，并由南宋枢密本心公（文及翁）为其题书。

文及翁，生卒年不详，字时举，号本心，绵州（今四川绵阳）人，徙吴兴（今浙江湖州）。宝祐元年（1253）进士，调昭庆军节度掌书记。景定三年（1262），除秘书省正字。累迁著作佐郎。② 咸淳元年（1265）知漳州。四年，知袁州。德祐元年，签书枢密院事，出知嘉兴府。宋亡，隐身著书。元世祖累征不起，闭户校书。有文集 20 卷，已佚。赵孟奎，字文耀，太师忠惠公之子，号春谷，善画竹石兰蕙。官至秘阁修撰。汪元量"大隐朝市"，与西湖"俯仰对之"，"触目而兴怀"。宗室赵孟奎赠隐居处所，旧宋枢密文及翁题字，可见汪元量地位之重。遗民故老的题书更为隐居之所增添眷念故国的深意。

---

① 李鸣、沈静校点：《刘将孙集》，吉林文史出版社 2009 年版，第 182—183 页。
② 《南宋馆阁续录》卷 9，影印文渊阁《四库全书》本。

第六章　汪元量：元明清的接受与传播

汪元量隐居处"船轩回环,刻诸名士棹歌十数未已",其中有刘将孙所作棹歌,其《汪水云复索西湖一曲棹歌如诸公例十首走笔成此》云:

东桥西桥春永生,南高北高春日明。画船四望遥指点,何日两峰高处行。朝见去棹波鳞鳞,暮见归舫泊层层。断桥桥边初弦月,大佛头里一点灯。第一桥东嫩柳黄,第四桥外烟微茫。舟中何处窈窕女,岸上谁家游冶郎？柳堤点点照红妆,画楼历历盼倚窗。净慈寺前僧三五,涌金门外船几双。当年两度别西湖,湖固依然客自疏。岁岁城中出游赏,雁飞不带上林书。挨泪休窥葛岭边,停桡莫近里湖前。当时眼见都如昨,一梦人间三十年。清明时节下湖天,富贵中官百戏船。就里最夸水爆仗,如今只有掌喧阗。春燕弟子头船樎,三学诸斋日日争。宝祐坊街无角伎,西湖书院有书生。连云伟观想飞埃,丰乐楼基又劫灰。珍重书生数间屋,慈□元曾架梁来。迍贱羁臣感旧游,萧然乐叟出春愁。道人阅世心如铁,受用西湖到白头。①

刘将孙以今昔对比的手法写出了汪元量隐居西湖的感受。环望西湖,尽管还是30年前的景色,但是人去楼空,早已没了当年的兴致,留存心中的是国难劫灰和挥之不去的凄凉。

二　亡国流落,沧海桑田

吴莱、廼贤是在元朝成长起来的一代新人,对汪元量有着自己的理解和认识。

---

① 《增订湖山类稿》(附录一),中华书局1984年版,第225—226页。

(一) 黄与言：所历览真，诗文绝妙

黄与言，其人不详，大德六年（1302），作有《书水云道人西游诗右》，其文云：

> 吾闻北有真香山，南有真玉泉，岂惟山泉，诗亦然。杜少陵夔州以后诗、陆放翁《剑南集》皆绝妙，何也？所历览真也。水云汪先生生东吴，驰燕蓟，着宫锦袍，割紫驼峰，狎蓬莱诸山，登玩五岳，在在处处有诗。须溪刘公后之。韩吏部题卷奇甚，然于"入蜀出峡万天矫"句，则谓此当别作序引。得非以北辕南辙此一感慨，而西游又自一奇绝邪？虽然，少陵出蜀浮湘，甚欲归秦而未得；放翁身吴官蜀，往往驰志伊吾而未遂。水云四方上下兼矣。或问水云何？曰：其遇也如李翰林，其流落如杜工部，其宦游如陆秘书，其归也如贺少监，其取知韩门如东野、弥明，二人而一者欤。以是质诸后来之太史氏。南吴晚山民黄与言书水云道人西游诗右。壬寅九月。①

黄与言感慨于汪元量流寓北方，其诗之所以如山泉般绝妙，是因为其所历览之真，其悲痛之切。黄与言将汪元量比之流落之"杜工部"，较杜甫的"出蜀浮湘，甚欲归秦而未得"，汪元量相对幸运一些，毕竟在流落之后他又得以回归故国。而汪元量不但将北上之事写入诗中，又将南归后江南故国的变迁一并入诗，使其作品具有人间野史的力量。

---

① 原载《永乐大典》卷909，转引自祝尚书《汪元量〈湖山类稿〉佚跋考》，《书品》1995年第3期。

（二）吴莱：破国亡邑，忧愁穷苦

吴莱（1297—1340）字立夫，婺州浦江县（今浙江浦江）人。父直方，以集贤大学士、荣禄大夫致仕。莱七岁能文，喜读诗书，举凡天文、地理、井田、兵术、礼乐、刑政、阴阳、律历、氏族、方技、释老异端之书，靡不穷考。延祐间复科举，以《春秋》贡于乡，试礼部不第。于深里山中讲学著书，培养名士。后被荐调任长芗书院山长，未任而卒，时年四十四岁。私谥"渊颖先生"。吴莱身体羸弱，"如不胜衣，双瞳碧色，烂烂如岩下电。人或以古文试之，察其辞气，即知为某代某人所作"①。与黄溍、柳贯并受业于方凤之门，再传而为宋濂，开明代文章之派。柳贯一生极少称许人，却每每赞莱为"绝世之才"②，甚至自叹不如。著有《渊颖集》十二卷、《尚书标说》六卷、《春秋世变图》二卷、《春秋传授谱》一卷等。《元史》卷181有传，宋濂有《渊颖先生碑》《渊颖先生私谥议》。其《续琴操哀江南》云：

> 宋季有以善鼓琴见上者，出入宫掖间，汪姓，忘其名。临安不守，太后嫔御北。汪从之留蓟门数年。而文丞相被执在狱，汪上谒，且勉丞相，必以忠孝白天下，予将归死江南。及归，旧官人会者十八人，酾酒城隅，与之别，援琴鼓再行，泪雨下，悲不自胜。后竟不知所在。噫，汪盖死矣。客有感之者，为续琴操曰《哀江南》，凡四章：（诗略，见第一节谢翱《续琴操哀江南》诗）
>
> 右续琴操《哀江南》者四章。章四解，或传粤人谢翱作。读其辞甚悲，因其辞以推其心，则其所悲，又有甚于此辞者，谓非

---

① （清）顾嗣立编：《元诗选初集》，中华书局1987年版，第1513页。
② （明）宋濂等编：《元史》卷181《吴莱传》，中华书局1997年版，第4190页。

翱作不可也。当宋季年,大兵压境,两宫且以琴酒自娱,故老言度宗在宫中常以壶觞自随,尽日不醉。权臣弄国,江上之师不暇一战,反以捷闻。盖必有以壅塞其耳目,蛊惑其心志而然欤?否则栗栗危惧之不恤,而又何乐于酒。借令长江天堑,北军不能飞渡,安能坐守东南数郡,为一龟兹国哉。梁萧绎时,江陵戒严,百官戎服,听讲《老子》。中既辍讲,谍者言魏军不出,四境帖然,又复开讲一日,以至力屈就擒,身困缇幕,虽拔刀斫桉不得悔。嘻!宋季然矣。夫人者乃能以善鼓琴见上,吾意其不为邹忌,必为雍门周,纵不能一悟主听,使之少有更张,亦能使之泣。若破国亡邑,至闻疾风飞鸟之声穷穷焉,固无乐已。及大事已去,独其心怏怏,奔走万里,若不释然者。嘻!亦晚矣。天宝盛时,歌者李龟年恩遇无比。禄山乱,龟年流落江南,每歌数阕,四座莫不叹息泣下。又况天地黯然,山河顿异,使夫人者尚在,庸不有以泣龟年者泣之乎。予谓琴操多出于忧愁穷苦之人,而有所守者,翱之于辞适契焉,故录之。若曰南风不竞,则自古见之矣。尚何言哉!尚何言哉!①

元兵压境之时,宫中荒娱无度,度宗常醉酒,权臣弄国,终致灭顶之灾。而这一切与南朝梁灭亡时的境况非常相似,面对大兵压境,梁元帝萧绎却在频讲《老子》,百官戎服以听,让人感叹历史总是惊人相似。大势已去,汪元量去国万里,这好比唐代李龟年曾受到帝王恩宠,然而安禄山之乱使帝王遁蜀,李龟年流落江南,他每歌数阕,四座无不叹息泣下。汪元量与李龟年,都生于王朝衰落之时,让人感叹二位琴师的命运也是如此相似。

---

① 张文澍校点:《吴莱集》卷8,吉林文史出版社2010年版,第137—138页。

第六章 汪元量：元明清的接受与传播

吴莱与黄溍、柳贯都受业于遗民方凤，属于婺州作家群。婺州作家群"存气节，仗忠义"，"自宋中世以来，以直道著称而列于国史者甚众"①。吴莱对宋遗民多有关注，尤其是对文天祥、谢翱、汪元量等忠义之士。宋咸淳初，谢翱试进士不中，慨然以古文倡，曾作《宋祖铙歌》《鼓吹曲》《骑吹曲》上太常，乐工习之，人传其词。吴莱有感于此，为之作《宋铙歌骑吹曲序》，称其记宋太祖"东征西讨之事"，"文句炫煌，音韵雄壮，如使人亲在短箫鼓吹间，斯亦足以尽孤臣孽子之心已"。吴莱既是方凤的学生，也是方凤的孙女婿，朱琰《金华诗录序例》云："浦阳方韶卿，与闽海谢翱、括苍吴子善为友，开风雅之宗。由是而黄晋卿、柳道传皆出其门，吴渊颖又其孙女夫……此金华诗学极盛之一会也。"② 由此可见，以吴莱为代表的婺州作家群对宋季忠义之士的崇敬。

（三）迺贤：北征南归，江水无情

迺贤（1309—1368），又作"纳新"，字易之，葛逻禄氏。色目人。世居阿尔泰山，后随兄塔海宦江浙，定居庆元鄞县（今浙江鄞县）。师事郑以道。长于歌诗。时浙人韩与玉能书，王子充善古文，人目为"江南三绝"。至正五年（1345），北游齐、鲁、陈、蔡、晋、魏、燕、赵之地，在京师交游甚广。久之，归浙东，主东湖书院事。二十二年（1362），以荐授翰林编修。二十四年（1364）代祀南镇、南岳、南海，间道回鄞县。有《河朔访古记》三卷、《金台集》二卷、《海云清啸集》行世。迺贤作有《读汪水云诗集》一文，文后附诗，其诗云：

---

① （明）宋濂：《景定谏疏序》，《文宪集》卷5，影印文渊阁《四库全书》本。
② （清）朱琰编：《金华诗录序例》，引自傅璇琮等主编《中国诗学大辞典》，浙江教育出版社1999年版，第821页。

三日钱唐海不波,子婴系组纳山河。兵临鲁国犹弦诵,客过殷墟独啸歌。铁马渡江功赫奕,铜人辞汉泪滂沱。知章喜得黄冠赐,野水闲云一钓蓑。(其一)

一曲丝桐奏未休,萧萧笳鼓禁宫秋。湖山有意风云变,江水无情日夜流。供奉自歌南渡曲,拾遗能赋《北征》愁。仙人一去无消息,沧海桑田空白头。(其二)①

廼贤诗其一咏叹南宋亡国时的惨状。首句"三日钱塘海不波"指德祐二年二月初六元军驻扎在钱塘江沙上,恭帝率后妃以下诣元营,按照节令计算,正应是钱塘江涨潮之日,谢太后与宫女在宫中耽望,仰天祝曰:"海若有灵,当使波涛大作,一洗而空之。"② 然而潮汐三日不至。钱塘江反常现象被解释成天不佑宋,在当时被口口相传。廼贤诗中以这一典故作为句首,烘托了汪元量北上去国的时代背景。

其二咏叹汪元量无奈去国、黄冠南归的经历。汪元量北上后虽然还为宋三宫弹奏乐曲,但三宫已是元朝圈禁的对象,昔日优美的琴声此时成为亡国的悲鸣。昔日湖山虽然美丽,然而已不属于南宋。江水奔流,江山已经易主。汪元量晚年去留无迹,感叹沧海桑田的历史变化。

前文已述,廼贤世居阿尔泰山,后随兄塔海宦江浙,师事郑以道,接受中原文化,进而在文坛享有盛誉,成为少数民族作家的优秀代表。廼贤所著《金台集》之前后序、题跋,由虞集、欧阳玄、黄溍、张起岩、余阙、危素等名流巨卿以篆隶真行小楷亲笔入刻,不但"极其精妙",而且"深评远论,唯恐其不传也"③。欧阳玄《金台集

---

① 《增订湖山类稿》(附录一),中华书局1984年版,第228页。
② (元)陶宗仪:《南村辍耕录》,文化艺术出版社1998年版,第14页。
③ (元)杨彝:《金台集跋》,《金台集》卷末,影印文渊阁《四库全书》本。

第六章 汪元量：元明清的接受与传播

叙》云："皇元混一以来，诸国人以诗文鸣者，前代罕有。"① 李好文《金台集叙》云："易之，西北方人，而天地精英之气所赋若是，然宇宙之广，土域之大，山川人物风俗之异，气之所受，固不能齐也。尝爱贺六浑阴山《敕勒》之歌，语意浑然，不假雕刿，顾其雄伟质直，善模写，政如东丹托云画本土人物，笔迹超绝，论者以为不免有辽东风气之偏。"② 贡师泰《葛逻禄易之诗序》云："易之，果啰罗氏也。少居江南，长游齐鲁燕赵之间。以客于京师，博学善歌诗。其词清润纤华，每出一篇，则士大夫辄传诵之。大抵五言类谢朓、柳恽、江淹，七言类张籍、王建、刘禹锡，而乐府尤流丽可喜，有谢康乐、鲍明远之遗风。"③ 黄溍《金台集题词》云："果啰罗氏纳延易之，雅志高洁……其形于咏歌，言必发乎情，辞必称乎事，不规规焉，务为刻琱藻饰以追逐乎前人，而自不能不与之合也。"④ 揭傒斯《金台集后序》云："《金台集》者，友人合鲁易之之诗也，其诗百余篇，森然若开群玉之府。圭璋琮璜，各有列位，辞语至到，而神与情诣，动荡激越。可歌可舞。信乎，其能谕诸人者。"⑤ 危素《酒易之金台后稿序》云："葛逻禄氏也，彼其国在北庭西北，金山之西，去中国远甚。太祖皇帝取天下，其名王与回纥最先来附，至今百有余年，其人之散居四方者，往往业诗书而工文章。易之伯氏既登进士第，易之乃泊然无意于仕进，退藏句章山水之间，其所为诗清丽而粹密，学士大夫多传诵之。然则葛逻禄氏之能诗者自易之始……"⑥ 诸位名家对迺贤的

---

① （元）欧阳玄：《金台集叙》，《全元文》卷1092，凤凰出版社2004年版，第449页。
② （元）李好文：《金台集叙》，《全元文》卷1459，凤凰出版社2004年版，第428页。
③ （元）贡师泰：《葛逻禄易之诗序》，《全元文》卷1399，凤凰出版社2004年版，第188页。
④ （元）黄溍：《金台集题词》，《全元文》卷948，凤凰出版社2004年版，第215页。
⑤ （元）揭傒斯：《金台集后序》，《全元文》卷923，凤凰出版社2004年版，第400页。
⑥ （明）危素：《迺易之金台后稿序》，《全明文》卷58，上海古籍出版社1994年版，第327页。

评价与赞誉，明确肯定了迺贤以少数民族学习汉族文化所取得的令人瞩目的成绩。

迺贤对汪元量亡国之情的理解，说明汪元量及其诗作打破了民族的界限，打动了少数民族作家，具有时代意义。

三　元代笔记对汪元量的接受

《湖山类稿》原本罕有流传，清初黄虞稷《千顷堂书目》著录《湖山类稿》十三卷、《水云词》三卷，但乾隆年间编《四库全书》时，该书已经不存，仅仅征集到刘辰翁选评的五卷本《湖山类稿》，有残缺。目前所见《湖山类稿》都奉此为祖本。而汪元量《水云集》是清初钱谦益据云间旧本汇抄辑录而成。由此可知，在《水云集》辑录成书之前的一个很长时期内，不但别集不传，而且总集、选本亦颇多失载，汪元量在文学史上几乎没有位置。而这三百多年间，汪元量及其作品的传播仅靠元代郑元祐《遂昌杂录》、陶宗仪《南村辍耕录》、明代瞿佑《归田诗话》等笔记的记载。

（一）郑元祐《遂昌杂录》的记载

郑元祐是元末吴中文坛举足轻重的作家，其《遂昌杂录》是较早记录汪元量事迹的笔记，为后世了解汪元量提供了宝贵资料。

郑元祐（1292—1364），处州遂昌（今浙江遂昌）人，字明德，幼时臂伤，能左手作楷书，规矩备至，世称一绝，遂自号尚左生，又号遂昌山樵。年十五能作诗赋。足不出户庭者十年，尽读家藏图书。学业益进，名动当时。以臂疾未仕，优游吴中三十余年。至正十七年（1357）授将仕郎、平江路儒学教授，仅一年即移疾去职。二十四年（1364），升江浙儒学提举，是年十一月卒，年七十三。有《遂昌杂录》

一卷、《侨吴集》十二卷。生平事迹见苏大年《遂昌先生郑君墓志铭》（《侨吴集》附录）、《故遂昌先生郑提学挽辞》（《梧溪集》卷4）、《元诗选初集》小传、《新元史》卷238等。《遂昌杂录》写道：

> 宋季琴士汪水云者，工于诗，诗皆清丽可喜。杭城破，其诗有曰："西塞山边日落处，北关门外雨来天。南人堕泪北人笑，臣甫低头拜杜鹃。"又曰："钱唐江上雨初干，风入端门阵阵酸。万马乱嘶临警跸，三宫洒泪湿铃鸾。童儿剩遣追徐福，疠鬼终当灭贺兰。若说和亲能活国，婵娟剩遣嫁呼韩。"《题王导像》有曰："秦淮浪白蒋山青，西望神州草木腥。江左夷吾甘半壁，只缘无泪洒新亭。"水云后从谢后北迁，老宫人能诗者，皆水云指教，或谓瀛国公喜赋诗，亦水云教之。①

元初，郑元祐随父亲徙居钱塘，当时南宋咸淳诸老犹在，元祐遍游其门，多有所得，故《遂昌杂录》中"所列人名，上犹及见宋诸遗老，下及见泰哈布哈、倪瓒、杜本，并见杜本之卒。多记宋末轶闻及元代高士名臣轶事。而遭逢世乱，亦间有忧世之言。其言皆笃厚质实，非《辍耕录》诸书捃拾冗杂者可比"②。可以说，《遂昌杂录》具有一定的史料价值，是元代笔记中较有影响的一种。

《遂昌杂录》所记"西塞山边日落处，北关门外雨来天。南人堕泪北人笑，臣甫低头拜杜鹃"是汪元量《送琴师毛敏仲北行》（其一）诗；"钱塘江上雨初干，风入端门阵阵酸。万马乱嘶临警跸，三宫洒泪湿铃鸾。童儿剩遣追徐福，疠鬼终当灭贺兰。若说和亲能活国，婵娟剩遣嫁呼韩"是汪元量《北师驻皋亭山》诗。这两首诗以及后面所说的

---

① （元）郑元祐：《遂昌山人杂录》，中华书局1991年版，第12页。
② （清）纪昀：《钦定四库全书总目》（整理本），中华书局1997年版，第1868页。

《题王导像》均是佳篇。《遂昌杂录》明确地记载了三首诗歌的写作时间，即"杭城破"，这为后世研究汪诗系年问题提供了资料。而关于汪元量教瀛国公及宫人等赋诗这一情况，后世笔记多沿于此。

（二）陶宗仪《南村辍耕录》的记载

陶宗仪（1316—1401 年后），字九成，黄岩（今浙江台州）人。年轻时举进士第，一不中即弃去，致力于古学，于书无所不读。出游浙东，师张翥、李孝光、杜本。家贫，授徒自给，并亲自耕种。劳作之暇，以笔墨自随，休于树下，有所得，即摘树叶记上，贮盎中，经十年，累积到十余盎，于是编次成书。至正间，浙帅泰不华、南台御史丑闾辟举行人，又辟为教官，皆不就。不久，张士诚据浙，欲授以军咨之职，亦谢不往。入明，屡征不就，晚年被聘为教官。著有《南村辍耕录》三十卷、《南村诗集》四卷、《沧浪棹歌》一卷、《草莽私乘》一卷、《古刻丛钞》一卷、《游志续编》二卷、《书史会要》九卷及补遗一卷，又编有《说郛》一百二十卷。生平事迹见《陶先生小传》（《沧螺集》卷 4）、贝阙《南村外史传》（《蝉精隽》卷 13）、钱谦益《列朝诗集小传》等。《明史》卷 285、《新元史》卷 238 有传。《南村辍耕录》卷 5 载：

> 汪元云先生大有，号水云。天兵平杭日，诗曰："西塞山边日落处，北关门外雨来天。南人堕泪北人笑，臣甫低头拜杜鹃。"又曰："钱塘江上雨初干，风入端门阵阵酸。万马乱嘶临惊跸，三宫洒泪湿铃鸾。童儿剩遣追徐福，厉鬼须当灭贺兰。若说和亲能活国，婵娟应是嫁呼韩。"此语尤悲哽。先生诗有《水云集》。①

---

① （元）陶宗仪：《南村辍耕录》卷 5，文化艺术出版社 1998 年版，第 62 页。

这条记载提及汪元量《送琴师毛敏仲北行》（其一）和《北师驻皋亭山》二诗，并云在"天兵平杭日"，明确了这两首诗歌的创作时间。同时，陶宗仪指出了汪元量"悲哽"的艺术风格。

《南村辍耕录》内容十分丰富，所谓"凡六合之内，朝野之间，天理人事，有关于风化者，皆采而录之"①。书中所记大多是历史琐闻，以元代为主，宋代次之，还有一些前朝史料，生动地反映了元人及宋人的社会生活。其中，《南村辍耕录》卷2"不食死"条，卷5"汪水云"条，卷20"狷洁"条，记述谢枋得、汪元量、郑思肖的事迹，属珍贵资料。

第三节　明代对汪元量的评价

明代对汪元量的接受体现在两个方面：一是对其绘画的关注，陈谟作题画诗一首；二是瞿佑《归田诗话》、田汝成《西湖游览志余》对其人其事的记载。这些均体现出明代对汪元量绘画才能及诗歌的认同。

一　陈谟对汪元量画的描述

汪元量多才多艺，在诗、琴外，亦擅长绘画。目前所知，汪元量曾作有"草虫画卷"，明、清尚存，明初陈谟、清代李仁本曾作有题画诗。从陈、李二人题诗的内容来看，汪元量"草虫画卷"所展示的是宋亡的种种况味。明代陈谟《题吕仲善所藏汪水云草虫卷子》云：

卷中百虫，各极情态，而终以大小数雁，岂所谓"江南破，

---

① （元）邵亨贞：《南村辍耕录疏》，录自《四部丛刊》本陶宗仪《南村辍耕录》。

百雁来"者乎？水云寓《黍离》之感于画图，观者凄断。

瑶琴理罢松风长，懒上湖船看歌舞。行云流水有心期，野草闲花各天趣。纷纷虫羽恣飞扬，散入毫端无遁处。寻香逐艳何从来，含睇凝情如欲语。黄荃崔白称好手，研吮朱铅眩童竖。不肥不瘦润有馀，墨晕生春独清楚。春兰翛然如处女，短不出丛秀眉妩。夏芷仙人白纻袍，长身玉立风生宇。何当石根容我步，乌纱筇竹从容赋。漆园蒙庄知道者，梦里化为蝴蝶去。蘧蘧栩栩情态多，什什伍伍花间住。颠魂无定抑无归，粉翅织纹何用许。象房守宫半夜走，玉帐佳人成白首。络纬萧条蟋蟀寒，山河已落他人手。篱根烨烨牵牛花，瓜蔓藤枝亦何有。西湖清浅绿荷凋，画桥依约春风柳。海潮不至天目倾，七宝金鞭从北狩。双双朔雁俱南翔，莓苔菰米连潇湘。飞鸣宿食各自得，岂有矰缴仍须防。道人蒿目难为伤，铜仙泪尽天亦荒。琴歌既断赋无续，画图仿佛存兴亡。平川吕氏好古者，不鄙谓予题此画。①

诗前小序所载"江南破，百雁来"，是宋亡前夕在江南广泛流传的一首歌谣，首载于元初王恽的《玉堂嘉话》："宋未下时，江南谣云：'江南若破，百雁来过。'当时莫喻其意，及宋亡，盖知指丞相伯颜也。"② 这首歌谣称：如若南宋灭亡，则是因为有"百雁"来过。"百雁""白雁"与元朝统帅"伯颜"的名字谐音，因为元军南下的恐慌，伯颜的名字家喻户晓，《江南谣》口口相传，影响较大。

汪元量"草虫画卷"上有百虫，而"终以大小数雁"，正是蕴含了《江南谣》的寓意。汪元量以"白雁"作为画面的神韵，烘托出惊恐绝望的时代气氛。全诗描绘了"草虫画卷"的基本内容：春兰翛

---

① 见《增订湖山类稿》（附录一），中华书局1984年版，第228页。
② （元）王恽：《玉堂嘉话》卷4，中华书局1985年版，第40页。

然,夏芷仙袍;虫羽纷纷,寻香逐艳。草与虫自然地融合在一起。然而,"感时花溅泪,恨别鸟惊心",人心恨离别,草虫亦断肠。画卷以虫喻人,将人们的惶恐无助刻画得淋漓尽致,"草虫画卷"尽寓《黍离》之感与亡国之悲。

陈谟与吕仲善均为明初之人,且二人友善。陈谟,字一德,泰和人。隐居不仕,究经世之务。洪武初,征诣京师,赐坐议学。学士宋濂、待制王祎请留为国学师,陈谟引疾辞归。屡应聘为江浙考试官,著书教授以终。吕仲善名复,号易窗。洪武初,以文学征为国子典膳,时修《元史》,复与其事。《元史》成,以功迁太常典簿,寻为丞。汪元量所绘"草虫画卷"在明初尚存,可见他在绘画方面的成就亦令人瞩目,遗憾的是其画作散佚颇多。

二 明代笔记对汪元量的接受

明代笔记中瞿佑《归田诗话》和田汝成《西湖游览志余》对汪元量的记载颇为详细,以《西湖游览志余》最为丰富。

(一)瞿佑《归田诗话》的记载

瞿佑(1341—1427),钱塘(今浙江杭州)人。字宗吉,号存斋。少年时即颇有诗名。当时著名诗人杨维桢至钱塘,年方14岁的瞿佑见杨维桢的《香奁八题》,即席附和,俊语迭出,受到杨维桢的赏识。洪武间,由贡生荐授仁和(今属杭州)训导,历任浙江临安教谕、河南宜阳训导,后升任周王府长史。明成祖永乐年间,因作诗获罪,谪戍保安(今陕西延安)10年。仁宗洪熙元年(1425)遇赦放还。先在英国公府主持家塾3年,后官复原职,于内阁办事,不久离开人世。有著作《存斋遗稿》《乐府遗音》《归田诗话》等20余种。

生平事迹见万斯同《明史列传》卷387、钱谦益《列朝诗集小传》等。瞿佑《归田诗话》"汪水云赐还"条载：

> 水云汪元量，宋亡，以善琴召赴大都，见世祖，不愿仕，赐黄冠遣还。幼主送诗云："黄金台上客，底事又思家。归问林和靖，寒梅几度花？"宋宫人多以诗送行者，有云："客有黄金共璧怀，如何不肯赎奴回？今朝且尽穹庐酒，后夜相思无此杯。"意极凄婉。元量有诗一帙，皆叙宋亡事。如云："乱点传筹杀六更，风吹庭燎灭还明。侍卧春天罢降元表，臣妾签名谢道清。"余诗大抵类是，可备野史。元马易之题其帙后云："三日钱塘海不波，子婴系组纳山河。兵临鲁国犹弦诵，客过商墟独啸歌。铁马渡江功赫奕，铜人辞汉泪滂沱。知章喜得黄冠赐，野水闲云一钓蓑。"①

文中所云"见世祖，不愿仕，赐黄冠遣还"突出汪元量入元不仕；记宋幼主及宋宫人"以诗送行"，则突出汪元量与瀛国公及旧宋宫人的情意深厚；而记其诗"皆叙宋亡事"，则突出汪元量诗歌的诗史价值。

（二）田汝成《西湖游览志余》的记载

田汝成，字叔禾。浙江钱塘（今浙江杭州）人，生卒年不详。世宗嘉靖五年（1526）进士。授南京刑部主事，历员外郎、迁礼部主事。嘉靖十年（1531）十二月，他上表劝谏嘉靖帝，因"忤旨"而被"停俸二月"，迁礼部祠祭郎中，出为广东提学佥事，贬为滁州知府。后又升任贵州佥事，进为广西右参议，率军分守右江。当时龙州土酋赵楷、凭祥州土酋李寰杀主自立，田汝成与副使翁万达

---

① （明）瞿佑：《归田诗话》，中华书局1985年版，第25—26页。

密谋讨伐,擒杀二人。努滩人侯公丁拥兵起事,田汝成诱擒之,接着出兵镇压,大获全胜。因功受到朝廷赏赐,并迁为福建提学副使。罢官归家后,田汝成常游览湖山,遍及浙西各地名胜,著述颇丰。有《炎徼纪闻》《西湖游览志》《西湖游览志余》,并有《田叔禾集》《辽记》等。《明史》卷287有传。其《西湖游览志余》卷6载:

汪元量,字大有。当度宗时,以善琴出入宫掖。元兵入城,赋诗云……顷之,从三宫北去,留滞燕京。时有王清惠、张琼英,皆故官人,善诗,相见辄涕泣。元量尝和清惠诗云:"愁到浓时酒自斟,挑灯看剑泪痕深。黄金台迥少知己,碧玉调高空好音。万叶秋声孤馆梦,一窗寒月故乡心。庭前昨夜梧桐雨,劲气潇潇入短襟。"世皇闻其善琴,召入侍,鼓一再行,骎骎有渐离之志,而无便可乘也,遂哀恳乞为黄冠。世皇许之。濒行,与故官人十八人醵酒城隅,鼓琴叙别,不数声,哀音哽乱,泪下如雨。张琼英送之诗云:"客有黄金共璧怀,如何不肯赎奴回。今朝且尽穹庐酒,后夜相思无此杯。"元量既还钱唐,往来彭蠡间,风踪云影,倏无宁居,人莫测其去留之迹,遂传以为仙也。人多画像祀之,自号曰水云子。士流多题咏其事。廼贤诗云:"一曲丝桐奏未休,萧萧笳鼓禁宫秋。湖山有意风云变,江水无情日夜流。供奉自歌南渡曲,拾遗能赋北征愁。仙人一去无消息,沧海桑田空白头。"李吟山诗云:"青云贵戚玉麟儿,曾逐銮车入紫闱。王母窗前窥面日,太真膝上画眉时。沧溟水阔龙何在,华表秋深鹤未归。三尺焦桐千古意,黄金谁与铸锺期。"马易之诗云:"三日钱唐海不波,子婴系组纳山河,兵临鲁国犹弦诵,客过商墟独啸歌。铁马渡江功赫奕,铜人辞汉泪滂沱。知章喜得黄冠赐，野水闲云一钓蓑。"①

《西湖游览志余》凡26卷，"摭拾南宋轶闻，分门胪载。大都杭州之事居多"②，补充正史，使读者可以了解南宋以来杭州的政治、经济、文化和社会风貌。书中笔记小说的主要来源是前代的史传和笔记，另外是作者的耳闻。

其中关于汪元量的记载，对主要事迹及诗作多有详列，方便了解汪元量其人其事。《西湖游览志余》文采焕然，文笔洗练，传播较广。然而，记载中很少标记出处，无法寻根探源。作为笔记小说，文学性浓厚，可读性强，是一部不可多得的著述。

第四节 清代对汪元量的考证

随着《湖山类稿》的再度问世，汪元量及其作品引起了清人的浓厚兴趣。

一 钱谦益对汪元量集的接受

汪元量的诗，其生前尝手编诗集为《湖山类稿》，是集刊刻情况不详，有刘辰翁批点本《湖山类稿》五卷刻于元代，然明末已难觅。钱谦益对汪作的再度问世具有一定贡献，他偶然发现旧抄本《水云诗》，经藏书家传录，稍传于世，命名曰《水云集》，或称《外稿》。康熙二十六年（1687），汪森将刘辰翁批点本与钱氏本相参订，编为

---

① （明）田汝成：《西湖游览志余》卷6，上海古籍出版社1958年版，第106—107页。
② （清）纪昀：《钦定四库全书总目》（整理本），中华书局1997年版，第957页。

《湖山类稿》五卷,将《外稿》附于五卷之末,又从《宋遗民录》取廼贤、刘辰翁、文天祥、马廷鸾、周方等的序文,并录之以置简编。乾隆三十年(1765),鲍廷博知不足斋以批点本《湖山类稿》与《水云集》合刊,汪元量作品由此而流布遂广。①

钱谦益对汪元量作品的传播具有特殊意义。钱谦益(1582—1664),字受之,号牧斋,晚号蒙叟、东涧遗老,世称虞山先生。常熟(今江苏常熟)人。神宗万历进士,授翰林院编修。早年曾讲学东林书院,参加过东林党活动。崇祯初任礼部侍郎、翰林侍读学士。南明弘光朝,谄事东阁大学士马士英,为礼部尚书。清兵南下,率先迎降,为士林所轻。入清以礼部侍郎管秘书院事,充《明史》馆副总裁。因黄毓祺反清案被捕入狱,出狱后归里,家居著述以终。钱谦益学问渊博,贯通古今,涉猎子、史、文籍与佛藏,主盟文坛数十年,与吴伟业、龚鼎孳并称"江左三大家"。明亡后作品多寓身世沧桑感慨。著有《初学集》《有学集》《投笔集》《苦海集》,编选《列朝诗集》。钱谦益《水云诗跋》如下:

> 汪水云诗,杂见于郑明德《遂昌杂录》、陶九成《辍耕录》、瞿宗吉《诗话》及程克勤《宋遗民录》者不过三四首,夏日晒书,理云间人钞诗旧册,得水云诗二百二十余首,录成一帙,然廼贤叙水云诗,以为多纪国亡时事。此帙多有之,而所谓与文丞相狱中倡和者,概未之见也。惟《浮丘道人招魂歌》《拟杜少陵七歌》体制者,今见文丞相集后。水云诗集,刘辰翁批点刊行者,藏书家必有全本,当更与好古者共购之。②

---

① 参见祝尚书《宋人别集叙录》(下),中华书局1999年版,第1444—1449页。
② 见《增订湖山类稿》(附录一),中华书局1984年版,第188页。

钱谦益又有《书汪水云集后》：

> 钱唐汪元量，字大有，以善琴事谢后及王昭仪。国亡，随之而北。后为黄冠师南归。其诗见郑明德、陶九成、瞿宗吉所载，仅三四首。夏日晒书，理云间人钞书旧册，得其诗二百二十余首，手写为一帙。《湖州歌》九十八首，《越州歌》二十首，《醉歌》十首，记国亡北徙之事，周详恻怆，可谓诗史。有云："第二筵开入九重，君王把酒劝三宫。酡酥割罢行酥酪，又进椒盘剥嫩葱。"又云："客中忽忽又重阳，满酌葡萄当菊觞。谢后已叨新圣旨，谢家田土免输粮。"与郑明德所载"花底传筹杀六更，风吹庭燎灭还明。侍臣写罢降元表，臣妾签名谢道清"。合而观之，紫盖入雒，青衣行酒，岂足痛哉！水云作谢后挽诗曰："事去千年速，愁来一死迟。"国灭君死，幽兰轩之一烬，讵可以金源为夷狄而易之乎？余欲续吴立夫《桑海馀录》，卒卒未就。读水云诗毕，援笔书之，不觉流涕渍纸。崇祯辛未（1631）七夕，牧斋记。①

钱谦益叙述自己发现汪元量旧抄本的过程，其《水云诗跋》曰："夏日晒书，理云间人钞诗旧册，得水云诗二百二十余首，录成一帙。"钱谦益家抄本《水云诗》今藏山东省图书馆，有钱谦益的题识及叶万等人印记。钱谦益认为，"《湖州歌》九十八首，《越州歌》二十首，《醉歌》十首，记国亡北徙之事，周详恻怆，可谓诗史"，又提及《太皇谢太后挽章》中诗句"事去千年速，愁来一死迟"，是水云诗的佳作。钱谦益感叹"国灭君死，幽兰轩之一烬"，"读水云诗毕，援笔书之，不觉流涕渍纸"，是他出于明末特殊历史背景及自身遭际的感叹。

---

① 见《增订湖山类稿》（附录一），中华书局1984年版，第188页。

二 李本仁对汪元量画的接受

陈谟题画诗有"黄荃崔白称好手"句,将汪元量比作五代画家黄荃、北宋画家崔白,清代李立本又称赞他"写生妙手擅徐黄",将汪元量与五代画家徐熙、黄筌并提。李本仁,字蔼如,浙江钱塘人。道光十六年(1836)进士,由庶常改兵部,历任郎中,简放赣南道。官至安徽布政使,咸丰间太平军攻庐州死,有《见山楼诗草》。其《汪水云草虫画卷》云:

> 吾乡进士江湖老,一曲冰弦怆怀抱。夜月难招望帝魂,春风犹胜伤心稿。脂粉萧疏墨气凉,写生妙手擅徐黄。飞来纸上皆秋意,开到人间尽古香。当日弹琴曾供奉,倚云承露推仙种。翡翠珠帘法曲宣,凤凰彩仗慈云拥。此时春色满临安,莺燕东风画里看。母后黄金催写照,婕妤紫袖倩题纨。皋亭山下惊鼙发,卷地黄尘惨明月。丞相高眠蟋蟀坟,王孙已拜芙蓉阙。西风吹落上阳花,寂寂宫槐噪晚鸦。太息河山成蚁溃,可怜将士尽虫沙。洒泪仓皇走降表,六宫漂泊燕山道。断曲如闻蜀国鹃,哀弦空吊明妃草。琴师憔悴走幽州,野草哀虫处处愁。繁华梦里红羊劫,故国霜前白雁秋。琴上悲风声变徵,黄冠萧瑟生旋里。蛾翠千山恨有余,蚕丝万叠愁难理。旧时宫嫔离筵柳,□日红颜今白首。尘梦难寻蛱蝶裙,悲歌且醉葡萄酒。归来身世感沧桑,络纬西风总断肠。写取南朝金粉泪,园林花草满斜阳。①

该诗描述汪元量的人生轨迹,突出他在亡国之后命运的反差和悲痛。诗中"琴师憔悴走幽州,野草哀虫处处愁",指出了画

---

① 《增订湖山类稿》(附录一),中华书局1984年版,第229页。

卷中以"野草哀虫"隐喻南宋人民,整幅画卷表达了无尽的亡国哀愁。

三 清人对汪元量事迹的考证

汪元量集在清代多有刊刻,各版本都有名家所作序跋:叶万有《汪水云诗钞跋》、陆嘉颖有《水云诗跋》、潘耒有《书汪水云集后》、汪森有《湖山类稿后序》、吴炜有《水云集跋》、吴城有《知不足斋合刻汪水云诗序》、鲍廷博有《湖山类稿跋》《水云集跋》等①,今仅取潘耒、王国维二文为例,略谈清代对汪元量的接受。

(一)潘耒对汪元量事迹的考证

潘耒(1646—1708),字次耕,又字稼堂,吴江(今属江苏)人。师事徐枋、顾炎武,博涉经史、历算、声韵之学。康熙十八年(1679),以布衣召试博学鸿词,授翰林院检讨,参与纂修《明史》。二十一年(1682),任会试同考官,称得士,名益盛。二十三年(1684),归乡里不复出。晚年致力于易象数与历算的研究。《清史稿》卷484有传。著有《明五朝史稿》《类音》《遂初堂集》。其中《遂初堂集》有诗集十五卷、文集二十卷、别集四卷。《书汪水云集后》载《遂初堂集》,其文如下:

> 汪水云诗,元名人共相推许,有诗史之目。其咏宋幼主降元后事,皆得之目击,多史传所未载,而声情凄婉,悲歌当泣,故国故君之思,斯须不忘,可以愧食禄之臣矣。虞山钱氏跋其诗,

---

① 以上序跋文均载《增订湖山类稿》(附录一),中华书局1984年版,第189—196页。

摘二句云:"第二筵开入九重,君王把酒劝三宫。驼峰割罢行酥酪,又进椒盘剥嫩葱。""客中忽忽又重阳,满酌葡萄当菊觞。谢后已叨新圣旨,谢家田土免输粮。"又引挽谢后诗云:"事去千年速,愁来一死迟。"乃云:"合而观之,紫盖人雏,青衣行酒,岂足痛哉!……读毕不觉流涕渍纸。"一似有深耻而不忍言者。是大不然。考之《宋史》,理宗谢皇后,宝庆三年册立,垂四十年,而度宗嗣位,尊为皇太后,又十年而幼主立,尊为太皇太后,已老病不能听政。德祐二年,宋亡,北徙。越七年而终。寿七十四,则至燕时,已六十七矣。元世祖崩于至元三十一年,寿八十。灭宋在十三年,寿已六十二,宁有刘曜、羊后之嫌?所云"谢家田土免输粮"者,当是以谢后举国纳降之故,优恤其宗耳,岂有他哉!其历叙宴会之丰,自"皇帝初开第一筵"至"第十琼筵敞禁庭",凡十章,据云君王把酒,后妃进卮,三宫坐受,极其隆礼,且屡云宴罢归来,未尝暂留元宫也。始至而十开筵宴,犹以客礼待之。既乃加封爵,给第宅,赉锦绮,免后家之税,授降臣之官,见于诸诗,历历有序,不当节取二章深致感慨也。元人以宋为大国,不意其君臣不战迎降,喜慰过望,故不戮一人,而遇母后、幼君有加礼。于此见世祖之宽厚。水云又咏《宋宫人分嫁北匠》云:"君王不重色,安肯留金闺。"则世祖为人可知矣。《元史》又称宏吉剌皇后之贤,见宋幼主入朝而不乐,视宋府库物,一无所取。又为宋全太后不习水土,代奏乞回江南,帝不许,退而厚待之。则知礼数优渥,复有贤后之助焉。大抵既封幼主为瀛国公,则必别置邸第,母子宫眷当仍聚居其中。观水云诗云:"昭仪别馆香云暖,手把诗书授国公。"则王昭仪亦未尝入元宫也;令其为元妃嫔,安得与水云时相倡酬哉!至谢太后没,而后全后为尼,瀛国作讲师,悉见于集。若不详考本末,而独摘

"新旨""免粮"二语，殊足动后人深疑。德祐之事，已是古今至辱，余不忍三朝国母，重遭污蔑，且使水云有遗累也。故书此详辨之。①

潘耒针对钱谦益《书汪水云集后》中对谢太后的怜悯进行反驳，认为钱谦益所云"合而观之，紫盖人雏，青衣行酒，岂足痛哉……读毕，不觉流涕渍纸。一似有深耻而不忍言者"与史实不符。谢太后以国降元，钱谦益不应断章取义。潘耒对钱谦益的反驳具有一定客观性。

（二）王国维对汪元量事迹的考证

王国维（1877—1927），字静安，号观堂、永观。浙江海宁人。1898 年入上海东方学社学习。辛亥革命后避居日本，研究古文字。1922 年，任北京大学研究所国学门通信导师。1925 年，任清华国学研究院教授。1927 年，在颐和园投昆明湖自尽。王国维集中、西之学于一身，著述宏富。有《静庵文集》《观堂集林》《王忠悫公遗书》存世。1910 年王国维始校鲍刻《湖山类稿水云集》，他从《永乐大典》中辑出诗六首、词一首，撰《书宋旧宫人诗词·湖山类稿·水云集后》。此文对汪元量生平事迹多有考证，其说影响很大。其文部分内容如下：

汪水云以宋室小臣，国亡北徙，侍三宫于燕邸，从幼主于龙荒。其时大臣如留梦炎辈，当为愧死，后世多以完人目之。然中间亦为元官，且供奉翰林。其诗具在，不必讳也。《湖山类稿》二，有《万安殿夜直》诗云："金阙早朝天子圣，玉堂夜直月光

---

① 《增订湖山类稿》（附录一），中华书局 1984 年版，第 190 页。

寒。"《水云集》中有《送初庵傅学士归田里》一首云:"燕台同看雪花天,别后音书雁不传。紫阁笑谈为职长,彤闱朝谒在班前。"称严为职长,则汪亦曾为翰林院官。又有《南归后答徐雪江》一首曰:"十载高居白玉堂,陈情一表乞还乡。孤云落日渡辽水,匹马西风上太行。行橐尚留官里俸,赐衣犹带御前香。只今对客难为说,千古中原话柄长。"所云"高居白玉堂",亦指翰苑也。又《湖山类稿·北岳降香》以下二十五首,皆水云奉敕降香途中所作。

案《元史·世祖纪》,每岁以正月遣使代祀岳渎后土,惟至元二十一年所纪独详,云遣蒙古官及翰林官各一人祠岳渎后土。则代祀例遣翰林官,严为学士,即翰林官。水云或以属官同行。然观其诗意,不似属官之词,殆是岁所遣二人皆出翰苑,水云与严同奉使欤?故其诗曰:"同君远使山头去,如朕亲行岳顶来。"则水云在元颇为贵显,故得橐留官俸,衣带御香,即黄冠之请,亦非羁旅小臣所能,后世乃以宋遗民称之,与谢翱、方凤等同列,殊为失实。然水云本以琴师出入宫禁,乃倡优卜祝之流,与委质为臣者有别。其仕元亦别有用意,与方、谢诸贤迹异心同,有宋近臣一人而已。①

此文对汪元量行实,尤其是名节问题多有评议。鉴于汪元量北上后曾奉元世祖之命而降香,"为元官且供奉翰林","在元颇为贵显","黄冠之请,亦非羁旅小臣所能",王国维认为宋元以后人们对汪元量以宋遗民称之,将他与谢翱、方凤等同列,"殊为失实"。但"其仕元亦别有用心,与方谢诸贤异迹同心,有宋近臣一人而已"。王国维认

---

① 王国维:《书宋旧宫人诗词·湖山类稿·水云集后》,《观堂集林》卷21,河北教育出版社2003年版,第525页。

为汪元量仕元的经历,其诗俱在,不必避讳,汪元量固然没有方凤、谢翱诸贤的清白经历,但宋亡时身份不同,无法选择,汪元量在灵魂深处乃心系故国,与其他遗民是"迹异心同"。此论断得到学界的认同,研究中多有称引。

除此之外,王国维还对王昭仪、赵与芮的生平行实以及《宋旧宫人诗词》的真伪问题加以考证,使学界开始对这一特殊人群有所关注,对于他们有了一些了解。王国维在学界首次提出《宋旧宫人诗词》是"元明间人据谢翱《续琴操哀江南序》的伪撰"这一说法,在学界引起争议。可以说,王国维对相关问题的考证研究,开启了20世纪学界研究汪元量的先河,其影响力自不待言。

汪元量生活在一个特殊的历史时期,特殊的人生遭际和非凡的艺术才华,使他在南宋遗民中产生很大影响,在诗坛占有重要位置。其创作以南宋亡国为界,多"慷慨悲歌,有故宫离黍之感,于宋末诸事皆可据以征信"[①],在当时就有"诗史"之称。作为宋亡北解的流人之一,其深厚的故感染当世,影响后世,不但在宋末元初的文坛具有一定影响力,在中国文学史上也具有一定地位。

---

① (清)纪昀:《钦定四库全书总目》(整理本),中华书局1997年版,第2189页。

第七章　谢枋得：最后殉葬者的人生挽歌

　　谢枋得是继文天祥之后，以气节彪炳史册的南宋著名爱国志士。宋亡之际，他毁家纾难、力拒元兵。元初曾五次拒绝元廷征聘，后被强制押往大都，终绝食殉国，孤忠尽节，尤为世人推重。谢枋得不但以高尚的爱国情操令世人敬仰，而且雅负奇气，诗歌峻拔慷慨，文章高迈奇绝，尤其是拒聘、北解期间的作品广为传诵。谢枋得"以忠义自任""嵚崎以全臣节"[①]的忠义壮举和爱国情怀具有深远影响。

第一节　谢枋得的生平行实

　　谢枋得（1226—1289），字君直，号叠山，信州弋阳（今江西弋阳）人。左目重瞳，脑若伏犀，口可容拳，髯疏而长，虽身不满五尺，却棱角分明。他"幼览群书，五行俱下，终身记忆"[②]。为人豪爽，性

[①] （元）脱脱等撰：《宋史》卷425《谢枋得传》，中华书局1977年版，第12687页。
[②] （宋）佚名氏：《昭忠录》"谢枋得"条，中华书局1985年版，第36页。

好直言，以忠义自任。其师徐霖称"如惊鹤摩霄，不事笼絷"①。

谢枋得出生于中小官僚家庭，从小受到良好的教育和熏陶。父应琇曾任浔州金判，因忤触奸臣董槐，被冤劾死。母亲桂氏，"贤达明大义"②。伯父徽明，尝登民族英雄辛弃疾之门。谢枋得五岁时，闻听伯父道辛公弃疾"遗风盛烈"，震撼少年内心，他"欣然有执节之想"③。

一 殿试被抑，壮志未酬

谢枋得生于理宗宝庆二年（1226），宝祐四年（1256）登进士第，时年31岁，前途光明，然忤逆权贵，挂冠而去，备受挫折，至40岁时仍壮志未酬。

谢枋得聪颖好学，与文天祥同科考取进士，名列前茅。在殿试对策时，谢枋得直指丞相董槐与宦官董宋臣祸国殃民的罪恶，考官佳之，欲俾魁天下，然颇忤上意，被抑置第二甲第一人，除抚州司户参军。谢枋得看到朝廷如此贬抑人才，正义得不到伸张，父亲又因忤触董槐含冤劾死，自己怎能屈事权贵，毅然抛却功名，挂冠而去，次年（1257），谢枋得参加教官考试，考中兼经科，除建宁府学教授，但他又以丁大全柄国而不赴任，返回家乡。

宝祐六年（1258），蒙古兵分三路，大举攻宋。并于次年（1259）七月渡江，围鄂州，取临江、瑞州，时江西大震。十月，宋廷罢免丁大全，以贾似道为右丞相兼枢密使。十一月，以赵葵为江东西宣抚使。赵葵辟谢枋得差干办公事，并拨给钱米，令其招募民兵，捍卫饶、信、抚

---

① （元）脱脱等撰：《宋史》卷425《谢枋得传》，中华书局1977年版，第12687页。
② （元）脱脱等撰：《宋史》卷460《谢枋得妻传》，中华书局1977年版，第13489页。
③ （宋）谢枋得：《辛稼轩先生墓记》，熊飞等校注《谢叠山全集校注》卷2，华东师范大学出版社1995年版，第49页。本书所引用的谢枋得作品均以此本。

第七章 谢枋得：最后殉葬者的人生挽歌

三州。谢枋得多方筹措，得民兵万余人，防守信州，朝廷任以礼兵部架阁。

是时，贾似道密遣宋京向蒙古纳币求和，值蒙古大汗蒙哥病逝，遂许议和。蒙军北撤后，贾似道罔上邀功，污蔑各地抗蒙将领贪污军费，逼迫他们破产赔偿。景定二年（1261）八月，贾似道欲污蔑赵葵，谢枋得言："不可以累赵宣抚也。"遂倾尽全部家财，自出楮币万贯而为赵葵赔偿民兵所费，余无所偿，乃上书贾似道，结果虽免追算，却被撤职。

景定五年（1264）七月，彗星出柳达40余日，贾似道专权导致物价腾涌、民怨沸腾。九月，谢枋得在宣城、建康当考官，他以政事为题，"发策十问"，指摘贾似道"窃政柄，害忠良，误国毒民"，极言"天心怒，地气变，民心离，人才坏，国有亡证"[①]，漕使陆景思上其稿于贾似道，贾似道大怒，令左司谏劾谢枋得校文发策至怨望腾谤，谢枋得因此被谪官，安置兴国军（今湖北阳新）。

在兴国军时，谢枋得因谪所之山而自号"叠山"，守令敬重其正直，都以弟子礼相见。直到咸淳三年（1267）十二月，谢枋得才得以放归。贾似道"奇其才，欲牢笼之"[②]，召其至史馆任职，枋得不肯阿附，说："似道饵我也。"[③] 不赴。此间，谢枋得闭户讲道，闻之者会聚，如周岳、熊朝、余安裕、杨应桂、余炎、谢禹谟等，皆知名士，介然自持，登门而求其教诲。谢枋得鄙视权贵，足迹不及权门，深孚众望。乡里若有人行事不遵循法理，有人就会说："谢架阁闻乎？"如果起了争执，也定会找他来评理。德祐元年正月，朝廷又连

[①] （元）李源道：《文节先生谢公神道碑》，熊飞等校注《谢叠山全集校注》卷6，华东师范大学出版社1995年版，第168页。

[②] （元）佚名氏：《宋季三朝政要》卷3，中华书局1985年版，第44页。

[③] （元）李源道：《文节先生谢公神道碑》，熊飞等校注《谢叠山全集校注》卷6，华东师范大学出版社1995年版，第168页。

以史馆校勘等职召之，谢枋得不赴。

自咸淳四年至德祐元年（1268—1275），谢枋得居家讲学凡八载，以渊博的学识和不畏权贵、正直公义的高尚品行得到乡里人的尊重。

二 毁家纾难，起兵勤王

咸淳十年（1274），伯颜率军南下征宋。吕文焕导元兵东下鄂州、黄州、蕲州、安庆，凡其亲友部曲多望风降元。朝廷特授谢枋得秘书省著作郎兼权司封郎，命在信州军民，做抗元准备。制诰中说："朕崇奖气节之士，兼史职郎选而命之，庶有压难折冲之功。尔以正直忤大奸，义形于色，为一乡之望。"① 危难之中，朝廷想到了谢枋得拥有不畏权贵、伸张正义的气魄，希望他能够担当重任。未几，朝廷任其为江东提刑，命召集军队，捍卫饶、信、抚三大州。谢枋得迁礼部侍郎，与雷宜中招募军民抗元。后起兵复安仁，选拔友人陈牵入抗元军幕。

德祐元年（1275）十一月，谢枋得以江东提刑兼江西招谕使、知信州。张孝忠、章如旦投奔谢枋得麾下。十二月，已投降元朝的吕师夔向信州索取供军衣粮，昔日旧交如此厚颜无耻，背叛国家，谢枋得出榜怒斥之。此时，元军进攻江东地区，命吕师夔攻抚州。谢枋得亲自率兵击杀，但战事不利。谢枋得走入安仁，调张孝忠逆战团湖坪，矢尽，孝忠挥双刀击杀百余人，孝忠中流矢死，众惊溃。马奔归，枋得坐敌楼见之，曰："马归，孝忠败矣。"② 遂奔信州。吕师夔进而攻陷信州，谢枋得兵败。四月，枋得拒绝执行谢太后的降元诏令，弃妻

---

① （宋）王应麟：《谢枋得特授秘书省著作郎兼权司封郎诰》，（宋）王应麟著，张骁飞点校《四明文献集》（外二种）卷5，中华书局2010年版，第197页。
② （元）脱脱等撰：《宋史》卷425《谢枋得传》，中华书局1977年版，第12688页。

第七章 谢枋得：最后殉葬者的人生挽歌

子，易服负母，逃于闽中。

南宋投降后，德祐二年五月，谢枋得被小朝廷赵㬎任为江东制置使，他再次召集义兵，继续抗元。七月二十二日，攻铅山县，兵溃，谢枋得将兵交付江东招谕使傅卓，自身隐于江闽之境。元将王世英、萧郁以枋得不降，对其尾追不舍。枋得无奈而退入福建，隐于建阳。

元军继续派兵追捕。为获枋得，拘捕其83岁的老母桂氏，桂氏临难而不惧，曰："老妇今日当死，不合教子读书知礼义，识得三纲五常，是以有今日患难。若不知书不知礼义，又不识三纲五常，那得许多事！老妇愿得早死。"① 言语间雍容淡定，毫无愁叹之意。元军无奈，只得将她释放。

谢枋得之妻李氏，为逃避追捕，携二子隐藏在贵溪山荆棘中，采草木而食。景炎二年（1277）冬，元兵追捕李氏至贵溪山中，令曰："苟不获李氏，屠而墟！"李氏闻之，曰："岂可以我故累人，吾出，事塞矣。"挺身就俘。景炎三年（1278），宣慰使廉下默实海雅见李氏貌美，向她逼婚，李氏不屈，曰："吾岂可嫁二夫耶！"② 当晚解衣带自尽，其一女、二婢亦自缢而亡。③

元兵没有放过谢枋得的其他家人，两个儿子熙之、定之，两个弟弟君烈、君泽，以及三个侄子同时被抓捕，囚于建康狱中。弟君烈、君泽及三侄俱死于狱中。唯二子被移往扬州狱，后被释放。谢枋得又有兄君禹，与元兵战于九江，被执不屈，斩于市。伯父徽明任当阳

---

① （元）盛如梓：《庶斋老学丛谈》（卷中上），中华书局1985年版，第24页。
② （元）脱脱等撰：《宋史》卷460《谢枋得妻传》，中华书局1977年版，第13489页。（宋）李谨思有《赠李节妇（诗及跋）》颂其事，载《宋诗纪事》卷76，上海古籍出版社1983年版，第1848页。
③ 谢枋得有二女，一女在狱中自缢殉国，另一女适安仁府判金竹周铨，早寡无子。二女得知父亲殉国，遂捐奁赀作桥，桥成，投水死。乡人感其义，名其桥曰"孝烈桥"。宋状元郑獬有诗云："至今溪上连宵月，照彻贞魂万古心。"（清）谢旻等修，陶成等撰：雍正《江西通志》卷34，影印文渊阁《四库全书》本。

尉,与元兵战,死,二子趋进抱父尸,亦死。

国难当头,谢氏一族表现出视死如归的英雄气概,满门忠烈,令人崇敬。

三 拒元征聘,大都殉国

铅山战败后,为躲避追捕,谢枋得隐姓埋名,闻崖山之难,日日东向而哭,从此麻衣草鞋以至终身。至元二十一年(1284),元朝大赦,谢枋得乃出,得还,自寓于茶坂,设卜肆于建阳驿桥,榜曰:"依斋易卦",声名远扬,"小儿贱卒亦知其为谢侍郎也"①。

元至元二十三年(1286)三月,元朝访求江南贤才,行台侍御史程钜夫荐南宋逸遗贤才三十二人,以枋得为首,然枋得以母丧、"不才"为辞,拒绝征聘。明年(1287),元朝派法师林樵、谷春遣往江淮搜贤,仍以枋得称首,枋得抗颜谢之。又明年(1288),行省丞忙古台奉旨驿召,亲临访问,执手相勉,枋得曰:"上有尧舜,下有巢由,上有成汤,下有随光,上有周武,下有夷齐,今存一谢枋得,听其食西山之薇,又何损于国家。枋得母丧未葬,姓名不详,不敢赴召。"忙古台义之。

未几,江西行省参知政事管如德奉旨搜求江南人才,礼部尚书、翰林学士承旨留梦炎又以谢枋得荐。七月,谢枋得有《上丞相留忠斋书》,坚辞征聘。福建行省参知政事魏天祐派人前去访招,枋得怒骂魏天祐奸邪害民。及见面,又傲岸不为礼,与之言,坐而不对。

---

① 《叠山先生行实》,载熊飞等校注《谢叠山全集校注》卷6,华东师范大学出版社1995年版,第158页。按:《叠山先生行实》一文,《四库全书》本、《四部丛刊续编》本、《谢叠山全集校注》均未注明作者。(元)李源道《文节先生谢公神道碑》有"又五年,予任集贤侍制,番阳周应极状其事"之语。周应极,字南翁,饶州鄱阳(今江西波阳)人。至大元年(1308)为翰林待制,为皇子硕德八剌说书。至大二年(1309)迁集贤司直,授奉训大夫,进集贤待制。终池州路同知总管府事。《叠山先生行实》一文应为周应极所作。

九月，魏天祐接到元廷强送谢枋得去大都的特旨，派人召之，枋得仍以母丧为由，坚辞。魏天祐又派建宁路总管撒的迷失假称请枋得入城卜易，逼去大都。枋得知不能免，乃以死自誓，从九月十一日离建阳起，即绝粮不食。见魏天祐，大义凛然，据理辩驳。魏天祐将其囚禁于崇真道院，派吏卒多人看守。九月二十日，谢枋得开始完全绝食。长子熙之自信州探望，枋得拒而不见。绝食20余日，不死，为坚持斗争，便恢复饮食。

　　十月十八日，谢枋得从建宁起程，被强制押往大都。众亲友及门人纷纷写诗送别，激励他坚守节操，枋得和诗多篇。自起程赴大都之日起，不食烟火，仅吃蔬果。北行时，谢枋得衣衫破烂，鞋子洞穿，行走于大雪严寒之中，然而仍斗志昂扬，拒绝一切馈赠。次年（1289）二月十四日至采石，赋《绝粒》诗，从此每日仅食枣五枚，见者落泪。

　　四月初一抵达大都，谢枋得问明谢太后殡所及故宋恭帝所在地的方向，恸哭再拜。馆伴者曰："此是文丞相斫头处。"以胁之，枋得曰："当年集英殿下赐进士第幸同榜，今复得从吾同年游地下，岂非耶？"① 已而病，迁悯忠寺，见壁间《曹娥碑》，泣曰："小女子犹尔，吾岂不汝若哉！"留梦炎令医生给其药物杂米，枋得怒曰："吾欲死，汝乃欲生我邪？"弃之于地。四月五日夜，终以绝食殉国。八月，子定之奉柩还广信。明年（1290）九月，葬于县南玉亭乡之龚源，门人私谥文节。

　　谢枋得幼览群书，五行一齐看下来，终身不忘，"为文章高迈奇绝，汪洋演逸，自成一家，学者师尊之"，所著甚丰。著有《诗传注疏》《易说十三卦取象》《易》《书》《诗》三传及《注解四书》、杂

---

① （宋）佚名氏：《昭忠录》"谢枋得"条，中华书局1985年版，第39页。

著、诗文六十四卷,批评《陆宣公奏议》,编次秘籍新书,选定《文章轨范》,并《唐诗解》行于世。① 《叠山集》原本六十四卷,但久无传本。清乾隆年间修《四库全书》,只搜集到两种由后人重编的版本:一种是明嘉靖年间刊本,二卷;另一种是清康熙中弋阳知县重订本,五卷,颇不完备。四库馆臣将两书统编,收入《四库全书》。此外还有《四部丛刊续编》本。

第二节　谢枋得北解作品的思想内涵

谢枋得是宋末以忠贞大节彪炳史册的抗元志士,与文天祥的遭际有许多共通之处:同登宝祐四年榜进士;宋亡组织抗元,满门忠烈;孤忠尽节,均在大都殉国。故后人往往将文、谢并提,如宋遗民王奕悼诗云"二山忠义贯苍天"②,明人李奎赞云:"枋得忠肝义胆,与金石同坚;高名峻节,与文天祥相表里。"③ 清人吴锡麒赞云:"若谢文节公者,继踵文山,争光君实。"④

谢枋得多次拒绝元朝征聘,被强行押解至大都,终以绝食殉国。北解大都一事,历时半年有余,涉及人物众多,轰动大江南北,也是坚守气节的宋遗民与新政权的一场政治对峙。谢枋得在北解期间的作品便集中表现了他的忠贞大节和殉国思想。

---

① 《叠山先生行实》,见《谢叠山全集校注》卷6,第158页。
② (宋)王奕《和叠山〈隆兴阻风〉》诗下自注云:"丙辰科文山状元,叠山二甲,又皆死于燕。"(《玉斗山人集》卷2,影印文渊阁《四库全书》本)
③ (明)李奎:《褒崇忠节奏疏》,《谢叠山全集校注》卷6,华东师范大学出版社1995年版,第181页。
④ (清)吴锡麒:《悯忠寺新建谢文节公祠碑》,《谢叠山全集校注》卷6,华东师范大学出版社1995年版,第169—170页。

一　北解之前：却聘书所体现的忠节观

北解之前，谢枋得有《上程雪楼御史书》《上丞相留忠斋书》《与参政魏容斋书》三封却聘书，分别从孝义、忠义、节义等角度阐发自己不能身事二主的忠贞，以"宋室孤臣，只欠一死"作为不仕元朝的宣言，"见先生拒命之节"[①]。后世读之，仍可从字里行间领略其"以名节自任"[②]"以忠义自任"的悲壮豪情和崇高信仰。

（一）《上程雪楼御史书》中的孝义

《上程雪楼御史书》作于至元二十三年（1286）十月初一，是谢枋得拒绝征聘的开端。其母桂氏卒于是年二月二十六日，谢枋得时居母丧，他主要从孝义的角度阐发了自己热孝在身，不能出仕的理由：

> 某三十一而入仕，五十一而休官，平生实历，不满八月。俸禄无一毫归家养亲，已不可言孝矣。惟黾勉送死，或可以少赎前过。

93岁老母去世，从自身角度讲，自己理当尽孝，然而从天子治国的角度讲，君主当遵从古礼，不能夺人孝母之心："夺情非令典，起复非美名"，君主应"以道德仁义治天下"，如若"人有不葬其亲，而急于得君者，人心何在？天理何在？"谢枋得从孝义出发坚辞元朝征聘，谴责元廷如此征召是不仁不义。

[①]　民国《弋阳县志》卷16《艺文》在谢枋得《与李养吾书》后所加按语。
[②]　（宋）佚名氏：《昭忠录》"谢枋得"条，中华书局1985年版，第36页。

（二）《上丞相留忠斋书》中的忠义

谢枋得的三封却聘书皆言辞激烈，慷慨悲愤，尤以写给座师留梦炎一书流传最广，"虽乡塾童孺，皆能诵而习之"①，向天下阐明为人臣之忠义。明代刘儶评价"公之为文，一字一语，悉忠孝之所发，即是足以见公之德，而能感人于千载之下"，"如读《上程雪楼书》，则孰不兴夫孝？而世之忌亲夺情者始见为不仁；读《上刘忠斋书》则孰不慕乎忠？而世之弃君保身者始知为不义"②。《上程雪楼御史书》中所蕴含的忠义之情令降臣汗颜，世风为之一振。

留梦炎，乃宋状元宰相。景炎元年（元至元十三年，1276）五月，衢州陷后，降元。③祥兴二年（元至元十六年，1279）十月，宋降臣王积翁等10人议释文天祥，留梦炎坚决反对，事遂已。④留梦炎仕元官至礼部尚书、翰林学士承旨，为世人所耻。

留梦炎是谢枋得的座师，在宋时曾力荐之。对于留梦炎，谢枋得的情感很复杂。在留梦炎向元朝推荐之前，谢枋得对座师还是很挂念的。至元二十一年（1284），谢枋得撰《送史县尹朝京序》，表达了对身在北方的留梦炎等故宋旧臣的牵挂，他说："余老且病矣，只欠一死。回思少年遇知己，如忠斋留公、敬斋谢公、梅石赵公、则堂家公、实堂吴公、泉石青阳公，皆待以国士，期以遂业。"并嘱咐友人

---

① （清）纪昀：《钦定四库全书总目》（整理本），中华书局1997年版，第2181页。
② （明）刘儶：《景泰本叠山先生文集序》，祝尚书《宋集序跋汇编》卷45，中华书局2010年版，第2180页。
③ 《元史》卷129《唆都百家奴》："攻衢州，……拔之，宋丞相留梦炎降。"（中华书局1997年版，第3151页）《续资治通鉴》卷183《元至元十三年（宋景炎元年）纪事》："五月，宋故相留梦炎降。"（中华书局1957年版，第4985页）
④ （宋）刘辰翁《须溪集》卷7《文文山先生像赞》云："同时之人，能不颣泚。昔忌其生，今妒其死。"《宋稗类钞》按语云："可证留梦炎欲杀公之事。"见丁传靖辑《宋人轶事汇编》，中华书局1981年版，第1038页。

道:"予之负知己多矣! 不知诸老先生存者几人? 子游中原,过齐鲁燕赵,当历历为予问之。"系念之情,溢于言表。

然而,至元二十五年(1288),留梦炎推荐谢枋得入元为官,并"贴书促行",谢枋得马上与昔日恩师反目为仇。在《上丞相留忠斋书》中,他从君臣忠义大节出发,抨击留梦炎以宋状元宰相仕元的行径,力透纸背。

谢枋得首先坦言自己对座师怠慢无礼,自景定三年(1262)以后,"小夫竿牍,不至门墙者二十七年"。接着,他引述《左传》语"人各有能,有不能"来表明自己与先生的不同:"先生之所能,某自知某必不能矣。"他犀利地批判留梦炎贪图功名富贵,背弃君臣大节:"先生少年为抡魁,晚年作宰相,功名富贵,亦可以酬素志矣。"而这种行为必将受到天地鬼神的惩罚:"奔驰四千里,如大都拜见皇帝,岂为一身计哉! 将以问三宫起居,使天下后世知君臣之义,不可废也。先生此心,某知之,天地鬼神知之,十五庙祖宗之灵亦知之,众人岂能尽知之乎? 师友之相知,古今宁几人哉! 事有可效忠于朝者,某不可不言,先生亦不可不察。"然先生自己不知廉耻也就罢了,还要推举别人苟且偷生:"自先生过举之后,求得道高人者物色之,求好秀才者物色之,求艺术过人者物色之,奔走逃遁,不胜其苦。中书行省魏参政之言,勒令福建有官不仕人呈文,凭根脚者,又从而困辱之,此非先生之赐而何,然先生岂有心于害某哉!"

谢枋得毫不留情,将留梦炎骂得无地自容,"辞严气直,累千百言。梦炎读之汗下"[1]。明代庄昶感叹道:"尽把夷齐许后身,荐贤当日果何人。山中宋史人希见,元是忠斋也宋臣。"[2] 站在正义立场,对

---

[1] (宋)佚名氏:《昭忠录》"谢枋得"条,中华书局1985年版,第38页。
[2] (明)庄昶:《读谢叠山与刘忠斋书》,《定山集》卷2,影印文渊阁《四库全书》本。

留梦炎如此荐贤之举给予激烈的嘲讽。

(三)《与参政魏容斋书》中的节义

《与参政魏容斋书》作于至元二十五年(1288),时谢枋得被魏天祐囚禁于建宁崇真道院。《与参政魏容斋书》言辞犀利,将忠孝大节阐释得淋漓尽致。

魏天祐,福建人。其生平资料所存甚少,《元史》载:至元十三年(1276)六月,弃家归附元朝,任管军总管兼知邵武军事。① 至元二十六年(1289)九月,诏福建省及诸司毋沮扰魏天祐银课。②至元二十九年(1292)八月,向元廷献计,发民一万凿山炼银,岁得万五千两。奸邪害民,被台臣请追赃而罢炼银事。③

在给魏天祐写信之前,谢枋得曾与之有过针锋相对式的会面。谢枋得"坐而不对,或嫚言无礼",魏天祐起初尚能容忍,然"久不能堪",乃让曰:"封疆之臣,当死封疆。安仁之败,何不死?"枋得曰:"程婴,公孙杵臼二人,皆忠于赵,一存孤,一死节;一死于十五年之前,一死于十五年之后。万世之下,皆不失为忠臣。王莽篡汉十四年,龚胜乃饿死,亦不失为忠臣。司马子长云:'死有重于泰山,轻于鸿毛。'韩退之云:'盖棺事始定。'参政岂足知此。"④

在《与参政魏容斋书》中,谢枋得再次强调忠于宋朝的坚贞,"宋室逋臣,只欠一死",自古"忠臣不事二君,烈女不事二夫"。谢枋得讽刺魏天祐失节,讽刺他嫉妒自己不降元、不仕元的大节:

鲁有公父文伯死,其母敬姜不哭。室老曰:"焉可有子死而

---

① (明)宋濂等撰:《元史》卷9,中华书局1997年版;第183页。
② (明)宋濂等撰:《元史》卷15,中华书局1997年版,第325页。
③ (明)宋濂等撰:《元史》卷17,中华书局1997年版,第366页。
④ 《叠山先生行实》,《谢叠山全集校注》卷6,第158页。

不哭者夫?"其母曰:"孔子,圣人也,再逐于鲁,而此子不能从。今其死也,未闻有长者来,内人皆行哭失声,闺中自杀者三。此子也,必于妇人厚,而于长者薄也,吾所以不哭。"君子曰:"此言出于母之口,不害其为贤母也;若出于妇人之口,则不免为妒妇矣。"言一也,所居之位异,则人心变矣!某义不出仕者也,今虽有忠谋奇计,则人必以为妒妇矣,恐徒为天下所笑,惟相度容之。干冒钧严,不胜悚惧!

典故出自《史记·平原君虞卿列传》:公甫文伯病死,妻妾有为之殉情自杀者,而其母敬姜不哭,敬姜谓自己之所以不哭,是认为儿子对尊长的情义淡薄而对妻妾的情义深厚。而此言若出于其母之口,则被视之为贤母;若出于妇人之口,则不免为妒妇。①再次重申自己乃"义不出仕者也",魏天祐想出强行押解的"忠谋奇计"是出于嫉妒。

谢枋得深知北解大都的结局,他"惟愿速死,与周夷齐、汉龚胜,同垂青史,可以愧天下万世为臣不忠者"。其中既有愤怒与无奈,更蕴含为扶植纲常道义而献身的悲壮意味。

三封却聘书不但在当时尽人皆知,亦影响深远,明遗民刘命清作有《八声甘州·谢叠山辞聘书》,对谢枋得给予崇高赞誉,其词云:

　　元朝大制、世已更新。安定旧遗。独息余苫块,魂伤逝母,惨恻孤臣。某久存心死,敢膺荐翘轮。恐贻讥天下,梦卜非人。

　　忠必须求孝子,肯情夺寝块,悖礼违亲。愿三年丧毕,并葬母高峋。莫学史嵩之起服,惹诸生哄怒叫、合敷陈。启执事、成

---

① 见《史记》卷76,中华书局1959年版,第2373页。

全大德，生我恩均。①

刘命清（1610—1682），字穆叔，号但月仙，又号虎溪渔叟，临川（今江西临川）人。明诸生，与傅占衡（字平叔）并称为"临川二叔"。入清，以史馆荐，不应。遁迹林泉，馆课为生。著有《虎溪渔叟诗余》。作为由明入清的遗民，刘命清在谢枋得的遭际中找到了相似的人生经历，也在其《却聘书》中感受到坚守民族正义、君臣大节的精神。清代蒋士铨咏叹道："三复遗书悲却聘，至今心事日光明。"②吴锡麒云："一篇三千余字，请读建阳却聘之书；五甲六百余人，足耀宝祐题名之录。"③这些都是后世对谢枋得以民族大义为己任，坚辞元朝征聘的钦佩赞誉。

二 北解之际：以扶植纲常为己任的社会责任感

谢枋得高风凛然，"守道重义"④，尤"以植世教、立民彝为任"⑤。北解之际的作品充分体现了他以扶植纲常为己任的社会责任感。

（一）道义为重，无儿女情

北解行期已定，谢枋得坚定了以死殉国的决心。在崇真道院，他拒绝与前来探望的儿子相见，拒绝友人送来的寒衣，表现出恪守道义

---

① （明）刘命清：《八声甘州·谢叠山辞聘书》，饶宗颐初纂，张璋总纂《全明词》，中华书局2004年版，第3065页。
② （清）蒋士铨：《谢文节祠》，《谢叠山全集校注》卷6，第186—187页。
③ （清）吴锡麒：《悯忠寺新建谢文节公祠碑》，《谢叠山全集校注》卷6，第169—170页。
④ （清）乾隆三十二年奉敕纂《钦定续通志》卷416《宋列传·御批谢枋得传》，影印文渊阁《四库全书》本。
⑤ （元）李源道：《文节先生谢公神道碑》，第168页。

纲常，无视儿女私情的果决。其《示儿》诗云：

> 门户兴衰不自由，乐天知命我无忧。
> 大儿安得孔文举，生子何如孙仲谋。
> 天上麒麟元有数，人间豚犬不须愁。
> 养儿不教父之过，莫视诗书如寇仇。
>
> （其一）
>
> 千古兴亡我自知，一家消息又何疑。
> 古来圣哲少才子，世乱英雄多义儿。
> 靖节少陵能自解，孔明王猛使人悲。
> 只虞错改金根字，焉用城南劝学诗。
>
> （其二）

谢枋得满门忠烈，"妻子爨婢，以某连累死于狱者四人"，"弟侄死国者五人"（《上丞相留忠斋书》），然而这些都没有动摇他的信念。在《示儿》诗中，谢枋得从忠孝的角度表达了对家族惨烈遭遇的认识，国家有难，臣民当为国效力献身，门户的兴衰服从于国家的命运。

北行之际正值深秋，刘洞斋、华甫兄弟特为其送御寒之衣，然而谢枋得坚辞不受，并作《辞洞斋、华甫二刘兄寒衣（并序）》以答：

> 离罗内阱，何损麒麟；反君事仇，忍为狗彘。凡劝吾入燕吐胸中不平而后死者，皆非忠于谋人者也。南八男儿死尔，不可为不义屈。岂敢曰："将以有为乎！"平生学问，到此时要见分明。辱惠寒衣，义不当受。大颠果聪明，识道理，胸中无滞碍，何必受昌黎先生衣服为别耶！小诗写心，谩发一笑。

> 平生爱读龚胜传，进退存亡断得明。
>
> 范叔绨袍虽见意，大颠衣服莫留行。
>
> 此时要看英雄样，好汉应无儿女情。
>
> 只愿诸贤扶世教，饿夫含笑死犹生。

在诗序中，他解释了自己不受寒衣的理由："辱惠寒衣，义不当受。大颠果聪明，识道理，胸中无滞碍，何必受昌黎先生衣服为别耶！"大颠（732—824），本姓陈，或说姓杨，原名宝通，潮阳（今广东潮阳）人，为佛教禅宗南派慧能三传弟子。元和十四年（819），韩愈因上《论佛骨表》被贬为潮州刺史。在潮州，韩愈召潮阳灵山禅院高僧大颠至州郭，交往甚深，之后韩愈来袁州，又与大颠"留衣为别"。韩愈与大颠，一为因反佛而被贬潮州的官员，一为虔诚的佛教徒，谢枋得认为两人信仰不同，大颠不应接受韩愈的衣服。而自己不受友人寒衣，意在表明为国捐躯的信仰已定，死则死矣，又何必接受他人衣服。所赠衣服虽见故人之情，然而自己意在保持清白之身，岂能再留恋故人之意、儿女之情。

（二）扶植纲常，以砺世道

谢枋得以忠义名节自任，"一与人论古今治乱国家事，必掀髯抵几，跳跃自奋"①，俨然是忠义的代言人。此时，他站在历史的转折点，欲将振兴万古纲常之道负于孱弱的肩头，发誓以钢筋铁骨面对苍天与大地，担当挽救民族大义的使命。他在《和曹东谷韵》中写道：

> 万古纲常担上肩，脊梁铁硬对皇天。
>
> 人生芳秽有千载，世上荣枯无百年。

---

① （元）脱脱等撰：《宋史》卷425《谢枋得传》，中华书局1977年版，第12687页。

言辞激昂，慷慨悲壮，表达出以扶植纲常为己任的社会理想。明代山东道监察御史李奎评价谢枋得："为文章史称高迈奇绝，汪洋演迤，动关世教。"①万历间方万山则说："宋方其亡而纲常不亡。其在今日，尤称极盛。"②

面对宋元鼎革，谢枋得没有出仕元朝，他认为当此国家危难之际，正是臣民表达忠孝的最好时机。在《和叶爱梅韵》诗中，他写道："道逢患难正当行，礼食从来孰重轻。"他从不随波逐流，"不能与世轩轾"，"不取合于时"③，始终恪守自己的忠义信条，"人可回天地之心，天地不能夺人之心。大丈夫行事，论是非，不论利害；论逆顺，不论成败；论万世，不论一生"（《与李养吾书》）。谢枋得以其悲壮之志令世人感动，"粤观宋季，自康王无志中原，长城自毁，纲常之所存兴有几。数传至恭、端，祸遂不振。乃文、谢诸君子力持于易侯之波，身任于造次颠沛之际，此天地鬼神为之感动"④。

（三）自许龚胜，青史留名

谢枋得力学六经，淹贯百氏，论古今成败得失，上下数千年，了如指掌，又常以古今忠义为标榜，"尤善论乐毅、申包胥、张良、诸葛亮事，常若有千古之愤者"⑤。西汉龚胜为不仕王莽新政，绝食而卒，成为谢枋得的精神偶像。十月十二日，枋得作诗，题为《崇真院绝粒偶书，付儿熙之、定之，并呈张苍峰、刘洞斋、刘华甫》，以表

---

① （明）李奎：《褒崇忠节奏疏》，《谢叠山全集校注》卷6，第181页。
② （明）方万山：《重刻叠山谢先生文集序》，祝尚书《宋集序跋汇编》卷45，中华书局2010年版，第2183页。
③ （元）李源道：《文节先生谢公神道碑》，《谢叠山全集校注》卷6，第168页。
④ （明）方万山：《重刻叠山谢先生文集序》，祝尚书《宋集序跋汇编》卷45，中华书局2010年版，第2183页。
⑤ （元）李源道：《文节先生谢公神道碑》，《谢叠山全集校注》卷6，第168页。

殉国决心。其诗云：

> 西汉有臣龚胜卒，闭口不食十四日。我今半月忍渴饥，求死不死更无术。精神常与天往来，不知饮食为何物。若非功行积未成，便是业债偿未毕。太清群仙宴会多，凤箫龙笛鸣瑶瑟。岂无道兄相提携，骑龙直上寥天一。

诗中所言龚胜（前68—11）①，字君实，西汉彭城（今江苏徐州）人。少好学明经，与龚舍相友，"并著名节"。初为郡吏。哀帝时，征为谏大夫，荐龚舍、侯嘉等皆为谏大夫。数上书批评朝廷奢侈，刑罚苛酷，赋敛太重，以致百姓贫，盗贼多，宜俭约示下。后出为渤海太守，谢病不赴官。王莽代汉，遣五威将帅行天下风俗，将帅亲奉羊、酒存问胜。明年王莽遣使者即拜龚胜为讲学祭酒，胜称疾不应征。后二年，莽复遣使者奉玺书，迎胜，龚胜坚辞不受，云："吾受汉家厚恩，亡以报，今年老矣，旦暮入地，谊岂以一身事二姓，下见故主哉？"② 不食十四日死，年七十九岁。在这首诗中，谢枋得表达了自己对龚胜的景仰之情。除龚胜外，《叠山集》中提及的精神偶像还有不食周粟的伯夷、叔齐二人，如此，"自商夷齐，汉龚胜，至先生不食异姓之粟而死者，仅四人"③。三位精神偶像给了谢枋得巨大的精神动力。

---

① 龚胜（前68—11），生平事迹见《汉书》卷72《两龚传》。龚胜生卒年，《谢叠山全集校注》第127页"龚胜"注释记为（前68—前11），按，注释龚胜卒年有误，龚胜卒年当在公元11年。《两龚传》云：莽既篡国，遣五威将帅行天下风俗，将帅亲奉羊、酒存问胜。明年，莽遣使者即拜胜为讲学祭酒，胜称疾不应征。后二年，莽复遣使者奉玺书，太子师友祭酒印绶，安车驷马迎胜……语毕，遂不复开口饮食，积十四日死，死时七十九矣。其中"莽既篡国"指公元8年，王莽代汉建新，建元"始建国"，宣布推行新政。"明年"即公元9年，"后二年"则指公元11年，则其卒年在公元11年。以此上推，龚胜"死时七十九"，则生年在公元前68年。

② （汉）班固撰：《汉书》卷72《两龚传》，中华书局1962年版，第3085页。

③ （宋）周岳：《祭叠山老师文》，《谢叠山全集校注》卷6，华东师范大学出版社1995年版，第179页。

第七章　谢枋得：最后殉葬者的人生挽歌

《魏参政执拘投北，行有期，死有日，诗别二子及良友》是其诗歌的代表作，作于被拘北行、告别友朋亲人之际，其诗云：

> 雪中松柏愈青青，扶植纲常在此行。
> 天下久无龚胜洁，人间何独伯夷清。
> 义高便觉生堪舍，礼重方知死甚轻。
> 南八男儿终不屈，皇天上帝眼分明。①

谢枋得被执北行是一个非常轰动的事件。在这首诗中，谢枋得亦以伯夷、叔齐、龚胜自勉："天下久无龚胜洁，人间何独伯夷清"，表达北行坚守节操，捍卫民族尊严的坚定信念。诗的主旨就在"扶植纲常"四字上，这也是谢枋得以个人的微薄力量震撼当时社会的关键所在。为了表达作为臣民的忠贞大节，谢枋得不顾个人安危，不顾家人性命，从儒家君臣关系角度出发严格要求自己，尽管此时距离宋亡已经13年，距离崖山败亡也整10年，但他不忘"忠臣不事二君"的伦理信条，并用生命诠释了对于所恪守的纲常礼教的理解："义高便觉生堪舍，礼重方知死甚轻"，国家尊严是第一位的，忠贞大节是第一位的，"为天地立心，为生民立极，为去圣继绝学，为万世开太平"，有此，其他一切都可舍弃，甚至生命也变得无足轻重。

三　北解途中：以生命为代价的儒家道德理想

谢枋得恪守儒家忠义道德，他幼时就以辛弃疾为榜样，"欣然有持节之想"。"宋室孤臣，只欠一死"，是他所预料到的结局。为坚守

---

① 载《谢叠山全集校注》卷5，第137页。《宋诗纪事》卷67亦载此诗，题目作《北行别人》。《天府广记》卷42亦载，题作《入燕别亲知》，其中"天下久无龚胜洁，人间何独伯夷清"句有异文，《天府广记》录为："天下岂无龚胜洁，人间不独伯夷清。"（清）孙承泽纂：《天府广记》，北京古籍出版社1984年版，第643页。

儒家道德理想，他毫不畏惧，迎接挑战。

（一）力却寒衣，忠节自守

十二月十日，谢枋得抵达龙兴。其时天气严寒，已投降元朝的旧交吕师夔赠予他一袭寒衣，这使谢枋得感到受辱，"力却之"，有诗作答，惜今只存残句：

> 身不丝绵二十年，后山冻杀分宜然。①

谢枋得与吕师夔素有交情。贾似道当权时，谢枋得弟谢君泽曾题诗于西湖，触怒贾似道，暗中加害于君泽。君泽觉察，急投身吕师夔而获免于难。② 也许是因为这件事，使谢枋得对吕师夔多了一份个人情感。德祐元年正月，宋廷令吕师夔权刑部尚书、都督府参赞军事，然而当元兵围攻江州时，他不战而降，宋廷以罪治之。谢枋得闻知此事，认为吕师夔降元是不得已而为之，请求朝廷赦免其罪，命为镇抚使，并愿亲自往江州与其叔吕文焕议和。朝廷遂使谢枋得以沿江察访使的名义前去，然而此时吕文焕已北去蒙古，谢枋得未遇而返，并因此被弹劾罢官。

谢枋得与吕师夔绝交是在宋亡之际，二人各自站在宋、元立场，对垒军前。同年十一月，枋得以江东提刑兼江西招谕使、知信州。十二月，已经降元并知江州的吕师夔，向谢枋得所知信州索取供元军用的衣粮，谢枋得出榜斥责道："信州米留供太皇太后皇帝御膳，信州绢留供太皇太后皇帝御衣，平生朋友，遂尔暌离，一旦相

---

① （宋）佚名氏：《昭忠录》"谢枋得"条，中华书局1985年版，第39页。
② 按：谢君泽，名雨，信州贵溪人。有文名。所题诗云："杜鹃呼我我归休，陆有轻车水有舟。笑杀西湖湖上客，醉生梦死恋杭州。"见（元）刘埙《隐居通议》卷11，中华书局1985年版，第124页。

逢，惟有厮杀。"① 师夔怒。德祐二年正月，元军进攻江东地区，命吕师夔与武万户攻抚州。谢枋得亲自率兵迎战，吕军驰至，射之，矢及马前。枋得寡不敌众，败走安仁，安仁败，遂奔信州。吕师夔攻下安仁，进而又攻陷信州。两位昔日好友各为其主，终使交情断绝。

北解途中，正值冬天，"先生之北也，贫苦甚，衣结履穿行雪中"②。面对旧交所赠寒衣，谢枋得以陈师道的典故表明了自己对吕师夔的态度。陈师道（1053—1102），字履常，一字无己，号后山居士，彭城（今江苏徐州）人。"高介有节，安贫乐道"③，早年受业于曾巩，后得苏轼赏识。一生仅任过徐州、颍州教授，太常博士、秘书省正字等职。陈师道与赵挺之是连襟，然赵挺之是王安石变法的拥戴者，与保守派苏轼、黄庭坚等结怨甚深，陈师道"素恶其人"。他在馆职，当侍郊丘，如不穿重裘则不能抵御寒气，其妻向胞妹借了赵挺之的皮衣，陈师道诘所从来，妻以实告。陈师道怒曰："汝岂不知我不着渠家衣耶！"却之，遂以冻病而死。④谢枋得以陈师道的典故，表明自己对旧交吕师夔的厌恶，表达终将贞节自守，以全大节的坚定信念。

（二）末世孤臣，守道超然

谢枋得拒聘事件发生在宋亡后13年，他仍然在坚守作为宋朝遗臣的志节。"百年之间，万世之后，倘能无愧天地，而谓之人"（《交信录序》），他以超然的心态迎接死神，表现出惊人的豁达与超脱。

---

① （宋）佚名氏：《昭忠录》"谢枋得"条，中华书局1985年版，第38页。
② （元）李源道：《文节先生谢公神道碑》，《谢叠山全集校注》卷6，第168页。
③ （元）脱脱等撰：《宋史》卷444《陈师道传》，中华书局1977年版，第13115页。
④ （元）张光祖编：《言行龟鉴》卷2，影印文渊阁《四库全书》本。

小孤山位于今安徽宿松县城南 65 公里的长江之中，四无依傍，如一座陡峭的孤峰耸立于长江之中。谢枋得北上大都，途经于此，他望着狂澜巨流中傲然挺立的小孤山，感叹大自然的绝妙造化，赐留小孤山作为长江的中流砥柱，抵御狂涛巨澜的猛烈冲击。他即兴赋《小孤山》，诗云：

> 人言此是海门关，海眼无涯骇众观。
> 天地偶然留砥柱，江山有此障狂澜。
> 坚如勇士专场立，危比孤臣末世难。
> 明日登峰须造极，渺观宇宙我心宽。

小孤山坚固得犹如在战场上屹立的猛士，谢枋得由此联想到自己的命运：末世孤臣，历经国家灭亡的坎坷与磨难，而今要用生命与元朝做最后的斗争。尽管如此，也无怨无悔，只待明日登上最高峰，渺观宇宙，使忠诚与天地合一。

谢枋得被执之后，曾先后两次绝食。第二次绝食时，谢枋得途经采石，作《绝粒偶书》（二首），诗云：

> 丹府金童善主家，百神听命静无哗。
> 从今何必餐松柏，但吸日精吐月华。

（其一）

> 龟衔甘露争先到，凤吸醴泉随后来。
> 投在太清仙酒瓮，道人日饮两三杯。

（其二）

谢枋得早年参习道教，自咸淳五年（1269）始"学辟谷养气"，至此时"已二十载"（《上丞相留忠斋书》），求仙慕道的经历，使他在对现实绝望之时达到一种相对安宁的境界，超然等待死亡。

第七章 谢枋得：最后殉葬者的人生挽歌

（三）眷恋故国，视死如归

《沁园春·寒食郓州道中》是谢枋得仅存的一首词，也是目前所见到的最后作品。① 这首词作于北解途中，时在至元二十六年寒食节，途经郓州（今山东郓城）。此时谢枋得百感交集，自德祐元年临危受命，兵败易姓名转入建宁唐石山中，后又隐居闽中，一直未能回到故乡江西弋阳。人生暮年，思念家乡，眷恋故国，而今年的寒食节将是谢枋得与故国的永别。《沁园春·寒食郓州道中》深沉悲凉，蕴含以死殉国、无怨无悔的坚定信念，其词云：

> 十五年来，逢寒食节，皆在天涯。叹雨濡露润，还思宰柏；风柔日媚，羞看飞花。麦饭纸钱，只鸡斗酒，几误林闲噪喜鸦。天笑道，此不由乎我，也不由他。
>
> 鼎中炼熟丹砂，把紫府青都作一家。想前人鹤驭，常游绛阙；浮生蝉蜕，岂恋黄沙。帝命守坟，王令修墓，男子正当如是耶！又何必，待过家上冢，昼锦荣华。

词的上阕伤感低沉，回忆15年间漂泊天涯，每逢寒食节未能回乡祭扫祖茔的遭际。末句宕开一笔，"天笑道，此不由乎我，也不由他"，为自己的一片忠心作放达之语，既然是宋朝的臣民，就应坚守节义，丝毫不会后悔。下阕超然豪迈，虽然不久即将告别人世，然他早已把生死置身度外，死亡是对尘世的一种解脱。

这首词是谢枋得后半生思想的凝练表达，他热爱国家，忠于大

---

① 谢枋得有临终遗笔，（元）李存有《题叠山先生临终遗笔》："谢公赴召时，过江即不粒食，不知以几日及沛县也？况舟中几席荡兀。今观其笔力劲健，其语皆平时所以激劝勉励人者，去此且百年，方凛凛生气。然则君之所养，可知也已。"《全元文》卷1063，凤凰出版社2004年版，第385页。

义，最终以生命为代价完成了"大丈夫生于乱世，消息盈亏，惟天所命，穷则晋处士，达则汉丞相，吾俯仰无愧怍"（《江仲龙字说》）的人生诺言。

第三节　谢枋得拒聘殉节在当时的影响

元世祖曾数次向江南求贤，既有如叶李、赵孟頫等积极应诏者，亦有如何梦桂、方逢辰、孙潼发等被荐不起者，但因拒绝征聘而最终以身殉国者却是极少数。谢枋得是宋朝的忠臣义士，宋亡后，因其并未如文天祥、陆秀夫一样在朝中任有要职，故可保全性命，不必为国捐躯。然而，为了表明自己不仕新朝的气节，谢枋得毅然以死自誓，在生命与名节之间，始终以名节为念，这也是人们敬仰谢枋得的重要原因。明人朱万春因此慨叹："公生死岂不绰然余裕哉？自公之死，人皆以公为节义，而不知其从容于可生可死之间，明晰于泰山鸿毛之辨，志□□而不可夺，行圆转而不可拘"①，表达了对谢枋得忠义价值观的理解，更是谢枋得之所以在后世产生深远影响的精辟诠释。

一　送别：对叠山慷慨赴死的激励

作为一名爱国志士，一名隐居不仕、守志不渝的宋遗民，谢枋得在江南享有很高的声誉，尤其在家乡江西以及隐居的福建建阳一带，几乎人人皆知，"以至俨然成了建阳一带遗民群的领袖人物"②。

---

①　（明）朱万春：《重刻叠山先生文集跋》，祝尚书《宋集序跋汇编》卷45，中华书局2010年版，第2184页。
②　方勇：《南宋遗民诗人群体研究》，人民出版社2000年版，第35页。

谢枋得被押解大都,不但引起建阳遗民群的强烈反响,而且江西各地的遗民亦纷纷赶来为他送行。此时,无论是谢枋得的友人还是门人,都对他的全忠尽节给予激励,而他们的酬赠之作犹如汪元量《生挽文丞相》、王炎午《生祭文丞相文》一样,慷慨激烈,悲壮感人。

(一) 名士送别

王奕、陈杰都是江西人,与谢枋得交情很深。闻谢氏北行,或从江西赶来,或守候在途中,与其赋诗而别。

1. 王奕:皇天垂青,死得其所

王奕是与谢枋得和诗最多的宋遗民。王奕(1223?—1306)[①],字伯敬,号斗山,信州玉山(今江西玉山县)人。淳祐四年(1244)入太学,宋末,授玉山教谕。与其子介翁居玉琅峰,读书其中。宋亡,建斗山书院,杜门不出。名其舍曰"梅岩精舍",磨石镌"青天白日,古今一人,至元逸民"十二字。[②]至元二十六年(1289),王奕率同乡学子东行赴鲁祭奠孔子,"二年东归"[③],括尽山川所历之妙,尽抒江山易代,黍离之悲。著有《斗山文集》十二卷,《梅岩杂咏》七卷,皆佚。今存《东行斐稿》(一名《玉斗山人集》)三卷,是赴鲁祭孔的纪行之作,事见道光《冰溪王氏宗谱》卷3(藏江西玉山文化馆)。《宋史翼》卷35,《宋季忠义录》卷16,同治《玉山县志》卷8有传。

---

① 有关王奕生平考证,参见洪慧敏、范安平《王奕考》,《上饶师专学报》1985年第3期。
② (清)谢旻等修,陶成等撰:雍正《江西通志》卷40,影印文渊阁《四库全书》本。
③ (宋)王奕:《玉窗如庵记》,见《全元文》卷358,江苏古籍出版社1999年版,第597—598页。

王奕素与文天祥、谢枋得友善。德祐元年，文天祥在赣州组织义军，南下勤王，谢枋得在信州团结民兵，捍守信州。王奕与文、谢义军相呼应，组织当地山民，在梅岩的后山腰上，立"铁板寨"起义，一时声势浩大。安仁之败后，谢枋得曾入玉山，与王奕同隐达数月之久，两位挚友登临赋诗，走访村民，同诉亡国之痛，共商复国之策。①至元二十五年十月，谢枋得被强制押解大都，王奕得闻，特前来送别，赋《谢叠山先生己丑（当作戊子）九月被执北行闽士以诗送之倚歌以饯》，其诗云：

> 皇天久矣眼垂青，盼盼先生此一行。
> 遗表不随诸葛死，离骚长伴屈原清。
> 两生无补秦兴废，一出诚关鲁重轻。
> 白骨青山如得所，何消儿女哭清明。
>
> （其一）
>
> 襄汉无人替一肩，遂令杞国坠青天。
> 是谁铸此一大错，此事公知三十年。
> 尽爱中都为宰相，岂知上界有神仙。
> 纵饶不返南飞翼，也合津桥化血鹃。
>
> （其二）②

王奕送别诗共两首，第一首是依韵和叠山诗《魏参政执拘投北，行有期，死有日，诗别二子及良友》，鼓励友人舍生取义，全节而终。和诗的最后一句紧承叠山诗末句"皇天上帝眼分明"，以"皇天久矣

---

① 参见洪慧敏、范安平《王奕考》，《上饶师专学报》1985 年第 3 期。文中注曰："这段轶事，在《冰溪王氏宗谱》《玉山县志》中均有记载，而不见于《谢枋得年谱》。"
② 《全宋诗》卷 3393，第 40378 页。《宋诗纪事》卷 79 载此诗，只录第一首，题为《送谢叠山先生北行》，上海古籍出版社 1983 年版，第 1921 页。

眼垂青"起句,说明谢枋得北解之行是天降大任让他行使忠诚故国的使命,他盼望先生此行能始终如一,不负皇天。颔联用对蜀汉事业"鞠躬尽瘁,死而后已"的诸葛亮与倦倦故国的屈原作比喻,希望谢枋得要像诸葛丞相和屈大夫一样忠诚,他的诗文遗著也会像《出师表》《离骚》一样流芳百世。颈联化用《史记》中"两生"典故:叔孙通曾为秦代博士,秦灭随从项羽义军,后又投汉。刘邦为帝,令他定立朝仪制度,他回到鲁地征聘儒生三十余人助成其事,有二儒生不肯前往,说叔孙通"所事者且十主,皆面谀以得亲贵","今天下初定,死者未葬,伤者未起,又欲起礼乐,所为不合古"①。以"两生"不肯仕汉的故事,暗示谢枋得要以名节为重,因为这代表故宋臣民的形象,牵系宋王朝的声誉。末联意味深长,敬劝谢枋得要死得其所,青山处处可埋忠骨,何必非要葬身故乡,倾听儿女们清明时节的凭吊之声?王奕和诗写得磊落有气,鲜明地表达了对友人以身全节的期望。

第二首是临别之际王奕赠叠山之诗,激励他身死国事,化仙南返。前四句回忆贾似道荒淫误国,景定五年(1264),谢枋得主考宣城及建康,以指摘贾似道政事为问,"极言权奸擅国",预言"国有亡证"之事,表达了对友人不畏权贵,正直敢言的钦佩之情。后四句勉励友人以死殉节,做啼血的杜鹃为南宋亡国的命运日日悲鸣。较第一首和诗的磊落刚健之风,第二首赠诗则更多了一些沉郁和感伤。

谢枋得北行后不久,王奕就开始了祭孔之行,"自葛水买舟,至维扬,又自扬州买舟,至孔林,登泰山,复不淮楚,往复六千里"②,此行在谢枋得之后,得以与其途中赋诗相和。今存王奕和谢枋得北解

---

① (汉)司马迁撰:《史记》卷99《叔孙通列传》,中华书局1959年版,第3722页。
② (宋)王奕:《贺新郎·秦淮观斗舟有感,追和思远楼(诗序)》,唐圭璋编《全宋词》,中华书局1965年版,第4172页。

途中诗凡九首:《和叠山到山阳郡学四诗》《淮安路教(授)谢西溪己丑二月饮叠山于敬义堂有诗后三月朴至西溪见示时叠山已行矣》《和叠山隆兴阻风》《和叠山送淮安士友韵》《和叠山小姑庙》《和叠山小姑海门第一关诗》《和叠山舟过鲁港》《和叠山拜李白墓》《和叠山拜虞雍公庙》。①这些和诗多抒发对谢枋得北行壮举的激励,如"惜哉燕谷空埋骨,自是圯桥少授编"(《和叠山隆兴阻风》),"愿梓新吟留宇宙,也胜苏武得生回"(《和叠山送淮安士友韵》),"可惜汉江风浪定,矶头不见予卿回"(《和叠山小姑庙》),"是非成败人间事,生死去来方外仙"(《和叠山拜虞雍公庙》)。其中《和叠山到山阳郡学四诗》(其三)最能代表王奕与谢枋得的情意以及王奕的精神境界,其诗云:

神仙无药可医狂,未死男儿未易量。
东海水应随血碧,西山薇亦逐名香。
君臣分义如能尽,天地鬼神终不忘。
自有人心香火在,不消畏垒与桐乡。②

在诗的首句,王奕以一"狂"字来形容友人,是对谢枋得的性格气质和行为方式的最好概括。前文已述,景定五年,谢枋得校文江东,发策十问,"天下号为风汉"(《上丞相留忠斋书》);宋亡后,谢枋得隐居闽中,悲痛万分,"日麻衣蹑履,东向而哭,人不识之,以为被病也"(《宋史》本传);拒不仕元,痛骂座师留梦炎"可耻",是"有心于害某"(《上丞相留忠斋书》);面见魏天祐时"坐而不对,或嫚言无礼",以致魏天祐最终盛怒,逼之而北。王奕从谢枋得一生

---

① 以上诗载《全宋诗》卷3393,第40378—40380页。
② 《全宋诗》卷3393,第40378页。

的行事中认识到：这是一位刚直而略带痴狂的勇士，他的死必定重于泰山，不可估量。后六句则进一步勉励谢枋得坚守志节，不食元粟，坚守君臣分义。只要人们心中的香火在，无论死于何处，都会名垂青史。

隐居玉山、兴建书院、东行祭孔、与谢枋得交往是王奕留给后世的精神名片，为谢枋得送行与和叠山诗更表达了中国古代士人以身殉节的生死观。四库馆臣说："（斗山）诗稍失之粗，然磊落有气，胜宋季江湖一派。"① 这其中的"气"，正是王奕作为南宋遗民的浩然之气、不屈之气在诗中的体现。

2. 陈杰：武夷伏龙，御风而行

陈杰，字焘甫（焘父），号自堂，丰城（今属江西）人。淳祐十年（1274）进士，授赣州簿，知江陵县。累官工部郎中、江南西路提点刑狱兼制置司参谋，转朝散大夫。宋亡，隐居于东湖。《四库全书》收《自堂存稿》四卷，辑自《永乐大典》，不全。另有近世发现的宋刊元明修补本《自堂存稿》13卷，现藏湖南省图书馆。

陈杰交游广泛，不但与江万里、刘辰翁、邓光荐、曾子良等交往密切②，而且与谢枋得还拥有共同的朋友，如程楚翁、汪元量等。程楚翁，婺源彰睦人。元兵入临安，江东皆下，楚翁散家资，聚结死士，图谋收复徽州，事泄被执，受尽酷刑，夜贿守者得脱，前往鄱

---

① （清）纪昀：《钦定四库全书总目》（整理本），中华书局1997年版，第2208页。
② 陈杰与江万里、刘辰翁、邓光荐、曾子良等交游密切，有诗为证：1. 陈杰与江万里：陈杰《自堂存稿》卷3有《迓古心观相帅长沙》《除夕》（序云：予乙未岁同江古心诸老宿荆江口），卷4有《题李生烟江万里图》等诗；2. 陈杰与刘辰翁：陈杰有《闻须溪坐午谢客用所寄绝句韵叶宋英先容》（《自堂存稿》卷4），刘辰翁曾为《自堂存稿》作序（见傅增湘撰《藏园群书经眼录》，中华书局1983年版，第1286页），刘辰翁又有《渔歌效陈自堂作》；3. 陈杰与邓光荐：陈杰有《和邓中斋至日舟中七言》《中斋生朝》（《自堂存稿》卷3）、《送中斋过家入燕》（《全宋诗》卷3454，第41157页）；4. 陈杰与曾平山：陈杰有《和曾平山见贻蚤自温荣挹艳香韵》（《自堂存稿》卷3）等诗。

阳，投马廷鸾。闻谢枋得在闽，遂入闽跟随。往返闽、徽间10余年。间关险阻，一寓于诗，有黍离麦秀之感，读者无不流涕。枋得被执去，楚翁遂愤死逆旅中。①德祐二年冬，程楚翁离闽潜回家乡，谢枋得作《送程楚翁远游》，陈杰有诗《送程楚翁归歙用其韵》，大概作于同时。汪元量南归后，曾往东湖拜访陈杰，并赋诗《东湖送春和陈自堂》，谢枋得亦曾为汪元量诗稿作序，惜其序今不存。②

陈杰与谢枋得早年就有交情。陈杰有《予以甲寅冬过弋阳石桥戊辰正月重过》："周行淮汉万山川，重此经过十五年。野老眉间新世事，蹇驴背上旧吟鞭。几分春色梅花后，一片归心杜宇前。深谷有人难问信，石桥倚遍晚晴天。"其诗下自注云："第七句为谢叠山。"③据陈杰、谢枋得二人事履推，"甲寅"为1254年，"戊辰"为1268年，则谢枋得29岁时就已与陈杰相识，陈杰曾赴弋阳拜访过谢枋得，十五年后，陈杰再次来到谢枋得家乡，足见二人交情之久，情意之深。谢枋得亦有和陈杰诗一首："溶溶春水霭平川，香到荼蘼又一年。云卷山明新得句，日长风静缓加鞭。连天芳草知心事，夹岸飞花瞥眼前。虽不相逢自相识，可人紫气斗牛天。"④

陈杰于谢枋得北行途中为之送别，举杯斟酒，谢枋得告知他自己已经辟谷绝食。陈杰为之赋诗《御风行送武夷道人谢叠山》，其诗云：

武夷山中有伏龙，鬣卷云雨深重重，化为白须一老翁。

---

① 程楚翁生平见家乘《程（楚翁）义士传》（载明程敏政《新安文献志》卷87）；（清）陆心源《宋史翼》卷32（中华书局1991年版，第349页）。

② （元）酒贤《读汪水云诗集》："水云之诗……文丞相又与马丞相廷鸾、章丞相鉴、邓礼部光荐、谢国史枋得、刘太博辰翁序其诗集，刘公又为批点。"见《全元文》卷1604，凤凰出版社2004年版，第533页。

③ （宋）陈杰：《予以甲寅冬过弋阳石桥戊辰正月重过》，《全宋诗》卷3452，第41135页。

④ 参见何振作《长沙叶启勋抄〈自堂存稿〉的价值》，《图书馆》2009年第5期。

第七章 谢枋得：最后殉葬者的人生挽歌

疾雷破山六丁取，置卫铜环森守虎，云是健将雨下土。
老翁一笑百不能，山中所读皆仙经，吾亦泠然御风行。
洪崖道上逢老友，手举无何指翁口，翁已辟谷安事酒。
青牛紫气关河咫，大鹏风斯九万里，回首蓬莱浅清水。①

诗中，陈杰称谢枋得为"武夷道人"，这是因为铅山兵败后，谢枋得只身逃往福建，曾隐居道教圣地武夷山中，在这里，他拜师问道，研习经典，希冀遁入仙观道院，成为得道之人，以保自全。谢枋得在《与菊圃陈尚书书》中袒露心迹："日读道家书，颇有益，不敢号于人曰：吾慕安期生、河上公、梅子真也。独怪荀、陈两家，父兄子弟皆名贤，上关天象，下系人望，乃能免祸于汉、魏之际，使生于今世，必以得道高人蒙絷维矣。不知当时何以能自全？愿先生教之！"陈杰将谢枋得喻为武夷山中"疾雷破山六丁取，置卫铜环森守虎"的伏龙，又将他喻为扶摇直上九万里的大鹏，终会有所作为，乘风而去。又云谢枋得为"武夷道人"，将其悲壮殉国描述为道人羽化成仙，既是一种精神安慰，也可见谢枋得的爱国思想得以升华，只有淡化肉体的苦痛，才能真正超脱，完成儒家舍生取义的理想。

较之王奕送别诗的慷慨磊落，陈杰此诗则写得俊逸洒脱。陈杰诗歌在江西很有名气，被元人刘埙冠以"江西名诗人"②之称，四库馆臣评价其诗："虽源出江西，而风姿峭蒨，颇参以石湖、剑南格调，视宋末江湖一派气含蔬笋者夐然有殊。在黄茅白苇之中，不可不谓之翘楚。"③ 同时，其集中《读邸报》《见邸报》诸诗，充满忠愤耿直之气，《重过西湖感事》则深怀故国之痛，可见陈杰其人亦是一位颇有

---

① 《全宋诗》卷3450，第41105页。
② （元）刘埙：《隐居通议》卷11《辨秋胡妇》，中华书局1985年版，第126—127页。
③ （清）纪昀：《钦定四库全书总目》（整理本），中华书局1997年版，第2197页。

志节的爱国遗民。

3. 何中：风雨零落，死生相望

何中（1265—1332），字太虚，一字养正，世为抚州乐安宦族。少时聪颖脱俗，以古学自任，家有藏书万卷，手自校雠。其学弘深赅博，广平程钜夫，清河元明善，柳城姚燧，东平王构，同郡吴澄、揭傒斯，皆推服之。吴澄为何中表兄弟，恒推让之，不敢置弟子列。至顺二年（1331），江西行省平章全岳柱聘为龙兴郡学师。明年（1332）六月，以疾卒。所著有《易类象》二卷、《书传补遗》十卷、《通鉴纲目测海》三卷、《知非堂稿》十七卷。事见《元史》卷199本传。

何中是南宋忠义的后代，父何天声、伯父何时都曾入文天祥都督府，随天祥起兵。何天声（1229—1300），字德载，号竹洲，咸淳七年（1271）登进士第。文天祥起兵，授为主管刑工部架阁文字、都督府干办公事。"及在兵间，因相上下，志与事异，幡然来归，餐英枕石者二十有三年而后没。"① 元大德四年卒，年七十二。伯父何时字了翁，抚州乐安县人。有才识操守，与文天祥同登宝祐四年进士第，历仕知兴国县。天祥起兵，辟署帅府机宜，带行监文思院。天祥入卫，时任留司，分司吉州。饷运平江，天祥奏何时知抚州。吉州下，何时脱身归乡里。益王立，天祥开府南剑，何时起兵趋兴国接引，以何时带行卿监、江西提刑。何时聚兵复崇仁县，未几，大军奄至，兵败，削发为僧，窜迹岭南，卖卜自给，数年，隐归。久之，病卒。事见《元史》卷454本传、邓光荐《文丞相督府忠义传》。文天祥对何时极为赏识，有《贺何尉（名时字了翁）》《赞何了翁帐龙》，盛赞何时。

---

① 张文澍校点：《程钜夫集》卷16《何德载墓志铭》，吉林文史出版社2009年版，第196页。

第七章 谢枋得：最后殉葬者的人生挽歌

谢枋得北解时，何中23岁，是年十一月，他特意守候在双桐驿，拜见了谢枋得，笃叙世好，言契心同，作《别谢提刑（并序）》：

戊子十一月二十四日，拜叠山先生于双桐驿。盖先伯见山同丙辰，理宗亲擢也。先生叙旧好，言同心焉。明日，中赋二诗为别。

峨峨楼观地，寂寂风雨墟。可怜零落身，万里投修途。
窅窕千蛾眉，已奉他人娱。主恩天罔极，苟生岂良图。
行行重行行，善保千金躯。别怀不敢诉，顾步复踟蹰。

（其一）

吴门白日落，孤妾悲洞房。徙倚无所归，朔风满罗裳。
昔为春柳阴，今作秋菊黄。芳景不遽尽，愁心与俱长。
逝者魂魄在，九京共徜徉。粲粲河壮冰，萧萧天雨霜。
出门即远道，死生永相望。

（其二）①

何中伯父何时与谢枋得亦为同年进士，何中对他的情感，不仅是对其坚守气节的景仰，更源于对父辈们同举义旗、舍生忘死的敬佩。他曾自述："乙亥，先君与伯父时会文信公同举义旗，分据要害，与虏屡死战，弗克。既而信公被执，崖山负赵，而国讫箓。麾下军兵数千，一时亡散，先伯、先君茕茕独立，怅然无所归。先伯愤恨，遂削其发，变其姓曰邓，名守约，号坚白道人，流落汀赣间，卖卜自给。先君侨居宁都，隐避浮寄者三年。先伯不幸终于彼，越明年，先君奉柩以归。"② 正是因为父辈有保家卫国、疆场奋战的经历，何中更加理

---

① （清）顾嗣立编：《元诗选二集》，中华书局1987年版，第351页。
② （元）何中：《知非堂稿自序》，《全元文》卷688，江苏古籍出版社2001年版，第179页。

解谢枋得的心志。

何中《别谢提刑》诗共两首。第一首诗运用对比写法表达对投仕新朝者的鄙视，对谢枋得拒仕新朝的敬佩。诗的开头四句渲染了谢枋得孤节独立于凄风冷雨的悲凉之景，而后以女子投奉新主作比方，写出众多朝臣或降元或仕元的现实，以及对他们的鄙夷与不屑；最后三句表达对谢枋得的无限挂念之情，此行万里，只身飘零，唯期冀其身体无恙，了却全节之志。

第二首诗则诉说生离死别之悲痛。此时正值隆冬时分，江河已结成壮冰，漫天下着霜雪。前辈谢枋得茕茕孑立于北风之中，让何中感到徙倚无依，悲从中来，他知道此别当是永别，抒发了自己与前辈一样眷恋故国、忠于故国的情感。

宋亡时何中年仅 10 岁，其自幼受到父辈影响，对父辈的爱国之举充满崇敬。何中善书工诗，"少负逸才，弱冠已能诗"[①]，其诗文时露故国之思，表达对前辈忠义的敬仰，在《阅穆陵丙辰御赐进士诗》中，他写道："后代忠臣擢丙辰，穆陵魂断北征人。长江浩浩倾吴越，九野荒荒啸鬼神。鹃血纵干难返蜀，乌头未改竟留秦。琵琶绝域千年恨，青冢黄云不识春。"诗中"丙辰"乃"宝祐四年"，据《宝祐四年登科录》，文天祥第一，谢枋得第二甲第一人。同时，又有陆秀夫为第二甲第二十七，加之伯父何时第二甲第二十四，皆耿耿忠义之士，何中在诗中表达了对父辈们以身殉国的崇敬，对"北征人"谢枋得的景仰。

"中之所著，固不足以传，然每思先君、先伯之教，及间关困苦，

[①] （元）吴澄：《题何太虚近稿后》，《全元文》卷 491，江苏古籍出版社 1999 年版，第 533 页。

竭忠于宋，未尝不痛切于怀。"① 何中弘肆深博，然而他30余年"修于已，不求知于人……口未尝谈爵禄，目未尝睹权势"②，因此"连蹇愁悴者十八九"③。正是因为父辈的深刻影响，以及他个人对于忠义的仰慕，才使得何中有送别赋诗之举。

4. 其他：满怀忠孝，无愧今古

除了王奕、陈杰、何中等友人为谢枋得送行外，毛直方、叶爱梅、游古意等亦纷纷送别赋诗。

毛直方，字静可（靖可），建安（今福建建瓯）人。与同邑刘边、虞韶、虞廷硕四人齐名，并勤著述，工诗文。咸淳九年（1273），以周礼领乡荐。宋亡，当路有荐其才者，直方退然曰："使我得贫室如宪，穷巷如颜，是得天之厚者，安敢求于分之外耶？"乃优游闾里，授徒讲学。元朝科举制兴，郡之以明经擢进士者多出其门。省府上其名，得教授，致仕，半俸终其身。所编有《诗学大成》《诗宗群玉府》30卷行于世。所著有《冶灵稿》4卷、《聊复轩斐稿》20卷藏于家。谢枋得北行，毛直方有《赠叠山先生》诗："一襟书传日星悬，湖海声名五十年。事不求知惟此理，文之未丧岂皆天。人方惊怪欧阳子，我独悲伤鲁仲连。看镜倚楼秋已暮，风巾霜履重依然。"④ 诗将谢枋得比作战国名士鲁仲连，鲁仲连善于出谋划策，常周游各国，曾游

---

① （元）何中：《知非堂稿自序》，《全元文》卷688，江苏古籍出版社2001年版，第179页。
② （元）吴澄：《送何太虚北游序》，《全元文》卷481，江苏古籍出版社1999年版，第233页。
③ （元）揭傒斯：《何先生墓志铭》，《全元文》卷931，凤凰出版社2004年版，第540页。
④ （元）毛靖可：《赠叠山先生》，《谢叠山全集校注》卷6，第182页。按，此诗《宋诗纪事》卷78作《送谢叠山先生》（上海古籍出版社1983年版，第1891页）。此诗作者，《叠山集》（《四库全书》本）作"毛靖可"，清黄虞稷《千顷堂书目》（卷29、卷32）以及清顾嗣立编《元诗选三集》均作"毛直方，字静可"。

赵，说赵不帝秦，又射书喻燕将，复久攻不下之聊城，授以官、赠以金皆不受，人称高士。毛直方将其比作鲁仲连，表达对其"不事二主"的赞美以及慷慨北行的悲伤。

叶爱梅，弋阳人，号苍山，叔侄读书蓝山书院，常与谢枋得风雨连床。著有《苍山文集》，事见同治《弋阳县志》卷9。谢枋得北行，他作有《赠叠山先生》，诗云："后土茫茫两屦行，纲常事重此身轻。大江有士一人壮，千载见君双眼明。俯仰元无愧今古，英雄何必尽公卿。早知莫卖成都卜，省得人知大隐名。"① 颂扬谢枋得所承载的扶植纲常的儒家精神，虽没有位居公卿，却有此壮举，俯仰无愧，流芳千古。

此外，还有友人游古意作《赠叠山先生》诗，其诗云："满怀忠孝有天知，不管人间事已非。万里乾坤双草屦，百年身世一麻衣。行藏自信床头易，卧病惟餐陇首薇。觉过宗周见禾黍，几多新泪洒残晖。"② 游古意强调：谢枋得北行之时，人事已非，元朝已经统治江南10余年，此时还能奋不顾身为宋朝尽忠守节，其忠苍天可鉴。诗中以"百年身世""万里乾坤"作比，突出了谢枋得高尚的爱国情操可以永载史册，与日月同辉。游古意在赞美谢枋得的同时，也流露出对友人舍生取义的感伤。

（二）门人送别

谢枋得门人众多，据《宋元学案》及《宋元学案补遗》，有胡一桂、徐炎午、方南一、虞舜臣、李天勇、魏天应、蔡正孙、王济渊、张子惠、郑康仲、吴蟾、程楚翁、周岳、杨应桂、余安裕、杨

---

① 叶爱梅：《赠叠山先生》，《谢叠山全集校注》卷6，第182页。诗题《赠叠山先生》，《宋诗纪事》卷78作《送谢叠山先生》（上海古籍出版社1983年版，第1890页）。
② 游古意：《赠叠山先生》，《谢叠山全集校注》卷6，第182页。诗题《赠叠山先生》，《宋诗纪事》卷78作《送谢叠山先生北行》（上海古籍出版社1983年版，第1890页）。

谦之、雄朝、余炎、莫若等①,《昭忠录》提及门人李思衍。其中,北行有诗相赠并流传下来的有张子惠、蔡正孙、魏天应、王济渊、陈达翁等五位门人,激扬义气,忠义相勉,表现出一种忠义相传的风气。

在五位门人的赠诗中,被广为传诵且流传久远的是张子惠的《送叠山先生北行》,诗云:

> 打硬修行三十年,如今证验是儒仙。
> 人皆屈膝甘为下,公独高声骂向前。
> 此去好凭三寸舌,再来不值一文钱。
> 到头毕竟全清节,留取芳名万古传。

张仁叔,字子惠,因家住苍峰,又号苍峰。谢枋得尝为之作《宁庵记》。在诗中,张叔仁以极为简练的诗句写出了谢枋得"众人皆醉我独醒"的气质禀赋。颈联"此去好凭三寸舌,再来不值一文钱"传诵久远。北解一事历时半年有余,在当时影响很大,上至元朝高官,下至江南遗民,众口相传,众人皆知,若谢枋得北解不能坚守节操,那将是对南宋的极大讽刺,也将成为谢枋得人生的最大败笔。因此,无论是从个人的节行,还是从宋王朝的尊严出发,谢枋得此行唯有以身殉国,才是北解事件的最终结局。

文天祥北解之际,王炎午有《生祭文丞相文》劝其速死,汪元量有《生挽文丞相》诗,勉励文天祥尽节。应该说文天祥出生入死,早已把生死置之度外,王炎午与汪元量的生祭文、生祭诗,是在坚信文天祥必定尽忠尽节的情况下,对文天祥以身守节的激励。

---

① (清)黄宗羲:《宋元学案》卷84,中华书局1986年版,第2850—2851页;(清)王梓材、冯云濠编,沈芝盈、梁运华点校:《宋元学案补遗》卷84,中华书局2012年版,第5063—5086页。

在《与参政魏容斋书》中,谢枋得曾言:"上有尧舜,下有巢由;上有成汤,下有随光;上有周武,下有夷齐。某所以效虞人之死而不往,愿学夷齐之死而不仕者,正欲使天下万世,知皇帝之量,可与为尧舜,可与为汤武,能使谢某不失臣节,视死如归也。"可见谢枋得曾有做"巢由""随光""夷齐"之愿,而《叠山先生行实》亦有这样的叙述:

> 枋得不食二十余日,不死,乃复食。将行,士友饯诗盈几。张子惠诗云:"此去好凭三寸舌,再来不值一文钱。"枋得会其意,甚称之。遂卧眠轿中而去。渡采石,复不食,自是只茹少疏果积数月困殆。四月初一日至燕京,初五日死于悯忠寺。①

谢枋得即将北行,"士友饯诗盈几",其中弟子张叔仁的赠诗最为引人注目,"此去好凭三寸舌,再来不值一文钱","枋得会其意,甚称之",从叙述中,可以体会到张叔仁赠诗对谢枋得绝食殉国起到极大激励作用,如果说此前的以身殉节是他在精神上的强烈愿望,那么,正式绝食则是他以实际行动践行了承诺。《宋季忠义录》卷16《张子惠传》中说:"叠山北去,诗以送之",是"期公必死也",一语道破。张叔仁此诗是送别诗中最有力量的一首。

门人蔡正孙《和叠山老师韵(有序)》亦是激励谢枋得以死殉节的佳作。其诗及序云:

> 叠翁老师因行赋诗,读其词而见其心,天地鬼神,昭布森列,不可诬也。为之感慨激烈。正孙辱在师门弟子之职,敢不拜一语,以激扬先生之义气,用韵斐然。

---

① 载熊飞等校注《谢叠山全集校注》卷6,第158页。

第七章 谢枋得：最后殉葬者的人生挽歌

山色愁予渺渺青，平生心事杜鹃行。

霜饕雪虐天终定，岁晚江空水自清。

肩上纲常千古重，眼前荣辱一毫轻。

离明坤顺文箕事，此是先生素讲明。①

其中"肩上纲常千古重，眼前荣辱一毫轻"，同样是激励"先生之义气"。

门人魏天应有《和叠山先生韵二首（有序）》，其诗及序云：

叠山老师将有行，赋诗言别，纲常九鼎，生死一毛。慷慨激烈，高风凛然，真可以廉顽立懦。天应足患痼疾，莫能往饯，回视后山之送坡翁，为有愧矣。斐然拜和，未知能彻师听否？临风凄断。

万叠青山只么青，从容时止又时行。

斯文未丧予何畏，举世随流我独清。

日月精忠今古在，邱山道义死生轻。

吾翁铁脊文翁侣，无愧渊明与孔明。

（其一）

先生心事炳丹青，顾影何曾愧独行。

商岭芝能如橘隐，首阳粟不似薇清。

纲常正要身扶植，出处端为世重轻。

安得寒泉来会宿，参同极论到天明。

（其二）②

---

① 《谢叠山全集校注》卷6，第183页。
② 载《谢叠山全集校注》卷6，第182页。《宋诗纪事》卷78亦载此诗，题作《送叠翁老师北行和韵》，上海古籍出版社1983年版，第1891页。

这首诗与张叔仁、蔡正孙之送别诗异曲同工,可见,激励谢枋得舍生忘死,以存志节,是当时众多南宋遗民的共同愿望。

门人王济渊与陈达翁的送别诗在感伤之余,更多表达颂扬与赞美之情。其中王济渊《送叠山先生北行》诗云:

> 希夷何意出山中,心事当年汉卧龙。
> 行止但凭天作主,别离初不泪沾胸。
> 定知晚竹能存节,未必寒松肯受封。
> 大义昭明千载事,前程尽尔好从容。①

门人陈达翁《送叠山先生北行》,其诗云:

> 流落崎岖二十年,几回洒血杜鹃前。
> 一双芒履乾坤窄,万古丹心日月悬。
> 案上灵龟原不食,樊中孤鹤且安眠。
> 逃名不得名终在,行止非人亦有天。

(其一)

> 孤忠不忘绣衣时,跣足伴狂老乱离。
> 鹦鹉不能逃圈网,麒麟宁肯受鞭羁。
> 半生苦被名相误,万里甘将死自期。
> 今日如公能有几?此身无愧作男儿。

(其二)②

王济渊和陈达翁的诗意相近,都是热烈赞美谢枋得的忠贞大节,

---

① 载《谢叠山全集校注》卷6,第184—185页。《宋诗纪事》卷78亦载此诗,题作《送叠山先生》,上海古籍出版社1983年版,第1892页。
② 载《谢叠山全集校注》卷6,第184页。《宋诗纪事》卷78亦载此诗,只录第一首,题作《送叠山先生》,上海古籍出版社1983年版,第1891页。

其光辉将与日月同在，千载永存。

二 祭悼：对叠山坚守大节的颂扬

谢枋得北上之际，曾赋诗别其故友及门人，送别之景象轰动一时，充满忠义与豪情，"读其辞见其心，慨慷激烈，真可以使顽夫廉，懦夫立"①，足以砥砺世风，激励志节。谢枋得绝食殉国后，江南遗民和其门人纷纷赋诗哀悼，再一次激励人们坚守气节，不负故国。

（一）名士祭悼：哀挽叠山，砥砺志节

江南遗民的悼挽，既是对谢枋得爱国精神的赞美，亦是对自己气节的砥砺。其中，谢翱有悼诗二首，王奕有悼诗一首、悼词一首，赵涧边有悼诗一首，洪光基有悼诗一首。

谢翱是著名遗民，曾率乡兵数百人在文天祥的抗元队伍中任咨事参军，文天祥殉国，他在严子陵钓台设坛祭吊。宋帝后陵墓被掘，谢翱与唐珏、林景熙等密收遗骨，葬于兰亭。而后结诗社，从其学者众。谢翱在遗民中较为活跃，影响很大。二谢有着相近的经历：元兵逼近，他们都曾倾家资而起兵，宋亡后为躲避元兵缉捕，又都隐迹民间。谢枋得北行时，谢翱正往来于鄞、越，常泊王修竹家。后至婺州，又西至睦州及杭州，惊悉谢枋得绝食殉国的噩耗，万分悲痛，作《哭广信谢公》，抒发沉恸缅怀之情，其诗云：

> 自尔逃名姓，终丧哭水滨。海僧疑见貌，山鬼旧为邻。
> 客死留衣物，囊空出告身。他年越乡值，卖卜有斯人。②

---

① （明）陈邦瞻：《宋史纪事本末》卷 109《文谢之死》，中华书局 1977 年版，第 1185—1190 页。
② 《全宋诗》卷 3691，北京大学出版社 1995 年版，第 44318 页。

谢翱诗颔联以自己亡国逃奔的经历,想象谢枋得避难逃亡的艰难岁月。颈联叙述谢枋得拒交告身一事,"北使王世英、萧郁诱降,信州知州郑畴降,遣人为枋得索提刑司印,枋得避于信之云磲岭"①,表示景仰。末联最为悲痛,谢翱与九泉之下的谢枋得约定:他年越中居住,一定会与卖卜的你相逢,表达了洁身自好、风节留世的愿望。

谢翱作此"哭"诗的同时,又作《广惜往日(有序)》诗,以颂其节概。其诗云:

《崇真院绝粒示儿》,宋礼部侍郎谢枋得所作也。粤人谢翱用其语,为楚歌以节之。其词曰:

汉有臣兮龚胜卒,噤不食兮十四日。今忍饥兮我复渴,道间关兮逾半月。幸求死兮得死,苟不得兮无术。凤笙兮龙笛,燕群仙兮日将夕。风吹衣兮佩萧瑟,骏龙兮寥天,行成兮缘毕。②

此诗和谢枋得《崇真院绝粒示儿》诗。谢翱逃亡期间,作诗多用隐语,"方翱间行抵越时,惧人将虞我,讳言当世事。诗文桀骜有奇气,多廋词隐语,人莫知为天祥客也"③。尽管隐语颇多,然而从诗句中"今忍饥兮我复渴,道间关兮逾半月。幸求死兮得死,苟不得兮无术",我们仍能清晰地读出对谢枋得绝食殉国的哀婉与痛惜。

谢枋得的离世对谢翱产生了强烈的震撼。此前,谢翱一直在亡国之痛中无法自拔,尤其是文天祥就义,他痛不欲生,曾多次在野外哭祭。在谢枋得死后的第二年,即至元二十七年(1290)冬,谢

---

① (宋)佚名氏:《昭忠录》"谢枋得"条,中华书局1985年版,第37页。
② 《全宋诗》卷3690,北京大学出版社1995年版,第44308页。
③ 刘禺生:《纪宋处士谢翱》,钱实甫整理《世载堂杂忆》,中华书局1960年版,第289—291页。

翱与友人吴思齐、冯桂芳、翁衡谒子陵祠，登西台，祭文天祥于荒亭隅，恸哭再拜，作《登西台恸哭记》及《西台哭所思》，沉痛悲凉，其追思与哀悼之情尤为感人。谢翱的诗既表达了亡国悲痛，也蕴含文天祥、谢枋得的精神对其志节的一种激励，南宋虽亡，而志士犹存。

（二）友人祭悼：黄河呜咽，泰山悲鸣

王奕有悼挽诗、词各一首，诗《闻叠山己丑四月七日死于燕》云：

> 声名如此付杯羹，满腹琅玕不得呈。
> 诺士倘能如孔子，杀身未必死盆成。
> 骨埋北壤名山重，冤入南天上帝惊。
> 当日刀圭成谩尔，金华仙籍再书名。①

作为友人，王奕非常理解谢枋得的道德理想，开篇就说谢枋得一生为了声名付出了极惨重的代价，满腹才学也付之东流。然而这些都已经成为过去，为赢得崇高声誉，友人已将生命交付于此，走向人生的最高境界。相信仙籍之中亦会有友人姓名，流传千古。

李仲栗，生平事迹不详，与谢枋得为莫逆之交。其《祭叠山先生文》自称"叠山予莫逆也"，并自比文天祥的生死之交张千载，可见他与谢枋得关系相当亲密。文中称谢枋得为"兄"，又说"西风老泪，

---

① 《全宋诗》卷 3393，第 40379 页。关于谢枋得卒日，王奕诗云至元二十六年（1289）"四月七日"。此外，还有两种说法：一为四月初五日。《叠山先生行实》云："四月初一日至燕京，初五日死于悯忠寺。"二为四月初九日。《昭忠录》"谢枋得"条则载："至元二十六年己丑四月五日至京，问太后攒所泊德祐主所在，各向其方，恸哭再拜……越四日，迁悯忠寺，壁间见曹娥碑，洒泪读之……是夕卒。"（元）刘麟瑞《昭忠逸咏》"江东制置使谢公枋得"条与此记载相同。谢枋得卒于何日尚无考证，一般采用《叠山先生行实》所载"四月五日"。

若不堪潸",可知李仲栗年龄比谢枋得小,但也年过半百。其文曰:

> 呜呼叠山!峭崒巇岏,直不可挠,邪不可干。泮洋晁董,文亚孟韩。发策危切,指斥权奸。运去物改,忠愤裂肝。十年逋播,闽峤闲关。渝渝咨咨,疾我谓顽。执拘北往,挫辱万端。绝粒自殒,愧夫厚颜。黄河为之呜咽,泰山为之悲酸。魂黯黯兮莫返,旐翩翩兮来迁。

> 呜呼哀哉!文山之没也,千载心为之敛尸而抚棺。叠山予莫逆也,予莫能行千载心之所难。相去辽隔,惟呼冤而永叹。予将北游,誓当收兄骨于烟云之闲。归葬首阳,状公之行,乞铭于当世大手笔,俾得与夷齐同传。庶千载之下,可考者班班。兹遣儿稚,一觞代奠,西风老泪,若不堪潸。呜呼哀哉,尚享!①

这篇祭文从谢枋得的性格、才华、经历以及精神四个方面着笔。起笔对其性格气质从大处勾勒,"峭崒":陡峭高峻,"巇岏":形容人品高尚,形象地刻画出谢枋得的道德情操,而"直不可挠,邪不可干",则概括写出其刚直不屈、奸佞不惧的气质秉性。应该说,正是因为谢枋得有如此之气质秉性,才使得他舍生忘死。

其后抒发悼挽之情。李仲栗将他与谢枋得的友情比之张千载与文天祥,"文山之没也,千载心为之敛尸而抚棺"。"千载心"即吉州士人张宏道,字毅夫,号千载心,随天祥至燕,住在"囚所侧近,日以美馔。凡三载,始终如一。且潜制一椟,公受刑日,即以藏其首"。文天祥就义,他收拾骸骨,归葬庐陵。②李仲栗表达自己愿做张千载,收拾谢枋得之骸骨,归葬江南,彰显友人事迹,传于后世的意愿:

---

① 载《谢叠山全集校注》卷6,第179页。
② (元)陶宗仪:《南村辍耕录》卷5,文化艺术出版社1998年版,第71页。

"将北游，誓当收兄骨于烟云之闲。归葬首阳，状公之行，乞铭于当世大手笔，俾得与夷齐同传。"祭文汪洋恣肆，呜咽悲鸣，痛挽之情力透纸背。

（三）门人祭悼：心在君亲，以愧二臣

谢枋得一生入仕"不满八月"，主要以授徒为业。他注重教育弟子形成良好的道德品行，"扶植道脉""兴起人心"（《为蔡文节公子孙免差科书》）。谢枋得去世后，弟子悲痛欲绝，妥善料理后事。史载：至元二十六年（1289）九月，"门人李思衍使交趾回，与尚书谢昌元捐助，俾定之负其骨归葬"①。明年（1290）九月，葬其乡之玉亭龚源，门人谋而题之曰：文节先生谢公墓。皇庆二年（1313），门人虞舜臣率其徒，筑室买田，祠公弋阳之东。

谢枋得去世后，门人周岳作祭文哀悼。周岳，生平事迹不详，唯见《文节先生谢公神道碑》载：咸淳三年（1267），谢枋得谪居兴国军后归乡，除史馆秘书，召之，不赴。"闭户讲道，闻之者翕如，若周岳、熊朝、余安裕、杨应桂、余炎、谢禹莫，若辈皆知名士，介然自持，足迹不及权门。"② 由此可知，周岳应是当地知名之士而问学于叠山之门。其《祭叠山老师文》如下：

> 自商夷齐，汉龚胜，至先生不食异姓之粟而死者，仅四人。夫有宇宙以来，君臣大义，亘万古而常存。然畏死而贪禄者，迁就附会，自谓枉道而信身。岂知死重于生，礼重于食，出于人心羞恶之真。况不义之富贵，特太虚之浮云。惟忠臣义士一点烈烈之气，与日月而常新。人但知先生之文章浑浩，学问之深醇。嗟

---

① （宋）佚名氏：《昭忠录》"谢枋得"条，中华书局1985年版，第36—39页。
② （元）李源道：《文节先生谢公神道碑》，《谢叠山全集校注》卷6，第168页。

呼！杨雄非无学问，班蔡非无文章，既大节之一失，又何他美之足云。当天地大变之始，法已致而纲沦。先生奋不顾身，欲扶人道之伦。力虽不能救世，而心则常在乎君亲。以孔明、子房自期兮，奈时无可托者，以遂志之伸。寻深山以隐兮，方啸咏乎落花啼鸟之春。彼何为者？谓麒麟之可羁，使同犬羊之驯。驾赤虬以北征兮，渺六合于一尘。厌下土之腥兮，呼吸月露以荡胸中之轮囷。绝粒不食兮，宁舍生以成仁。一死得其所兮，将以愧天下后世二心之臣。夷齐龚胜不得专美于前兮，蔼百世之遗芳。函骨归自燕台兮，旅寓吴溪之滨。凛然如生兮，其在天之神。识与不识，皆为流涕，而况某受罔极之恩，第质弱才薄，安知如房、杜、王、魏辈，异时无负于河汾之门。只鸡斗酒致奠兮，一以哭宗社，一以哭斯文。尚飨！①

这篇祭文作于谢枋得骸骨自大都归葬之后。门人周岳将其师比作商代伯夷、叔齐，汉代龚胜，并将其列为历史上第四位绝食殉国者，百世遗芳，万古常存。周岳深受谢枋得影响，看重君臣大义、忠贞大节，认为"死重于生，礼重于食"，忠义之气，照耀星辰。周岳鄙视有才无德之人，对丧失气节者厌恶之至，认为失去大节的人，其学问文章更因之逊色，无从谈起。赞誉谢枋得"奋不顾身，欲扶人道之伦"的高尚举动，认为"力虽不能救世，而心则常在乎君亲"，其师之殉国，死得其所，"将以愧天下后世二心之臣"。周岳继承了乃师衣钵，在诸多祭诗悼文中，其思想与谢枋得最为接近，可见谢枋得教育弟子之成功。

---

① 《谢叠山全集校注》卷6，第179—180页。

（四）其他祭悼

谢枋得是从福建建宁被押解大都的，其绝粒北解更轰动了家乡江西，弋阳知县洪光基赋诗悼挽。另外，艾性夫、赵涧边亦有诗祭悼，以表悲痛。

洪光基，字平斋，歙县（今属安徽）人，曾任弋阳知县。其《挽叠山先生》诗恢宏大气，诗云：

千古精忠日月光，恨无麟笔写堂堂。

迁家耻作梁江总，辟谷谁知韩子房。

后死十年应有待，轻生万里故非狂。

有儿可拾江边骨，须信人亡道不亡。①

此诗亦见于《宋诗纪事》卷81，作者作"洪平斋"，题目作《挽叠山》。洪光基，清俞致中所修同治《弋阳县志》卷7洪光基小传载："歙县人，以忠宣荫弋阳知县，子孙世居焉。""忠宣"是洪皓（1088—1155）的谥号，洪光基为其后人。

这首悼诗重在歌颂谢枋得精忠效国之情。开篇以浓墨重彩之笔，赞美谢枋得殉国之节可谓千古精忠，与日月同辉，恨自己无史官之笔为其立传。颔联将谢枋得绝食比作汉代张良之辟谷不食。张良，字子房，"其先韩人也"，故又称张良为"韩子房"，"家世相韩，及韩灭，不爱万金之资，为韩报仇强秦，天下振动"②，可见张良之忠勇。以谢枋得比之，十分贴切。颈联突出谢枋得殉国在宋亡10年之后，这正是此举震撼人心之处。末联则以家乡人的口气说出，希望这种爱国情

---

① 《谢叠山全集校注》卷6，第1865页。
② （汉）司马迁撰：《史记》卷55，中华书局1959年版，第2033、2048页。

操能够感染后人,将君臣之道更好地流传下去。

此外,赵涧边有《挽叠山先生》诗一首。赵涧边生平不详,《宋诗纪事》卷81亦载此诗,题作《挽叠山》。诗云:

> 西山东海莫容身,芒履萧萧万里尘。
> 去住更无宽岁月,死生唯有一君亲。
> 丹心故国江云冷,白骨他乡塞草春。
> 不是回头春已暮,至今犹说是痴人。①

这首诗慷慨悲壮、大气磅礴。赞誉谢枋得之所以能万里赴死,是因为他一片丹心,以君亲纲常为重,即使身死他乡亦无怨无悔。评价谢枋得为"痴人",也点出了谢枋得心性中含有痴狂执着的一面,正是因为他的"痴",才铸就了非同寻常的人生。

艾性夫有《文节谢公挽歌》一首。艾性夫(约1255—约1325),字天谓,号弧山,临川(今江西抚州)人。与兄可叔(字无可,号矐山)、可翁(字元宪,号蕙山)自相师友,皆工于诗,人以"抚州三艾"称之。南宋咸淳间中乡试,阃门教授,执经者盈门。宋元鼎革,家宅毁于兵,居无定所。元初,官江浙道儒学提举。晚年曾寓居钱塘。生平事迹见《谰言长语》,《元诗纪事》卷9有《艾性夫传略》。其诗云:

> 不甘摇尾乞人怜,视死如归气浩然。
> 千古六经俱扫地,独公一柱肯擎天。
> 乾坤万劫英雄尽,文节双高日月悬。
> 惆怅老身空有泪,玉亭无路荐寒泉。②

---

① 载《谢叠山全集校注》卷6,第186页。
② (宋)艾性夫:《剩语》,影印文渊阁《四库全书》本。

第七章 谢枋得：最后殉葬者的人生挽歌

艾性夫身经丧乱，耳闻宋季多降臣，深刻体会到谢枋得不受元朝世禄诱惑，保持清白之身的艰难。艾性夫一心讲学，无意仕途，淡泊守志，他在诗末发出浩然长叹，痛挽谢枋得之死。《四库全书总目》评《剩语》云："性夫讲学之家，而其诗气韵清拔，以妍雅为宗，绝不似宋末'有韵之语录'。五七言古体笔力排荡，尤为擅长。"① 艾性夫此诗正体现了诗人的淡泊远志，其诗气韵清逸脱俗的风格。

谢枋得的抗元、北行及殉国带有一种狂风似的效应，使我们感受到其忠义之魂，乃全然发于内心，又全然出自性情，而这种性情多少带有一些偏执的色彩。北行之时，距离宋亡已十年有余，宋人情绪已相对稳定，正如其知己王奕所言，"声名如此付杯铜"，他以生命为代价标举捍卫南宋尊严，激起了大江南北的关注。

个人的力量是微乎其微的，而彼此之间的共勉与激发能带动出集体的智慧，并使之成为令人瞩目的力量。众多为谢枋得送行、悼挽之人，他们所送别的不仅是一位义士，也是寄托一种难以言说的情怀；他们所祭悼的不仅是殉国者，更是对践行纲常理想者的膜拜，是对缺失了家国灵魂的一种慰藉。故明代学者何乔新云："汉之亡死节者，耿纪、韦晃而已，唐之亡节义之士无闻焉，而宋之忠臣义士若此其多。何也？宋之诸君，待臣以礼，养士以气节，其风俗既成，争自濯磨。如王炎午祭天祥之词、张子惠赠枋得之诗，皆以忠义相勉。"② 忠义相勉，蔚然成风，使宋季忠义精神光耀千古，流传后世。

---

① （清）纪昀：《钦定四库全书总目》（整理本）卷166，中华书局1997年版，第2205页。
② （明）何乔新：《元张弘范袭崖山丞相陆秀夫驱其妻子人海即负帝同溺诸臣从死者甚众杨太后闻帝崩赴海死张世杰欲求赵氏后立之大风覆舟世杰溺焉》，《椒丘文集》卷7，影印文渊阁《四库全书》本。

第八章　谢枋得：元明清的接受与传播

谢枋得是宋末元初轰动大江南北的忠义之士。蒙古灭宋，外族统治中国，为历史上数千年来所未有。面对异族的侵略，谢枋得孤忠耿耿，誓于邦国共存亡，满门忠烈，誓死不食元粟，果决、坚毅、无畏，其精神和节操对后世文人士大夫产生深刻影响。他的一生轰轰烈烈，尤其是江东策问、举兵抗元、拒聘新朝、绝食殉国等事迹在元明清也产生深远影响，其《叠山集》成为后世砥砺浇薄世风、涵育道德教化的范本。

第一节　元代对谢枋得的传播

谢枋得殉国时，其旧交吕师夔在京，为谢枋得筹备了衣衾棺椁，暂时殡葬在京师文明门外。至元二十六年（1289）八月，门人李思衍、礼部尚书谢昌元捐助，谢定之护其遗骨，奉柩还广信。次年（1290）九月，葬谢枋得于弋阳玉亭乡龚原，门人私谥"文节"，诔而题之曰：文节先生谢公墓。皇庆二年（1313），门人虞舜臣率其徒，筑室买田，在弋阳东建造祠堂，江浙行省请于朝，题为"叠山书院"。延祐五年（1318），鄱阳周应极为其撰《叠山公行实》，翰林学士李源道撰《文节先生谢公神道碑》。此外，刘埙《隐居通议》、刘一清《钱塘遗事》对谢枋得江东策问的记载，龚璛、李存的吟咏与慨叹，体现出元代对谢枋得的认识。

一　谢枋得碑志及内容

谢枋得传记，除《宋史》本传外，有李源道《文节先生谢公神道碑》，周应极《叠山公行实》，《昭忠录·谢枋得（江东制置使）》等。其中李源道、周应极是受谢枋得之子谢定之的请求而撰写碑传的，二文均作于延祐五年（1318）。

（一）李源道：《文节先生谢公神道碑》

李源道，字仲渊，号冲斋，关中（今陕西关中）人。宦学三川，历四川行省员外郎，入为监察御史。延祐中，迁翰林直学士，出为云南肃政廉访使。累迁翰林侍读学士，出为云南行省参知政事。①李源道"以古文为任"，"材峻而气浑，学富而行实。其为政简而敬，和而平，以扶纲常、任教化为本，至其不可夺，则卓然有古遗直之风。故其文精凿沉郁，不假议论而理自见，不托迂怪而格自奇"②。著有《行斋谩稿》，已佚。又尝自录其五言诗，题曰《宗雅》，虞集、吴澄均为之作序，评价甚高。其古诗散亡，仅存近体数首，存于清顾嗣立编《元诗选三集》。

《文节先生谢公神道碑》对谢枋得生平的记载较有侧重，其中对殿试被抑、策问江东、被贬兴国军、居家授学等事记载较为详细，而

---

①　李源道生平事迹见（清）顾嗣立编《元诗选三集》，中华书局1987年版，第287页。
②　张文澍校点：《程钜夫集》卷15《李仲渊御史〈行斋谩稿〉序》，吉林文史出版社2009年版，第181页。

对毁家纾难、绝食拒聘等事的叙述则较略，可以体会到李源道是站在元朝统治者的立场上撰写碑文的。其文如下：

文节先生谢公神道碑

天讫宋命，皇元一四海而统之。至元廿三年，行御使台、侍御使程钜夫，以宋遗士三十人荐于朝。于是江东谢枋得在举中被征，丁内艰辞。亡何，连诏江浙行省左丞管如德召，皆不起。二十六年春正月，福建行省参政魏天祐复被旨集守令戍将，迫促上道，乃行。夏四月至京师，不食死，春秋六十有四。八月，子定之奉柩还广信。明年九月，葬其乡之玉亭龚源，门人谋而题之曰："文节先生谢公墓"。

先生曾祖彦安、祖一鹗、考应琇，浔州金判。妣桂氏，封硕人。先生讳枋得，字君直，信州弋阳人。宋宝祐乙卯荐于乡，丙辰试中礼部高等。比对、力诋时宰阉宦，奋不顾前，后抑至二甲第一人。初，浔州君以事忤使者董槐，被劾以死。先生既第，董槐执政，竟不堂参以归。丁巳，召试教官，调建宁府教授。

己未，赵葵宣抚江东西，辟为属，寻除礼兵部架阁。令募兵援江上，出楮币十万贯，得信抚义士数千人，以应。宣抚司罢，贾似道当国，会军兴，出入簿责任事者，公毁家以偿不足，坐废。至元初，长星竟天逾月，我师压江上，宋社日替，江东漕司犹试士征校艺，先生愤贾窃政柄，害忠良。误国毒民，发策十问，摘其奸，极言天心怒，地气变，民心离，人才坏，国有亡证，辞甚剀切，大拂贾意。台评竟上其谤讪，镌两秩，兴国军安置。因谪所山，自号叠山，守令皆及门，执弟子礼。丁卯，以史馆召，先生曰："似道饵我也。"不赴。闭户讲道，闻之者翕如，若周岳、熊朝、余安裕、杨应桂、余炎、谢禹莫，若辈皆知名，介然自持，足迹不及权门。里中人行事或不循于理者，辄曰："谢架阁闻乎？"有持两争，必来质平。遣以理，无秋毫假与人意，人亦高其风，必自审乃进。非义者未尝敢至其前也。乙亥，连以史馆校勘秘书省著作郎召，牢辞，授江东提刑，总其兵以守饶、信、抚，与王师战，辄败不能军。遂易服负母走闽中，隐于卜。

信守将悉捕公妻子弟侄送建康狱。夫人李氏有容德，有廉帅者欲妻之，一夕，自经死。弟君烈、君泽、三侄、一女、二婢俱死于狱中。惟二子熙之、定之移狱广陵得释。又有兄君禹在九江亦不屈，斩于市。

先生性资严厉，雅负奇气，风岸孤峭，不能与世轩轾，而以天时人事，推宋必亡于二十年后。抗论憸宰，老竭蹶不售，终不取合于时，其为人盖如此。及程公之荐报书，乃曰："弓旌招贤，轮帛迎士，有志经世者，孰不兴起。及非其人，非大元梦卜求贤之初意也。"观其言，非徒决于刚愤者。少力学六经，百氏悉淹贯，为文章伟丽，卓然天成，不践袭陈言宿说。论古今成败得失，上下数千年，较然如指掌。尤善论乐毅、申包胥、张良、诸葛亮事，常若有千古之愤者。而以植世教、立民彝为任。富贵贫贱，一不动其中。其言曰："清明正大之心，不可以利回；英华果锐之气，不可以威夺。"其自信悉此类。先生之北也，贫苦甚，衣结履穿行雪中。人有尝德之者，赒以兼金重裘，不受。平日所《著易》《书》《诗》三传行于世。杂著诗文六十四卷，翰林学士卢公挚为之序引，深所推激。夫人李氏、男三，义勇，早卒。熙之归自广陵，亦卒。定之贤而善文，累荐不起。孙男二，信孙、仁孙。先生死之二十有四年，门人虞舜臣率其徒，筑室买田，祠公弋阳之东。江浙行省请于朝为叠山书院。又五年，予任集贤侍制,鄱阳周应极状其事,致定之之语求铭墓道。尝谓先生天下事。源道仰其文章风节,盖四十年,而不一识,是区区者,尚可辞哉!铭曰:

呜呼先生,生也何时,生也后时。日薄崦嵫、维南有孽,龟玉毁折,我朝天明,乃完其节。鸡鸣风雨,岁寒松柏。伊其板荡,古有尽忠。道统既阕,人文斯崇。有美翔鸾,载集载鸣。曷迪匪庭,曷课匪京。万里冰天,介石自贞。奚卒不施,閟于佳城。呜呼先生!①

《文节先生谢公神道碑》很好地抓住了谢枋得的性格特点,如在写到挂冠而去时说"力诋时宰阉宦,奋不顾前后,抑至二甲第一人","先生既第,董槐执政,竟不堂参以归";在写其发策十问时说"辞甚剀切,大拂贾意";在写其好议论古今时说"上下数千年,较然如指掌……常若有千古之愤者";在写其不慕富贵、以忠义自任的品格时说"以植世教立民彝为任,富贵贫贱,一不动其中……其自信率此类",等等。李源道总结谢枋得的为人:"先生性资严厉,雅负奇气,风岸孤峭,不能与世轩轾,而以天时人事,推宋必亡于二十年后。抗论憸宰,老竭蹶不售,终不取合于时。"非常恰当地概括了谢枋得秉性耿介张扬、不合于时的特点,认识到谢枋得的人生命运与性格气质的潜在关系。

另外,《神道碑》多有抒情,如写谢枋得被强行押解时说"先生之北也,贫苦甚,衣结履穿,行雪中",哀悯之情,溢于笔端;而在碑文中,李源道咏叹道:"日薄崦嵫,维南有孽、龟玉毁折……鸡鸣风雨,岁寒松柏。伊其板荡,古有尽忠……万里冰天,介石自贞",

---

① 《谢叠山全集校注》卷6,第167—169页。

对谢枋得生逢板荡之时，能够尽忠完节，表达了崇高的敬意。

（二）周应极《叠山先生行实》

《叠山先生行实》一文，《四库全书》本《叠山集》卷5、《四部丛刊续编》本《叠山集》卷16、《谢叠山全集校注》卷6均载，然各本均未注明作者。唯李源道《文节先生谢公神道碑》载：延祐五年（1318），"予任集贤侍制，鄱阳周应极状其事，致定之之语求铭墓道"。

《叠山先生行实》云：

> 谢公枋得，字君直，号叠山，信州弋阳人。登宋宝祐丙辰第。甲子，校文江东，发策十问，诋时政，安置兴国军。乙亥，除江东提刑，累迁至江东制置使。吐军攻饶，拒战安仁，败。宋德祐元年冬十一月，任江西招谕使，知信州，又败。弃家入闽。
>
> 丙子二年春正月，元兵入信，镂银榜根捕，执枋得之妻李氏、二子一女，送江淮行省，拘于建康狱。母夫人以老疾得免，李氏不屈死于狱中。惟二子熙之、定之得还。
>
> 元至元戊子二十五年夏四月，召宋故臣谢枋得，力辞不至。时帝访求南人有才者甚急。御史程文海承旨、留梦炎交章荐之，寻有书上程雪楼、留忠斋。秋九月，参政魏天祐执枋得北去。先是枋得由建阳唐石山转入苍山等处，朝迁暮徙崎岖山谷间，竟得脱。
>
> 至元甲申，黄华平，大赦，枋得乃出，得还自寓于茶坂，设卜肆于建阳驿桥，榜曰："依斋易卦"，小儿贱卒亦知其为谢侍郎也。至是天祐朝京，将载后军，遣建宁总管撒的迷失，佯召枋得入城卜易，逼以北行，以死自誓。知不可免，即不食，有《与魏容斋书》。己丑二十六年夏四月，宋故臣江西招谕使知信州谢枋得至燕，死之。

初，参政魏天祐逼枋得之北行也，与之言，坐而不对，或嫚言无礼。天祐初甚容忍，久不能堪。乃让曰："封疆之臣，当死封疆。安仁之败，何不死？"枋得曰："程婴、公孙杵臼二人，皆忠于赵，一存孤，一死节；一死于十五年之前，一死于十五年之后。万世之下，皆不失为忠臣。王莽篡汉十四年，龚胜乃饿死，亦不失为忠臣。司马子长云：'死有重于泰山，轻于鸿毛。'韩退之云：'盖棺事始定。'参政岂足知此。"天祐曰："强辞！"枋得曰："昔张仪语苏秦舍人云：'当苏君时，仪何敢言？'今日乃参政之时，枋得百口不能自辩，复何言！"枋得不食二十余日，不死，乃复食。将行，士友饯诗盈几。张子惠诗云："此去好凭三寸舌，再来不值一文钱。"枋得会其意，甚称之。遂卧眠轿中而去。渡采石，复不食，自是只茹少疏果积数月困殆。四月初一日至燕京，初五日死于悯忠寺。子定之护骸骨归，葬于信州。

枋得平生无书不读，为文章高迈奇绝，汪洋演迤，自成一家，学者师尊之。所著有《诗传注疏》、《易说十三卦取象》、易、书、诗三传及《注解四书》、杂著、诗文六十四卷，批评《陆宣公奏议》，编次秘籍新书，选定《文章轨范》，并《唐诗解》行于世。①

周应极（？—1318年后），字南翁，饶州鄱阳（今江西鄱阳）人，子伯琦（1298—1369），以荫授南海县主簿，后转为翰林修撰。周应极弱冠熟于经史，制书谒部使者姚燧。燧奇之，荐授婺源学正。弃官归养，及丧免，姚燧、王约、刘敏中、程钜夫交相举荐，召见，献《皇元颂》，大德十一年（1307）待制翰林，为皇太子说书，日侍

---

① 《谢叠山全集校注》卷6，第157—158页。

英邸。至大二年（1309），迁集贤司直。①授奉训大夫，进集贤待制。十年后②，出池州路同知总管府事。英宗践祚，以旧臣召见，劳问，呼学士而不名，近臣惊其宠遇，以诗咏之。未几，卒。有《拙斋集》二十卷。见《元史》卷187《周伯琦传》。

周氏一族盛于饶州鄱阳，周应极父垕，字良载，咸淳进士。丞相江万里欣赏其才华，马廷鸾、李伯玉举荐，署江东提刑干办。与庐陵刘辰翁、广信李明通，同登丞相江文清公之门，颇有名气。明年，元兵至，丞相江万里、守臣唐震死之，众推垕署降表。骂且泣，因遁去。后以子应极、孙伯琦贵，推恩累封鄱阳郡侯。垕明经博学，倜傥尚气节，世以鲁仲连拟之。称曰"梅山先生"。见祠于邑学。见《江西通志》卷88，《万姓统谱》卷61，《宋元学案补遗》卷70、卷80。

周垕与谢枋得都是饶州一带家喻户晓的抗元志士，都是以气节闻名的南宋遗民。二人有着十分相似的抗元经历：江淮兵警时，都曾积极备战；元兵既至，谢枋得曾任江东提刑，周垕任江东提刑干办，在饶州英勇抗击过元兵；兵败后，谢枋得拒绝执行太皇太后的降元诏令遁去，周垕则是拒署降表遁去；入元，谢枋得拒仕元朝，周垕亦是屡辞不拜。由于史料阙载，我们无法断言饶州抗元时，二人是不是战友身份，但可知二人应互相闻名。

周应极入元后，积极入仕，授婺源学正。此后又由姚燧、王约、刘敏中、程钜夫交荐，召见，献《皇元颂》，青云直上，官至集贤待

---

① （元）程钜夫《致乐堂记》云："子应极，字南翁，又贤，弱冠失怙，事母孝谨，宦游四方，乃心罔不在膝下。大德丁未（大德十一年，1307），待制翰林，事上于春宫，诏许迎养，且敕有司礼遣。明年（至大元年，1308），奉母至京师。又明年（至大二年，1309），侍皇子说书，月廪饩其家，迁集贤司直。"载张文澍校点《程钜夫集》卷13，吉林文史出版社2009年版，第145页。

② （元）吴澄《跋慈云庵记》："周君之子任翰林、集贤十载，出补郡，为二乘。"《全元文》卷491，江苏古籍出版社1999年版，第530页。

制。延祐五年，周应极知池州路，其后不久卒于任上。

《叠山先生行实》作于延祐五年（1318），此时周应极知池州。虞集有诗《过池阳，与周南翁同知》① 相赠，有文《小孤山新修一柱峰亭记》提及周应极，其文曰："至池阳，求通守周侯南翁为吾书之以来也"②，交代虞集在池阳见周应极时间为"延祐五年七月三十日"。周应极作《叠山先生行实》时，应在其官池阳时。前引《文节先生谢公神道碑》中说：延祐五年，"予任集贤侍制，番阳周应极状其事"，则与此正合。

根据以上记载，《叠山先生行实》一文应为元周应极所作。《全元文》卷1123周应极名下只载其文《投龙简记》一篇，未录《叠山先生行实》一文，姑于此说明。

《叠山先生行实》一文近千言，对宋亡之前谢枋得登第、遭贬等事介绍较为简略，而对宋亡后谢枋得拒聘、绝食以及大都殉国的经历着墨颇多，尤其是谢枋得与魏天祐的对话描写，极为生动，刻画了谢枋得的刚劲傲岸与魏天祐尊严扫地的难堪，可知谢枋得拒聘的某些细节在当时口口相传。另外，《叠山先生行实》对谢枋得著述情况记载甚详，后世所录多源于此。

二 对谢枋得策问的传诵

景定五年（1264），谢枋得任建宁府学教授，主考宣城及建康，以指摘贾似道政事为问目，极言权奸擅国，天心怒，地气变，民心离，人才坏，国有亡证。漕使陆景思上其稿于贾似道，遭弹劾而谪居兴国军三年。此事在当时影响甚大。今翻阅宋周密《浩然斋意抄》、元

---

① （元）虞集：《过池阳，与周南翁同知》，王颋校注《虞集全集》（上册），天津古籍出版社2007年版，第93页。
② （元）虞集：《安庆路小孤山新修一柱峰亭记》，王颋校注《虞集全集》（下册），天津古籍出版社2007年版，第692—693页。

第八章 谢枋得：元明清的接受与传播

刘埙《隐居通议》，有谢枋得江东策问的记载，并附有策问原文，是研究谢枋得的宝贵资料。查阅《谢叠山全集校注》、《全宋文》及《全元文》，均未收录此文，今录于此，并作相关探讨，以就教于方家。

(一)《江东策问》题名及佚文辑校

谢枋得的《江东策问》是一篇以指摘时弊、力陈恢复中原的政论性文章，史籍所载其题名略有出入，今辑之如下：

1. 谢枋得策问文题名

(1)"江东十问"

> 建宁府教授谢枋得校文江东漕闱，发策诋时政。似道怒，窜兴国军。其《江东十问》备陈贾似道景定以后政事，知国家必亡于权臣之手。至于《八陵一问》，读之使人泪下。
>
> ——(元)刘一清《钱塘遗事》卷5①

> 景定辛酉，以选为宁国府考试官，发策尤精恮，有《江东十问》行于世。
>
> ——(元)刘麟瑞《昭忠逸咏》②

> 景定辛酉，以选为宁国府考试官，发策尤精恮，有《江东十问》行于世。
>
> ——(元)佚名氏《昭忠录》③

> ……又尝见叠山《江东十问》，词气慷慨激昂，当时之士，

---

① (元)刘一清：《钱塘遗事》卷5，上海古籍出版社1985年版，第105页。
② (元)刘麟瑞：《昭忠逸咏》"江东制置使谢公枋得"条，影印文渊阁《四库全书》本。
③ (元)佚名氏：《昭忠录》"谢枋得(江东制置使)"，中华书局1985年版，第36—39页。按熊燕军认为："刘麟瑞所撰《昭忠逸咏》五十首与《昭忠录》在体例编排和内容上高度一致，两书应出自同一人之手。"参见刘迎胜主编《元史及民族与边疆研究集刊》(第27辑)，上海古籍出版社2014年版，第187页。

其忠义之志，盖已素定矣。……庶几忠义不泯，俾为人臣、为人妇、为人子者知。所劝云：

潮遏钱塘王气收，两宫北去竟谁留。褰旗独倡勤王义，当轴曾无负国羞。幽愤千年遗涕泪，孤忠七日死拘囚。江东十问今犹在，可惜英雄志不酬。

——（明）胡俨《追挽谢叠山张孝忠诗并序》①

公丁亥七月上镏丞相书有曰：某江南一愚儒耳，自景定甲子以虚言贾实祸，天下号为"风汉"，正谓此书也。使是时当国者有人心得此而筹之，则宋必不亡。奈何得此而仇之，竟以亡人之国也。后之读此者，乃服公之言有验。哀哉！更百二十又三年。为洪武丙寅跋。

——（明）王行《跋谢叠山〈江东十问〉》②

（2）"镇江策问"

《镇江策问》曰："事有利害，不切身而伤怀；人有古今，不同时而合志……"

——（宋）周密《浩然斋意抄》③

（3）"江东运司策问"

刘埙《隐居通议》卷20录为"江东运司策问"。

——（元）刘埙《隐居通议》④

---

① （明）胡俨：《追挽谢叠山张孝忠诗序》，《颐庵文选》卷下，影印文渊阁《四库全书》本。
② （明）王行撰：《跋谢叠山〈江东十问〉》，《半轩集》卷8，影印文渊阁《四库全书》本。
③ （宋）周密著；杨瑞点校：《周密集》（第4册），浙江古籍出版社2015年版，第12页。
④ （元）刘埙：《隐居通议》卷20，中华书局1985年版，第202—204页。

第八章 谢枋得:元明清的接受与传播

按,三种题名中,史料称"江东十问"者最多,共五种,其他题名仅各一种。《江东十问》既已行于世,则其策问十题在当时应已是以较完整的文章形式流传,因此为元、明、清士人所亲见;而名《镇江策问》乃以主考之地命名;名《江东运司策问》则以行政监察机构命名。三种题名以《江东十问》更为切实,流传更广。

2. 谢枋得策问文辑校

谢枋得《江东十问》佚文见存于周密(1232—1298)《浩然斋意抄》、刘埙(1240—1319)《隐居通议》等宋元野史笔记。周密年长刘埙8岁,又早于刘埙21年离世,且刘埙《隐居通议》著于晚年,故周密《浩然斋意抄》应早于《隐居通议》成书。二著比对,存40余处异文,今以《浩然斋意抄》为底本,将《隐居通议》异文标于页下,并加校点及注释,列之如下:

《镇江策问》曰①:

事有利害,不切身而伤怀。人有古今,不同时而合志。吾亦不知其何心也。

登冶城,访新亭,欲问神州在何处。后②南渡百四十年,惟见青山一发,渺渺愁予。耆老不足证矣,安得不寤③寐东晋诸贤乎?衰草寒烟犹带齐梁光景,徒以重人黯然耳。不知秦淮旧月,曾照④见千载英雄肝胆乎?惜其远而不可诘也。北来忠义,王泽在心⑤,慨叹黍离⑥,悲歌蒲柳,岂能忘情故都哉?(本朝道德仁

---

① 《隐居通议》无此句。
② "后",《隐居通议》作"自"。
③ "寤",《隐居通议》作"梦"。
④ "照",《隐居通议》无此字。
⑤ "忠义王泽",《隐居通议》作"诸君忠义之泽"。
⑥ "离",《隐居通议》作"苗"。

义之教，三代而后未有也。士大夫苟且偷惰，无能远猷，晋宋人物所不为也。①）自隆兴至端平三大败，缙绅不敢问中原②，兵端不可轻③开，国事不可再误。思目前之危急，舍分表而④经营，兹犹可借口。柏城涧水，草木自春，不知谁家坟墓乎？每岁寒食，夏畦马医之子，无不以麦饭洒其松楸者，长陵抔土，讵容置而不问哉？刘裕取⑤长安道，路⑥谒五陵时，晋寄江左，百有十⑦三年矣。五胡云扰，岂暇念晋陵寝⑧尧⑨野禹穴！谁敢以疑心视之。此臣子不忍言之至情⑩也。秦始王⑪、陈隐王之墓⑫，汉⑬犹有人守之，三岁禋祀。义夫节妇坟墓犹⑭禁樵采，况祖宗神灵所眷顾乎？自⑮端平至今又二十有三年矣⑯，八陵不复动人⑰凄怆者矣⑱⑲。士大夫沈于湖山歌舞之娱，何知有天下大义。诸君北风素心，岂随末俗间断哉？公卿谈学问自比孔孟；论⑳功业自许伊

---

① 此句34字见《隐居通议》。
② 《隐居通议》此处有"矣"字。
③ "轻"，《隐居通议》作"妄"。
④ "而"，《隐居通议》作"之"。
⑤ "取"，《隐居通议》作"入"。
⑥ "路"，《隐居通议》作"洛"。
⑦ "有十"，《隐居通议》作"十有"。
⑧ "寝"，《隐居通议》作"庙"。
⑨ "尧"，《隐居通议》作"舜"。
⑩ "情"，《隐居通议》作"痛"。
⑪ "王"，《隐居通议》作"皇"。
⑫ "墓"，《隐居通议》作"冢"。
⑬ "汉"，《隐居通议》无此字。
⑭ "犹"，《隐居通议》作"亦"。
⑮ "自"，《隐居通议》作"由"。
⑯ "二十有三年矣"，《隐居通议》作"三十年"。
⑰ "人"，《隐居通议》无此字。
⑱ "者矣"，《隐居通议》无此二字。
⑲ 按："秦始王……况祖宗神灵所眷顾乎"句、"由端平至今……八陵不复动人凄怆者矣"句，《隐居通议》先后顺序与此相反。
⑳ "论"，《隐居通议》作"谈"。

第八章 谢枋得：元明清的接受与传播

周，若限田、若乡饮、若论秀、若里①选，皆欲仿佛三代。独②此一事，岂敢③在晋人下乎？后之作元经者必不怨矣④。或论⑤本朝不能复⑥中原者，其失有四：不保全名将，不信任豪杰，不招纳降附，不先据关中⑦。未⑧知诸君所闻如何耳⑨？"后来童幼⑩班荆辍音"，兹⑪固晋人所深恨。闻之⑫西北流寓，抱孙长息于东南，同父以⑬知中原决不可复矣。一旦闻有北方豪俊试于漕闱者，有司岂不⑭惊喜邪⑮？犹记乾道壬辰，辛幼安告君相曰："仇虏六十年必亡，虏亡而中国之忧方大。"绍定足⑯验矣。惜乎斯人之不用于乱⑰世也。诸君有义气如幼安者，百尺楼上，岂不能⑱分半席乎？⑲

《隐居通议》该条前后有刘埙序、跋，谢枋得策问（佚文）载于序跋文之间。刘埙序曰：

---

① "里"，《隐居通议》作"举"。
② "独"，《隐居通议》无此字。
③ "岂敢"，《隐居通议》作"乃堪"。
④ 《隐居通议》无此句。
⑤ "论"，《隐居通议》作"谓"。
⑥ "不能复"，《隐居通议》作"取"。
⑦ "关中"，《隐居通议》作"中原"。
⑧ "未"，《隐居通议》作"不"。
⑨ "如何耳"，《隐居通议》作"何如也"。
⑩ "幼"，《隐居通议》作"穉"。
⑪ "兹"，《隐居通议》无此字。
⑫ "闻之"，《隐居通议》无此二字。
⑬ "以"，《隐居通议》作"已"。
⑭ "岂不"，《隐居通议》作"安得"。
⑮ "邪"，《隐居通议》作"也"。
⑯ "足"，《隐居通议》无此字。
⑰ "乱"，《隐居通议》作"斯"。
⑱ "不能"，《隐居通议》作"可不"。
⑲ （宋）周密著；杨瑞点校：《周密集》（第4册），浙江古籍出版社2015年版，第12—13页。

>景定中,江东转运司行贡举,引试北方士人一科。时叠山先生谢公枋得为考试官,发策以中原为问,问目笔力甚伟,当时远近传诵。今将五十年矣。故书中得旧本,恐失之。谩录于此。①

刘埙跋附于谢枋得策问文之后,曰:

>或谓策问当设疑问难,今一笔说去,似非问目,然文气振发,终是一篇好文字。其问目即藏于议论之中,但恐难为对耳。②

周密被誉为南宋野史巨擘,宋亡后以故国文献为己任,著述等身,极具史学、文学及文献学价值。刘埙在宋末即以诗文闻名,研经究史,才力雄放,"埙入元四十四年尚存,最为老寿,是书当其晚岁退休时所著","其所称引之文,今多未见其篇帙……又多备录全篇,首尾完具,足以补诸家总集之遗"③。谢枋得《江东十问》为谢枋得的研究提供了重要文献。

(二)《江东十问》内容考述

该篇策问文以《江东十问》命名,说明策问中有对考生的十个策问题。因该文一气呵成,故不容易分辨考题和述论。今不揣谫陋,析之如下:

1.《江东十问》的基本内容

第一段文字总领:事有利害,不切身而伤怀。人有古今,不同时而合志。吾亦不知其何心也。

一问:"登冶城"到"安得不瘝瘝东晋诸贤乎?"

---

① (元)刘埙:《隐居通议》卷20,中华书局1985年版,第202—204页。
② 同上。
③ (清)纪昀:《钦定四库全书总目》(整理本),中华书局1997年版,第1626页。

自高宗南渡，至今已 140 年，怎不对能收复神州之贤士梦寐以求？

二问："衰草寒烟犹带齐梁光景"到"岂能忘情故都哉？"

面对国家衰落，社会乱象，诸位北方士人，怎能忘记北宋亡国之痛，失国之辱？

三问："本朝道德仁义之教"到"不知谁家坟墓乎？"

本朝士大夫苟且偷惰，以各种借口无勇恢复中原。然而柏城涧水，草木自春，那是谁家的坟墓无人照管啊！

四问："每岁寒食"到"此臣子不忍言之至情也。"

平民百姓尚在寒食节祭扫先祖。对帝王陵寝，即使是一抔土，岂能容许置之不问呢？即使失地年久，只要有机会就当祭拜。在外患纷扰时，无暇顾及帝王陵寝、尧野禹庙，谁敢怀疑朝廷收复失地的决心呢。这是臣子不忍说出的至情啊！

五问："秦始王、陈隐王之墓"到"八陵不复动人凄怆者矣。"

秦始皇、陈胜之墓，汉代尚有人守墓三年，义夫、节妇之墓亦禁止打柴、采摘，更何况是祖宗神灵所眷顾的皇家宗庙呢？而今七帝八陵，处于失地，凄怆悲凉，无人守护。自端平入洛至今又二十三年，八陵已不能牵动人心了。

六问："士大夫沈于湖山歌舞之娱"到"岂随末俗间断哉？"

士大夫沉迷于歌舞升平，哪还念国之大计、君臣大义。北方诸君未受此熏染，本愿素心岂能随末俗而间断呢？

七问："公卿谈学问自比孔孟"到"后之作元经者必不恕矣。"

当朝士大夫公卿常以孔孟、伊周自许，而收复中原一事岂能在晋人之下？后世史官必不会饶恕。

八问："或论本朝不能复中原者"到"未知诸君所闻如何耳？"

本朝未收复中原，其理由有四：不能保全名将，无法信任豪杰，不敢招纳降附,未能先据中原。不知诸君对这种主张有何看法?

九问:"后来童幼班荆辍音"到"有司岂不惊喜邪?"

宋室南迁后,已逐渐安于享乐,无心收复中原,而今闻知北方豪俊试于漕闱,施展抱负,有司怎能不感到惊喜?

十问:"犹记乾道壬辰"到"岂不能分半席乎?"

辛弃疾曾预言:"金六十年后必亡,金亡后,北宋的灾难才真正降临。"绍定六年(1233)宋与蒙古结盟灭金,正验证了辛弃疾的预测。遗憾的是辛弃疾这样的主战派不被起用。诸君能否也有辛弃疾这样的收复中原之志?

2.《江东十问》蕴含的忧国情志

策问通篇以东晋历史比喻南宋现实,旨在考问考生对收复中原故土这一焦点问题的看法。虽然称之为"十问",但其核心问题是针对朝廷对中原的主张以及抨击贾似道擅权误国、毒害忠良。

第一层:怀东晋,求贤才,收复中原。"登冶城,访新亭",东晋谢安、王导等贤才良将,面对偏安江左的局面,有克复神州的决心和勇气,而今宋廷南渡已近140年,收复失地仍然没有着落,故国青山如同发丝一样,望而不见。衰草寒烟,一片衰容,仿佛是齐梁景象。由此触动历史兴亡、人事沧桑的感慨,呼唤贤良挽救时局。《世说新语·言语》载:"过江诸人,每至美日,辄相邀新亭,借卉饮宴。周侯中坐而叹曰:'风景不殊,正自有山河之异!'皆相视流泪。唯王丞相愀然变色曰:'当共勠力王室,克复神州,何至作楚囚相对!'"希望南宋能有像东晋王导这样的贤相!可叹现实暗淡,无处可寻。

第二层:勉励北方士人思故国,守忠义,思谋国事。南宋理宗曾有收复中原的愿望和举动,然而都以失败告终。自隆兴至端平历经三次大败：一是隆兴二年（1164），张浚北伐失败，签订《隆兴和议》（又名《乾道和议》），张浚被杀，把原本向金称臣改为叔侄关系，金改诏表为国书，岁贡改为岁币，减少贡献，割让秦州及商州，维持疆界。绢贡献由二十五万减至二十万，岁币减至二十万银两；二是宁宗开禧二年（1206），韩侂胄北伐，后来被金击退。嘉定元年（1208）年签订《嘉定和议》。两国改为伯侄关系，宋献韩侂胄首级，贡献岁币及绢由20万增至30万，宋赔偿军费300万。金放弃占领的大散关、濠州；三是金亡后，蒙古南下。端平三年（1236），蒙古合兵力50万攻入汉中，次年又两次南侵，其前部几乎接近长江北岸。三次大败严重挫伤了南宋士气，然而国事却不可再耽搁延误。冀望于北方士人思虑目前之危急，再谋山河之收复。

第三层：念七帝八陵，荒草萋萋，无人过问。祭祀先祖、告慰亡灵乃是家国之要事，即使是平民百姓也会在寒食清明节令到墓前祭拜。对于国家而言，祭祀皇陵则更为重要，即使是汉高祖长陵前的一抔土，也应倍加关切，岂能置之不问。秦始皇、陈胜之墓，在汉代仍然有人守，西晋末年五胡乱华，晋室南迁，至晋义熙十二年（416），刘裕率师北征，进入洛阳，祭祀西晋五座王陵，距东晋重建已百余年，这说明祭祀皇陵、收复失地、重整山河是国之大计，是民之所愿。而今端平战败后，士大夫沉溺于湖山歌舞，天下大计置之脑后，而宋七帝八陵已少人问津！东晋尚有志出兵北伐，收复失地，祭祀先祖，宋岂是不如东晋吗？

第四层，忧虑南宋命运。晋室南迁后，起初尚有东晋诸贤拥有雄心抱负，但是几十年后，安逸的生活使人们逐渐丧失意志。《晋书·桓温传》载："丧乱缅邈，五十余载，先旧沮没，后来童幼，班荆辍音，积习成俗，遂望绝于本邦，宴安于所托。眷言悼之，不觉悲叹！"而今南宋亦是如此，陈亮云："三十年之余，虽西北流寓皆抱孙长息于东南，而君父之大仇，一切不复关念。"① 中原难再收复。孝宗乾道八年（1172），辛弃疾曾有奏议，论敌国事，言"仇虏六十年必亡，虏亡中国之忧方大"，未想到此言应验了，六十年后，蒙宋联军伐金，金亡，金亡后，南宋面临蒙古军的严峻威胁。国家命运岌岌可危！

这篇策问，激情豪迈，面对忧患深重的时局，谢枋得引经据典，以史为鉴，希望能够激起北方士人对南宋命运的关切。北土被占，偏安江左，蒙古大军汹涌南下，权奸当道，忠臣良将遭到迫害，谢枋得敏锐地意识到，国家命运着实堪忧！

谢枋得与文天祥同榜进士，二人在南宋危难之时，担当大任，起兵抗元，以身许国，表现出极其强烈的爱国精神。宋亡后，面对元朝的百般诱降，高官厚禄，他们不为所动，以身殉国，是南宋王朝顶天立地、铁骨铮铮的忠臣，秉持了为人臣之大节。《宋史纪事本末》将文、谢之死视为宋史的完结，他们是南宋一朝在精神上终结的象征。对于谢枋得而言，他虽未如文天祥那样位列丞相之职，然论抗元之志、忠义之心则可与文天祥比肩。

英雄非一日造就，其精神之表现更能体现在生平事迹之中。"江东策问"是一件能体现其儒家经世济民精神和忠义禀赋的事例。遗憾的是史传多一概而过，深析者甚少。下文分析时政，揭示策问的深层指向及谢枋得的忧国情志。

理宗当政（1224年9月—1264年11月在位），前有史弥远（1164—1233）傀儡擅权，后有贾似道奸佞误国，朝政大权被攫取，而忠臣屡遭贬逐，南宋衰落从理宗朝就已显露。理宗后期奢侈腐朽，怠于政事，蒙古多次南侵，没有得逞，因此尽管国家危机四伏，但他却自认为帝位稳固，追求享乐，荒淫无度。此前就有许多官员上疏直

---

① （宋）陈亮：《上孝宗皇帝第一书》，《陈亮集》，中华书局1974年版，第2页。

谏，言当今社会"近类宣（和）、靖（康）之时，安危乐亡，直可凛凛"①，但理宗不以为意。由于对蒙战争的扩大，边防线延长，军费支出浩繁，财政入不敷出。加之武将、边帅存在贪污军饷、虚报军额等问题，军费成为财政支出的重要事项，成为南宋的一大弊政。

鄂州之战后，贾似道在各大将和阃帅中实行打算法，征算军费开支。开庆元年（1259），蒙军攻鄂州（今湖北武昌），贾似道领兵救援，升为右丞相，以赵葵为江东西宣抚使。命其领兵抗元，许以便宜行事，并拨钱银以给用。鄂州解围，北兵退后，贾似道忌恨抗蒙将领军功，污蔑各地抗蒙将领贪污军费，对抗战中支取官物作军需者一律治罪，并行"打算法"，逼迫他们破产赔偿。向士璧、赵葵、史岩之、杜庶皆责征偿。

理宗朝结束的五年（1260—1264），贾似道登上统治中心、独揽大权。为征敛充实财政，景定三年（1262），贾似道实行所谓公田法。其法是政府以强制的手段用低价收买一些官民户的逾限之田，充作公田。从中每年可以增加六七百万贯的公田收入，以充实军饷，实际上乃是政府和私家地主争夺土地和收入。在公田法实行的过程中，"虽百亩之家，也不免焉"②，甚至农民的小块土地也被强行收买。于是"浙中大扰……六郡之民，破家者多"③。虽解决了一定的财政问题，但是社会矛盾进一步加深。

贾似道的这些政策对南宋财政、军政虽然不无作用，但是其打击武将、玩弄权术、嫉贤妒能的真实目的却难以掩盖。南宋此时处于战争时期，对武将边帅实施打算法相当于破坏将士们保家卫国的积极

---

① 《历代名臣奏议》卷100，吴昌裔奏议，影印文渊阁《四库全书》本。
② （宋）周密：《齐东野语》卷17，中华书局1983年版，第314页。
③ （元）脱脱等：《宋史》卷474《贾似道传》，中华书局1977年版，第39册第13782页。

性，内忧远胜于外患。

如此深重的民族危机，黑暗腐败的朝政，名臣大将遭遇排挤暗算，谢枋得义愤填膺，于作主考官之机，抨击朝政，指出祸患，希望唤醒有识之士，力挽狂澜，拯救日渐衰落的国家。

《江东十问》是对国家命运的担忧，满怀收复中原的抱负，掷地有声，蕴含忧国忧民的情怀，然而作者竟然招致贬谪，南宋走向衰落以致灭亡，是历史的必然。

三　对谢枋得拒聘殉节的接受

元代距离宋亡不远，元人对谢枋得北解殉国、爱国精神的认识，具有时代特点。其中以北解流人龚潗之子龚璛、饶州安仁（今江西余江）李存为代表。

（一）龚璛：源于家世的颂赞

龚璛（1266—1331），字子敬，镇江（今江苏镇江）人。父渠，宋司农卿，宋亡，士大夫居班行者，例遣北上，行至莘县，不食而卒，璛悲不自胜，叹曰："国亡家破，吾兄弟又少孤，不能以力振起门户，独不可学为儒，无辱先训乎？"①（与其弟龚理刻苦于学，戴表元、仇远、胡长孺皆与之为忘年交，声誉籍甚，人称曰"楚两龚"，以比汉之"两龚"）宪使徐琰辟置幕中，举和靖学道两书院山长，当事者交章荐，宜在馆阁，不报。调宁国路儒学教授，迁上饶簿，改宜春丞，岁余乞休，以江浙儒学副提举致仕。至顺二年（1331）卒，年六十六。门生弟子彬彬以材自见，称之者不以官，而曰先生云。为言卓

---

① （元）黄溍：《江浙儒学副提举致仕龚先生墓志铭》，《全元文》卷975，凤凰出版社2004年版，第297页。

第八章 谢枋得：元明清的接受与传播

伟殊绝，自成一家。有《存悔斋稿》一卷，补遗一卷。龚璛生平事迹见黄溍《江浙儒学副提学致仕龚先生墓志铭》、《新元史》卷 237 本传。

宋亡时，龚璛满 10 岁，朝代更迭的巨变在他的童年中还留有记忆，故其成年后，尤喜谈宋代故事，"客至，不问有无，倒壶命饮，与之谈前代故实，娓娓不倦"①。作为北解流人的后代，德祐年间，父亲被解北上，以不食殉国的忠节之举在他心中留下深深的烙印。谢枋得卒时，龚璛 24 岁。龚璛有《虞韶卿以谢叠山请谥立祠北上》诗记录此事，诗云：

> 万叠山中足旧闻，只今谁使意勤勤。
> 周人颇义伯夷事，晋代行收诸葛文。
> 九死本无荣谥愿，一香终为老师焚。
> 黄金台上逢知己，袖有江东日暮云。②

龚璛作此诗时，元朝在江南的统治已经基本稳定，人们的生活也已平静下来。其诗以此为背景，意谓叠山北解虽轰动一时，而对于现在来说，已成为旧闻，唯有其后代、门人还在殷切地为他的谥号、立祠等事在奔走。谢枋得之于元，如同叔齐、伯夷之于周，诸葛亮之于晋，后世永远会铭记前朝的忠节之臣。对于谢枋得来说，他只是在尽君臣之节，并无他愿，然而作为其门人，则希望为老师敬焚一香，定谥追封，立祠致祭，弘扬其节。

这首诗悲婉蕴藉，字里行间体现出龚璛对于谢枋得以身殉国的深刻理解。

---

① （元）黄溍：《江浙儒学副提学致仕龚先生墓志铭》，《全元文》卷 975，凤凰出版社 2004 年版，第 297 页。
② （元）龚璛：《存悔斋稿》，影印文渊阁《四库全书》本。

(二) 李存：源于地域的弘扬

谢枋得事迹传播最广的是其家乡江西、隐居地福建，尤其是江西的广大地区，流传最多。

德祐元年（1275）年底至二年（1276）年初，谢枋得曾以江东提刑、江西招谕使捍御饶信，在安仁县置司，招募溃军，在安仁与元兵有过一场血战，张孝忠、章如旦、黄万全、李天勇等英勇阵亡，安仁守将陈学心壮烈牺牲。此外，谢枋得妻李氏是饶州安仁人，因受牵连而被捕入狱，自杀殉节。谢枋得女葵英嫁安仁通判周铨，早寡无子，闻父母俱死，阖门尽节，捐奁构桥，桥成，投水而死。乡人感其义，名其桥曰"孝烈"。应该说，谢枋得及其家人在安仁地区具有一定的影响。

李存系江西饶州安仁人。李存（1281—1354），字明远，更字仲公。李氏八世祖始居饶州安仁县，曾祖父昌言为宋赠朝奉郎，祖父櫄为乡贡进士，父万顷为进士制置司参议官。颖悟赅博，好为古文辞，早年即以诗文名乡里，且精通医术。延祐开科，一试不中，即决计归隐，家居讲授。屡荐不出，人称"鄱阳先生"。与祝蕃、舒衍、吴谦同游上饶陈立太之门，合称"江东四先生"。有《俟庵集》30卷。生平事迹见危素撰《元故番易李先生墓志铭》①，《新元史》卷237本传。

李存有文《题叠山先生临终遗笔》，其文如下：

> 谢公赴召时，过江即不粒食，不知以几日及沛县也？况舟中几席荡兀。今观其笔力劲健，其语皆平时所以激劝勉励人者，去

---

① （元）危素：《元故番易李先生墓志铭》，《全元文》卷1481，第529—530页。

第八章 谢枋得：元明清的接受与传播

此且百年，方凛凛生气。然则君之所养，可知也已。①

李存所言谢枋得"临终遗笔"今已不存，应是作于北解途中，所书"笔力劲健"，内容则是激劝勉励他人之语，且"凛凛生气"，从中可见谢枋得的学养与志节。李存说"去此且百年"，味其意，此临终遗笔当是李存晚年所见。

除此文，李存还有《重修柳君记》一文，记述安仁之战中英勇阵亡的张孝忠事迹，文中多次对谢枋得表达敬意，其文如下：

>宋宝祐末，江南悉内附。提刑谢公枋得犹集兵饶之安仁县。军校张孝忠，河南人，或曰淮西人，总健儿三百人谒麾下。公为陈忠义事以奖之，孝忠即感泣，请留。俄而北兵来袭，谢公走七闽。孝忠领孤军出战，手刃百余人，马口中流矢，孝忠自刎。北兵覆以锦袍，惜曰："壮士！壮士！"既而孝忠后数著灵异，遂配享东庑下。
>
>呜呼！昔襄围告急之日，士大夫轻去就疑羡，世禄之卿，连城之帅，往往望风款附。孝忠特一小校尔，非有诗书礼乐之培养，非有爵位土田之宠固，奋不顾身于不可为之时，以报知己。以谢公之义正则事之，以柳君之灵明则附之。虽其资过乎人，亦可谓生死知所从者矣，宜乎死而神。牵联而得书。②

张孝忠，淮人。德祐初，元兵东下，知信州，谢枋得走入安仁，调孝忠，逆战围湖坪，矢尽，挥双刀击杀百余人，军溃中流矢死。事见《宋季忠义录》卷7，欧阳玄（元）有《张将军祠碑》。谢枋得安

---

① （元）李存：《题叠山先生临终遗笔》，《全元文》卷1063，凤凰出版社2004年版，第385页。
② （元）李存：《重修柳君记》，《全元文》卷1065，凤凰出版社2004年版，第436—437页。

仁之战时，李存九岁，发生在家乡的两军对垒他当知晓，成年后，李存一直家居授学，当地人对谢枋得安仁之战、其妻女节烈事迹的传播一定不绝于耳。故其文中尊称谢枋得为"谢公"，赞其"义正"，可见敬重之情。

四 元刊叠山集及序跋

《叠山先生行实》称："枋得著有《诗传注疏》《易说十三卦取象》、易、书、诗、三传及《注解四书》、杂著、诗文六十四卷，批评《陆宣公奏议》，编次秘籍新书，选定《文章轨范》，并《唐诗解》行于世。"未言及其文集。后来，谢枋得文集才得以编订，由谢枋得嗣子定之、门生刘棠掊集刊行，陈普为之作序。

陈普（1244—1315），字尚德，居石堂山，以石堂山为号，别号惧斋。福州宁德（今福州宁德）人。所居有石堂山，学者称石堂先生。入乡塾，赴浙东从韩翼甫游。宋亡，绝意仕进。朝廷三使辟为本省教授，不起。隐居授徒，四方及门者数百人。建州刘纯父聘主云庄书院。熊禾留讲鳌峰，其后讲学于饶、广二州，于德兴初庵书院尤久。晚在莆中十有八年，造就益众，韩信同、杨琬、余载、黄裳皆出其门。元延祐二年（1315）卒，年七十二。其著述甚富，所著《字义》《四书句解钤键》《学庸旨要》《孟子纂图》《周易解注》《易说》《书传补微》《四书五经讲义》《浑天仪论》《天象赋》《咏史诗断》，凡数百卷。今传《石堂先生遗集》二十二卷。事迹见《石堂先生传》（文集附录）、《闽中理学渊源考》卷40、《宋季忠义录》卷12。其《谢叠山文集序》云：

> 叠山谢公，幼少有天下虑，入仕途不为富贵谋，动与有位者忤。虽困之下僚，加之非罪，放逐播迁，终不悔。平居暇日，深

思远虑，抚江河入风云，随飞翼而形之纸笔者，概其忧人忧国之心。词场大笔，伤时抵讳，同列掩耳，而独以身任之。其它一句一章，一泳一挥，大率在此。三十年一刚不挠，一日继之以死，以诚之实之，是固其良心至性独无蔽夺，亦天地实使之立于中流，以不队万古之天常，使有耳目手足者终有所加所措也。斯人赖之，乾父坤母亦得以慰安焉。掊集刊行，岂惟嗣子定之、门生刘棠之当然哉。其有裨于世教不小矣。民之兴起在心，而先得之耳目。是集也，《易》之"山下有风"之卦所谓振民者也。（节选）①

宋亡时陈普33岁，谢枋得北解时，陈普46岁。陈普亲身经历了易代巨变，也切身体会到"理为欲充，义为利塞，五教四维散亡芜灭"的世风。面对无力挽救的时局，他感到若有忠义之士焕发英豪之气，"固执死守之节，挺然于狂澜烈焰之中"，才能广泽四方，继往开来，在荒芜之中重新建立社会道德秩序，使社会风气为之一振。而叠山谢公正是这样一位不慕富贵、敢忤权奸，具有"忧人忧国之心"的忠义之士，"三十年一刚不挠"，"一日继之以死"，则披肝沥胆，以生命相许。除了肯定谢枋得的事迹与精神，陈普更对《谢叠山文集》加以赞誉，他认为，谢枋得以"词场大笔，伤时抵讳"，在"同列掩耳"之时，而孤忠尽节，担当起树立道德理想、振作世风教化的重任，因此《谢叠山文集》不但有裨于世教，亦有利于振奋民心。

陈普与谢枋得的交游关系，史料中没有记载，然陈普、谢枋得均与学者熊禾有交往。熊禾（1253—1312），字去非，号勿轩，又号退斋，福建建阳人。幼聪颖，能属文，有志濂洛之学，从朱熹门人游。咸淳十年（1274）进士，授汀州司户参军。宋亡不仕，入武

---

① 转引自祝尚书编《宋集序跋汇编》卷45，中华书局2010年版，第2177—2178页。

夷山，筑洪源书堂，聚徒讲习。四方来学者云集。阅十二年，归故里，复创鳌峰书院，益肆其力于六经。元仁宗皇庆元年（1312）卒，年六十。

熊禾与陈普、谢枋得均有交往，陈、谢二人都曾赴熊禾书院处讲学，可以说，陈普、谢枋得与熊禾三人的往来有交集。《宋元学案》载："熊勿轩留讲鳌峰"，不久又讲学于饶、广二州。①《史传三编·熊禾传》载："当宋社之既屋也，叠山谢枋得闻禾名，远涉访之，相抱痛哭，不忍卒别，相与讲学者数月。"② 此外，熊禾又曾为谢枋得文《交信录序》作跋。③由此可见，陈普与谢枋得之间亦有交情。陈普所作《谢叠山文集序》，站在宋元鼎革之际世风日下的时代背景下，突出了《谢叠山文集》有补于世教的价值与意义。

第二节　明代对谢枋得的认识

明人对谢枋得的名分问题非常重视，时任山东道监察御史的弋阳人李奎曾上《褒崇忠节奏疏》④，请求为谢枋得定谥褒赠、创立祠宇。明人对谢枋得吟咏亦颇多。如沈周作有《叠山祠》："愿避弓旌作楚囚，南冠憔悴一孤舟。关心故国唯清泪，欠死余生已白头。栗里菊荒

---

① （清）黄宗羲原著，（清）全祖望补修，陈金生、梁运华点校：《宋元学案》卷64，中华书局1986年版。
② （清）朱轼撰：《史传三编》卷7，影印文渊阁《四库全书》本。
③ （宋）熊禾：《跋交信录序》，《全元文》卷587，第525页。
④ 《叠山集》卷16，《四部丛刊续编》本。李奎（1389—1457）字文曜，号九川，江西弋阳人。端重淳粹，博通经史。永乐十年（1412）进士，授湖广教谕，累升南京国子录。正统二年（1437）擢御史。官至大理寺右少卿，以疾致仕，卒年六十九。居官廉洁，优于文学，屡上章疏切于时政。一时士大夫咸推重。有集二十卷，藏于家。

犹有晋,首阳薇在已无周。忠魂慷慨知何地,山水苍苍古信州。"① 沈东作有《挽叠山先生》:"宋室遑逃一旧臣,每思时事最酸辛。雪霜满地孤身老,血食千年庙貌新。家国存亡原有数,纲常负荷更须人。从容死义男儿事,葛水文山道并尊。"② 邵宝作有《谒谢叠山祠》:"从容就义几封书,三百年来养士余。商老不知周粟富,晋人方恨楚材虚。庭留旧柏生同劲,鼎荐新薇死亦癯。有诏作人无事日,江花江草正愁予。"③ 谢枋得在明代的影响颇大,无论是对谢枋得精神的赞颂,对江东策问一事的评价,对北解却聘之书的吟咏,还是对《叠山集》的刊刻,都超出了元代和清代。

一 对谢枋得策问的接受

明代,谢枋得策问一事仍有传播,明初王行、胡俨等对谢枋得策问有所赞誉。

(一) 王行:深服谢公,言之有验

王行(1331—1395),字止仲,号淡如居士,又号半轩,亦号楮园,吴县(今江苏苏州)人。学问博洽,淹贯经史。曾为江南巨富沈

---

① 载《谢叠山全集校注》卷6,第186页。沈周(1427—1509),字启南,号石田,又号白石翁,长洲人,恒吉子。博览群书,文学左氏,诗拟白居易、苏轼、陆游,字仿黄庭坚,尤工于画,与唐寅、文徵明、仇英并称为明之四家。为人耿介独立。绝意隐通,风神萧散,如神仙中人。世称石田先生。有《石田集》《江南春词》《石田诗钞》《石田杂记》等。《明史》卷298有传。

② 载《谢叠山全集校注》卷6,第186页。沈东,字符震,华亭人。有《屏南集》十卷。

③ 载《容春堂集》卷6,影印文渊阁《四库全书》本。邵宝(1460—1527)字国贤,号二泉,无锡人。成化二十年进士,累官江西提学副使,修白鹿书院学舍以处学者,教人以致知力行为本。宸濠索诗文,峻却之。正德四年迁右副都御史,总督漕运,忤刘瑾,勒致仕。瑾诛,升户部侍郎,拜南礼部尚书,恳辞。嘉靖初起前官,复辞。六年卒,年六十八。谥文庄,学者称二泉先生。有《荣春堂集》《定性书说》《漕政学要》等书。《明史》卷282有传。

万三家塾师，后为蓝玉延揽，为教其子孙。后蓝玉党案发，王行父子三人均坐死。与高启等号"北郭十友"，又称"十才子"。善泼墨山水，有《二王法书辨》《楮园》《半轩集》及《墓铭举例》等。《明史》卷285有传。王行撰有《跋谢叠山〈江东十问〉》一文，如下：

公丁亥七月上镏丞相书有曰："某江南一愚儒耳。自景定甲子以虚言贾实祸，天下号为风汉"，正谓此书也。使是时当国者有人心得此而仇之，则宋必不亡，奈何得此而仇之，竟以亡人之国也。后之读此者，乃服公之言有验。哀哉，更百二十又三年。为洪武丙寅（1386）跋。①

王行生活在元末明初，经历过元朝灭亡的伤痛，这样的遭遇使他对谢枋得的事迹深有同感，尤其是策问中预言宋朝行将灭亡的言论，使王行产生共鸣。他钦佩谢枋得能有此预言，更感叹历史的相似。假使南宋当国者接受谢枋得的意见而不是忌恨，南宋也许不至于被元朝征服。谢枋得策问一事发生在景定五年，如今123年过去了，元朝统治者没有好好吸取教训，走上腐朽的道路，何等悲哀！王行从历史的角度出发，阐明了统治阶层权奸当道、不听取忠贞直谏而导致的后果。

（二）胡俨：词气慷慨，壮志难酬

胡俨（1361—1443），字若思，号颐庵，南昌（今江西南昌）人。少嗜学，于天文、地理、律历、医卜，无不究览，兼工书画。洪武二十年（1387），以学人授华亭教谕，永乐初入翰林，历官国子祭酒，朝廷大作多出其手。重修《太祖实录》《永乐大典》《天下图志》

---

① （明）王行：《半轩集》卷8，影印文渊阁《四库全书》本。

皆充总裁官。居国学二十余年，以身率教，动有师法。致仕归，闲居二十余年，自处淡泊，岁时衣食才给。正统八年（1443）八月卒，年八十三。有《颐庵集》，罕传，今仅存《颐庵文选》二卷。胡俨有《追挽谢叠山张孝忠诗（并序）》，录之如下：

> 宋谢枋得，字君直，信之弋阳人。以文学知名当世，号叠山先生……又尝见叠山《江东十问》，词气慷慨激昂，当时之士，其忠义之志，盖已素定矣。惜其妻女及忠孝之事史皆略之。抱疾居闲，因考前闻，遂赋追挽之诗并孝烈桥。庶几忠义不泯，俾为人臣、为人妇、为人子者知。所劝云：
>
> 潮遏钱塘王气收，两宫北去竟谁留。褰旗独倡勤王义，当轴曾无负国羞。幽愤千年遗涕泪，孤忠七日死拘囚。江东十问今犹在，可惜英雄志不酬。①

谢枋得抗元并非一时之举，而是早已立下壮志。胡俨在诗序中详细地叙述了谢枋得的事迹，尤其指出《江东十问》词气慷慨激昂，饱含忠义之情。胡俨此诗充满豪情，大气磅礴，有一种叹息英雄泪满襟的悲慨。诗中末联云"江东十问今犹在"，可知谢枋得策问在明初尚存，除了我们考见的周密、刘埙二书外，不知胡俨所见为何种史籍。

二 对《却聘书》的接受

明代谏官、学者庄昶，明末遗民刘命清均作有诗词赞咏谢枋得《却聘书》。从二人对《却聘书》的歌咏，也反映出他们自身的操守与气节。

---

① （明）胡俨：《颐庵文选》卷下，影印文渊阁《四库全书》本。

(一) 庄昶：后世夷齐，忠斋宋臣

庄昶（1437—1499），字孔旸，号木斋，晚号活水翁，江浦（今南京市浦口区）人。庄昶自幼豪迈不群，博嗜古学，文采过人，景泰七年（1456）乡试中举人，成化二年（1466）中进士，改庶吉士，后授翰林院检讨。成化三年（1467）十一月，宪宗不顾国库空虚，拟于元宵节大张灯火，令朝廷文官献诗进赋，歌功颂德。庄昶与翰林院编修章懋、黄仲昭一道上《培养圣德疏》，"今烟火之举，恐非尧舜之道，烟火之诗，恐非仁义之言"①，直言进谏，并拒不奉诏赋诗，触犯宪宗，忤旨廷杖二十，谪桂阳州判官。章、黄二人也同时被贬。此前，他们的好友罗伦也因言事被黜，轰动京城，时称"翰林四谏"。由于言官力谏论救，将庄昶改调南京行人司左司副。卜居定山二十余年，以诗书自娱，教授生徒，学者称"定山先生"。弘治七年（1494），经军都督府周广荣推荐，庄昶再次进京。第二年（1495）升任南京吏部验封司郎中，八月到任，十二月中风疾，任职仅四个月又回到了隐居之所。弘治十二年（1499）卒，年六十三。有《定山集》十卷传世。《明史》卷179有传。

庄昶生平不尚著述，有自得，辄见之于诗。隐居定山期间，庄昶作诗颇多，《读谢叠山与刘忠斋书》一诗即作于此时，诗云：

> 尽把夷齐许后身，荐贤当日果何人。
> 山中宋史人希见，元是忠斋也宋臣。②

诗中，庄昶有感于谢枋得《上丞相留忠斋书》中所饱含的孤忠尽

---

① （明）庄昶：《定山集》卷10，影印文渊阁《四库全书》本。
② （明）庄昶：《定山集》卷2，影印文渊阁《四库全书》本。

节之情，惊诧于是何人举荐，竟使得谢枋得如此愤恨，隐居山中，一日读《宋史》，方知"忠斋"原曾是宋臣，宋亡时投降才做了元朝丞相。对昔日宋官今日登上元朝丞相之职的留梦炎极尽鄙薄，更对留梦炎举荐谢枋得出仕元朝的举动表示出嘲讽与愤恨。

庄昶正直敢谏，"人品甚高"①，乃"当时之豪杰"②，他对留梦炎的鄙薄尤见其忠义之气。四库馆臣说庄昶"沦落者垂三十年，世颇推其气节"③，是允当的评价。

(二) 刘命清：久存心死，成全大德

刘命清（1610—1682）字穆叔，号但月仙，又号虎溪渔叟。临川（今江西抚州）人。秉性庄重，外朴内慧。弱冠补第子员，后屡试不第，以教馆为生，暇时为文，与诸友结社，文名远播。与傅占衡（字平叔）友善，世称"临川二叔"。福王时，揭重熙荐充馆职，辞不就。明亡，隐迹山林，披发狂吟，不与世事。以布衣终老。著有《虎溪渔叟集》十八卷，收入《四库全书存目丛书》（集部209册）。

刘命清有词《八声甘州·谢叠山辞聘书》赞咏谢枋得不仕元朝的孤节之志，其词云：

> 元朝大制、世已更新。安定旧遗。独息余苦块，魂伤逝母，惨恻孤臣。某久存心死，敢膺荐翘轮。恐贻讥天下，梦卜非人。
>
> 忠必须求孝子，肯情夺寝快，悖礼违亲。愿三年丧毕，并葬母高岿。莫学史嵩之起服，惹诸生哄怒叫、合敷陈。启执事、成

---

① （明）湛若水：《定山庄先生墓碑铭》，《定山集·补遗》，影印文渊阁《四库全书》本。
② （明）闻人诠：《读定山先生集》，《定山集·补遗》，影印文渊阁《四库全书》本。
③ （清）纪昀：《钦定四库全书总目》（整理本），中华书局1997年版，第2302页。

全大德，生我恩均。①

这首词肯定了谢枋得《上御史程雪楼书》中的忠孝精神。上阕交代谢枋得拒仕的背景，以词的形式复述了以母丧拒绝出仕的理由，词风悲惋。下阕则重申谢枋得所言及的有热孝在身不得起复的思想，赞同谢枋得恪守纲常，以气节为重的道德主张。

刘命清《八声甘州》是一组词，共四首，其中《八声甘州·谢叠山辞聘书》是其中的第二首，其他三首词亦是歌咏宋末忠臣义士的赞歌，录之如下：

文文山正气歌

天地间、正气久流行，千丈映星光。漫椎操博浪，节零雪窖，血染睢阳。凛冽三纲击命，任车送穷荒。鬼火燃春院，靡凤叱黄。

苦犯一朝雾露，信寒暑辟易，百沴潜伤。也自然安乐，偏耿耿怀芳。几能勾、梦回故国，浮云散、白写尽忧伤。且从此、风檐展读，颜色凄凉。

谢皋羽西台记

辞公去、泪滴涨江湄。来往竟何之。道常山访友，睢阳见旧，感慨凄其。欲公难藉手，但云冷荒池。盼苏台岩树，杳渺谁追。

竹石敲弹俱碎，叹关河水黑，雪榜惊移。怅风涛怒驶，幸既济神奇。一自阮步兵死后，空山哭韵，千载谁知。正此际、文辞达意，陶郁予思。

---

① 饶宗颐初纂，张璋总纂：《全明词》第 6 册，中华书局 2004 年版，第 3065 页。

郑所南久久书

三山郑、德祐二年盟。阳九几时平。继姬兴发生，首阳熟睡，岂堕纷更。自促何人偏死，肯媚鬼长生。问孤衷谁寄，特地铮铮。

叹息井中心史，算忆翁此日，愁恨交并。念姜陈李赵，都玉碎金铿。孰忍悖吾君吾文，无穷湿泪，晓夜哀鸣。还待约、天开六幕，讽爽传声。①

作为明末遗民，刘命清品格高尚，不同流俗，即使"家徒四壁，实无所有"，亦淡泊己志，"惟教授生徒，岁得修脯几何，而门内门外用仁用义孜孜不倦"，因此其作品如其人，"诗文旨幽深而意旷远，词博赡而气淳庞，别具机杼，成一家言"②。尤其是刘命清对宋季忠义文天祥、谢翱、郑思肖的赞咏，从中亦可看出刘命清作为遗民对气节的坚守。

三 明刊叠山集及序跋

谢枋得以气节彪炳史册，元代，其文集由子谢定之、门生刘棠捃集刊行，友人陈普为之作序。明代，谢枋得文集曾多次刊刻。据祝尚书《宋人别集叙录》载：至明初时，元刊本已残，景泰五年（1454），邑人黄溥为之重辑并付梓、刘俨为之作序，后代翻刻或改编，皆祖此本；成化二十一年（1485），有王皋翻刻本，卷数、版式与景泰本同；嘉靖四年（1525）通州有刊本，乃嘉靖刊后代修补本；嘉靖十六年（1537），邑人黄齐贤再重刊于弋阳并作序，商务印书馆

---

① 饶宗颐初纂，张璋总纂：《全明词》第 6 册，中华书局 2004 年版，第 3065 页。
② （清）郑昱：《虎溪渔叟文集序》，《四库全书存目丛书》集部，第 209 册，清康熙三十八年刻本，齐鲁书社 1997 年版。

尝据以影印入《四部丛刊续编》；嘉靖三十四年（1555），林光祖知信府，将是集重加编刻，题曰《新刊重订叠山先生文集》，凡二卷，是刻仍以黄溥本为底本，所收诗文篇数较黄本互有增减，有王守文序；万历三十一年（1603），阳羡吴侍御重刻于上饶，前有江西按察副使方万山序，后有上饶县吏朱万春跋。①

从明代刊刻《叠山文集》各版本的序跋中可以看出，明代对谢枋得文集的接受，首先是接受谢枋得的事迹和精神，了解其忠贞大节，进而阅览其文集，所谓"节义文章"，正谓此也。通读明人所作的叠山文集序跋，可以清楚地感受到明代对谢枋得"节义文章"的推崇，认为叠山精神能够感天动地，而叠山文集则可扶植纲常、有裨世教，更注重其道德教化的社会功用。

（一）景泰本及黄溥、刘俨序跋

景泰本刊刻于景泰五年（1454），邑人黄溥"知慕先生，慨其世邈"，有感于谢枋得之文散佚，恐纷乱无传，乃多方采辑，得其诗文若干篇，正其讹谬，各以类归，厘为十六卷，付梓刊刻又为之序。景泰本因出于旧藏残帙，因而收文最可靠，对谢枋得文集的整理与流传贡献最大。黄溥友人刘俨也是江西人，他应黄溥之请亦为之作序。黄溥、刘俨二序均认为谢枋得之文乃忠义之所发，流传后世，以扶世道，以励后学。

1. 黄溥：大忠大节，传于后世

黄溥，字澄济，弋阳人，乃"名家之子"。正统十三年（1448）进士，擢御史，历任广东、四川按察使。为御史时，"能知大体，急先务，其巡历四方，所至能表拔廉良之吏，而黜罢其不职之尤者，使

---

① 祝尚书：《宋人别集叙录》（下），中华书局1999年版，第1388—1392页。

人得自新效职，而不以察察为明"①，赫然有声于当时。黄溥笃古好学，"有通敏之才，有雄赡之文，有刚毅之气，有明正之学"②。所著有《石崖集》《漫兴集》，所编辑者则有《策学辑略》《治世正音》《诗学权舆》等书。生平事迹见《江西通志》卷86。

作为江西弋阳人，黄溥对乡贤谢枋得十分景仰，他多方采录，编而成集，对叠山文集的整理与流传有不可磨灭的功劳。景泰本《叠山先生文集》黄溥所作《后序》云：

> 先生当宋之季世，四海溃乱，独惓惓以植民彝、扶世道为己任，故其挺抑权奸，奋不顾前后，虽崎岖险阻，备尝艰苦，而有所不辞。迨黄屋出奔，运去物改，事不可为，犹以心存社稷为念。一旦元君欲物色之，促迫上道，则遂闭口不食而死。呜呼！状矣哉！先生许国之心始终一致，愈久而愈坚，不啻如水之百折而必东，金之百炼而益劲。故其大忠大节所以暴白天地间，上而与日星并明，下而与山岳争高，使千万世之下，亦皆知慕其忠也。慕其忠则慕其为人，慕其为人则精神心术寓于言语文字者，可使之沈逸无闻乎？此先生之诗文所以重于人、传于世，信非艺焉者之可比也。故周子曰："道德，实也；文词，艺也。笃其实而艺者书之，美则爱，爱则传。"信哉！虽然，先生著述不止此也。《易》《书》《诗》有传，《四书》有注，批点《文章轨范》《陆宣公奏议》，则其言立垂世，有裨斯道、有功后学者多矣，又岂直词章云乎哉！（节选）③

---

① （明）薛瑄：《送按察使黄公之任序》，《敬轩文集》卷17，影印文渊阁《四库全书》本。
② （明）王直：《黄澄济像赞》，《抑庵文集》（后集）卷37，影印文渊阁《四库全书》本。
③ 转引自祝尚书《宋集序跋汇编》卷45，中华书局2010年版，第2178—2179页。

黄溥被谢枋得的忠义所感动,"先生许国之心始终一致,愈久而愈坚,不啻如水之百折而必东,金之百炼而益劲"。他认为谢枋得的诗文不是以文辞华丽得以流传,而是因为"大忠大节",因此,由知慕先生之忠,更慕先生为人,进而对谢枋得的诗文充满崇敬和感动。叠山先生文集若能流传后世,定有裨世道,有功后学。

2. 刘俨:文本于德,世不可无

刘俨,字克彦,江西永新(今江西永新)人。进士,正统时任巡按宣大御史。生平事迹见《江西通志》卷78。刘俨为景泰本《叠山先生文集》所作之《序》云:

> 文章非辞藻,要皆本于德也。德而文则可以扶世道,立纲常,人之德亦资以成与。苟徒文则辞焉耳,不犹空山清水绿,于世何用哉!此为宋故叠山先生文节谢公之为文,无一不本于德,凿凿乎如谷粟布帛,世不可无也。始,公仕宋适丁季世,即倡大义以诋权奸,提孤军以保封疆。及事不济,妻子弟侄并死于狱,亦无顾恤。宋既替命,而犹拳拳以社稷为念,欲存赵氏之孤,守孤竹之节操,故其迟回,盖有待焉。奈何失身之臣不谅公之心,欲假以自掩,百计诱公事元,力拒不起,至有执公就道,遂不食弥旬,直抵燕京而绝。呜呼,公之死,可谓从容就义矣!

> 世但知公之忠,而不知公有其孝也。昔公之尊考尝倅浔,以事忤董使者,被劾以死。暨公登第,而董执政,公誓不与相见,竟不台参以归,日以奉亲为事,务得欢心。虽值丧乱,辄弃妻子,躬负以逃。此公忠孝之德出于天性,故其形于著述者,有《易》《诗》《书》三传诸书行于世,人皆诵之,无庸议矣。惟杂著诗文六十四卷藏于家,屡经兵燹,存者无几。而予友监察御史黄君溥澄济与公同乡邑,慨公之文散佚,恐泯泯无传,乃多方采

辑,得若诗若文总如千篇,正其讹谬,各以类归,厘为十六卷,问以示予曰:"惜乎先生之文仅此,岂以少而自私乎?将绣梓以传,子盍序诸?"

予读而叹曰:大钧播物,罔间巨细,夫以一草一木之微,足以识造化之理;公之为文,一字一语,悉忠孝之所发,即是足以见公之德,而能感人于千载之下。如读《上程雪楼书》,则孰不兴夫孝?而世之忌亲夺情者始见为不仁;读《上刘忠斋书》则孰不慕乎忠?而世之弃君保身者始知为不义。其余诸作,无一不在是,所谓扶世道、植纲常,以成人之德者,诚有赖焉。此固不可无,尤不必多也。虽然,公以孤臣特立于北风雨雪之间,断蓬残叶,几何而不危?乃欲屹砥柱于中流,回狂澜以东注,千挫万磨,愈刚愈劲。则公之忠诚可以贯天地,薄日月,其文章留于宇宙者,上而为祥麟威凤,下而为芝草琅玕,有不待是而后传。(节选)①

刘儁文强调"文本于德"的思想,与黄溥一样,重视诗文中所蕴含的道德教化之意。他说"文章非辞藻,要皆本于德也。德而文则可以扶世道,立纲常,人之德亦资以成与",如果文章只是文采华美而缺少内涵,则于世无用。刘儁认为:谢枋得诗文,其一字一语,皆忠孝之所发,因此令人感动,世所传诵。尤其是《上程雪楼御史书》满含孝义,《上丞相留忠斋书》则尽是忠心。以忠孝节义写就的诗文则足以感动后世,流传千古。

(二) 嘉靖十六年本及黄齐贤跋

黄齐贤,余姚(今浙江余姚)人,嘉靖十四年(1535)进士。

---

① 转引自祝尚书《宋集序跋汇编》卷45,中华书局2010年版,第2179—2180页。

生平事迹见《浙江通志》卷138。

黄齐贤曾在弋阳任官，"贤幸承乏兹土，莅政之初，瞻拜公祠"，因感于谢枋得节义功勋，冀望谢枋得精神广为传播，因此将《叠山先生文集》再重刊于弋阳，今北京图书馆、台北"中央图书馆"及日本神习文库有藏本。黄齐贤《重刻叠山先生文集后叙》云：

> 贤幸承乏兹土，莅政之初，瞻拜公祠，心窃慕焉。既而阅故籍，得公遗集而讽诵之，又窃慕焉。欲广布于人人，使因公之文以兴起其德义，爰购旧刻，犹获有存者……夫存遗集而世守者，乡人景德之诚也；校刻而传之，咸俾因文以淑行者，有司任风教之责也。贤不敏，不敢以风教之责自诿，而尤乐夫乡人景德之诚不衰，故相与翼励表章之，振起乎乡邑，以用光于前休。
>
> 于戏！苟使兴起之善非止于一乡一邑，达之天下皆若而人，处则孝友成俗，出则忠尽事君，平居则犯颜敢谏，脱遇危难则伏节而死义，不徒怙势衒文，殉名灭性，则兹集也，庶几其不朽也夫！（节选）①

黄齐贤颂扬谢枋得的忠孝与节义，"处则孝友成俗，出则忠尽事君，平居则犯颜敢谏，脱遇危难则伏节而死义"，平生所遇的每桩大事，都能以忠义之心对待，完节其身，死而后已。黄齐贤认为重刻叠山文集，能够使后人继续发扬叠山精神，振兴乡邑之风教。

（三）嘉靖三十四年本及王守文序

嘉靖三十四年（1555），林光祖知信州，将叠山文集重加编刻，是刻仍以黄溥本为底本，题曰《新刊重订叠山先生文集》，凡二卷，

---

① 转引自祝尚书《宋集序跋汇编》卷45，中华书局2010年版，第2181页。

第八章 谢枋得：元明清的接受与传播

有王守文序。王守文，余姚（今浙江余姚）人，生平事迹不详。作《重刻叠山先生批点诸书序》，文云：

> 先生信州之产也。当宋社既屋之后卒，能以身任一代之纲常，萍踪浪迹远匿深潜，是岂偷生苟免者哉？将有为也，及元人物色旁求必欲得先生而用之，先生知决不免，遂以死以毕其事。孤忠大节，屹如山岳，至今三百年矣。其节义文章，招揭宇宙，凛凛犹有生气。夫人莫不知之。至其批点诸书，若《檀弓》，若《唐诗》，若《陆宣公奏议》，若《文章轨范》，及其所自为文，则夫人固不能遍观而尽识之矣……
>
> 今益轩公于从政之暇，不以薄书期会自累，顾汲汲焉，裒集先生批点诸书及所自为文，以章示后学，盖将使先生之乡人，是则是效，是而施之邦国，又由是而达之天下。罔不景行仰止，慕先生之节义，必为臣死，为子死孝，以无忝于两间。读先生之文章，又不徒俾讬诸空言已也。必求先生扶植世教之心，使见诸行事之实，庶几先生立德立言以垂不朽者，万世如睹是集也。益轩公作人无已之盛心，顾不得而默识想见之哉。文不敏，敬述其概用，以最夫同志云。①

王守文序叙述谢枋得在宋亡后绝食殉国的事迹，"孤忠大节，屹如山岳"，"能临大节而不可夺、视死如归，以身任一代纲常之重"。谢枋得不但节义超特，其文章又瑰玮壮丽，凛凛有生气。文章无一句空言，字里行间均可见先生以一己之身，傲立于宋季之寒霜风雪之中，不苟且偷生，终以生命毕其全节。因此，谢枋得不但立德而且立言，其文章彰显节义，其节义文章足以彰示后学，永垂不朽。

---

① 四川大学古籍所编：《宋集珍本丛刊》（第87册），线装书局2004年版，第349页。

（四）万历本及方万山、朱万春序跋

万历三十二年（1604），阳羡吴侍御重刻于上饶，是本厘为六卷。前有江西按察副使方万山序，后有上饶县吏朱万春跋。

1. 方万山：节义文章，礼乐之化

方万山，字仰之，江南歙县（今安徽歙县）人，进士。万历间，任云南按察使。时兵燹之余，凋瘵未起，万山秉公肃宪，核滥冒，汰首功，慎谳释狱，百废俱举。值陇川弗靖，旋就削平，运筹助赞之力居多。尤加意作育人才，文风蔚起。生平事迹见《云南通志》卷19。其《重刻叠山谢先生文集序》文云：

粤观宋季，自康王无志中原，长城自毁，纲常之所存兴有几。数传至恭、端，祸遂不振。乃文、谢诸君子力持于易侯之波，身任于造次颠沛之际，此天地鬼神为之感动。中原豪杰，递废递兴，不数十年，而真人已翔于淮上，遂以北□淫虏，南靖僭掳，帝王所自立之中国复还于旧，乾坤重位，日月重辉。明胙隆而宋耻雪，诸君子可含笑地下矣。故余尝以宋不亡于海，朱仙班师之日，宋已云亡；明虽兴于淮，燕市杀二公之日，明已代兴。何以故？宋方其存，而纲常不存也；宋方其亡，而纲常不亡也。其在今日，尤称极盛，礼乐之化极乎天而蟠乎地，行乎阴阳而通乎鬼神。我太祖圣而德神功，实足保百世而垂万祀。要非数君子之死，感动天地鬼神，激发忠厚豪杰，则元暴不骤亡，而明仁不速兴也。诸君子之所以冒死而争，甘鼎镬而不辞，其所遗不亦伟哉！

文先生有集，侍御公新之。吉州谢先生集虽存，又漫漶不可读也。重为叙正，而属信州守令刻焉。传曰："诵其诗，读其书，

不知其人可乎?"则既已知先生之为人,虽欲不诵其诗,不读其书,亦不可得矣。(节选)①

文章宏阔悲壮,南宋为国殉节、在大都就义者有二人:文天祥与谢枋得,"文死最烈,而谢公从容不遽",二人均是彪炳史册的君子。宋朝正因为有文、谢等身任于造次颠沛之际,舍生取义,感动天地鬼神,因此宋朝虽亡,而精忠义士扶植纲常之精神永存。元明易代,乾坤重位而日月重辉,明朝的兴盛可以一雪宋亡之耻,诸君子可含笑地下。文、谢等诸忠义之君的精神在二百年后验证了一个规律:宋方其存,而纲常不存;宋方其亡,而纲常不亡。方万山强调,诵其诗,读其书,才能知其人,谢枋得之节义文章,蕴含深厚,于此明朝盛世可以激励士人,礼乐声教,砥砺世风。

2. 朱万春:道德节义,相为表里

朱万春,字长孺,号寰同。无为(今安徽无为)人。万历二十八年(1600)以荐应试,次年中进士。任淄川佥事,调上饶令,行装唯图书数卷。至上饶,遏止竖臣开采挡珠。擢御史,弹劾掌兵权者,检举总参首辅官,均触忌。奉命至蜀任按察使,时蜀地亢旱,奏留库金十数万,以充采办,使蜀地得免加捐,复绘饥民图呈上,得允发库金五万两赈济,救活无数。后任江右道。天启三年(1623)由太仆少卿升左通政。生平事迹见《江南通志》卷149。《重刻叠山先生文集跋》乃朱万春知上饶时所作,其文云:

> 吾谓公虽不死,不失为宋忠臣。何也?宋与元仇雠也,公为知州,非若文、陆诸公身执国柄,达乎人之本朝,而用不效也,公第以不仕为分辨耳。元置之也,采薇种瓜,可以为逸民;元迫

---

① 转引自祝尚书《宋集序跋汇编》卷45,中华书局2010年版,第2182—2183页。

之也，断舌吞炭，可以为义士。公生死岂不绰然余裕哉？自公之死，人皆以公为节义，而不知其从容于可生可死之间，明晰于泰山鸿毛之辨，志□□而不可夺，行圆转而不可拘。先生之□问学合而一之也。直指公之刻是集也，毋亦光明正大之气千古伦求，仕止久速之学再世相印，有不徒以节义重公者乎？则先生是集，虽与后先大儒之微言绪论并传可也。（节选）①

序中重点论述了如何看待谢枋得的节义，认为：谢枋得之死绰然有余，即使不死，亦不失为宋朝的忠臣。因为谢枋得与文天祥、陆秀夫等不同，他不是身执国柄的朝廷大臣，入元以后他可以作为元朝的逸民，采薇种瓜，终老而死。然而，谢枋得却毅然拒聘新朝，不惜与当事者争执抗辩，被强行押解北上，以死殉国。谢枋得死时，宋亡已10余年，在可生与可死之间，他从容就义，这正是谢枋得节义的真谛之所在。而谢枋得之文集，正与其精神合二为一，蕴含光明正大之气，道德节义，相为表里，这也是谢枋得文集的可贵之处。

第三节 清代对谢枋得的再评价

清代对谢枋得策问和文集刊刻方面多有评价，其中乾隆皇帝对策问的质疑是非常难得的否定评价，具有启发意义。在对文集的接受方面，清代与明代有共同之处，谢枋得被后世目之以弘扬忠义、砥砺世风的典范。

---

① 转引自祝尚书《宋集序跋汇编》卷45，中华书局2010年版，第2184页。

第八章　谢枋得：元明清的接受与传播

一　对谢枋得策问的接受

乾隆（1711—1799），名爱新觉罗·弘历，雍正皇帝第四子。号长春居士、信天主人、古稀天子、十全老人。1735年即皇帝位，年方25岁，在位60年，政治清明，社会繁荣。乾隆爱好文学，著有诗文。1799年卒于养心殿，终年89岁，庙号高宗，史称乾隆皇帝。乾隆三十二年（1767）的《钦定续通志》卷416《宋列传》有《御批谢枋得传》，乾隆御批如下：

> 试士而以政事为问目，孰是孰非，原不妨于缕指。至于国家废兴，则非草野所宜妄论。且明知大势已去，为臣子者隐痛尤深，何忍于盈庭（阙）策之时斥言宗社。枋得固素知大义者，而其情过激，遂乖敬慎之常，又何怪权奸之借端指摘乎。

在南宋末年权奸误国、政治腐朽的背景下，谢枋得抨击政事具有振聋发聩、大快人心之功效，谢枋得几乎成了忠贞正义的代言人。然而，乾隆皇帝却从君主的视角，认为在国家大势已去之时，作为忠臣本"隐痛尤深"，怎会忍心在策问时"斥言宗社"，扰乱本已不堪一击的时局？乾隆认为以"素知大义"称道的谢枋得是一位情绪过激、不守常道之人，这种行为扰乱了本来就不安定的社会秩序，又怎能怪权奸借此指摘。

乾隆皇帝的严厉批评在众多赞誉中是极少数的不同声音，令人耳目一新。谢枋得平生以忠义自任，稍有不平则拂袖而去，即使遭受贬谪也在所不惜，这种行为在一定程度上成就了他个人的名声，使他得到相当高的知名度，天下号为"风汉"，这也可以理解为谢枋得的气质秉性——性格张扬、喜出风头、不计利害。忠义之士有着凡人之躯，也有两面性。对忠义的传诵和刻画在一定程度上使历史人物神化和程式化。对历史人物应给予客观评价。

二　清刊叠山集及序跋

清代对谢枋得文集的刊刻甚多。据祝尚书《宋人别集叙录》载：入清，《叠山集》首刊于康熙五十年（1711）宁淡斋，凡六卷，今唯福建泉州图书馆著录。康熙六十年（1721）谢氏蕴德堂刻本亦六卷，乃弋阳知阳谭瑄重订，凡正文五卷、附录一卷。《四库全书》收是本，此本今上海图书馆等有著录。嘉庆六年（1801），谢氏蕴德堂有重刻本，除正文五卷仍旧外，附录编为《外集》三卷及首一卷、末一卷。嘉庆本之后，犹有道光本、咸丰本、同治本等，正文皆五卷，《外集》则增至四卷，又将《诗传注疏》三卷附入。此外日本万延元年（1851）刊有《谢叠山文钞》四卷，今上海图书馆、江西省图书馆有藏本。①以下据康熙六十年本吕文樱、陈守创二序，嘉庆六年本梁承云序探讨清代对谢枋得文集的接受情况。

（一）康熙六十年本及吕文樱、陈守创序

康熙六十年，谢氏蕴德堂刻本凡六卷，为弋阳知阳谭瑄重订，正文五卷、附录一卷。弋阳知县吕文樱和户部右侍郎陈守创的两篇序文都指出文如其人，对谢枋得文集的刊刻和传播能够起到振兴乡邑、弘扬正气的作用。

1. 吕文樱：节义勋猷，振兴乡邑

吕文樱，字果初，号西园，生卒年不详。山西汾阳人。清康熙四

---

① 祝尚书：《宋人别集叙录》（下），中华书局 1999 年版，第 1388—1392 页。

十五年丙戌（1706）进士（第三甲二百三十七名）。① 授弋阳知县，善决疑狱。累官至奉天府丞兼学政。工书法，善理学。著有《春秋正宗》《正气录》。生平事迹见《碑传集》卷96、《山西书法通鉴》。其《重刻谢叠山先生文集序》云：

> 窃思存遗集而世守者，后嗣凛家教之诫也。校刻而传之，咸因文以淑行者，亦有司风教之任，贤不预期有责也。文樱不敏，不敢以风教之责自诿，相与励翼表而章之，有以振兴乎乡邑，以用光于前休。呜呼！苟使兴起之善非止于一家一邑，达之天下皆若，而人处则孝友成信，出则忠尽事君。平居则犯言敢谏，脱遇危难则仗节而死义，不徒怙势衔文，徇名灭性，则兹集也，庶几其不朽也夫！（节选）②

略加辨析就可以看出，吕文樱序文与嘉靖十六年本黄齐贤的《重刻叠山先生文集后叙》雷同之处颇多，原因不详，有待进一步考究。

2. 陈守创：文以载道，正气千古

陈守创（1669—1747），字业侯，号木斋。江西高安人。康熙三十三年（1694）进士，散馆归班，后累迁工部给事中、顺天府尹。雍正元年（1723），改仓场侍郎，仍兼顺天府尹。后官至左副都御史。工书。生平事迹见《国朝耆献类征初编》卷60、同治《高安县志》卷4本传。陈守创《谢叠山先生文集序》云：

> 夫公之文与行彰彰矣，一展视而不禁掩卷泪下，转不禁击节称快也。自宋迄今数百有余岁矣，其间委琐龌龊，当时则荣、没

---

① 朱保炯等：《明清进士题名碑录索引》，上海古籍出版社1980年版，第2676页。
② 转引自祝尚书《宋集序跋汇编》卷45，中华书局2010年版，第2185页。

后则已焉者,何可胜数。即负磊落不羁之才,能为国家效一职、树一猷,或不得志而专一家之业,著书立说,以藏名山,有心之士亦尝于尚论之下,慨然想见其为人,而里巷细民则有闻之茫然,问其姓名而不识者矣。至于不禁掩卷泪下,至性之行,士大夫慷慨而景行,庸懦闻风而兴起,一时艳称芳轨,而千百载后犹世相敬仰,俎豆勿替,则正气高于千古,而秉彝之良,人心不没也。呜呼!公在地为河岳,在天为日星。遐迩不可尚矣。而吾独惜公守夷齐之节,而不令以逸民,终强之就道,而以不食死。其所守同,而所遇者不同也。吾又怪当时之求人才者犹疑其不死为有待。夫不死固有待也,而其后事不可为,强之不可以已乎?夫死何足惜,公不至今犹生耶?公亦何必以文重也,亦必不以文重也,公之文,即公之行也。

予读未竟,而已感慨系之,且进渭宾而告之曰:"文所以载道也,忠孝节义,何莫非道乎?习帖括而徒以邀名,亦浅之乎言文矣。兹集也,其忠孝节义之书乎。"予生也晚,不获与公同时,亲炙休光,犹得于百数载后附名简末,则不幸中之幸也夫!(节选)①

这篇序文是陈守创受谢枋得后人谢渭宾之请所作。陈守创拜读过谢枋得文集后,"不禁掩卷泪下",深为其忠孝之义所动容。陈守创认为,无论是荣耀当世、死后无闻的权贵之士,还是怀才不遇、著书立说的文人才子,都不能家喻户晓,"里巷细民则有闻之茫然,问其姓名而不识者"。而谢枋得慷慨赴北,以崇高的节义精神所铸就的篇章则永垂不朽,千古之下,景仰如初。慨叹谢枋得虽守夷齐之节,然所遇不同,即使做逸民而不能遂愿,被强之以北,以身殉国。然而谢枋

---

① 转引自祝尚书《宋集序跋汇编》卷45,中华书局2010年版,第2186—2187页。

得虽死犹生，其忠孝节义后世传颂，其文集更是一本写满了"忠孝节义之书"，必能流芳千古。

（二）嘉庆六年本对谢枋得文集的接受

嘉庆六年（1801），谢氏蕴德堂重刻，除正文五卷仍旧外，附录编为《外集》三卷及首一卷、末一卷。梁承云为其作序。梁承云，生平事迹不详。嘉庆六年（1801）时知弋阳县事，其《嘉庆重刻谢文节公文集序》云：

> 弋阳，古信州地。宋谢文节公叠山先生，邑之里人也……
>
> 予不佞，恪守先相国文定公之遗训，下车以后，凛若渊冰，询谋此邦事宜，谆谆然以正人心、厚风俗相勉励。先哲之典型，殆即为宰之金鉴也，可无一言以答谢氏请序之意乎！谢氏又出示《宝祐四年丙辰登科录》数册，系吾浙鲍氏知不足斋藏本，其先人琴台氏得之，即假聚珍板片印刷，以是录为公拜献先资也。考公举丙辰二甲第一名。是科一甲第一，为庐陵文信公天祥；二甲第二十七，为盐城陆公秀夫；与公鼎峙为宋末三忠者也。自今日逆数宋丙辰，五百四十六年矣。三忠刊传，并刊简首。先文定公题其后云："传文、谢、陆三公，即六百一人传矣。三公存，即宋存矣。有此册者，可不宝诸。"不禁为之肃容盥诵而深叹。谢氏后裔，能保护先代遗文，流布于无穷也。遂不辞而为之序。（节选）①

梁承云序详细介绍入清以来谢枋得文集的刊刻及叙文情况，对谢氏后裔秉承先代遗文，刊刻流布表达敬意。梁承云认为：谢枋得作为

---

① 转引自祝尚书《宋集序跋汇编》卷45，中华书局2010年版，第2188页。

"宝祐四年登科录"之"宋末三忠"（文天祥、谢枋得、陆秀夫）之一，令后人敬叹。而作为弋阳的官员，更应该弘扬历史上弋阳人守家卫国的献身精神，表章节义，振兴世风。

谢枋得既不是高官显宦，也不是名儒巨卿，然而他的一生却走得轰轰烈烈：宝祐四年举进士，本意擢高第，然因对策极攻权相而中得乙科，抛却功名，挂冠而去；景定五年，在建康任考官，以指摘贾似道政事为问目，言权奸误国，赵氏必亡，"当时远近传诵"①；宋亡之际，以江东提刑、江西招谕使捍御信州，毁家纾难，满门忠烈；宋亡十年后，坚守民族气节，五次拒绝元朝征聘，被解北上，绝食殉国。

谢枋得不但有着轰轰烈烈又悲壮惨烈的人生，亦有着重情重义又近乎愚忠愚义的情感。宋亡之际，旧交吕师夔降元，宋廷欲置之以罪，谢枋得曾以一族性命担保，然而当他起兵抗元，所遇之敌竟是已经降元的旧交吕师夔，且败兵于此人之手。宋亡时，留梦炎、谢昌元、吴坚、青阳梦炎均已降元，抵达大都后又相继仕元，然而谢枋得仍然记挂于心。他曾言："回思少年遇知己，如忠斋留公、敬斋谢公、梅石赵公、则堂家公、实堂吴公、泉石青阳公，皆待以国士，期以遂业……予之负知己多矣！不知诸老先生存者几人？子游中原，过齐鲁燕赵，当历历为予问之。"也许，从谢枋得对待知己的近乎愚义的情感中，我们能够感悟到他对故宋王朝及君主能够如此尽忠尽节的人生境界。

谢枋得一生行事充满忠义豪情，他以天下为己忧，为了正义可以不计任何代价。如果说早年的触忤权奸是他不肯枉道随人，是他天性中的正直之操而使然，那么，饱尝家破国亡的苦痛，年逾六十而大都

---

① （元）刘埙：《隐居通议》卷20，中华书局1985年版，第202页。

殉国之举则是他震惊当世的精神遗产。后世对谢枋得策问江东、起兵抗元、辞聘殉国等事迹赋诗赞咏，由衷地表达对谢枋得的赞美，尤其对他的忠义情怀钦佩不已。从《叠山集》在明清的刊刻情况可以看出，谢枋得的意义已经超出了其殉国时对于南宋王朝的价值。后世弘扬谢枋得的忠义精神，以此砥砺民族精神，振兴浮华世风。虽时代久远，然而谢枋得以其忠义情怀而永垂不朽。

第九章 亡宋北解流人创作的历史地位

宋代既是中国历史上创造文明最为瞩目的朝代，也是饱受异族侵略与威胁、民族矛盾最为深重的朝代，这种情况尤以南宋更为突出。南宋初期以与金人战和为国事，末年因蒙古入侵而亡国，南宋一百多年的历史饱含着抗争的血泪。故南宋文学以爱国主义开篇和收束，激荡着不甘屈辱的悲愤，凝聚着民族精神。因此，研究南宋文学，爱国主义、民族精神是不可忽视的主题。

在宋末元初文学中，遗民文学作为宋代文学的有力收尾而受到关注。以单个作家而言，文天祥、谢翱、林景熙、谢枋得、郑思肖等因事迹突出，在研究上聚力较多；就作家群体而言，学界或从文学体裁角度出发，研究南宋遗民诗人群体及其互动、遗民词人的创作风格，或以地域为视角，分析各遗民群落如临安作家群、江西作家群的特征等。本书则以亡宋北解流人作家群体为研究对象，冀望对相关研究有所启发。

第一节 流人文学与遗民文学的关联

宋元易代是中国历史上的大事，面对异族统治，一大批亡国士人出于民族自尊而拒绝仕元，隐居成为他们的生活方式，"大率皆宋末隐君子也"①。这些士人或躬耕田园、寄情山水，或寄身佛寺、栖隐道观，或聚众授徒、闭门著述，在相对自由的社会环境下，实现了由宋到元角色与身份的内心转变。最主要的是，国家虽灭亡，但他们并未离开江南这片故土，精神上未与元统治者对峙，身体上未遭受皮肉之苦。因此，他们多为清高孤介、知命达理的隐士。

南宋遗民以地域划分为若干群落，以诗社活动为中心，交往唱和，表达心迹，在集体中寻找精神的慰藉和力量。不同地域的遗民具有不同的特点，如临安遗民因为身处故宋京城，所见所闻最为直接，对国家灭亡感触最深，"其来往江湖，幅巾拄杖，流连于诗酒翰墨之场，与遗民野老采薇餐菊，或歌或泣，志节可想见也"②。而江西遗民则深受文天祥的影响，"文山结诸路豪俊，发溪洞酋长以应之，有议其猖狂者。有'山河破碎水漂絮，身世浮沉风打萍。诸葛未亡犹是汉，伯夷虽死不从周'句。死年四十七，一时庐陵诸公俱不仕"③。江西遗民词人大多也有隐君子之风，故赵万里云："宋末庐陵多隐君子。"隐居不仕，既是一种不得已，亦是一种明智之举。江南遗民重新寻求生活的乐趣，重新定位人生价值。在一种相对自然的状态下，理想人格得以实现。

相比之下，亡宋北解流人的生活要艰难得多。前文已述，宋元易代之际，元人押解亡宋宫室、朝臣、太学生等几千人北上大都，造成大批宋人离开江南，他们有的终老北方，有的再次被遣，只有极少数人重返江南。在失国动荡的时代背景下，在新旧交替的社会环境中，

---

① （清）朱彝尊：《乐府补题序》，《曝书亭序跋·潜采堂宋元人集目录·竹垞行笈书目》，上海古籍出版社2010年版，第62页。

② （清）王昶：《书张叔夏年谱后》，转引自（宋）张炎著，黄畲校笺《山中白云词笺》，浙江古籍出版社1994年版，第522页。

③ 沈雄：《古今词话·词评上卷》引《柳塘词话》，转引自吴熊和主编《唐宋词汇评·两宋卷》第5册，浙江教育出版社2004年版，第3957页。

北解流人走过战后的凄惨荒凉，来到陌生恐惧的北方。他们无法预料此后的生活，更无法预料人生将走向何方。为了生存，在全然陌生的环境里，他们不可能向江南遗民那样安稳隐居。流人们小心翼翼，如履薄冰。他们远离故国，承受巨大的精神压力，企望出家而获得自我解脱，全太后遁入佛门，王昭仪皈依道家，文天祥狱中尊奉道教，汪元量也以黄冠南归，他们的身心经历与江南遗民有着巨大差异。

事实上，流人之"流"，不仅在于政治身份的迁流，更深刻地体现为心灵上的流离失所、灵魂上的无所寄望，因此，"流"即意味着"变"。岁月更迭、环境改变、身体老去，是忍受现实苦难、恪守纲常规范，还是超越观念枷锁、挣脱旧我，这是流人必然要经受的内心考量。

由于生活环境不同，北解流人与江南遗民在创作上存在很大差异。具体来说：其一，江南遗民多抒写隐居生活，陶醉山水之乐，亡国之痛幽怨弥长；亡宋流人则多写异国风光，羁旅之困，亡国之恨深切而凄怆。其二，在元人看来，被押解的宋人对元朝的政权存在着危机，而说服、动摇北解流人的意志，使他们服从统治、服务元朝，是元人的重要目标。北解流人要想保持精神独立、坚守民族气节，就要与元人针锋相对，就要面临生命危险。因此，以身殉国的文天祥、谢枋得，以身殉节的朱夫人宁死不屈；不事二主的家铉翁光明磊落，赤胆忠诚；而接受元职的汪元量则心态复杂，内心饱受挣扎。北解流人所面临的生存抉择，所选择的维护尊严、捍卫气节的方式也更能激起士人的思考。因此，我们不能简单地将北解流人群体置于南宋遗民群体之内，而是要看到北解流人与江南遗民的区别，认识到流人作家及其创作是一种特殊的文学史现象。

第二节 宋亡诗史的文学价值

　　流人文学的特点是作家在特殊时期里，其活动发生地理上的流动变化，其创作记述了这一活动过程。流动与变化是流人作家创作的主要特征，而以"诗史"的笔法记录沧桑巨变，记录个体遭逢，也是流人文学魅力之所在。

　　面对异族铁骑，诗人们会情不自禁地联想起唐朝"安史之乱"时胡人的残酷焚掠，联想起伟大诗人杜甫，对其念念不忘君国，同情黎民百姓的诗章产生认同与敬意。亡宋北解流人目睹邦家倾危，生灵涂炭，悲愤之意交错于胸，兴怀忠烈之情，英雄诗史，气壮山河，他们的创作一改永嘉四灵诗风清苦冷僻、刻意雕琢的格局，一变江湖诗人好为简淡微婉、清弱虚明之体，从而使有宋一代诗歌的尾声与一般调弄笔墨的文人之所为有了本质性的区别。如文天祥《指南录》《指南后录》《吟啸集》，汪元量《湖山类稿》，谢枋得《叠山集》，继承了杜甫"诗史"特征，充满史诗般的悲壮豪情。

　　单就诗歌的艺术技巧而言，"诗史"作品在艺术造诣上并非居于上位，其价值更在于直抒胸臆、以诗载史，将个人命运书写进重大的历史事件中。文天祥的诗歌造诣并不算很高，其前期诗作与一般士大夫作品无大区别，但宋亡后作品全然展现国家危难，以个人活动串起南宋抗击元朝的历史镜头，丰满了战争的具体情节，满腔的忠贞与赤诚，丰富可感，饱蘸血泪，意气激昂，感染力极其强。文天祥留给后世许多伟大的诗篇，皆作于宋亡之后，且大多作于他押解流亡囚禁时期。文天祥一蹴而就，提笔赋诗，精忠浩气充塞天地之间，《过零丁洋》《正气歌》等诗作，风骨奇高，境界开阔，若加技巧和修辞，则显多余。

汪元量的创作同样充满了流动性，组诗《湖山歌》（98首）采用朴素的语言，纪实的手法，以七言联章形式，淋漓尽致地描绘出南宋亡国、三宫北迁的情景，充满亡国之戚，去国之苦。从他的全部作品来看，学的是江湖派，有时也借用黄庭坚、陈师道的句式，但感情的表达要真挚沉痛，时人目之以"诗史"。汪元量的诗作常用比兴而不流于隐晦，着笔疏淡而不失于枯寂，看似无意求工，而愁叹哀怨之状备见于诗。

谢枋得之佳作同样创作于北行前后。不同于文天祥因有丞相地位而备受关注，谢枋得之扬名在于其"死节"过程的波澜曲折、轰轰烈烈，而其创作既是一部社会史，更是一部书写个人道德情操的纪传体诗史。《叠山集》使读者看到了在宋亡10年后，仍有忠魂捍卫赵宋王朝的尊严，为赵宋故国精忠尽节。

诗史创作深植于动荡变化的社会现实，诗人们遭逢乱离，激发出创作激情，也凸显诗人深受儒家文化涵养的气质品格。以亡宋北解流人为代表的南宋遗民作家上继诗、骚、陶、杜，诗歌风格或沉郁悲壮，或哀怨幽婉，或奇崛幽峭，皆从肺腑流出，大都能够感人至深，甚或垂久不朽。这种现实主义风格对南宋后期的衰颓诗风有很大影响，是亡宋北解流人作家创作价值之所在。

第三节　忠节相望的历史意义

宋末诗坛不以艺术技巧取胜，而以气节操守夺名。作家以民族精神砥砺志节，对后世树立良好士风具有一定的榜样意义。

天水一朝以文治国，鉴于五代以来士大夫风气颓废败坏，宋朝在官僚中倡导"名节",为文人士大夫提供了比较宽松的政治环境和较高的社会地位,良好的社会环境有助于士人精神气质、思想观念与行为准则的形成。同时,在宋廷君臣的倡导下,理学思想逐渐传播,"春秋大义""夷夏之辨"深入人心,讲求名节成为普遍的社会风气。故当国家濒危,士人奋起抵抗,万死不辞,士大夫重"节义"的儒家道德观体现得最为明显。《宋史·忠义传》列靖康前后死节者20余人,而据《宋季忠义录》的《校订·凡例》,南宋末年抗元死节英雄竟达500多人,"靖康之变,志士投袂,起而勤王,临难不屈,所在有之。及宋之亡,忠节相望,班班可书"①。

新朝政治是征服遗民的锐利武器。所谓"遗民",既不包括那些出仕新朝而保有遗民意识者,也不应包括那些未出仕却心存干进、谄媚新朝者。然而,因历史境遇的复杂和个体现实处境的特殊,个案总是存在的。② 性格上的软弱、对舒适生活的向往,以及汲汲于功名的惯性,使一些人虽心怀旧阙,终在纠结与矛盾中走出旧我,出仕新朝。其复杂幽微、难于言说的个体情感蕴含于创作之中,尤以汪元量为代表,其作品在揭示流人创作的丰富性和人格的复杂性方面具有特殊意义。

时间是遗民最大的抗争对象。遗民"寿则多辱","道德律未必总能敌'时间'的力量"③。从这个理论与规律上来说,家铉翁燃尽80余寿的赤忱,汪元量耗尽心思周旋,终将身体与心灵寄放江南故土,谢枋得处于死亡的刀光剑影下终以命相搏的渲染张扬……他们都是与岁月为敌、与身躯为敌、与思想为敌的了不起的人物。

---

① 《宋史》卷205《忠义传》,中华书局1977年版,第13149页。
② 杜桂萍:《遗民心态与遗民杂剧创作》,《文学遗产》2006年第3期。
③ 赵园:《明清之际士大夫研究:作为一种现象的遗民》,北京师范大学出版社2014年版,第166页。

宋代士人的忠节观念以及对节义道德的践行与操守，使宋王朝虽政治屈辱，却在道德理想、行为方式上为后世确立典范。亡宋北解流人的代表作家多是具有坚贞品格的铮铮之士。文天祥大义凛然，力挽狂澜，忠肝义胆，视死如归，成为后世永恒的精神偶像。家铉翁誓绝异族，传播《春秋》大义，身处朝代鼎革之际，寻找合适的生存道路，值得为后世效仿。谢枋得以道德文章与忠义气节自任，敦守君臣纲纪，面对元廷逼迫，以死抗争，体现出一种社会责任和道义担当。

亡宋北解流人作家中虽没有一流诗人，但他们之所吟唱的歌声却振衰救弊，使宋代文学光辉终结。并由文学精神升华为民族士气，在以后的历史进程中，每当中华民族的命运出现危机或受到威胁，许多仁人志士会率先追踪北解流人、江南遗民的遗风余绪，以民族大义为重，通过诠释、刊印他们的诗文，激励世人，认为宋遗民之出处志行，史实俱在，范型可法，从他们身上汲取力量。数百年来，遗民精神砥砺完节，激励爱国士气，对后世起到积极作用。

参考文献

一 古代典籍

（汉）司马迁：《史记》，中华书局2008年版。

（汉）班固：《汉书》，中华书局1962年版。

（南朝宋）范晔：《后汉书》，中华书局1965年版。

（唐）房玄龄：《晋书》，中华书局1974年版。

（南朝梁）沈约：《宋书》，中华书局1974年版。

（宋）欧阳修：《新唐书》，中华书局1975年版。

（元）脱脱等：《金史》，中华书局1975年版。

（元）脱脱等：《宋史》，中华书局1977年版。

（明）宋濂等：《元史》，中华书局1997年版。

（清）张廷玉等：《明史》，中华书局1984年版。

赵尔巽等：《清史稿》，中华书局1977年版。

柯劭忞：《新元史》，上海古籍出版社1989年版。

（宋）司马光：《资治通鉴》，中华书局1956年版。

（清）毕沅：《续资治通鉴》，中华书局1957年版。

《宝祐四年登科录》，影印文渊阁《四库全书》本。

（宋）佚名氏：《昭忠录》，中华书局 1985 年版。

（宋）陈骙、佚名氏：《南宋馆阁录续录》，张富祥点校，中华书局 1998 年版。

（元）佚名氏：《宋季三朝政要》，中华书局 1985 年版。

（元）刘敏中：《平宋录》，中华书局 1985 年版。

（宋）佚名氏：《咸淳遗事》，中华书局 1991 年版。

（元）刘一清：《钱塘遗事》，上海古籍出版社 1985 年版。

（元）苏天爵：《元朝名臣事略》，中华书局 1996 年版。

（明）曹学佺：《蜀中广记》，影印文渊阁《四库全书》本。

（明）程敏政：《宋遗民录》，中华书局 1991 年版。

（清）孙静庵：《明遗民录》，浙江古籍出版社 1984 年版。

（清）万斯同：《宋季忠义录》，广陵书社 2006 年版。

（清）陆心源：《宋史翼》，中华书局 1991 年版。

（明）钱士升：《南宋书》，林开甲、唐子恒点校，齐鲁书社 2000 年版。

（明）柯维骐：《宋史新编》，新文丰出版公司 1974 年版。

（明）陈邦瞻：《宋史纪事本末》，中华书局 1977 年版。

（清）黄虞稷：《千顷堂书目》，瞿凤起，潘景郑整理，上海古籍出版社 1990 年版。

（清）纪昀、陆锡熊、孙士毅：《钦定四库全书总目》（整理本），中华书局 1997 年版。

丁传靖辑：《宋人轶事汇编》，中华书局 1981 年版。

（清）钱谦益：《列朝诗集小传》，古典文学出版社 1957 年版。

（清）黄宗羲：《宋元学案》，黄百家辑，全祖望修订，中华书局 1986 年版。

（清）王梓材、冯云濠：《宋元学案补遗》，沈芝盈、梁运华点校，中华书局 2012 年版。

（宋）潜说友：《咸淳临安志》，影印文渊阁《四库全书》本。

（明）田汝成：《西湖游览志余》，上海古籍出版社 1958 年版。

（清）李鸿章修，黄彭年等纂：《畿辅通志》，1934 年版。

（清）郝玉麟等修：《福建通志》，影印文渊阁《四库全书》本。

（清）谢旻等修，陶成等撰：雍正《江西通志》，影印文渊阁《四库全书》本。

（清）嵇曾筠：《浙江通志》，影印文渊阁《四库全书》本。

（清）魏𪩘修，裘琏等纂：康熙《钱塘县志》，上海书店出版社 1993 年版。

（清）谢旻等监修：《江南通志》，影印文渊阁《四库全书》本。

（清）李铭皖、谭钧培修，冯桂芬纂：同治《苏州府志》，江苏古籍出版社 1991 年版。

（唐）孟棨：《本事诗》，古典文学出版社 1957 年版。

（宋）陈世崇：《随隐漫录》，中华书局 2009 年版。

（宋）周密：《浩然斋雅谈》，中华书局 2009 年版。

（宋）周密撰，吴企明点校：《癸辛杂识》，中华书局 1988 年版。

（宋）周密：《齐东野语》，中华书局 1983 年版。

（元）杨瑀：《山居新话》，中华书局 1991 年版。

（元）郑元祐：《遂昌山人杂录》，中华书局 1991 年版。

（元）陶宗仪：《南村辍耕录》，文化艺术出版社 1998 年版。

（元）刘埙：《隐居通议》，中华书局 1985 年版。

（明）蒋一葵：《尧山堂外纪》，上海古籍出版社 1996 年版。

（明）叶子奇：《草木子》，中华书局 1959 年版。

（明）凌迪知：《万姓统谱》，影印文渊阁《四库全书》本。

（明）周清原著，周楞伽整理：《西湖二集》，人民文学出版社 1989 年版。

（宋）家铉翁：《则堂集》，影印文渊阁《四库全书》本。

（宋）家铉翁：《春秋集传详说》，影印文渊阁《四库全书》本。

（宋）汪元量：《增订湖山类稿》，孔凡礼辑校，中华书局 1984 年版。

（宋）汪元量撰，胡才甫校注：《汪元量集校注》，浙江古籍出版社 1999 年版。

王献唐：《双行精舍校汪水云集》，齐鲁书社 1984 年版。

（宋）汪元量辑：《宋旧宫人诗词》，《知不足斋丛书》本。

（宋）谢枋得：《谢叠山全集校注》，熊飞等校注，华东师范大学出版社 1995 年版。

（宋）文天祥：《文天祥全集》，熊飞等校点，江西人民出版社 1987 年版。

（宋）刘辰翁：《刘辰翁集》，段大林校点，江西人民出版社 1987 年版。

（宋）林景熙著，陈增杰校注：《林景熙诗集校注》，浙江古籍出版社 1995 年版。

（宋）魏了翁：《鹤山集》，影印文渊阁《四库全书》本。

（宋）真德秀：《真西山先生集》，中华书局 1985 年版。

（宋）牟巘：《牟氏陵阳集》，影印文渊阁《四库全书》本。

（宋）陈著：《本堂集》，上海古籍出版社 1987 年版。

（宋）洪适：《盘洲文集》，影印文渊阁《四库全书》本。

（宋）方凤：《方凤集》，方勇辑校，浙江古籍出版社1993年版。

（宋）王炎午：《吾汶稿》，影印文渊阁《四库全书》本。

（宋）郑思肖：《郑思肖集》，陈福康校点，上海古籍出版社1991年版。

（元）黄溍：《黄溍全集》（上、下册），王颋点校，天天津古籍出版社2008年版。

（元）吴莱：《吴莱集》，张文澍校点，吉林文史出版社2010年版。

（元）程钜夫：《程钜夫集》，张文澍校点，吉林文史出版社2009年版。

（元）柳贯：《柳贯诗文集》，柳遵杰点校，浙江古籍出版社2004年版。

（元）吴师道：《吴师道集》，吉林文史出版社2008年版。

（元）程钜夫：《雪楼集》，影印文渊阁《四库全书》本。

（元）赵孟頫：《赵孟頫集》，钱伟强点校，浙江古籍出版社2012年版。

（元）廼贤：《金台集》，影印文渊阁《四库全书》本。

（元）王恽：《玉堂嘉话》，中华书局2006年版。

（元）盛如梓：《庶斋老学丛谈》，中华书局1985年版。

（明）宋濂：《文宪集》，影印文渊阁《四库全书》本。

（明）何乔新：《椒邱文集》，影印文渊阁《四库全书》本。

（明）杨慎：《升菴集》，影印文渊阁《四库全书》本。

（清）方文：《嵞山集》，上海古籍出版社1979年版。

（清）钱谦益著、钱曾笺注，钱仲联标校：《牧斋有学集》，上海古籍出版社1996年版。

（宋）孟宗宝：《洞霄诗集》，江苏古籍出版社 1988 年版。

（元）赵景良：《忠义集》，影印文渊阁《四库全书》本。

（元）苏天爵：《元文类》，上海古籍出版社 1993 年版。

（清）顾嗣立：《元诗选》，中华书局 1987 年版。

（清）顾嗣立、席世臣编、吾申扬点校：《元诗选癸集》，中华书局 2001 年版。

（清）朱彝尊选编：《明诗综》，中华书局 2007 年版。

（清）沈辰恒等编：《历代诗余》，上海书店出版社 1985 年版。

（清）朱彝尊、汪森编：《词综》，上海古籍出版社 1987 年版。

（明）瞿佑：《归田诗话》，中华书局 1985 年版。

（清）厉鹗：《宋诗纪事》，上海古籍出版社 1983 年版。

（清）厉鹗等撰，虞万里校点：《南宋杂事诗》，浙江古籍出版社 1987 年版。

丁福保辑：《历代诗话续编》，中华书局 1983 年版。

张璋等编：《历代词话》，大象出版社 2002 年版。

郭绍虞、富寿荪编：《清诗话续编》，上海古籍出版社 1983 年版。

吴文治主编：《明诗话全编》，江苏古籍出版社 1997 年版。

曾枣庄等主编：《全宋文》，上海辞书出版社、安徽教育出版社 2006 年版。

傅璇琮、倪其心、孙钦善等主编：《全宋诗》，北京大学出版社 1995 年版。

唐圭璋编：《全宋词》，中华书局 1965 年版。

李修生主编：《全元文》，江苏古籍出版社 1999—2004 年版。

二　研究专著

王国维：《观堂集林》，河北教育出版社 2003 年版。

陈垣：《元西域人华化考》，上海古籍出版社2000年版。

余嘉锡：《四库提要辨证》，中华书局1980年版。

曹书杰：《中国古籍辑佚学论稿》，东北师范大学出版社1998年版。

杜桂萍：《清初杂剧研究》，人民文学出版社2005年版。

赵园：《明清之际士大夫研究：作为一种现象的遗民》，北京师范大学出版社2014年版。

萧启庆：《内北国而外中国》，中华书局2007年版。

李兴盛：《中国流人史》，黑龙江人民出版社1996年版。

李兴盛：《增订东北流人史》，黑龙江人民出版社2008年版。

方勇：《南宋遗民诗人群体研究》，人民出版社2000年版。

牛海蓉：《元初宋金遗民词人研究》，中国社会科学出版社2007年版。

程瑞钊：《汪元量及其诗词之研究》，巴蜀书社1997年版。

俞兆鹏：《谢叠山大传》，江西人民出版社2010年版。

祝尚书：《宋人别集叙录》，中华书局1999年版。

祝尚书：《宋集序跋汇编》，中华书局2010年版。

曾永义：《元代文学批评资料汇编》，成文出版社1979年版。

昌彼得等：《宋人资料传记索引》，鼎文书局印行1975—1977年版。

王德毅等：《元人传记资料索引》，中华书局1987年版。

台湾国立中央图书馆编印：《明人传记资料索引》，文史哲出版社1978年版。

谢正光编、王德毅校订：《明遗民传记资料索引》，新文丰出版公司印行1990年版。

程千帆、吴新雷：《两宋文学史》，河北教育出版社1991年版。

陶尔夫：《南宋词史》，黑龙江人民出版社1992年版。

张毅：《宋代文学思想史》，中华书局1995年版。

杨镰：《元诗史》，人民文学出版社2003年版。

么书仪：《元代文人心态》，文化艺术出版社1993年版。

张宏生：《江湖诗派研究》，中华书局1995年版。

［德］傅海波、［英］崔瑞德编：《剑桥中国辽西夏金元史》，史卫民等译，中国社会科学出版社1998年版。

［法］谢和耐：《蒙元入侵前夜的中国日常生活》，刘东译，江苏人民出版社1995年版。

后　记

"江南若破，白雁来过"——正是源于对宋亡之际在江南广泛流传的这则政治谶谣的考究，将我带入宋末元初文学这一研究领域。一场无情的军事杀戮，一群鲜活的政治生命，一批文人的殊死抗争，一些感人的伟大诗篇，似有一种无形的吸引，使我汲汲求索，奋力其中。

由衷感谢我的博士生导师东北师范大学曹书杰先生。先生博学深邃，治学严谨，在中国古文献学、文学、史学领域具有收获，辑佚学研究在学界颇有声望。正是先生殷殷指导，使我迈入学术圣殿，问学路上的每一步都浸透着恩师智慧心血。先生传授于我的，不仅是治学路径，更有在喧嚣尘世潜心问学的心性，超脱俗累的心境，秉持原则的自信。每彷徨焦虑，总想到先生教诲，"勿要看别人，做好你自己""学问起步十年功"，因此感到书海如美食，日日沉醉。由此体会到：一位优秀的学者，一定要有所超越，无所依傍时心中亦无畏惧，凭借学识毅力攀登学术高峰。

先生之弟子，大都出身贫寒，正是在恩师的不弃和指点下，有了追求梦想钻研学问的机会。每有弟子学业上的进步，或有科研项目，或有论著付梓，或有载誉获奖，先生总不动声色，邀聚小酌几杯，再一一细数该弟子用功之勤、拼搏之艰、品质之美，钟爱之情，溢于言表。弟子亦常聚探讨，多切磋交流，治学疑惑，生活百态，人生滋味，贯穿其间。众弟子在先生的开导与调侃中疏解胸中困惑。

感谢博士学位论文答辩委员会的专家：傅道彬教授、杜桂萍教授、陈庆元教授、沈文凡教授、李德山教授、曹胜高教授。杜师桂萍任答辩委员会主席，开篇云"这是一篇用功之作，也是一篇用心之作"，激励我勿惧笨拙，全心投入。蒙杜师厚爱，进站研究，学术之路又获延伸。

感谢硕士生导师吉林大学沈文凡教授，鼓励鞭策，不敢怠惰；感谢吉林财经大学的领导和同事，关爱理解，鼎力支持；感谢家人，默默付出，伴我寂寞秉烛。还要感谢中国社会科学出版社郭晓鸿主任，她的科学态度和职业精神给本书的出版以实质性的提升，令作者欣赏和敬佩。

受学养精力所限，书稿虽完成，然尚存疑惑，唯愿日后弥补一二。恳请专家批评指正！

闫雪莹

2017 年 6 月 15 日